**잠수네 아이들의
소문난 영어공부법**

**잠수네 아이들의
소문난 영어공부법**

1판 1쇄 발행 2013년 11월 1일
1판 34쇄 발행 2025년 2월 5일

지은이 이신애

발행인 양원석　　**편집장** 김건희
디자인 스튜디오243　**영업마케팅** 조아라, 박소정, 이서우, 김유진, 원하경

펴낸 곳 ㈜알에이치코리아
주소 서울시 금천구 가산디지털2로 53, 20층 (가산동, 한라시그마밸리)
편집문의 02-6443-8902　　**도서문의** 02-6443-8800
홈페이지 http://rhk.co.kr
등록 2004년 1월 15일 제2-3726호

ISBN 978-89-255-5142-5 (03740)

※ 이 책은 ㈜알에이치코리아가 저작권자와의 계약에 따라 발행한 것이므로
　본사의 서면 허락 없이는 어떠한 형태나 수단으로도 이 책의 내용을 이용하지 못합니다.
※ 잘못된 책은 구입하신 서점에서 바꾸어 드립니다.
※ 책값은 뒤표지에 있습니다.

평범한 아이들이 만들어낸 엄마표 영어 20년 노하우

잠수네 아이들의 소문난 영어 공부법

이신애 〈잠수네 커가는 아이들〉 대표 지음

알에이치코리아

머리말

〈잠수네 커가는 아이들〉(이하 '잠수네')은 아이들의 교육을 고민하는 부모들이 모인 공간입니다. 조그맣게 시작한 곳이지만 잠수네 영어로 성공한 아이들의 성과는 공교육, 사교육의 영어교육 방향을 바꿀 정도로 큰 영향을 끼쳤다고 자부합니다.

2003년에 최초로 출간한 《잠수네 아이들의 소문난 영어공부법》은 1999년 12월 25일 잠수네 홈페이지를 연 이후 4년간 진행한 영어공부 방법을 담은 책입니다. 2008년에 출간한 《잠수네 아이들의 소문난 영어공부법 - 실천로드맵》은 이후 5년의 세월 동안 축적한 경험을 정리해서 낸 책이지요. 2010년에 낸 《입문로드맵》과 《실천로드맵》은 앞서 낸 두 책의 내용을 보완하고 1999년 말에서 2010년까지 잠수네 영어 12년간 쌓인 내용을 집대성한 책입니다.

2013년에 출간하는 《잠수네 아이들의 소문난 영어공부법 - 통합로드맵》은 형식적으로는 《입문로드맵》과 《실천로드맵》을 한 권으로 합친 것이지만 그 이상을 담고 있습니다. 잠수네는 매일매일 데이터가 쌓이고 진화하는 곳입니다. 2010년 이후 3년간 축적된 콘텐츠와 데이터, 회원들의 경험담도 엄청납니다. 이 책은 이렇게 쌓인 잠수네 영어의 진화된 상황을 고스란히 알려드립니다.

1부에서는 우리나라 영어교육의 현실과 잠수네 영어 성공 노하우를 담았습니다. 〈2부 잠수네 영어 입문편〉에서는 '흘려듣기, 집중듣기, 책읽기'의 〈잠수네 3종 세트〉가 어떻게 영어실력을 끌어올리는지 구체적으로 설명했습니다. 특히 잠수네 영어의 꽃인 '영어책 읽기'의 진행과정은 잠수네를 모르는 분이라도 쉽게 이해할 수 있도록 설명했습니다. 〈3부 잠수네 영어 실천편〉은 잠수네 영어 실천 매뉴얼입니다. 알파벳을 모르는 아이라도 바로 따라 할 수 있도록 처음 6개월간의 커리큘럼을 실었습니다. 잠수네 영어로 성공한 많은 분들의 사례를 분석한 〈레벨업의 비밀〉에서는 영어실력이 획 뛰어오르는 아이들의 비결과 중간에 정체되는 원인 및 해법을 최대한 알려드리려 애썼습니다.

〈4부 잠수네 베스트 교재〉는 〈잠수네 책벌레〉 프로그램에 등록된 12만 권의 영어책에서 잠수네 아이들에게 높은 평점을 받은 영어책 중 엄선하고, 〈잠수네 책나무〉에 올라온 회원 리뷰, 〈잠수네 영어교실〉과 〈잠수네 포트폴리오〉 프로그램에 기록된 내용까지 감안해서 아이들이 열광하는 주제의 DVD, 영어책을 정리한 것입니다.

이 책은 잠수네 영어를 해보려고 마음먹은 분을 위해 방대한 잠수네 콘텐츠에서 영어만 쏙 빼서 정리한 것입니다. 잠수네 영어로 성공한 아이들의 소문을 듣고 '과연 어떤 곳이기에?' 하고 궁금해하는 분, 아이의 영어교육 문제로 고민하는 분도 이 책에 담긴 내용이 의미가 있을 것입니다. 잠수네 영어의 전체 모습과 성과를 한눈에 조망할 수 있을 뿐만 아니라 쉬쉬하느라 잘 알려지지 않았던 우리나라 영어교육의 실상을 적나라하게 보여주고 있으니까요.

잠수네 영어는 사회에서 제대로 활용할 수 있는 영어를 목표로 합니다. 여행, 쇼핑 등 돈 쓰고 다니며 사용하는 영어가 아니라 협상과 설득을 할 수 있는 수준의 영어실력을 갖추길 원합니다. 오래전 우리나라 영어교육의 문제를 인식하고 새롭게 길을 찾은 것에 지금도 얼마나 가슴을 쓸어내리는지 모릅니다. 시간이 흐를수록 이 방법이 맞는 길이란 확신이 더욱 강해집니다.

잠수네의 문을 연 지 15년이 흘렀습니다. 다시 2020년, 2030년…… 우리 아이들이 살아갈 미래에 필요한 것이 무엇일까 고민하며 오늘도 잠수네는 진화합니다.

함께하면 길이 보입니다.

2013년 10월, 이신애

차례

머리말 • 4
일러두기 • 9

1부
왜 잠수네 영어인가

공교육, 사교육만으로는 영어교육 영원히 해결 못한다 • 12
우리가 아는 상식이 과연 맞는 것일까? • 19
잠수네 영어, 성공담이 많은 까닭은? • 32
잠수네 영어에 대한 오해 • 47
잠수네 영어 성공의 비결은 과연 무엇일까? • 53
잠수네 영어, 아이의 인생을 바꾼다 • 65

2부
잠수네 영어 입문편

왜 듣기부터 시작할까? • 76
잠수네 영어 3종 세트, 〈흘려듣기+집중듣기+책읽기〉의 힘 • 80

〈잠수네 영어 3종 세트〉

흘려듣기 • 84 ……… 흘려듣기란? | 흘려듣기 효과 | 흘려듣기 교재 고르기 | 잠수네 DVD 단계를 이해하자 | 이렇게 하면 흘려듣기 효과 제로! | 흘려듣기 부작용, 조심하세요! | 흘려듣기, 이 점이 궁금해요

집중듣기 • 102 ……… 집중듣기란? | 집중듣기 효과 | 집중듣기와 영어책 읽기의 관계 변화 | 집중듣기 교재 고르기 | 영어책의 종류를 알아야 집중듣기 책을 고를 수 있어요 | 이렇게 하면 집중듣기 효과 제로! | 집중듣기, 이 점이 궁금해요

책읽기 • 120 ……… 왜 영어책을 읽어야 할까? | 영어책 읽기의 이점 | 영어책 읽기에 전력을 다하지 않는 이유는? | 영어책, 책인가? 교재인가? | 영어책 수준을 올리는 비결은? | 잠수네 1000권 읽기 프로젝트! | 재미있는 영어책, 이렇게 찾아요 | 아무리 해도 재미있는 영어책이 없다면? | 읽기의 변천과정 | 영어책 읽기, 이러면 완전 실패

〈말하기 · 쓰기〉

말하기 • 152 …… 어느 수준의 말하기를 목표로 하나요? | 영어 말하기가 자연스럽게 터져나오는 유형은? | 잠수네 영어를 하면 영어로 말해야만 할 때 말이 터져나온다 | 발음연습 | 말하기 연습 | 말하기대회

쓰기 • 163 …… 영어 글쓰기의 목표가 어디까지인가요? | 영어 글쓰기에 대한 오해 | 영어글을 잘 쓰려면? | 영어 글쓰기는 언제, 어떻게 시작할까? | 글을 쓸 때는 이렇게 도와주세요

〈어휘 · 문법 · 독해〉

어휘 • 176 …… 어휘, 암기가 답인가? | 영어는 외국어인가? 언어인가? | 영어 어휘의 특징 | 픽션 어휘를 1:1로 단어 뜻을 암기할 때의 문제 | 단어 확인은 언제, 어떻게 하면 좋을까? | 어휘학습서, 이렇게 하세요 | 파닉스, 학습 효과 있을까? 없을까? | 잠수네 영어에서 파닉스 학습은?

문법 • 189 …… 문법, 왜 공부할까? | 〈영어책 읽기 vs 문법공부〉의 상관관계를 그린다면? | 정확하게 읽고 쓰기 위해 문법공부를 해야 한다? | 글쓰기를 위한 문법공부 | 중고등 영어 내신시험을 위한 문법공부

독해 • 198 …… 영어 독해력에 대한 오해 | 다독과 정독 | 독해력을 키우려면?

3부
잠수네 영어 실천편

잠수네 영어학습 이해하기 • 208
[Tip] 흘려듣기, 집중듣기할 때 편리한 기기 • 222

적응과정 • 224 …… 적응과정 계획짜기 | 흘려듣기 | 집중듣기 | 책읽기 | 선택사항
적응과정 → 발전과정 레벨업의 비밀 | 적응과정에서 정체되는 원인과 대안은?
[적응과정 추천교재] 흘려듣기 | 집중듣기 | 책읽기 | 선택사항

발전과정 • 248 …… 발전과정 계획짜기 | 흘려듣기 | 집중듣기 | 책읽기 | 선택사항
[Tip] 1000권 읽기 프로젝트 • 259
발전과정 → 심화과정 레벨업의 비밀 | 발전과정에서 정체되는 원인과 대안은?
[발전과정 추천교재] 흘려듣기 | 집중듣기 | 책읽기 | 선택사항

심화과정 • 284 …… 심화과정 계획짜기 | 흘려듣기 | 집중듣기 | 책읽기 | 선택사항
[Tip] 심화과정까지 온 아이들, 어떻게 영어책을 읽었을까? • 295

심화과정 → 고수과정 레벨업의 비밀 | 심화과정에서 정체되는 원인과 대안은?
[심화과정 추천교재] 흘려듣기 | 집중듣기 | 책읽기 | 선택사항

고수과정 • 312 ········· 고수과정 계획짜기 | 흘려듣기 | 집중듣기 | 책읽기 | 선택사항
[Tip] 논픽션 어휘잡기는 이렇게 • 323
[고수과정 추천교재] 흘려듣기 | 집중듣기 | 책읽기 | 선택사항

잠수네, 회원들은 이렇게 이용해요 • 337

4부
잠수네 베스트 교재

잠수네 베스트 교재가 나오기까지 • 356

단계별 흘려듣기 베스트(JD1~JD9) • 360

주제별 흘려듣기 베스트 • 384
코믹 | 탐정·모험 | 감동 | SF·판타지 | 슈퍼 히어로 | 공주 | 뮤지컬 | 유령·몬스터 | 로봇 | 스포츠 | 재난 | 크리스마스 | 전쟁·역사 | 명작 | 미국드라마 | BBC 영국드라마 | 일본 애니메이션 | 학습 | 과학 | 수학 | 동물

단계별 집중듣기 & 읽기 베스트(J1~J9) • 414

주제별 집중듣기 & 읽기 베스트 • 468
노래가 좋은 그림책 | 알파벳 그림책 | 탈것 | 코믹·유머 | 일상·학교 | 공주 | 발레 | 요정 | 마녀 | 판타지 | 로봇·슈퍼 히어로 | 탐정·추리 | 전래·명작 | 명작 패러디 | 크리스마스·산타 | 요리 | 시·라임 | 공포·유령 | 공룡 | 몬스터 | 드래곤 | 사회·역사 | 위인·인물 | 과학 | 수학 | 미술 | 음악 | 스포츠 | 동물

〈DVD+영어책+한글책〉 한 축에 꿰기 • 518

아이들이 좋아하는 만화 베스트 • 539

읽기용 사전 베스트 • 541

[Tip] 영어 교재, 다 구입해야 하나요? • 542

[잠수네 영어학습 도우미] 일일 학습노트 | 월간 스스로 체크표 | 주간 영어학습 진행표 | 월간 영어학습 진행표 | 잠수네 Book Tree

일 러 두 기

1. 잠수네 회원 사례글

이 책에는 잠수네 영어공부법을 실천하고 있는 〈잠수네 커가는 아이들〉 회원들의 글이 실려 있습니다.

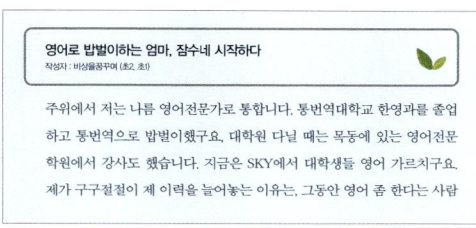

- 작성자 이름은 실제 대화명과 다를 수 있습니다.
- 자녀의 학년 표시는 글을 쓸 당시를 기준으로 했습니다.
- 리얼리티를 살리기 위해 맞춤법에 어긋나더라도 그대로 둔 부분이 있습니다.

2. 용어 정리

- 오디오북 : 책의 내용을 Tape/CD/MP3 등으로 녹음한 교재
- 헤드폰 그림 : 오디오북이 있는 교재
- DVD : 영어방송, VOD, DVD 등 영상물 전체
- J0~J10단계: 잠수네 영어책 단계(자세한 내용은 108쪽 참고)
- JD1~JD9단계: 잠수네 DVD단계(자세한 내용은 87쪽 참고)
- 적응, 발전, 심화, 고수: 〈잠수네 영어교실〉 과정 구분(자세한 내용은 211쪽 참고)
- 〈잠수네 커가는 아이들〉 프로그램

프로그램명	용도
잠수네 포트폴리오	전체학습 기록 관리
잠수네 영어교실	영어 진행 관리
잠수네 영어책벌레	영어책 스스로 읽기 동기 부여
잠수네 책나무	한글책/영어책/DVD 교재 정보

1부

왜 참수네 영어인가

공교육, 사교육만으로는
영어교육 영원히 해결 못한다

영어는 세계로 나아가는 문입니다. 좁은 국토에서 경쟁하는 것은 이미 한계에 부딪혔습니다. 이런 때일수록 전세계 젊은이들과 당당히 맞설 수 있는 실력과 열정, 도전정신이 필요합니다. 영어가 세계 공용어인 시대에 언어가 자유로운 아이는 좀 더 다양한 기회를 만날 것입니다. 우리는 아이들에게 영어라는 든든한 무기를 들려주고 싶습니다.

그러나 공교육, 사교육만으로는 영어를 자유롭게 구사할 수 없습니다. 아무리 노력해도 어쩔 수 없는 구조적인 딜레마가 있기 때문입니다.

듣기, 읽기 양이 너무나 부족하다

갓난아이가 우리말을 처음 할 때를 생각해보죠. 근 1년을 들어야 엄마, 아빠 소리를 합니다. 처음 글을 읽을 때는 또 어떤가요? 태어나서 4~5년은 충분히 듣고 말하고 나서야 읽기를 배웁니다. 쓰기는 그다음이고요. 이처럼 모국어는 듣기 → 말하기 → 읽기 → 쓰기의 수순으로 배웁니다. 영어도 모국어처럼 자유롭게 사용하고 싶다면 우리말 습득 순서와 똑같이 배우는 것이 가장 이상적일 것입니다. 그러나 이는 영미권에서 살아야 가능한 일이겠지요.

영어를 실생활에서 사용하지 않는 우리나라 같은 환경에서 듣기/말하기/읽기/쓰기를 동시에 다 잘하려고 하는 것은 불가능한 목표입니다. 한국에서 영어를 습득하는 현실적인 대안은 '듣기와 읽기'를 탄탄히 한 뒤 '말하기와 쓰기'를 진행하는 것입니다. 듣기와 읽기를 먼저 진행하는 것은 투자 대비 효과가 높기 때문입니다. 듣기 양이 충분하면 어느 순간 말이 터져나옵니다. 읽기도 자연스럽게 시작할 수 있지요. 읽기가 탄탄하면 글쓰기도 순탄하게 진행할 수 있습니다. 이에 반해 듣기의 토대 없이 말하기와 읽기를 시키고, 읽기 없이 쓰기를 한다면 알아듣지 못하는 갓난아이에게 말하기/읽기/쓰기를 시키려는 것과 다름없습니다.

우리나라 공교육의 영어수업 시수는 초3~고3까지 10년간 총 1000~1200 시간 정도입니다(초등 주 1~3시간, 중고등 주 3~5시간 기준). 학원에서 주 2, 3회 1~3시간씩 추가로 영어를 배운다 해도 자유롭게 영어를 구사하는 수준에 이르기에는 영어를 접하는 절대량이 많이 부족합니다.

　더 큰 문제는 어떤 내용을 공부하는가입니다. 학교와 학원의 영어수업 시간에 듣기와 읽기를 진행하기란 현실적으로 어려움이 많습니다. 듣기는 혼자서도 얼마든지 할 수 있습니다. 굳이 수업시간에 듣지 않아도 됩니다. 읽기도 마찬가지입니다. '충분히' 듣기가 되면 선생님이 굳이 '지도'하지 않아도 혼자서 얼마든지 영어책을 읽을 수 있습니다. 만약 수업시간에 영어 듣기와 책읽기로 시간을 다 보낸다면 당장 학부모들의 항의가 빗발칠 겁니다. 아이마다 영어실력이 다 다른데 각자의 수준을 일일이 고려해서 수업을 진행하는 것도 어려운 일일 테고요.

　영어수업 시간에 듣기와 읽기를 할 수 없다면 집에서라도 해야겠지만 숙제, 시험공부만으로 영어공부를 다 했다고 생각하는 아이들이 대부분입니다. 진짜 영어실력을 키우려면 듣기와 읽기를 꾸준히 해야 하는데 핵심은 빼먹고 단어암기, 회화연습, 문법이나 독해 문제풀이로 시간을 보내는 것이 현실입니다. 이렇게 하면 성적은 잘 나올지 몰라도 학교를 졸업하고 사회에 나가 실생활에서 자유롭게 사용할 수 있는 영어실력을 갖추는 것은 먼 나라 이야기가 되고 맙니다.

영어는 중단하는 즉시 실력이 떨어진다
학습으로 배우는 영어 vs 즐겁게 생활에 젖어드는 영어

동시통역사같이 영어를 뛰어나게 잘하는 분도 영어는 평생 공부해야 실력이 녹슬지 않는다고 말합니다. 미국에서 몇 년 살다 온 아이라도 귀국해서 몇 년 지나면 빛의 속도로 영어를 잊어버리는 것을 주변에서 종종 볼 수 있습니다. 당장 우리 부모들만 해도 영어를 접할 환경이 안 되면 영어공부를 가장 열심히 했던 고3 때를 정점으로 영어실력이 떨어지는 것을 직접 체험하고 있습니다.

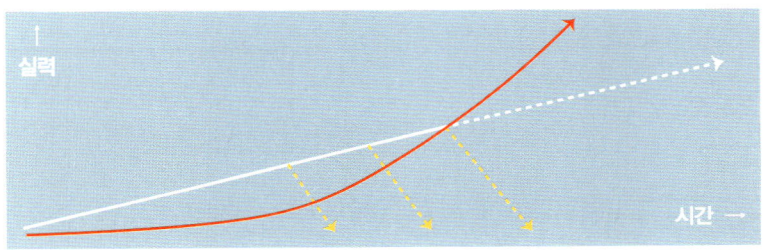

앞서, 듣기와 책읽기 없이 하는 영어공부는 실익이 없다고 했지만 시험성적도 실력이라고 본다면 위 그래프의 흰색 실선처럼 학교, 학원에서 영어를 열심히 공부하면 영어실력이 계속 올라가는 것처럼 보입니다. 노란 점선은 영어공부를 중단했을 때의 상황입니다. 세상에 공부하는 것을 좋아하는 사람은 많지 않습니다. 영어라고 다르지 않습니다. 생각 같아서는 흰색 점선처럼 계속 영어실력이 올라갈 것 같지만 영어를 공부라고 생각한다면 학원을 그만두는 순간, 학교를 졸업하는 그 시점부터 영어에서 손을 놓습니다. 영어실력이 뚝뚝 떨어질 수밖에 없지요.

그에 반해 잠수네 아이들처럼 영어를 재미있게, 즐겁게 접한 아이들은 영어를 공부라고 생각하지 않습니다. 짬짬이 애니메이션, 영화, 드라마를 봅니다. 시험공부하다 좀 쉬고 싶을 때 영어책을 집어들고 휴식을 취합니다. '천재는 노력하는 사람을 이길 수 없고, 노력하는 사람은 즐기는 사람을 이길 수 없다'는 말이 있죠. 영어소설이나 영어로 된 전자책, 영자신문을 자유롭게 읽고, 영화, 드라마, 영어로 진행되는 강연도 흥미롭게 보며 꾸준히 영어를 접한다면 빨간 실선처럼 영어실력이 계속 올라가게 됩니다.

망각을 이기는 힘은 '반복'과 '강렬한 자극'

기억은 단기기억과 장기기억으로 구분됩니다. 시간이 흐르면 머릿속에서 사라지는 단기기억을 장기기억으로 남게 하려면 꾸준히 반복해야 합니다. 일반적인 영어학습 방법에서 반복을 강조하는 이유입니다. 문제는 '꾸준히 반복'하는 것이 현실적으로 쉽지 않다는 데 있습니다. 대입을 앞둔 고등학생처럼 당장 절실하게 영어실력을 올려야 할 상황이라면 몰라도 보통은 어른도 힘든 일입니다. 하물며 아이들은 말할 나위가 없습니다.

가장 오래된 기억은 강렬한 자극을 받았던 일입니다. 아주 기쁘거나 재미있던 기억, 슬프거나 아팠던 기억이 오래오래 남습니다. 한 번의 경험이 바로 장기기억으로 가는 셈입니다. 만약 영어를 배울 때 이런 강렬한 자극을 느낄 수 있다면 의미 없는 지루한 반복을 거듭하지 않아도 오래도록 기억에 남을 것입니다. 아이들에게 강렬한 자극은 '재미'입니다. '영어가 재미있다'고 느끼게 되면 더 이상 '공부'가 아니라 '노는 것'

이 됩니다. 같은 시간을 투자해도 억지로 반복학습을 할 때와 하늘과 땅 차이만큼이나 결과가 달라집니다.

'재미'를 느끼려면 맞춤형으로 진행하면 됩니다. 아이의 영어수준에 맞는 교재, 좋아하는 캐릭터, 공감할 수 있는 내용을 찾아보는 것이지요. 정말 재미있는 '대박' 교재를 만나면 무한반복을 하면서도 전혀 지루해하지 않습니다. 강렬한 자극과 반복의 시너지 효과로 영어실력도 급성장합니다. 그러나 학교와 학원처럼 여러 명을 모아놓고 가르치는 영어수업에서는 쏙 빠질 정도의 '재미'를 느끼기란 매우 어렵습니다. 각자의 영어수준이 차이가 나고, 좋아하는 것도 다 다르기 때문입니다. 이 점이 공교육, 사교육의 근본적인 한계입니다.

영어로 밥벌이하는 엄마, 잠수네 시작하다
작성자 : 비상을꿈꾸며 (초2, 초1)

주위에서 저는 나름 영어전문가로 통합니다. 통번역대학교 한영과를 졸업하고 통번역으로 밥벌이했구요, 대학원 다닐 때는 목동에 있는 영어전문학원에서 강사도 했습니다. 지금은 SKY에서 대학생들 영어 가르치구요.
제가 구구절절이 제 이력을 늘어놓는 이유는, 그동안 영어 좀 한다는 사람들에 둘러싸여도 봤고, 영어 잘한다는 애들도 가르쳐봤고, 또 제 자신도 국내파로 공부해서 영어를 하게 된 경험을 바탕으로 내린 결론이 잠수네라는 점을 말씀드리고 싶어서예요. 사실 시험 잘 보는 게 목적이라면 학원 다니는 게 낫지만, 일단 영어를 시험용이 아닌 아이의 인생을 좀 더 풍요롭게 해줄 도구로 보신다면 잠수네 방식이 답입니다. '수학 포기는 대학 포기와 같고 영어 포기는 인생 포기와 같다'는 말이 있죠.

그리고 일단 모국어가 한국어이기 때문에 국어를 확실하게 다져놓아야 영어도 그만큼 할 수 있다는 사실 기억하시구요. 잠수네에서도 늘 강조하는 거죠. 소위 해외파라고 하는, 중고등학교를 외국에서 다닌 친구들 중 겉보기에는 영어를 정말 잘하는 것 같지만 이도 저도 아닌 속 빈 강정인 경우가 많습니다.

우리가 아는 상식이
과연 맞는 것일까?

영어를 배우는 가장 효과적인 방법은 무엇일까요? 해외에서 몇 년 살면 영어로 스트레스 받는 일은 없을 것이라 생각합니다. 영어학원이나 원어민 과외, 영어유치원, 영어 이머전(Immersion, 몰입) 수업을 하는 사립초등학교를 다니면 영어를 더 잘할 수 있을 것 같습니다. 하지만 현실은 생각과는 많이 다릅니다. 문제는 이를 제대로 알려주는 곳이 별로 없다는 점입니다. 앞서 아이를 키운 선배들도 젊은 엄마들에게 섣불리 이야기해주지 못합니다. 개인의 경험이라 일반화하기도 어렵고, 그때나 그렇지 지금은 그렇지 않다는 면박이나 당하지 않으면 다행일 테니까요.

그에 반해 잠수네라는 공간은 수많은 아이들의 성장을 오랜 기간 지속적으로 지켜볼 수 있는 곳입니다. 잠수네 회원들이 들려주는 솔직한 경험담을 통해 우리나라 영어교육의 트렌드, 영어학원 등 각종 사교육기관의 부침도 알 수 있습니다. 학교, 학원, 과외 등 아이들을 직접 가르치는 선생님들이 알려주는 현장보고를 통해 우리가 아는 상식이 실제는 극히 일부분만 해당될 뿐 알려지지 않은 문제들이 훨씬 더 많다는 것을 깨닫기도 합니다. 이런 경험들이 한 해, 두 해…… 십수 년간 쌓이다 보니 언론이나 학원, 이웃 엄마들한테서는 들을 수 없는 영어교육의 이면을 적나라하게 알게 됩니다.

해외유학, 갔다만 오면 영어를 잘할 수 있을까?

'영미권에서 살면 저절로 영어가 된다'고 생각하는 분들이 많지요? 어른들은 영어 배우기가 어려워도 아이들은 쉽게 영어를 익힌다고 여깁니다. 이민을 간 경우처럼 몇 년씩 계속 산다면 맞는 말일지도 모릅니다. 그러나 1~2년의 조기유학이라면 이 말은 맞지 않습니다. 항간에 떠도는 조기유학 성공기는 극소수의 사례에 불과합니다. 말만 조금 할 줄 아는 수준을 넘어 조기유학의 효과를 극대화하려면 '영어책 읽기'가 답입니다. 학교수업 외에 도서관에 있는 영어책 중 아이가 읽을 만한 수준은 다 읽어보겠다는 포부 정도는 가져야 돈 들인 것이 아깝지 않을 정도의 효과를 볼 수 있습니다.

영미권 학교에서는 읽기와 쓰기를 매우 중요시합니다. 영어책을 자유롭게 읽을 수 있으면 수업에 참여하는 데 부담이 없습니다. 한글책을 많이 읽어 아는 것이 많으면 에세이를 쓸 때 도움이 됩니다. 스스로 공부하는 습관이 되어 있으면 숙제도 다른 사람의 도움을 굳이 구하지 않고 혼자 해낼 수 있습니다. 그러나 선생님과 아이들이 하는 말을 알아듣지 못하고, 학교수업에서 다루는 영어책을 읽을 수 없으면 정규 영어수업(우리나라의 국어시간)에 참여하지 못하고 영어가 부족한 아이들을 위해 편성된 반에서 따로 공부해야 합니다. 그마저도 수업을 따라가려고 영어학원을 다니고 숙제를 하기 위해 원어민 개인교사를 수소문합니다. 수천만 원의 비용을 들여 떠난 조기유학이지만 아이의 한글책, 영어책 수준에 따라 결과는 천양지차가 됩니다.

체크 포인트

조기유학이나 해외캠프를 고려하고 있다면?
- J5단계(미국 초3 수준) 영어책을 읽는 정도의 영어실력을 갖추게 해주세요. 그래야 정규수업을 들을 수 있고, 도서관도 최대한 이용할 수 있습니다.
- 한글 지식책을 많이 읽으면 사회, 과학 수업을 듣는 데 유리합니다.
- 자기 학년 수학을 익혀두면 자신감을 갖는 데 큰 도움이 됩니다.
- 운동, 악기 등 장기가 하나 있으면 아이들과 친해지기 쉽습니다.
- 아이 혼자 보내는 유학은 득보다 실이 많습니다.

영어학원에 다니면 영어실력이 늘까?

'유학은 돈이 많이 들어 어려우니 영어학원이라도 보내면 영어를 잘할 수 있지 않을까?' 하는 것이 많은 부모들의 속마음입니다. 이왕이면 좋은 영어학원에 보내고 싶어하는 것이 인지상정입니다. 그러나 좋은 영어학원일수록 입학 테스트로 잘하는 아이들만 골라내고 수준이 안 되는 아이들은 떨어뜨립니다. 유명 체인 학원들도 '수준별 수업'을 한다는 명목 아래 레벨 테스트를 하고 아이들을 걸러냅니다. 같은 체인 학원이라도 지역에 따라 아이들 실력 차이가 많이 나기도 합니다. 이 학원에서는 높은 레벨인데 저 학원에 가면 얼토당토않은 낮은 레벨이 나오는 경우도 부지기수입니다. 과연 학원에서 잘 가르쳐서 아이들의 영어실력이 올라가는 것인지, 잘하는 아이를 뽑아서 가르치기 때문에 이름이 난 것인지 모호합니다. 닭이 먼저인지 알이 먼저인지 알쏭달쏭한 것처럼요.

잠수네 영어로 성공한 아이들이 많아지면서 '다독'을 강조하는 학원들이 많아졌습니다. 그러나 실제로 학원을 다니면서 영어책을 많이 읽기란 매우 어렵습니다. 학원에 왔다갔다하다 보면 책을 읽을 시간이 없기도 하거니와 '숙제와의 사투'라는 말이 나올 정도로 학원 숙제에 치입니다. 조금의 틈이라도 나면 놀거나 쉬려는 마음이 앞설 수밖에 없습니다. 영어책으로 수업을 하는 학원도 문제가 많습니다. 아이들의 나이를 감안하지 않은 턱없이 높은 수준의 영어책, 한국 아이들이 공감하기 어려운 내용의 영어책으로 수업하는 학원들의 실상을 들여다보면, 언어적인 감각이 뛰어난 극히 일부의 아이를 제외하고는 대부분 자기 수준에 맞지 않는 재미없는 영어책으로 공부하느라 비질비질 땀을 흘리며 허송세월할 뿐입니다.

한편 아직도 예전 방식으로 단어암기, 문법, 독해 위주로 수업하는 학원들이 많습니다. 중학교, 고등학교로 올라갈수록 시험 대비용 영어학원의 비중이 늘어납니다. 이런 학원을 열심히 다니면 문제풀이 실력은 올라갈지 모르지만 진짜 영어실력을 기르는 길에서는 점점 멀어집니다.

진정한 고수엄마는 학원의 도움이 필요한 부분이 무엇인지 파악하고, 한시적으로 도움을 받고 나서는 필요 없다고 판단되면 바로 그만둘 수 있는 분입니다. 영어학원을 다니면 저절로 영어실력이 늘 것이라 기대하지 마세요. 학원은 필요에 따라 단기간 이용하는 정도면 족합니다.

체크 포인트

영어학원을 보내고 싶다면?
- 왜 보내는지 목적을 분명히 하세요. 글쓰기 / 문법 / 토론 / 입시 대비 등.
- 가급적 최고반에 배정될 실력이 되었을 때 보내는 것이 효과적입니다.
- 영어학원에 보내는 것 이상으로 그만둘 시점을 잘 잡아야 합니다.
- 어떤 것을 배우는지, 숙제가 무엇인지 늘 확인하는 엄마의 손길이 따라주어야 합니다.

영어유치원 출신 아이들의 벽

사실 영어유치원이란 말 자체에 어폐가 있습니다. 영어유치원은 '유치원'이 아닌 '유아 대상 영어학원'일 뿐입니다. 대부분의 영어유치원에서는 단어암기, 파닉스 학습, 쓰기를 기본으로 시킵니다. 대여섯 살 아이들이 숙제하느라 엄마와 씨름하는 것이 다반사입니다. 일부 영어유치원에서는 초등학생용 영어시험 대비 공부를 시키기까지 합니다. 그야말로 부모들 마음에 들기 위한 전시용 교육입니다.

영어유치원을 나온 아이들의 상당수가 초등 입학 후에도 연계 학원을 갑니다. 영어실력을 유지하려면 필수코스라 여기기 때문입니다. 영어유치원을 즐겁게 다닌 아이라도 이때쯤 되면 서서히 영어에 학을 떼기 시작합니다. 아직 어린 초등 1, 2학년 아이들이라 체력이 달리는데다 어려운 숙제를 하느라 시간을 쏟다 보면 학교숙제도 제대로 못 해갈 지경입니다. 한글책, 영어책 읽을 시간은커녕 놀 시간도 없는 탓에 부모도 회의를 느끼게 됩니다. 그러나 학원에서는 처음에만 힘들 뿐 습관이 되면 문제가 안 된다는 허튼소리를 할 뿐입니다. 초등 2학년을 기점으로 영유 연계 학원의 허상을 깨닫는 부모들이 하나둘 나오지만 영어유치원 다니는 후배엄마들에게 이런 실상을 알려주는 선배엄마는 많지 않습니다.

영어유치원을 좋아하고 영어를 즐기는 아이라도 안심하기는 이릅니다. 어릴 때부터 영어책을 많이 읽은 아이들 중에는 한글책은 잘 읽지 않으려는 경우가 많습니다. 한글보다 영어를 사용하는 인구 수가 많다 보니 한글책보다 재미있는 영어책이 훨씬 많기 때문입니다. 한글책의 상당수가 번역본이기도 하고요. 한글책보다 영어책을 더 좋아하게 되면 한글 어휘력, 한글 이해능력이 떨어질 수밖에 없습니다. 한글책 수준이 낮으면 영어책도 일정 수준 이상 올라가지 못합니다. 이렇게 되면 유아, 초등 1, 2학년 때 영어영재 소리를 듣던 아이라도 학년이 올라가면 어디 가서 영어 좀 한다고 명함을 내밀기 어렵습니다. 고가의 영어유치원을 보낸 것이 의미가 없어지는 셈입니다.

아이를 웬만큼 키우고 나면 그제야 한꺼풀 콩깍지가 벗겨집니다. 다시 아이를 키울 수 있다면 영어유치원은 절대 사절, 일반유치원 보내 많이 놀리고 한글책을 정말 좋아하는 아이로 키우고 싶다는 회한 섞인 푸념을 하는 선배엄마들이 많습니다. 영어유치원 출신이라는 것에 큰 의미를 두지 말라는 말이 나올 정도입니다.

체크 포인트

취학 전 아이들 영어교육이 걱정된다면?
- 우리말책 읽어주기가 최우선입니다. 영어책은 그다음이에요.
- 영어그림책은 엄마가 읽어주거나 오디오CD를 반복해서 들려주세요.
- DVD/영어방송은 그림이 예쁘고 잔잔한 것부터 보여주세요.
- 매일 세 시간 영어를 접해야 한다는 생각은 버리세요. 영어학습에 세 시간을 투자할 시점은 초등학생이 되고 나서 생각해도 됩니다.

사립 초등학교 영어교육의 허실

영어유치원을 거쳐 이머전 수업을 하는 사립학교에 입학하는 코스가 한국에서 영어를 익히는 최선의 방법이라 여기는 분들을 간혹 봅니다. 시간 없는 직장맘 입장에서는 적게는 주 4~5시간, 많게는 매일 2~3시간씩 한국인 영어선생님과 원어민 영어선생님이 같이 영어를 가르친다고 하니 사립초등학교에 보내면 영어 걱정은 덜겠다 싶은 생각이 들기도 합니다.

아이러니한 것은 영어교육에 관심 있는 사립초등학교일수록 '영어책 읽기'를 강조하지만, 책을 읽을 물리적 시간이 나오지 않는다는 사실입니다. 일단, 학교가 가깝지 않으면 통학하는 데 시간이 많이 듭니다. 정규 교과과정 외에 영어수업을 더 하고 방과후 수업까지 하면 자연히 하교시간이 늦어질 수밖에 없습니다. 여기에 숙제, 시험까지 많으면 집에서 영어책 읽을 시간을 내기가 정말 힘듭니다.

우리나라 정규 교과와 함께 미국 교과서로 수업을 진행하는 학교라면 사회, 과학 과목은 이중으로 배우게 됩니다. 영어로 사회, 과학 과목까지 배운다니 겉보기에는 괜찮아 보이지만, 영어를 잘하는 소수의 아이를 제외하고 실제로 아이들이 배우는 지식의 분량은 우리말로 배울 때에 비해 극히 적을 수밖에 없습니다. 게다가 우리나라와 교과과정이 다른 영역은 한글로도 개념이 잡히지 않은 상태에서 영어수업을 하는 상황도 종종 발생합니다. 양서류, 파충류가 뭔지 아직 모르는 초등학교 1학년생이 'reptile' 'amphibian' 같은 단어를 배우는 식으로요.

초등학교 입학할 때부터 영어시험을 봐서 우열반을 나누는 학교도 많습니다. 수시로 보는 영어단어시험, 받아쓰기시험에 어린아이들이 주눅이 들고요. 한글 해석과 영어단어를 1:1로 암기시키고 시험 보는 학교도 있더군요. 외우고, 잊어먹고, 또 외우기를 반복하면서요. 잠수네 영어를 하다 보면 사립초등학교의 영어숙제, 영어시험 공부를 하느니 그 시간에 영어책 한 권을 읽는 것이 훨씬 더 효율적이라는 것을 뒤늦게 깨닫습니다. 영어만 생각한다면 시간이 여유로운 공립으로 전학 가는 것이 더 낫지 않을까 심각하게 고려하기도 합니다.

사립초등학교가 공립학교에 비해 장점이 많을 수 있습니다. 그러나 영어수업을 하는 사립초등학교에 다니는 것으로 '영어 걱정은 끝!'이라는 생각만은 버려주세요. 유학을 가든, 학원을 다니든, 영어를 많이 하는 사립초등학교에 다니든 '영어책 읽기' 없이 실력향상은 기대하기 어렵습니다.

체크 포인트

사립초등학교를 보내고 있다면?
- 학교에서 추천하는 영어책 수준을 체크해보세요. 잠수네 책 부록에 실린 책이라면 믿을 만합니다.
- 영어실력에 따라 반을 나눠 영어수업을 하는 학교에 다니더라도 눈앞의 경쟁을 쫓기보다 영어 듣기, 책읽기로 가는 것이 지름길입니다.
- 영어로 과학/수학/사회를 배워도 한글책 배경지식이 우선입니다.

원어민 과외의 허상

아직도 원어민 과외를 하면 영어실력이 오를 것이라고 생각하는 분이 있나요? 가정집을 방문해서 가르치는 원어민 과외교사 중 교사자격증이 있는 사람은 거의 없습니다. 대다수는 '내가 동남아 가서 한국말을 가르치겠다'고 나선 것이나 다름없는 수준입니다. 교육적 효과보다 자기가 가르치기 쉬운 교재로 수업하는 사람도 많습니다.

원어민 수업의 강점은 말하기 연습입니다. 그러나 듣기, 읽기도 제대로 안 되어 있는데 말문을 트겠다고 원어민 수업을 하는 것은 허공에 돈을 뿌리는 것과 마찬가지입니다. 단순한 생활회화를 익히기 위해 시간당 수만 원씩 비용을 지불할 필요는 없습니다. DVD를 보고 영어책을 많이 듣다 보면 서바이벌 수준의 생활회화는 저절로 터져나오니까요. 꼭 원어민 과외를 하고 싶다면 최소한 J4단계 이상의 영어책을 자유롭게 읽을 수 있을 때, 아이가 읽은 영어책에 대해 같이 이야기 나눌 수 있는 사람을 구하세요.

체크 포인트

원어민 과외를 하고 싶다면?
- 시기를 잘 선택하세요(최소 미국 초등 2학년 이상 영어책을 읽을 때).
- 목적을 확실히 하세요. 말하기/쓰기/학습서/토론 등.
- 교재, 커리큘럼을 지정하세요.
- 수업이 어떻게 진행되는지 짬짬이 확인하세요.

> **2000만 원 넘게 쓰고 고작 요 정도 실력을 갖췄다 생각하니……**
> 작성자 : 맘이사벨 (초2, 초1, 6세)

그렉은 6세 중반에 일반유치원에서 영어유치원으로 갈아탄 경우예요. 첫째아이인데 아래로 연년생 로사, 그 아래로 당시 세 살이던 미카엘라가 있습니다. 제가 완전 정신 없고 영어공부 챙겨줄 여건은 절대 안 돼서 중간에 기회 봐서 영유로 갈아탔어요.

딱 한 달 만족했습니다. 알파벳 조금 알던 아이가 파닉스 완전히 다 떼고, 《Oxford Reading Tree》 3단계까지 좔좔 읽고……. 그런데요, 딱 거기까지였어요. 6세 말에 영유에서 빼서 일반유치원 보내면서 잠수네 할 것을, 후회막급입니다. 돈은 돈대로 버리고, 영어실력은 그저 그렇고…….

처음에는 들어가자마자 입도 금방 트이고 정말 잘하더라고요. 그 이유가 지금 생각해보니, 아마도 제가 아이 어릴 때 잠수네 책을 읽고 개념은 조금 있어서 아이의 TV 노출을 영어로만 했었거든요. 그래서 그렇게 금방 적응하고 배우지 않았을까 싶어요. 그 약발이 딱 6개월 갔습니다. 영유 보내면서 영유만 믿고 정말로 아무것도 안 시켰더니 되레 실력이 그리 늘지 않더라구요. 처음엔 반에서 제일 잘하더니, 시간이 갈수록 평준화되구요.

초등학교 들어와서 3월 3주 동안 영유 연계 학원 보내다가 빼냈어요. 왠지 5년 넘게 남은 학교생활을 영어학원에 얽매여 보내고 싶지 않다는 생각이 들었습니다. 그리고 돈은 돈대로 들이지만 결과는 기대한 만큼 절대 나올 수 없다는 현실에 눈뜨고…….

영유 다니는 동안 영어만 시키고 한글책은 구경도 안 시켜줬어요('한글 환경인데 한글 못하겠어? 문맹 없잖아!' 하는 무식한 생각을……). 집에 영어책도 거의 없었고요. 도서관은 정말 남의 집 얘기. 독서의 중요성을 듣기는 했지만 전혀 깨닫지 못하고 있었지요.

아이 힘들 것 같아서 영유 연계 학원 끊고 잠수네로 진행하게 되었는데요, 얼마나 잘한 결정인지 이번에 잠수네 테스트 결과 보면서 느꼈습니다. 학원에서 나름 잘한다는 아이, 아주 잘하는 것에서는 몇 퍼센트 부족한 아이라 생각했는데요, 제 기대치도 높았었구요. 이렇게 부족한 상태로 학원만 계속 보냈다가는 그 구멍들이 더 커졌겠구나 생각하니 가슴이 서늘하더라구요. 몇 년 뒤에 깨달은 것보다 지금이라도 이렇게 정신차리게 되어서 다행이다 싶고 그러네요.

그리고 그렉 동생 둘은 모두 영유 안 보냅니다. 제가 엄청 믿고 있는 잠수네가 있으니까요.^^ 한 달에 대략 100만 원씩 총 2000만 원이 넘는 돈을 버리고 요 정도 실력을 갖췄다 생각하니 얼마나 배가 아픈지.

> **학원 다니니, 영어보다 우리말이 먼저 생각난다?**
> 작성자 : 검은자갈 (초4)

다홍이 방학 동안 소설 특강이랑 다른 학원 정규반 두 곳을 다녔어요. 얻은 것은, 빡센 숙제(받아쓰기 같은) 덕에 스펠링 정리가 됐다는 것, 서머리 연습을 해봤다는 것(글로도, 말로도), 에세이 쓰기 기본 노하우를 익힌 것, 영문타자가 늘었다는 것 정도겠네요. 소설 특강 프레젠테이션 동영상을 보니 말하기도 훨씬 부드럽고 자연스러워졌더군요.

무엇보다 '쓰기든 말하기든 필요할 때 단기간에 정리가 가능하다'는 점을 확인한 것이 중요한 수확이었어요. 학원에 대한 다홍이의 반응을 체크해본 것도요. 걱정과는 달리 다홍이는 학원을 그리 힘들어하지 않았어요. 수업 내용도 '별로 어렵지 않다' '재미있다'는 반응이었고 숙제도 힘들다 소리

없이 그냥 해갔습니다. 요령이 없었던 첫 주만 제가 붙어서 봐줬고요, 둘째 주부터는 거의 혼자서 해냈습니다. 12월 한 달 보내다가 다른 학원 소설 특강을 얹었는데, 그러고도 별 엄살은 없었습니다. 원래 계획으로는 2월까지 석 달 채우려 했는데 다홍이가 그만 다니고 싶다고 해서(지루한 수업이 있었답니다) 지난 주를 끝으로 그만뒀습니다.

학원을 다니기 싫다면서 저한테 어필한 것이 '전에는 말을 하다가 우리말이 생각 안 나면 영어가 튀어나오는 일이 많았는데 지금은 영어로 생각이 안 나고 우리말이 먼저 생각난다'고 하네요(뭐 이런 무서운 협박이 다 있나, 영어 감이 점점 떨어져간다는 말?).

학원 그만뒀을 때 좋은 점을 말해보랬더니, 세 가지랍니다.

(1) 책을 많이 듣고 읽을 수 있다.
(2) 수학공부를 더 많이 할 수 있다.
(3) 오고 가고 시간낭비를 안 한다. 그 시간에 동생이랑 놀아줄 수 있다.

그럭저럭 소기의 목적은 달성한 것 같아요. 당장 즐겁게 우리말 책 고르며 '이거 먼저 읽고 그다음엔 저거 읽어야지' 하는 모습을 보니 2월 한 달 더 안 채운 거 잘한 일 같아요. 한 달이라도 책읽기에 매진하고 5학년 올라가야지요.

말할까 말까 하다 털어놓는데, 저는 학원에서 정기적으로 보는 시험문제를 보고서 딱 감이 왔어요. 토플식이라는데, '아, 이거였어? 이걸 목표로 달리는 거였어? 어머, 이걸 왜 애들한테 그런 식으로 시키지? 시간 아깝게. 하하하, 되게 웃긴다……' 이런 생각이 들더라구요.

잠수네 영어,
성공담이 많은 까닭은?

잠수네 영어는 참 무식하게 '왕창 듣고, 왕창 읽기'에 집중하는 방법입니다. 욕조에 파이프를 대고 물을 쏟아붓는 것처럼 어마어마한 양을 듣고 읽습니다. 중고등영어나 수능영어는 물론, 심지어 텝스나 토플 같은 인증시험까지도 듣고 읽기로 해결하는 아이가 나타날 정도입니다.

잠수네 영어단계와
중고등영어, 수능영어를 비교한다면?

잠수네에서는 초등학생이라도 수능영어를 뛰어넘을 수 있다고 말합니다. 어디에 근거를 두고 이런 말을 하는 걸까요? 다음은 잠수네 영어단계(J단계)를 기준으로 비교한 표입니다. J3단계는 미국 초등학교 1학년, J8단계는 6학년 수준입니다. J9단계는 미국 중학생, J10단계는 고등학생 수준이라 생각하면 됩니다.

J단계	J1	J2	J3	J4	J5	J6	J7	J8	J9	J10
미국 학년			G1	G2	G3	G4	G5	G6	G7~9	G10~12
우리나라 학년			중1~중3			고1~고3				
TEST						수능영어		텝스·토플		SAT

중1~중3 영어교과서는 J3~J5단계 정도의 영어글이 실려 있습니다. 초등학생들이 많이 읽는 《Magic Tree House 시리즈》가 J4단계니 이 수준의 책을 자유롭게 읽을 수 있다면 초등 1, 2학년이라도 중학생 수준의 영어실력을 가졌다고 봐도 무방할 것입니다.

고등학교 영어교과서는 J6~J7단계 수준입니다. 《해리포터 시리즈》가 J7~J8단계니까 이 시리즈를 재미있게 읽는 아이라면 고등영어 수준을 뛰어넘었다고 볼 수 있겠죠? 읽을 수 있는 책의 수준이 J9단계 이상이라면 수능영어, 텝스, 토플을 볼 기본역량을 갖췄다고 판단할 수 있습니다. 미국 고등학교 수능시험인 SAT도 J10단계 영어책을 자유롭게 읽으면 무난하게 준비할 수 있으리라 추정합니다.

유아기, 초등 저학년 때 영어책에 관심을 둔 부모라도 학년이 올라가면 시험영어 고득점만을 목표로 달리는 집들이 대부분입니다. 그에 비해 잠수네 부모들은 초등 고학년은 물론 중학교에 가서도 영어책을 꾸준히 읽도록 환경을 조성해주는 분들이 많습니다. '공부로 접근하는 시험영어'와 '즐기는 영어'의 차이가 '무서운 잠수네 아이들'이란 말이 나오는 원인이 아닌가 싶습니다.

한글책과 영어책의 시너지 효과

1. 잠수네에서 뒤늦게 한글책의 중요성을 깨닫는 부모들

최근 들어 수능영어시험이 어려워지고 있습니다. 다음의 표처럼 예전의 수능영어시험이 중학교 국어시험 정도의 난이도였다면, 최근에는 영어로 쓰인 고등학교 국어시험 수준의 난이도로 올라갔기 때문입니다.

구분		지문의 수준	미국 학년	질문의 난이도
수능영어시험	2009년 이전	J7	Grade 5	중1~2 국어시험 수준
	2009년 이후	J7~J8	Grade 5~6	중3~고2 국어시험 수준
텝스, 토플 (Reading, Listening)		J8~J9	Grade 6~9	고3 국어시험 수준
SAT		J10	Grade 10~12	수능 국어시험 수준

한글로 해석을 해놓아도 이해가 안 되는 지문, 답을 찾기 어려울 정도로 알쏭달쏭한 질문, 전체 문항 수의 절반에 달하는 까다로운 비문학 지문 때문에 푹푹 한숨을 쉬는 고등학생이 한둘이 아닙니다. 새삼스레 수능영어를 들먹이는 것은 수능영어가 어려워지기 훨씬 전인 2003년부터 있었던 〈잠수네 영어교실 테스트〉가 최근의 수능영어시험 흐름과 일치하기 때문입니다. 한글책을 외면하고 영어만 열심히 했다면 국어시험 같은 잠수네 영어 테스트에서 좋은 점수를 받지 못합니다. 대신 한글책으로 쌓은 배경지식이 탄탄하면 테스트의 절반을 차지하는 비문학 지문을 쉽게 이해합니다. 국어를 잘하는 아이는 알쏭달쏭 헷갈리는 영어문제의 답을 콕콕 귀신같이 찾아냅니다.

다 알지만 실천을 못하는 것이 다이어트뿐만은 아니더군요. 요즘 세상에 영어를 잘하려면 한글책도 많이 읽어야 한다는 것을 모르는 부모는 없을 겁니다. 그러나 유아 때 책읽기에 관심을 기울인 집이라도 초등학교 입학을 기점으로 한글책 읽기에 할애하는 시간이 급속도로 줄어듭니다. '책 읽을 시간이 없어서, 아이가 책을 싫어해서, 재미있는 책을 못 찾아서' 등 구구절절 이유가 많습니다.

잠수네에 처음 가입한 부모들도 다른 집과 크게 다르지 않습니다. 어떻게 하면 영어를 잘할 수 있을까 궁리할 뿐, 한글책의 바탕이 영어실력과 밀접한 관련이 있다고 아무리 강조해도 소 귀에 경읽기 식으로 흘려버리기 일쑤입니다. 그러다 〈잠수네 영어교실 테스트〉를 한번 보고 나면 뒤통수를 한 대 크게 얻어맞은 듯한 충격에 휩싸입니다. 단어나 문법을 잘 아는 것만으로는 만만하게 풀 수 없는 문제들이 나오기 때문입니다. 글만 영어일 뿐 주제가 무엇인지, 등장인물의 심경은 어떤지, 전체 흐름상 빈 칸에 어떤 단어나 문장이 들어가야 할지 등 국어문제 같은 형식이거든요. 아이들이 먼저 "잠수네 영어테스트는 영어로 보는 국어시험이야!" "한글책을 많이 읽어야 잠수네 영어테스트 점수를 잘 받을 거 같아요"라고 말하기도 합니다. 영어를 잘하려면 한글책 읽기, 국어가 중요하다는 것을 〈잠수네 영어교실 테스트〉를 통해 뒤늦게 깨닫는 셈입니다.

2. 한글책과 영어책의 시너지 효과, 이렇게 나타난다

한글책 읽기의 효과는 '뒷심'이라는 한 마디로 정리할 수 있습니다. 말이 끌고 가는 마차를 생각해보죠. 한 마리 말(영어책)이 끄는 마차는 처음에는 잘 달릴지 모르지만 시간이 갈수록 지칩니다. 두 마리 말(한글책+영어책)이 끈다면 한쪽이 지치더라도 다른 한쪽이 좀 더 힘을 내면 됩니다. 한글책과 영어책의 시너지 효과는 이런 관점에서 생각해야 합니다.

❶ 한글책은 멀리하면서 영어책만 잘 읽는 아이

"요즘에는 영어 잘하는 아이들이 너무 많아!" 부러움 반 두려움 반으로 하는 이야기입니다. 실제로 영어유치원 출신이나 어릴 때부터 영어에 많은 투자를 한 아이들은 또래 아이들에 비해 뛰어난 영어실력을 갖고 있기도 합니다. 그러나 한글책을 소홀히 하면 빠르면 초2, 늦어도 초4

무렵이면 한계에 부딪힙니다. 한글 어휘, 한글 이해력 부족과 함께 영어책 수준도 더 이상 오르지 않지요. 이때라도 부모가 생각을 바꿔 영어의 비중을 줄이고 한글책 읽기에 집중하면 문제가 해결될 수 있지만, 어릴 때의 영광만 생각하다 때를 놓치고 중학교에 올라가면 다른 공부에 쫓겨 한글책의 구멍을 보완할 기회가 사라집니다.

잠수네에도 영어를 전공한 어른 저리 가라 할 정도로 영어실력이 뛰어난 저학년 아이들이 많습니다. 아이가 주변 사람들에게 영어영재란 소리를 들으면 어깨가 으쓱해지는 것은 다른 부모들과 마찬가지입니다. 한 가지 차이가 있다면 한글책 읽기가 탄탄한 잠수네의 다른 아이들을 보면서 '영어만 해서는 더 이상 실력이 늘지 않는다'는 것을 깨닫고 자극을 받는다는 점입니다.

좋은 한글그림책의 세계를 모르는 부모는 영어도 학습적으로만 접근합니다. 글자읽기용으로 나온 리더스북이 영어책의 전부인 줄 알고 영어책이 재미없다는 아이를 보며 '왜 우리 아이는 영어책을 싫어할까?' 고민합니다. 한글그림책을 많이 읽지 않은 아이는 감동과 재미가 가득한 영어그림책을 보여줘도 시시하다, 어렵다며 고개를 돌립니다. 그에 비해 어릴 때부터 한글그림책을 많이 접해본 아이는 자신이 본 그림책이 영어책으로도 있다는 것에 반색합니다. 한글책으로 좋아했던 작가나 캐릭터의 영어책은 영어실력이 조금 부족해도 '재미있게, 반복해서' 봅니다. 다양한 어휘와 표현이 가득한 영어그림책의 세계에 빠져들면 '재미와 감동'은 물론 '영어 어휘력과 표현력(말하기, 쓰기)'이 덩달아 커집니다.

영어그림책에 대해 잘 몰랐던 부모라도 잠수네에 들어오면 그동안 내가 알던 세상이 다가 아니었다는 것을 깨닫게 됩니다. 한글그림책, 영어그림책을 재미있게 읽는 잠수네 아이들의 영어실력이 쑥쑥 올라가는 것을 직접 보고 나면 어린아이 책이라고 제쳐두었던 그림책 사냥을 하러 오늘도 도서관, 영어서점을 이 잡듯이 뒤지게 됩니다. 문제를 깨닫고 해법을 알게 되면 행동에 나서는 법이니까요.

❷ 한글책의 수준은 높은데 영어실력이 낮은 아이
한글책을 많이 읽은 아이들은 이해력, 유추능력, 사고력이 뛰어납니다. 아는 것이 많으니 아이디어도 남다릅니다. 영어만 잘하는 아이들보다 훨씬 더 경쟁력이 있습니다. 이런 아이들은 뒤늦게 영어를 시작해도 어릴 때부터 몇 년씩 영어를 한 아이들을 가볍게 제치고 앞서갑니다. 처음 시작할 때 조금 고생할 뿐 영어책도 한글책 이상으로 재미있다는 것을 알게 되면 무서운 속도로 읽어나갑니다. 어릴 때 영어를 접해주지 못했다고 죄책감을 갖지 마세요. 한글책 수준이 높으면 초등 고학년, 중학교 때 시작해도 얼마든지 영어고수가 될 수 있습니다.

사회, 과학 같은 지식책(논픽션)을 즐겨 읽는 아이도 이점이 많습니다. 한글책에서 알게 된 지식이 많으면 같은 영역의 지식을 담은 영어책도 쉽게, 재미있게 읽습니다. 잘 아는 내용이라 모르는 영어단어가 나와도 단어의 뜻을 거꾸로 유추해가며 읽을 수 있기 때문입니다. 어린 아이들에게 골.고.루. 읽혀야 한다는 명분으로 판매되는 사회, 과학, 수학 영역의 지식을 담은 영어책을 굳이 다 읽히려고 애쓰지 마세요. 그 시간에 좋아하는 영역의 한글지식책을 읽는 것이 시간 대비 훨씬 효율적입니다.

❸ 한글책, 영어책 모두 잘 읽는 아이
잠수네에는 한글책이든 영어책이든 상관없이 잘 읽는 아이들이 참 많습니다. 번역본과 원서를 같이 보며 번역본의 오류를 발견하기도 하고, 좋아하는 작가나 관심 있는 영역의 책이 번역되지 않았으면 미국의 온라인 영어서점인 아마존을 찾아 읽기도 합니다. 한글책만 읽는 것에 비해 세상을 좀 더 빠르게, 더 넓은 시야로 볼 수 있을 뿐더러 평생 머리 싸매고 영어공부하지 않아도 친구처럼 편안하게 영어를 즐기게 됩니다.

　신기한 것은 학년이 높아질수록 한글책 읽기가 영어실력을 올리는 데 큰 힘을 발휘한다는 사실입니다. 영어책의 단계가 올라가면 단순히 영어를 해석할 수 있는 것만으로는 이해가 안 되는 책들이 많아집니다. 작품의 역사적 배경, 등장인물의 생각과 행동을 이해하려면 생각의 폭과 깊이가 자라야 합니다. 한글책을 많이 읽어 이해력이 자라면 어려운 영어책도 흥미롭게 읽어가게 됩니다. 두 마리의 말(한글책, 영어책)이 앞서거니 뒤서거니 끌어주는 마차를 탄 셈입니다. 영어는 저절로 굴러갑니다.

> **어드바이스**
>
> **한글책, 영어책 다 싫어하는 아이는 어쩌지?**
>
> 아이가 한글책을 좋아하지 않는다고 절망할 필요는 없습니다. 세상 모든 책의 절반은 '이야기'(문학=픽션)입니다. 이야기를 싫어하는 아이는 없습니다. 우리나라의 구전설화, 그리스 신화, 북유럽 신화, 그림 형제의 동화 등 구전으로 많은 이야기가 전해내려온 것은 그만큼 사람들이 즐겨 들었기 때문입니다. 책을 싫어하고 읽지 않는 아이라면 나이가 몇 살이든 재미있는 이야기책을 읽어주세요. 한글책을 좋아하는 아이로 키울 수 있는 비법입니다. 처음부터 한글책, 영어책을 다 좋아하고 잘 읽는 아이는 없습니다. 먼저 한글그림책과 이야기책의 재미와 감동, 한글책에서 얻는 지식의 기쁨을 알려주세요. 영어는 그다음입니다.

선택과 집중의 힘

1. '영어, 골고루 네 가지 영역을 잘해야 한다?' 터무니없는 환상일 뿐이다

잠수네 영어를 2, 3년 진행한 아이들이 영어학원에서 상담을 하면 듣기와 읽기는 뛰어난데 말하기와 쓰기는 상대적으로 좀 처진다는 말을 많이 듣습니다. 듣기/말하기/읽기/쓰기를 골고루 해야 영어실력이 늘어난다는 조언을 듣기도 합니다. 과연 그럴까요? 모국어도 엄청나게 많은 양을 들어야 말을 할 수 있고, 꽤 오랜 기간 노력해야 읽기와 쓰기가 가능합니다. 모국어도 이리 공을 들이는 터에 외국어인 영어를 배우면서 네 가지 영역을 동시에 한다는 것은 어느 것 하나도 제대로 할 수 없다는 것과 다름없습니다. 듣기도 읽기도 제대로 안 되는 아이들을 데리고 억지춘향격으로 쓰기와 말하기 훈련을 시키는 셈입니다. 이것 저것 온갖 기능을 다 갖췄다고 선전하는 물건치고 뭐 하나 딱 부러지게 마음에 드는 것이 없는 것처럼요. '듣기 먼저, 읽기는 그다음' 순으로 진행하면서 한 번에 하나씩 탄탄하게 기반을 잡고 가는 것이 더 효율적입니다. 말하기와 쓰기는 듣기와 읽기가 해결된 뒤 생각해도 늦지 않습니다.

2. 한글책, 영어, 수학을 단계적으로 진행한다

잠수네는 한글책 기반을 탄탄히 하는 것이 1순위, 영어는 그다음, 수학은 맨 나중이라는 원칙을 갖고 있습니다. 한글책, 영어, 수학을 한꺼번에 다 집중해서 하려면 유아기부터 초등, 중등, 고등까지 내내 고3 모드로 가야 할 텐데요, 불가능한 이야기입니다. 보통은 시간 없다고 한글책을 가장 먼저 제외하고, 그때 그때 별 생각 없이 남들 하는 대로 영어나 수학에 집중하는 경우가 대부분입니다. 이렇게 하면 시간이 흘러 고3이 되었을 때 영어를 딱히 잘하는 것도 아니고, 그렇다고 수학이 상위권도 아닌, 이도 저도 아닌 상황이 되고 맙니다. 대신 아이들의 성장에 맞게 한글책＞영어＞수학의 순으로 비중을 달리하면 세 영역 모두 탄탄한 실력을 갖출 수 있습니다. 한글책은 어릴 때부터 고3까지 죽 신경을 써야합니다. 영어는 잠수네 영어로 세 시간씩 2, 3년 집중하면 고3까지 편안하게 갈 수 있습니다. 수학은 원칙적으로 중학교부터 달린다 생각하고요. 한글책, 영어, 수학의 세 마리 토끼 잡기, 이렇게 하면 가능합니다.

3. 무엇을 버릴지가 중요하다

아이를 키울 때 '선택과 집중'이 중요하다고 하면 보통 무엇에 더 집중할까를 생각합니다. 사실은 그 반대입니다. 하나에 집중하려면 꼭 중요한 것 빼고 나머지를 다 버려야 하거든요. 잠수네에서 사교육을 최대한 정리하라고 조언하는 것도 한글책, 영어책 읽을 시간을 확보하기 위해서입니다. 하루는 24시간. '무엇을 버릴까'를 잘 결정하면 아이는 즐겁고 부모는 편합니다. 불필요한 사교육비도 줄일 수 있습니다. 밭에서 잡초를 솎아내야 채소가 무럭무럭 자라듯 '영어 잘하는 아이'로 굵게 키우려면 중요한 것 빼고는 다 치우세요.

실제 경험한 것이 기반

항간에 거론되는 영어교육이론의 대부분은 영어를 모국어로 하는 ESL(English as Second Language) 환경에서 외국인의 영어교육과정을 연구한 결과입니다. 우리나라 같은 비영어권 국가에서 영어를 습득하는 방법론은 거의 없습니다. 그에 비해 잠수네 영어는 100퍼센트 실제 경험을 바탕으로 만들어졌습니다. 우리나라 같은 EFL(English as a Foreign Language) 환경에서 선택할 수 있는 가장 효과적인 방법이라는 것이 세월로 검증되었습니다.

2000년 1월 1일 잠수네 영어를 처음 시작할 당시에는 검증되지 않은 과정이므로 "절대 따라하지 말아달라"는 당부를 누누이 드렸습니다. 그러나 한 분, 두 분, 묵묵히 이 길을 가는 분들이 늘어나면서 앞서 걸어간 분들의 발자취를 따라 길이 나고 탄탄해졌습니다. 이 길은 불도저로 낸 고속도로는 아닙니다. 많은 사람들이 밟아서 만들어진 숲 속의 오솔길이라 쉽게 눈에 띄지 않지만 눈 밝은 분은 금세 알아채는 길이기도 합니다. 잠수네 책을 읽고서, 혹은 잠수네에 가입해서 충격과 설렘으로 며칠을 뜬눈으로 지새우는 분들이 그런 분들입니다.

> **초6, 초2, 5세…… 대를 이어 잠수네와 함께**
> 작성자 : 민이현이 (초6, 초2, 5세)

7세에 잠수네에 가입해서 지금은 예비 중학생이 된 저희 큰딸내미의 소원이 뭔지 아십니까? 나중에 자기가 엄마가 돼서 자식을 잠수네로 키우는 거랍니다. 더 이상 무슨 말이 필요하겠습니까? 엄마가 잠수네로 자기를 키워준 게 정말정말 다행이라는데요.
잠수네는 아이들도 키우고, 엄마들도 키우고…… 또한 잠수네 스스로도 얼마나 잘 커왔는지 좀 오래된 회원들은 잘 아실 거예요. 정말 좋은 정보들이 잠수네 구석구석에 숨어 있어서 저처럼 오래된 회원도 가끔 '어, 이런 것도 있었어?' 할 정도로 어마어마한 보물창고랍니다.

• 7세, 영어에 눈뜨기 시작하다
6세 말에 한 달간 미국에 다녀온 걸 계기로 영어를 좀 해야겠다는 생각이 들었네요. 당시 유치원 엄마들과 아침마다 티타임을 했는데 저 3개월간 잠적하다시피 했습니다. 잠수네 올라온 글 읽느라 밤을 지새웠지요. 심봉사 눈뜬 거마냥 신나고 좋아서 힘든 줄도 몰랐어요. 세 시간 이상 아이를 영어에 노출시켰습니다.

남편의 반응 : 집에 와서 자기 맘대로 TV도 못 본다고 투덜투덜. 하루 종일 일하고 와서 저녁에 자기가 좋아하는 TV프로그램도 맘대로 못 보냐고. 맞는 말이지만 잠수에 버닝하던 제 귀에는 안 들렸습니다. TV 보기가 유일한 취미였던 남편이 아주 미웠지요.

• 초등 1~3학년, 수면 아래에서 잠수하기
2학년쯤 되니 주위 아이들이 영어학원, 원어민 수업을 많이 받더군요. 저는 잠수네에 대한 확신이 있었기에 흔들림 없이 잠수했습니다. 저와 제 아이를 잘 아는 언니들이 더 불안해하더라구요. 학원 보내라고, 학원 보내면 더 잘할 아이라고. 열심히 집중듣기하고, 읽었습니다. 다행히 큰아이는 책 읽기를 즐겨서 쉬운 책 수십 권씩 쌓아놓고 읽고, 저도 열심히 들려주고 틀어주고 했네요.
남편의 반응 : 이때까지도 무관심, TV 때문에 여전히 투덜투덜. 그나마 책 사는 거 갖고 뭐라 안 해서 고마울 뿐이었지요.

• 초등 4~5학년, 저 높은 곳을 향하여!
이즈음엔 잠수네 심화방에 있었는데 학원이나 학교에서 점점 인정받기 시작합니다. 청담, 아발론 등 대형학원 레벨 테스트에서도 좋은 점수를 받고, 학교에서 하는 영어행사에도 나가면 입상입니다. 고수방에 들어가는 것이 소원이어서 선배맘들의 조언도 받고 나름 노력해서 드디어 5학년 말에 잠수네 고수방에 입성했습니다. 그 노력이란 게 딴 게 아니고 뉴베리상 수상작류의 소설을 닥치는 대로 읽는 거였어요. 문법, 어휘 이런 거 거의 안 했습니다. 학습서는 조금 했네요.
남편의 반응 : 딸내미 입에서 영어가 쌀라쌀라 나오고 두꺼운 영어소설을 읽는 모습 보면서 잠수네 호감도 상승 및 저를 보는 눈빛에 존경의 빛이!

• 6학년, 영어책은 휴식과 같은 것

아이에게 영어는 더 이상 공부가 아니지요, 영어책만 읽고 살고 싶다고 해서 걱정이 될 정도로요. 300~400페이지가 되는 영어책을 붙잡고 놓기 싫어서 조금만 조금만 더 보려고 하는 아이에게 영어가 문제가 되겠습니까? 엄마인 저도 부러울 따름이고 애 아빠도 신기해하면서 부러워합니다.

지방에 사는 관계로 주위에 영어 잘하는 아이 보기가 쉽지 않아서 민사고 캠프를 보냈습니다. 우물 안 개구리가 되지 말고 꿈을 크게 가지라는 차원이었지만, 몇 달 지난 지금은 어디 먼 나라 이야기가 되었네요. 그래도 아이는 잠수네로 해도 강남의 유학 다녀온 아이들보다 밀리지 않는다는 체험을 하고 와서 자신감이 생긴 것 같습니다. 그전에는 자기가 아무리 잘해도 강남 사는 서울 아이들보다는 못할 거라는 막연한 두려움이 있었거든요.

저희는 정말 학원은 한 달도 안 다녀본 순수 잠수파(?)랍니다. 영어학원비가 아까워서 못 보내겠어요. '그 돈으로 책을 사면 남는 건데'라는 본전 생각이 너무 나서요. 대신 온 집안을 둘러싼 책장을 보면서 안 먹어도 배부르다고 생각하며 산답니다.

남편의 반응 : 자기 책보다 두꺼운 원서 읽고, DVD 원어로 보면서 웃고, 민사고 캠프도 잘 다녀온 딸을 무지 자랑스러워하며 동시에 부러워합니다. 자기도 잠수네로 관리해달라고 떼를 써서 귀찮아 죽겠습니다.

시댁의 반응 : 아이가 할아버지댁에 가서도 두꺼운 영어책을 읽고 있으니 나름 엘리트이신 할아버지는 기특해하시고, 할머니는 주말에도 쉬지 않고 공부한다고 걱정걱정. 아이는 '이거 공부하는 거 아닌데' 하지요. 제가 며느리 노릇 잘한 것도 없는데 애 학원 안 보내고 제가 다 가르쳐서 그만큼 한다고 생각하셔서 다른 부족한 부분을 많이 눈감아주시는 것 같아요.

- 앞으로, 잠수네 영어는 만능이다

잠수네 영어가 참 신기한 게 정말 하라는 대로 하다 보면 읽기, 듣기는 탁월한 수준이 되고, 쓸 때 되면 쓰고, 말할 때 되면 말한다는 겁니다. 공인시험도 모의고사 한두 번 풀고 가면 웬만큼 점수가 나옵니다. 4학년 땐가 처음 본 토셀 주니어는 만점, 5학년 때 본 토셀 인터는 2등급, 6학년 때 처음 본 텝스는 700점대. 자랑 같지만 그래도 잠수 초보들께는 눈에 보이는 점수가 확 와닿을 것 같아서.

주변에 초등 2, 3학년이 방학 때 학원에서 토셀 베이직 특강 듣는다고 하면 정말 안타까워요. 그 시간에 집에서 영어방송 보고, 쉬운 책 읽으면 얼마나 좋을까, 하구요. 하지만 주위에서 아무리 권해도 자기가 필요하지 않으면 안 들리나 봐요. 수능이나 공인시험을 잘 치르는 것 이상으로, 영어책이 한글책만큼 편안한 수준이 되려면 정말 잠수네 방법이 최상이라는 걸 저는 큰애를 통해 절실히 배웠습니다. 아이에게 이 세상을 살아가는 데 필요한 강력한 무기 하나를 준비해줬다 생각하니 뿌듯하네요.

잠수네 영어에 대한 오해

잠수네 영어? 엄마표 영어와 뭐가 달라?

포털사이트에서 '엄마표 영어'로 검색하면 수많은 광고, 블로그, 카페 글이 나옵니다. 엄마표 영어를 표방하는 영어학습법 책들도 참 많습니다. 영어를 익히려면 듣기와 읽기가 중요하다는 것 정도는 이제 누구나 다 아는데 잠수네 영어라고 새삼스러울 것이 있겠느냐는 분도 있습니다. 잠수네 영어가 엄마표 영어와 별반 다른 점이 없다면 유료 사이트로 지금까지 남아 있지 못할 것입니다. 과연 무엇이 다를까요?

첫째, 잠수네 영어는 진화한다는 점입니다. 사회와 교육환경은 계속 변화합니다. 영어교재도 하루가 다르게 새로운 것들이 나오고 있는데 특정 방법, 특정 교재만 고수하는 것은 시대착오적 발상입니다. 등소평의 '흰 고양이든 검은 고양이든 쥐만 잘 잡으면 된다'는 이야기처럼 잠수네에서는 시대에 뒤떨어진 교재나 방법은 버리고, 다수의 아이들에게 효과가 있는 방법이라면 언제든지 받아들입니다. 엄마표를 표방하는, 또는 선전하는 곳들이 많지만 잠수네만큼 성공사례가 많은 곳이 없다는 것 자체가 잠수네 영어의 힘을 보여줍니다.

둘째, 잠수네에서는 '한두 명의 성공담'이 아닌 다양한 연령에서 제각기 개성이 다른 수많은 아이들의 성공담을 볼 수 있습니다. 알파벳도 모르는 상태에서 《해리포터》, 고전명작을 읽는 수준까지 가는 긴 여정 동안 매일 잠수네 영어를 몇 시간 했는지, 어떤 책을 듣고 봤는지 시시콜콜 다 알 수 있습니다. 내 아이의 성향과 비슷한 롤모델을 찾으면 쉽게 따라갈 수 있을 정도입니다.

셋째, 잠수네에서 구축한 〈잠수네 책나무〉 데이터는 전세계 어디에도 없는 정보입니다. 한글책은 물론이고, 영어책 정보 역시 미국 아마존이나 도서관에서도 찾을 수 없는 독특한 콘텐츠입니다. 잠수네에서 수준별, 주제별, 연령별로 체계적으로 정리한 데이터에 잠수네 회원들의 실시간 리뷰가 함께 모여 시너지 효과를 내고 있기 때문입니다. "〈잠수네 책나무〉만 잘 연구해도 잠수네 영어 성공의 길이 보인다"는 조언이 잠수네 회원 간에 오갈 정도입니다. '재미'는 잠수네 영어의 핵심 엔진입니다. 한글책, 영어책을 읽기 싫어하고 재미없어하던 아이라도 〈잠수네 책나무〉를 파고들어 아이 성향에 맞는 책을 잘 찾으면 '대박' 책을 만날 수 있습니다. 재미를 찾으면 영어실력은 자동으로 올라갑니다.

잠수네 앞서간 아이들 따라잡으려고 학원행?

잠수네에 처음 들어와서, 뛰어난 아이들이 매우 많다는 데 놀란 나머지 앞서간 아이들을 따라잡으려면 학원에서 더 많이 공부한 후 잠수네 영어를 시작해야 하지 않을까 고민하는 분도 있습니다. 잠수네 영어 한 시간은 학원에서 세 시간 공부하는 양과 맞먹습니다. 한 달 30만 원인 학원비의 세 배인 100만 원짜리라고 말하는 분이 있을 정도로 듣고 읽는 양이 엄청나기 때문입니다. 하루 세 시간 주 6일 잠수네 영어를 했다면, 1주일에 총 54시간(3시간×6일×3배)을 학원에서 공부했다는 말이나 마찬가지입니다. 학원을 다녀서 잠수네 영어를 꾸준히 한 아이를 따라잡을 수 있을까요? 절대 불가능합니다.

잠수네 영어는 극소수만 가능한 방법인가?

"잠수네 영어를 할 수 있는 아이들은 따로 있어"라는 말을 하는 분이 간혹 있습니다. 여기에 대해서는 자신 있게 "No"라고 답변 드립니다. 잠수네 영어를 제대로 해보지도 않고 학원으로 돌린 분들이 이런 말을 합니다. 이솝우화에 나오는 여우의 신 포도 격이죠. 먹어보지도 않고 지레짐작으로 저 포도는 시다고 퉁치는 셈입니다.

'잠수네 방법만으로 되는 아이들은 극소수다, 대부분은 학습적으로 다지면서 가야 한다'라는 말이 맞다면 영어학원에 다니면서 학습적으로 하는 아이들은 다 영어를 잘해야 할 것입니다. 하지만 현실은 그 반대지요? 외려 학원이 지겨워서 잠수네 방법으로 방향을 트는 집일수록 아이가 숨통이 트인다는 반응을 보입니다. 학원 가서 잘하는 아이들일수록 단호하게 정리하고 잠수네 영어로 몰입하면 대박을 칩니다. 하지만 학원 다니다 잠수네 영어로 전환하는 것이 쉽지 않더군요. 학원이 길이 아닌 줄 알면서도 끈을 놓는 것이 불안해서요.

느린 아이라면 외국에 나가도 영어가 힘듭니다. 잠수네 방법이 문제가 아니라 총체적인 학습능력에 문제가 있는 거죠. 느린 아이일수록 부모가 1:1로 매 순간마다 정성을 들여야 합니다. 다른 사람에게 맡기면 천문학적인 돈도 문제지만 엄마나 아빠만큼 정성을 들이기는 불가능합니다. 헬렌 켈러의 설리번 선생님 정도라면 몰라도요. 이런 아이를 학원으로 돌리면 실패는 당연합니다. 몇 년씩 학원을 돌려도 제자리걸음을 할 수밖에 없습니다. 아무리 느린 아이라도 부모가 포기하지 않으면 '즐기는 영어'가 가능합니다. 학습능력이 떨어져도 우리말을 못하는 아이는 없는 것처럼요. 세월을 이길 장사는 없다고 하죠. 모든 면에서 느리고 부족해 부모 속을 어지간히 썩인 아이라도 꾸준히 하다 보니 1퍼센트가 되었다는 이야기를 잠수네에서는 종종 볼 수 있습니다.

잠수네 영어학습을 오래 했는데도 영어를 싫어하는 아이라면 엄마가 먼저 가슴에 손을 얹고 반성해봐야 합니다. 결과물을 조급하게 원하지 않았는가, 영어 이전에 아이와의 관계에 문제는 없는가 돌아봐야 하고요.

학원과 잠수네 영어를 병행하면 더 잘할 것 같은데……

잠수네 식으로 듣기와 읽기를 하면서 학원도 보내면 짧은 시간에 영어실력이 올라갈 수 있지 않을까 싶나요? 갈등이 되면 딱 석 달만 병행해보라고 말씀 드리고 싶습니다. 도저히 책 읽을 시간이 안 나옵니다. 학원과 병행하는 아이들의 대다수는 하루 한 시간도 잠수네 영어를 할 시간을 내기 어렵습니다. 학원을 다니면서 영어책, 한글책을 잘 읽는 아이는 극히 드뭅니다. 노는 것도 싫어하고, 혼자 책 보는 것이 인생의 최대 즐거움인 아이라면 가능할지 모르지만 99.9퍼센트의 아이는 책읽기와 학원을 병행하기가 불가능합니다.

간혹 잠수네 영어를 하면서 생긴 구멍은 학원에서 메워야 한다고 여기는 분도 있습니다. 잠수네 영어의 강점이 듣기와 읽기라면 말하기와 쓰기가 구멍일까요? 시험영어를 위한 단어암기, 문법, 독해가 구멍일까요? 일단 말하기와 쓰기는 학원에서 해결되지 않습니다. 듣기와 읽기 양이 탄탄할수록 시험영어를 위한 단어암기, 문법, 독해연습 분량은 줄어듭니다.

"잠수네에서 잘하는 아이들은 결국 학원을 다 다니더라"는 이야기를 하기도 합니다. 이는 내가 보고 싶은 내용만 보기 때문입니다. 어떻게 시작해서 지금의 뛰어난 영어실력을 갖게 되었는지 과정은 관심 없이 어떤 학원을 다니는지만 관심을 두는 것이죠. 잠수네에서도 중간중간 학원을 보내는 분들이 있습니다. 그동안 갈고 닦은 실력이 어느 정도 되는지 확인하고 싶은 마음도 있고, 집에서 하는 과정에서 부족한 점을 메울 수 있지 않을까 하는 기대에서입니다. 그러나 대부분은 다시 원상태로 복귀합니다. 단기간 학원을 이용할 수는 있지만 계속해서 다닐 필요가 없기도 하거니와, 기대만큼 학원에서 해결해주는 것이 별로 없다는 데 실망해서입니다.

잠수네 영어 성공의 비결은 과연 무엇일까?

잠수네 영어를 알고서 '나는 왜 이리 못난 부모인가? 그동안 무엇을 했던가?' 자괴감에 빠지는 분이 많습니다. 아이와 착착 발맞추어 체계적으로 진행하는 다른 집을 보면 작심삼일, 의지박약인 나 자신이 싫어진다고 하소연하기도 합니다. 늦었다 생각할 때가 가장 빠른 때입니다. 시작이 반이라는 말처럼 어느 순간 내 아이도 앞서가고, 나도 다른 사람의 부러움을 받는 때가 옵니다. 끈기가 없다고 주저하지도 마세요. 몇 년씩 아이와 잠수네 영어를 진행하다 보니, 끈기라고는 눈 씻고 찾아봐도 없던 내가 환골탈태했다는 후기를 잠수네에 남기는 분도 많습니다. 잠수네 영어 성공의 비결은 무엇일까요?

믿음

잠수네 영어의 성공과 실패를 가르는 첫 번째는 '믿음'입니다. 잠수네 영어로 성공하는 분은 잠수네를 알고 나서 아이 영어교육에 대한 고민이 일거에 날아가는 희열을 느낀다는 공통점이 있습니다. '이거다!' 하는 마음에 가슴이 쿵쾅쿵쾅 뛰고 벅차 며칠씩이나 날밤을 새우는 분도 많습니다. 반대로 잠수네 영어방법을 고민하고 의심하다 시간만 허비하고서는 몇 년이 지난 후에야 지난 세월을 후회하며 지금이라도 시작하겠다고 마음먹는 분도 많이 봤습니다.

잠수네에 대해 들어본 사람은 있어도 잠수네 영어를 실제로 하는 사람은 극소수입니다. 그러다 보니 잠수네 영어를 한다고 하면 "그렇게 해서 되겠어?" "애 잡지 말고 학원 보내!"란 소리를 듣기 쉽습니다. 주변의 시큰둥한 반응에 마음이 흔들리면 '정말 될까?' 의심이 납니다. '내가 영어를 못하는데 아이 영어를 제대로 이끌 수 있을까?' 더럭 겁이 나기도 합니다. 잠수네 영어를 하면서도 주변에서 조기유학을 보내고 유명한 영어학원 최고반에 다닌다고 하면 괜스레 나만 뒤처지는 것이 아닌가 불안감이 엄습합니다.

요즘은 아이들도 영어를 잘해야 한다는 마음을 은연중 갖고 있습니다. 부모가 확고한 신념을 갖고 진행하면 아이들도 믿고 따라옵니다. 그러나 부모가 흔들리면 아이도 부모를 믿지 못합니다. 어떻게 영어를 했느냐며 묻는 주위 사람들의 시선을 즐기며 클 것인가, 자기만 외톨이인 것이 불안해서 영어학원에 보내달라고 조르게 될 것인가는 부모의 믿음 하나에 좌우됩니다.

  평소에 영어교육에 대해 고민하면서 좋은 방법이 없나 찾아보고 연구한 분들은 잠수네 영어에 환호성을 올립니다. 직업상 영어를 늘 사용해야 하는 부서, 외국인회사, 대사관 등에서 근무해본 분이나 실제로 해외유학 경험이 있는 분들은 잠수네 영어공부법에 대해 200퍼센트 신뢰합니다. 학교나 학원에서 배운 것으로는 사회에서 자유롭게 영어를 구사하기 어렵다는 것을 잘 알기 때문이기도 하고, 유학을 갔어도 영어로 듣고 말하는 것이 얼마나 어려운지, 서바이벌 영어가 아닌 수준 있는 영어를 구사하려면 영어책 읽기 없이는 불가능하다는 것을 절실하게 느꼈기 때문입니다.

  잠수네 영어는 포기하지만 않으면 누구나 성공하는 방법입니다. 영어교육 방법에 대해 최대한 많이 고민하고 알아보세요. 다 알아보고 이 길이 최선이라는 결론이 나면 그때 시작해도 늦지 않습니다.

비교

비교는 모두 욕심에서 비롯됩니다. 욕심이 클수록 만족하기가 어렵습니다. 먼저 시작한 아이들, 내 아이보다 빠르게 나가는 아이들을 따라잡으려는 욕심이 앞서면 아이를 다그치게 됩니다. 같은 배에서 나온 형제, 심지어 일란성 쌍둥이라도 다 다릅니다. 차분하고 집에 있기 좋아하는 학습적인 아이가 있는가 하면, 밖에서 땀 흘리며 신나게 놀지 않으면 좌불안석인 아이도 있습니다. 어릴수록 여자아이들의 정신연령이 남자

아이들보다 높습니다. 언어습득 속도도 빠른 편입니다. 잠수네에서 영어를 제일 잘하는 차분한 여자아이와 이제 막 시작한 날뛰는 망아지 같은 내 아들을 비교하지 마세요. '대기만성' 'Late Bloomer'라는 말처럼 아이마다 개성이 다르고 자라는 속도가 다를 뿐입니다. 영어는 언어입니다. 우리말을 못하는 아이가 없는 것처럼 꾸준히 하면 누구나 성공할 수 있습니다. 다른 아이와 비교하지 말고 아이의 어제와 오늘만 비교하는 것이 잠수네 영어의 성공 비결 중 하나입니다.

가지치기

예닐곱 살, 초등 저학년인데도 시간이 없다고 하는 집이 많습니다. 아이가 원해서, 또는 친구 따라 강남 간다고, 또는 있을 때 다 해보는 것이 좋지 않을까 하는 마음 때문입니다. 미술, 피아노, 바이올린, 태권도, 수영, 줄넘기, 스케이트, 인라인, 발레, 바둑, 체스, 논술, 한자, 과학실험교실, 종이접기, 역사체험 등 열 손가락으로 셀 수도 없을 만큼 시키면서도 주 1~2회뿐이니 많다는 생각을 못합니다. 하나를 추가하기는 쉬워도 그만두는 것은 너무나 어려워합니다. 잠수네 영어를 할 시간을 내기 위해 정리하라고 하면, 무엇이 더 중요하고 덜 중요한지 판단이 안 돼 우선순위를 정해달라고 질문하는 분이 있을 정도입니다.

아이가 하는 것들을 '꼭 해야 하는 것'과 '재미'를 기준으로 네 가지로 분류해보세요. ①꼭 해야 하면서 재미도 있는 것 ②꼭 해야 하지만 재미없는 것 ③꼭 해야 할 것은 아니지만 재미있는 것 ④꼭 할 필요도 없고 재미도 없는 것으로요. 1차 정리대상은 ④꼭 할 필요도 없고 재미도 없는 것입니다. 당연히 할 이유가 없겠죠? ③꼭 해야 할 것은 아니지만 재미있는 것 역시 돈을 들여서까지 할 필요는 없습니다. ②꼭 해야 하지만 재미없는 것도 십중팔구 돈과 시간만 허비할 공산이 큽니다. 엄마만 중요하다고 생각할 뿐 아이가 싫어하는데 효과가 있을 리 만무하니까요. 마지막인 ①꼭 해야 하면서 재미까지 있는 것도 다시 한번 더 생각해보세요. 지금 이 시점에서 꼭 해야 하는 것인가 하고요.

정말 갖고 싶었던 좋은 가구세트를 샀다면 먼저 집 정리부터 들어갈 겁니다. 새 가구를 넣을 자리를 마련하기 위해서요. 잠수네 영어도 마찬가지입니다. 잠수네 영어를 하겠다고 나섰어도 시간이 없다며 하는 둥 마는 둥 몇 년을 허비하는 집이 많습니다. 어느 날 문득 이렇게 해서는 도저히 안 되겠다는 생각에 사교육을 다 정리하고 나면, 그동안 별것도 아닌 것에 아등바등한 것에 후회를 합니다. 다른 것 다 하고 자투리 시간에 잠수네 영어를 하려고 하면 백전백패입니다. 새 가구를 들일 때처럼 싹 정리하세요. 그래야 잠수네 영어도 성공할 수 있습니다.

아이와의 관계

"내 배에서 난 자식이니까 내 맘대로 될 거야!" 첫 아이를 키우면서 엄마들이 많이 하는 착각입니다. 어릴 때는 하라는 대로 잘 따라 하던 아이도 머리가 커지고 사춘기에 들어서면 자기 주장을 내세우고 부모와 신경전을 벌입니다. 특히 철저하게 계획을 세워 아이를 끌고 가려는 부모와 고집 센 남자아이가 만나면 사춘기 전인 초등 저학년부터 많이 부딪칩니다. 꼼꼼하게 세부적인 것까지 간섭하는 경우도 아이와의 갈등 시기가 빨라집니다. 아이는 부모의 거울입니다. 부모가 한 대로 따라 합니다. 어릴 때 밀어붙인 강도가 강할수록, 많은 양을 억지로 시킬수록 사춘기 때 강하게 튕겨나갑니다.

아이가 거부하면 잠수네 영어는 할 수 없습니다. 아이를 잘 키운 부모들은 큰 그림을 그려주고, 그 안에서 아이가 자유롭게 선택할 수 있게 합니다. 아이의 말에 귀 기울이고, 아이의 말을 무시하지 않고 공감해줍니다. 칭찬도 많이 해주고요. 어른도 칭찬받으면 어깨가 으쓱해질 정도로 기분 좋은데 어린아이들이야 말할 나위가 없지요. 칭찬은 부메랑입니다. 칭찬받으면 더 잘하려고 노력합니다. 아이를 칭찬해준 이상으로 아이도 부모에게 보답합니다.

그러나 부모도 사람인 이상 늘 완벽할 수는 없습니다. 아무리 평정심을 유지하려고 노력해도 아이의 행동에 순간적으로 화가 솟구칠 때가 있습니다. 화가 났다고 아이에게 퍼부으면 힘 없는 아이는 저항도 못하고 고스란히 나의 감정의 하수구가 될 뿐입니다. 잘못했다고 비난하면 움찔 위축되면서 머리가 굳어집니다. 화가 나면 잠시 자리를 피하세요. 마음이 진정되고 나면 화가 난 이유를 설명하고, 이렇게 저렇게 고쳤으면 좋겠다고 이야기하는 쪽이 같은 일이 반복되지 않도록 예방하는 길입니다.

아이와 관계가 좋아야 한다고 해서 아이의 말을 무조건 다 들어주어야 한다는 것은 아닙니다. 뜨거운 불가에 가까이 가는 아이를 보고 위험할 것이 뻔한데 방치하면 안 되는 것처럼, 잠수네 영어를 할 때도 '단호함'이 필요합니다. 하기 싫다고 하루 쉬면 이틀이 되고 1주일, 한 달이 됩니다. 일단 시작하면 매일 꾸준히 하는 습관을 들여야 잠수네 영어가 잘 굴러갑니다. 처음에는 어르고 달래며 가야 할 때도 있지만, 어느 순간 영어가 재미있다고 즐기는 아이로 자랍니다. 잠수네 영어를 시켜줘서 정말 고맙다는 인사를 받을 때까지 단단하게 마음을 먹고 가세요. 너무 당기지도, 너무 느슨하게 놔두지도 말고요.

실천

'구슬이 서 말이라도 꿰어야 보배'라는 말처럼 잠수네 영어 역시 '실천'이 없으면 그림의 떡이나 마찬가지입니다. 생각이 많으면 몸이 움직이기 어렵습니다. 이것저것 걱정하고 궁금해하기만 할 뿐 한 발짝도 떼지 못하면 잠수네 영어를 알아도 아무짝에도 소용없습니다. 하다 보면 길이 보입니다. 막힌 부분이 뚫리고 걱정하던 것이 해결됩니다. 궁금증도 풀립니다. 긴 여정을 가다 보면 누구나 슬럼프에 빠집니다. 슬럼프는 '하기 싫다'는 말과 같은 의미입니다. 만사가 다 귀찮으면 하고 싶을 때까지 기다렸다 다시 시작하세요. 슬럼프에 빠졌어도 언제든 바닥을 치고 다시 일어서면 되니까요.

내가 과연 아이들과 잠수네 영어를 잘할 수 있을까 자신이 없다면, 반대로 어떤 방법으로 하면 영어를 잘할 수 있을까 생각해보세요. 답이 안 나오면 잠수네 영어를 실천하는 길밖에 없습니다. 직장맘이라 시간이 없어도 아침시간, 저녁시간 짬을 내어 진행할 수 있습니다. 평범한 엄마도 가능할까 걱정스럽나요? 그러면 평범하지 않은 엄마는 어떤 분일까요? 명문대 출신에 강남 살고 돈이 많으면 평범하지 않은 엄마일까요? 영어에 자신 있다고 자기가 했던 방법으로 아이를 끌고 가도 '아이는 내가 아니다'란 것을 깨닫는 순간이 옵니다. 중고생 시절 왜 공부해야 하는지 동기가 뚜렷했던 '나'와 세상만사 고민이 없는 '내 아이'는 같은 사람이 아니거든요. 강남에 살고 돈까지 많으면 사교육으로 무한정 돌리기 쉽습니다. 다들 가는 길을 마다하고 잠수네 영어를 하려면 주변의 시선을 가뿐하게 뛰어넘을 정도의 내공이 필요합니다.

작심삼일도 120번 하면 1년입니다. 처음부터 1년 계획을 완벽하게, 체계적으로 세우고 하는 사람은 없습니다. 난 끈기가 없어 못한다고 생각하는 분이라면 딱 3일만 하겠다고 생각해보세요. 하다 보면 3일이 1주일 되고, 한 달, 1년이 됩니다. 안 하던 일을 습관으로 바꾸는 데 21일, 안 하면 왠지 꿉꿉한 느낌이 들 정도로 습관이 자리잡는 데 66일이 소요된다고 합니다. 잠수네 회원이라면 〈잠수네 포트폴리오〉의 학습노트를, 회원이 아니라면 노트에 학습일지를 딱 한 달만 써보겠다는 목표를 세워보시기 바랍니다. 한 달을 채우면 그다음에는 석 달 목표를 세워보세요. 석 달씩 네 번이면 1년입니다. 매일의 기록이 쌓이면 '기록의 힘'으로 아이가 바뀌고 내가 변화하게 됩니다.

> ### 잠수네 영어 성공하는 엄마들은 어떤 분들일까요?
> 작성자 : 고운맘 (중3, 초5)

공부 많이 한 똑똑한 엄마들? 정말 그럴까요?

제 고등학교 동창들, 대학 동창들 똑똑하고 잘나가는 친구들 많이 있는데요, 친한 친구들에겐 잠수네도 알려주고, 시작하기 편하라고 제가 교재랑 오디오도 골라주고, 빌려주고, 심지어는 오디오 복사까지 해서 선물해줘도 성공한 친구들 거의 없어요.

이 친구들 공통적으로 잠수네 영어를 하기 위해 필요한 엄마의 정성에 대해 왜곡된 생각을 갖고 있더군요. 특별한 엄마들이나 할 수 있는 거다, 난 게을러서 못한다, 꼭 그렇게까지 해야 하나, 우리 애는 따라주질 않을 거다……. 일단 '난 못한다'는 전제와 '잠수네 영어 하는 엄마들은 아이들 교육에 목숨 거는 극성 엄마'라는 편견이 있구요. 대신 학원이며 유학이며 금전적인 투자는 다들 많이 하지요. 그런데 시간이 지나 저희 아이들이 영어에서 낸 성과를 알게 되면 또 이렇게 얘길 하더군요. 아이들이 다르다고. 누구나 시킨다고 그렇게 되는 게 아니라네요. 저는 이런 것이 엄마들의 자기 합리화가 아닐까 생각해요. 자신이 아이들 영어에 정성, 노력을 쏟지 못하는 것, 아이 결과가 원하는 데 미치지 못하는 것에 핑계를 대는 거죠.

요즘 저는 주변에서 물어오면 이렇게 얘기를 해줘요. 부모가 아이에 대해 정말 욕심이 없고, 영어가 별로 중요하지 않다고 생각하면 이렇게 정성들일 필요 없다. 편안하게 소신대로 키우면 된다. 단, 나중에 아이의 결과가 기대에 못 미칠 경우에도 초연할 자신 없으면 지금 노력을 하라구요. 핑계 대지 말고 제대로(꼭 잠수네가 아니라도 영어 잘하는 아이들 뒤에는 잠수네 못지않은 열혈엄마들이 계시더라구요). 다른 공부는 아이 스스로 때 되면 맘먹고 할 수 있지만, 영어는 시간도 많이 필요하고, 어려서 자연스럽게 책으로 익히는 장점이 아주 크거든요. 유학 1, 2년보다 나은 경우가 많아요.

제 주변에 성공한 분들, 잠수네에서 오래 지켜본 분들 중에 잘해나가신다 싶은 분들은 공통점이 있어요. 스스로 판단해서 자발적으로 해나간다는 점. 쉽게 남에게 의지하려 하지 않죠. 잠수네 지나가는 말로 알려만 줬는데 그다음은 알아서 척척. 질문을 하더라도 스스로의 실천과 고민의 흔적이 느껴지는 질문을 하세요.

또 하나의 공통점은 엄마들 스스로 진행하면서 '재미'를 찾고 '몰입'을 하신다는 것. 어떤 공통적인 흐름 속에서 내 아이에게 맞는 특별한 노하우를 찾아내신다는 것. 이런 모든 덕목들은요, 엄마의 마음자세에서 나오는 것 같아요. 앞뒤 너무 재지 말고, 핑계대지 말고, 남과 비교하지 말고, '믿음' '자신감' '즐거운 마음'을 챙겨서 정말 열심히 해보세요. 중학생도 늦지 않았어요. 저희 큰아이 2년 지나고 보니 맘먹고 시간 만들면 얼마든지 할 수 있겠다는 생각이 듭니다. 물론 단단히 맘먹어야 가능하겠죠.

> **잠수네 영어의 매력과 파워는 '가속도'에 있답니다**
> 작성자 : 혜을 (초5, 초4)

저흰 초2, 초1에 알파벳도 모르고 잠수네 영어 시작한 케이스랍니다. 처음 6개월은 죽을 만큼 힘들었고, 1년은 전혀 앞이 안 보였고 1년 6개월이 되어도 좌절과 포기하고 싶은 마음뿐이었답니다. 앞이 안 보이는 길을 2년간 무식하게 달려왔더니 뭔가 조금씩 보이기 시작합니다.

근 2년이 지나면서 차츰 아이들도 읽을 수 있는 책이 생기고, 재미를 알게 되니 힘이 나더군요. 그때쯤 저도 잠수네 영어란 것이 머릿속에 정리가 되면서 믿음이 솔솔 생기기 시작했어요. 요때를 기점으로 영어책 공부를 더 많이 하고, 아이들이랑 서점 나들이 하면서 '재미'를 찾아다녔답니다.

그리고 3년 정도가 지난 뒤부터 게시판에 글을 쓰기 시작했고, 주위 친구들에게도 자신 있게 잠수네를 권하게 되었습니다. 지금은 아이들은 물론, 저도 조금씩 즐기면서 이 길을 갈 수 있게 되어 기쁩니다. 영어학습이 애초의 목적이었지만, 지금은 '영어로 재미난 책 읽기'가 목적이 되었어요.

처음 2년간을 저는 '터널'에 비유하고 싶답니다. 미적미적거리고 있으면 '터널'을 빠져나올 수가 없습니다. 일단 '터널'에 들어선 이상 최대한 빨리 빠져나오는 것이 중요합니다. 이 생각, 저 생각, '될까? 안 될까?' '다른 것도 해야 하지 않을까?' '학원을 보내야 하나?' '내가 정말 할 수 있을까?' 등등 생각이 너무 많으면 안 됩니다. 심한 말로 터널 안에서 미적미적거리고 오래 있다 보면 '질식사'당할 수도 있어요.

그래서 아이 손 붙잡고 전속력으로 달리는 수밖에 없답니다. 터널을 빠져나오면 '맑은 공기'(= 영어가 만만하고 재밌어진다)라는 선물이 기다리고 있으니까요(저흰 맨땅에 헤딩한 케이스라 2년이 걸린 거구요, 사전에 쌓인 영어가 있는 아이들은 더 빨리 터널을 빠져나올 수 있을 겁니다. 저희는 약간 느리다 싶은 은하수과랍니다).

뭣보다 중요한 것은 '잠수네 영어에 대한 확신'이 있느냐는 겁니다. 아직 그것이 없다면 아이는 좋아하는 DVD나 보게 놔두시고, 잠수네를 서치하시면서 '확신'을 먼저 가지셔야 합니다. 급하다고 대충 아이 손 잡고 냅다 달리기부터 하다 보면, 중간에 꼭 멈춰 서서 뒤를 돌아보게 됩니다. 이때가 가장 위험합니다. 중간에 멈췄으니 맥이 끊기죠, 이러지도 저러지도 못해 속상하죠, 아이는 엄마보다도 더 황당하죠, 그럼에도 불구하고 시간은 흘러가고 있죠. 일단 달리기 시작하셨으면 절대 멈추면 안 돼요. 인생 살면서 가끔은 걸음을 멈추고 생각해봐야겠지만, 잠수네 영어 하면서는 그러면 아니되어요.^^

잠수네 영어의 매력과 파워는 '가속도'에 있답니다. 오늘보다 내일 10분이라도 더 하면 가장 좋겠지만, 매일 같은 보폭으로 꾸준히 가다 보면 어느새 가속도가 붙습니다. 일단 가속도가 붙기 시작하면 무섭습니다.

저는 날마다 요런 날들(내리막길 달리는 꿈/하늘을 훨훨 나는 꿈)을 꿈꿉니다. '우리 아이도 언젠간 저리 될 거다~' 스스로를 세뇌시키면서 행복해하는 거죠. 4년째 들어서니 아이들 반응이 어제 다르고 오늘 다릅니다.^^ 가속도가 확확 붙는 게 느껴집니다. '터널 같은 첫 2년'을 무사히 탈출하지 못했다면 '오늘의 기쁨' '내일의 기대'는 없었겠지요. 저는 오늘도 저희 아이들이 '영어에서 자유로워지는 날'을 꿈꿉니다. 기왕 가야 할 길이라면 좀 오버하면서 즐겁게 가보려구요.

잠수네 영어,
아이의 인생을 바꾼다

"무서운 잠수네 아이들이야!" "대치동 위에 잠수네"라는 말이 나오는 이유는 그만큼 실력이 뛰어나기 때문입니다. 1999년 말부터 지금까지 긴 세월 동안 유료 사이트인 잠수네가 건재하고 있는 것도 잠수네 영어를 했던 아이들이 자라면서 검증을 해주고 있기 때문입니다.

수능영어가 어려워질수록 잠수네 영어의 진가가 발휘됩니다. 잠수네 영어를 즐겁게, 꾸준히 한 아이들은 텝스/토플 고득점도 너끈히 받습니다. 해외의 영미권 학교, 국제학교에 가면 잠수네 영어의 위력을 절실하게 깨닫습니다. 대학에 진학하거나 사회에 나간 아이들도 잠수네 영어의 힘을 피부로 느낍니다.

더욱 보람찬 것은 잠수네 영어를 매개로 아이의 인생이 변화한다는 점입니다.

자긍심

'자기주도학습'이 화두가 된 지 오래지만 아직도 회자되는 것을 보면 그만큼 스스로 공부하는 아이가 많지 않다는 것입니다. 잠수네 영어를 한 아이들은 스스로 영어를 해냈다는 자부심이 큽니다. 물론 처음에는 엄마가 어르고 달래고 별별 수를 다 써서 끌고 가지만, 어느 순간 영어가 재미있다고 느끼면 아이 스스로 잠수네 영어를 진행하게 됩니다. 주도권이 부모에게서 아이한테로 넘어간다고 할까요?

습관의 힘

잠수네 영어를 하려면 최소 30분은 한 자리에 앉아 영어책을 들어야 합니다. 처음에는 쉽지 않아도 습관이 되면 30분 정도 집중하는 것은 누워서 떡먹기입니다. 영어책 듣는 것이 재미있으면 두 시간, 세 시간씩 한 자리에서 듣는 아이도 있습니다. 자연스럽게 엉덩이 힘이 길러지고 집중력이 커집니다. 집중하는 습관이 잘 잡히면 다른 과목을 공부할 때도 같은 태도를 유지하게 됩니다. 무언가를 꾸준히 하는 습관이 몸에 배면 사춘기가 되어도 공부하는 태도가 흐트러지지 않습니다.

영어의 자신감이 전체 학습으로 확산

잠수네 영어를 한 아이들은 학교나 지역에서 영어 잘하는 아이로 소문이 납니다. 학원을 다니지 않는데도 영어를 잘하니 친구들, 학교 선생님, 주변의 엄마들이 수시로 비결을 묻습니다. 두꺼운 영어책을 한글책처럼 술술 읽고, 학교의 원어민 선생님과 자유롭게 대화를 하니 다른 아이들이 부러워합니다. 잠수네 영어에 대해 자부심을 가질 수밖에 없습니다. 다른 아이들과 다른 길로, 누군가에게 의존하지 않고 혼자 해냈다는 자부심은 수학도, 국어도 혼자 해보겠다는 마음을 먹게 합니다. 잠수네 아이들 중에도 학원이나 인터넷 강의, 과외를 하는 경우가 있습니다. 그러나 학원에 안 가면 불안한 다른 아이들에 비해 "이 학원은 나한테 도움이 안 된다" "이 부분이 부족하니 과외로 보충했으면 좋겠다" "이 과목은 혼자서도 충분히 할 수 있다" 하며 판단하는 눈을 갖게 됩니다. 공부의 주도권을 학원에 넘기는 것이 아니라 아이와 부모가 주체가 되어 능동적으로 대처할 수 있습니다.

사춘기 열병도 슬기롭게 넘어가요

사춘기는 누구나 겪는 열병입니다. 호르몬의 변화로 몸이 달라지고, 자아가 생기는 과정입니다. 스스로도 왜 그러는지 이유를 찾지 못할 만큼 머리에서 생각하는 것과 다르게 행동이 나오는 때입니다. 많은 부모들이 자녀가 사춘기를 잘 보내는 방법이 무엇일까 노심초사합니다. 잠수네 아이들도 사춘기의 터널을 똑같이 지나갑니다. 그러나 같은 터널을 지나더라도 이리저리 부딪치며 집안을 들었다 놨다 할 만큼 속 썩이는 것과 사소한 의견차이로 아옹다옹하는 것은 완전히 다른 차원의 문제입니다. 잠수네 영어를 하다 보면 끊임없이 아이의 의견을 묻게 됩니다. "이게 재미있니?" "이건 어때?" 하고요. 아이의 말에 귀 기울이다 보면 아이도 자신의 생각을 편안하게 이야기합니다. 사춘기를 극심하게 겪는 아이들이 부모를 '적'으로 간주하고 갈등을 겪는 데 비해, 늘 대화하는 가정이라면 사춘기도 가볍게 지나갑니다.

플랜 B

부모들이 바라는 SKY대학, In서울(서울에 있는 대학)을 갈 수 있는 인원은 정해져 있습니다. 90퍼센트의 아이들이 'In서울'조차 하기 힘든 현실입니다. 공부를 열심히 하지 않았거나 운이 나빠서, 학습능력이 떨어져서 등 대입에서 원하는 목표를 이루지 못할 수도 있습니다. 그러나 영어를 잘하면 선택의 폭이 넓어집니다. 군계일학으로 각종 기회를 잡는 데 유리합니다. 원치 않은 대학에 갔어도 교환학생으로 외국에 나갈 가능성이 높아지고, 어떤 시험에서든 기본 영어실력을 닦아둔 덕을 보게 됩니다. 열정과 실력이 있는 아이라면 해외 대학이나 취업으로 눈을 돌려볼 수도 있습니다. 넓은 시야를 갖고 진짜 영어실력을 키워야 하는 중요한 이유입니다.

스승과 제자가 함께하는 잠수네
작성자 : 럽포스 (초2)

얼마 전 옛 제자의 전화를 받았습니다. 작년부터 부쩍 책이며 영어며 궁금해하고 고민하길래 제가 가는 길을 일러줬는데 오래 참는다 싶더니 더 이상 궁금증을 참을 수가 없었나 봅니다. 그래, 잘했다, 딱 좋은 시기다, 하며 격려하고 반가운 마음을 전하며 오래된 선생과 제자는 또 전화 수다로 황금 같은 오전 한 시간을 훌쩍 보냈습니다.^^

스물몇 해 전쯤에 저는 초등학교 교사였어요. 처음 선생이 되어 만난 어느 산골 학교의 5학년 아이들…… 그 아이들이 지금껏 제 젊은 날이 의미 있었다는 증거가 돼주고 있답니다. 제가 대단한 선생이었던 건 아니구요, 단지 아이들의 반짝이는 눈빛을 보면 신나고 좋아서 수업에 열심히 임했을 뿐입니다. 선생이 그리 신나서 수업을 하니, 아이들도 재미있어하고……. 그래서 아마 아이들은 저를 '수업을 정말 재미있게 하는 선생님'이라고 기억하는가 봅니다.

아이들은 아직도 5월 어느 날이 되면 감사인사를 하고, 쉽게 결정 내리기 어려운 문제가 있을 땐 전화를 하고, 좋은 일이 있으면 자랑도 합니다. 결혼하고 아이가 자라면서 그 장난꾸러기 아이들이 '엄마'가 되고 '아빠'가 되었겠지요! 그리고 저처럼 아이들의 교육에 대해 고민하기 시작했구요.

참 고맙게도 저는 미리 잠수네를 알아서 제자보다 먼저 고민을 하고 제 나름의 답을 찾았기에 정말 확신에 차서 '잠수의 길'을 알려줍니다. 이 보물을 발견해서 눈을 반짝이며 밤을 밝히는 그 제자를 보며 저는 또 한 번 '선생'이 됩니다. 제자들이 방황하지 않도록 길을 알려줄 수 있어서 얼마나 고맙고 기쁜지 이루 말로 다 할 수 없답니다. 제게 잠수네는 이렇게 또 의미가 남다른 공간입니다.

남편이 가끔 제게 그럽니다. 너무하는 거 아니냐고요. 언젯적 선생 한번 해놓고 20년도 넘게 우려먹는다구요.^^ 남편은 모르는 거지요, 잠수네 안에서 성큼 자란 저를요, 그 때문에 제자들에게 또다시 선생일 수 있다는 것을요.

기억에 취해 길게 제 이야기를 했지만 요점은 간단하네요. '재미있으면 된다'는! 재미있는 수업이라서 선생님이 좋았고, 재미있는 선생님이었기에 지금껏 인연을 이어가고 있고, 당연히 잠수네 영어도 재미있으면 신나게 간다는 이 뻔한 이야기를 하고 있는 거지요.

제가 잠수를 하고, 제 제자가 자라서 다시 또 잠수를 하고, 언젠가 먼훗날 제 아이도 자라서 잠수를 하게 될 거예요. '어느 댁의 따님이 잠수네로 공부하고 선생이 되었다지요? 그 선생의 제자들도 잠수네에서 재밌게 공부한다지요?' 참으로 아름다운 그림 아닌가요? 그래서 교육의 미래가 밝습니다.^^

이과생이라 거의 책을 못 읽었는데도 텝스 978점 99.99퍼센트
작성자 : 하이눈 (중2 → 고2)

☆ 2009년, 중2

8월 2일에 치른 텝스 결과가 나왔네요. 940점대 1+ 등급입니다.

잘 본 것 같기는 한데 점수만 봐서는 자랑할 만한 건지 확신이 안 들었거든요. 그런데 집단 내 백분율이 99.8퍼센트 정도(반올림해서), 전체 등수는 두 자릿수(대략 3만 5000여 명 중에)라고 나와서 기분이 많이 좋았어요. 물론 더 좋은 점수 나오고도 조용히 계신 분들이 많겠지만, 중학교 들어와서는 수학에 집중하느라 영어는 거의 명맥만 유지하고 있었거든요. 학교시험 준비기간에는 영어책 읽기나 듣기를 거의 못 하고 나머지 기간에만 하루 한 시간 정도의 책읽기와 잠자리에서의 흘려듣기 30분 정도만 근근이 하고 있었지요. 생각보다 점수가 잘 나와서 기쁘답니다.

준비는 따로 한 거 없고 시험 보기 3, 4일 전부터 하루 두세 시간씩 〈월간텝스〉 다 풀고 갔어요. 마침 컴퓨터가 고장나는 바람에 리스닝은 못하고 갔는데 나머지는 답 지워서 다 풀어보게 했지요. 기출문제를 풀고 가면 도움이 된다고 하던데, 맞는 말 같아요. 시험 보고 나오면서 듣기 문제도 어떤 식으로 나오는지 한번 보고 올걸 하는 말을 하더라구요.

리딩은 시간이 모자랐답니다. 읽는 속도가 굉장히 빠른 아이인데 책을 많이 읽지 못하다 보니 속도가 예전만 못하다는 소리를 하더군요. 그리고 전체적으로 시간이 촉박하답니다. 문제당 주어진 시간이 아주 짧았다네요. 그럼에도 불구하고 중간에 지루해서 자기도 모르게 느슨해지기는 하더랍니다.

텝스를 보고 나면 따로 2000원 내고 〈성적 상세진단〉이라는 거 한번 보세요. 거기에 전체 등수 나오고 각 영역별, 파트별, 연령별 등의 분석을 볼 수 있습니다. 이번 시험 전체 평균은 595점이구요, 각 부문별로 전체 성적과 내 성적이 비교해서 나옵니다.

☆ 2012년, 고2
대박!!! 방금 텝스 결과 나왔습니다.
978점, 99.99퍼센트.
이과생이라 고등학교 들어오고부터는 거의 책을 못 읽었는데, 잠수네 방식이 기본이란 걸 다시 한번 느낍니다.

토플 116점, 잠수네 힘이라고 생각합니다
작성자 : 제라늄 (중2)

우리 중2 아들의 토플 경험담입니다. 중1 겨울방학 두 달 동안 토플학원을 다녔습니다. 그전에는 시험 본 적 없었구요. 초1부터 잠수네로 진행하다가 4학년에 1년, 5학년에 몇 달, 학원을 다녀보기도 했지만 6학년까진 잠수가 골자였지요. 중학교 입학부터는 책을 거의 못 읽었어요. 1년에 몇 권 읽은 정도인 거 같아요.

중1 여름방학 때 토플학원 1주일 정도 다니다가 아이가 너무 힘들어하고 저도 왜 이걸 지금 꼭 해야 하는지 모르겠어서 그만두었어요. 그리고 겨울 방학에 다시 다니며 집중했어요. 지금 이 시기 아니면 영어에 몰두할 시간이 없을 거 같고 인증시험으로 결과물도 내고 싶었지요. 일단은 학원이 머니까 두 달 후반 즈음 해서는 아이가 무지 지쳐하더라구요. 주 3회 네 시간씩, 혼자 지하철 타고 다녔거든요. 공부는 할 만한데 단어 외우기를 힘들어하더라구요. 시험은 1주일 간격으로 두 번 보았어요. 공부한 김에 아예 끝내려구요.

첫 시험은 리딩 30 / 리스닝 29 / 스피킹 28 / 라이팅 28 ……… 115점
두 번째 시험은 리딩 28 / 리스닝 30 / 스피킹 29 / 라이팅 29 …… 116점

나름 만족합니다. 아이도, 저도요. 이런 결과가 나오게 된 것은 잠수네의 힘이라고 생각합니다. 실력을 쌓아놓고, 목표에 따라서 단기간에 학원을 이용해 공부해보는 것도 시간 대비, 돈 대비 효율적이라고 생각합니다.

뒤처지던 우리 아이, 시간이 해결해주더군요
작성자 : 배귀비 (중2)

제가 잠수네에 들어온 지 만 9년이 다 되어갑니다. 중2 저희 집 녀석 여섯 살 때이지요. 아무리 들어도 못 읽는 아이, 되풀이해 많이 보아도 유추가 잘 안 되는 아이, 제자리를 맴도는 아이가 저희 집 녀석입니다.

처음 여섯 살에 잠수를 시작했을 때, 친한 이 둘과 함께했습니다. 똑같은 테이프를 들어도 소리가 빠른 아이는 몇 번 만에 읽더군요. 저희 집 녀석은 여섯 살부터 지금까지 매일 집중듣기를 하지만, 중학교 영어듣기시험조차 100점이 한 번도 안 나오는 녀석입니다(물론 듣기용 문제집도 풀었지요^^).

제 영어교실 진행글을 보면 죄다 징징거린 얘기들입니다. 3학년 겨울에 발전 2단계로 시작, 만 3년을 있었던 녀석. 6학년 겨울에 심화 1단계가 되었을 땐 많은 분들이 기뻐해주셨지요. 그리고 올 3월, 거품 잔뜩 낀 심화 3단계가 되었습니다.

같이 시작한 두 친구 모두 학원으로 방향을 바꾸었습니다. 가장 뒤처지던 저희 집 녀석만 잠수네에 남았습니다. 저희는 5년을 한결같이 살았는데, 초등 고학년에서도 이상한 모자였고, 지금도 이상한 모자입니다. 차이가 있다면 예전엔 물정 모르는 생각 없는 집이었고, 이제는 다른 아이들은 따라 하기 힘든 방법으로 공부를 하는 집이 되었습니다(물론 그분들은 잠수네 아이들을 몰라서 그러시겠지요).

제가 9년간 지낸 잠수네는 1퍼센트를 위한 곳이 아니라 열심히 하다 보니 어느 날 1퍼센트가 되어 있는 곳입니다.

2부

잠수네 영어
입문편

왜 듣기부터 시작할까?

잠수네 영어의 기본 골격은 아주 간단합니다. 많이 듣고, 읽다 보면 (Input) 자연스럽게 말하고 쓰게(Output) 된다는 겁니다. 단순하고 상식적인 이야기죠?

듣기가 가장 먼저인 이유

외국어 습득에 대한 전문 학자들의 이론은 무수히 많습니다. 그중 딱 부러지는 방법론이 없는 것이 기존의 영어학습을 모두 백지로 하고 대안을 생각하게 된 이유였습니다. 모국어 익히듯 영어를 배운 사람들의 경험을 참조해서 우리 아이들에게 맞는 방식을 찾아보려는 생각을 하게 된 거지요.

영어를 모국어로 사용하는 국가에서 태어난 아이들은 우리가 어렵게 생각하는 영어를 우리말 배우듯 아주 쉽게 배웁니다. 어릴 적 외국에 이민 간 아이들도 어른에 비해서 훨씬 빠른 속도로 외국어를 받아들입니다. 우리말 배우는 것과 차이가 나는 것은 딱 하나입니다. 우리는 한국어를 듣고 영어권 아이들은 영어를 듣는 거지요. 만약 외국에 사는 것과 비슷한 환경이라면 우리나라에서 태어나고 자랐어도 외국에 있는 아이들처럼 외국어를 배울 길이 있지 않을까요?

아기가 "엄마" 하고 말문을 여는 때는 대략 돌 전후입니다. 갓난아기들이 거의 하루 종일 잔다는 사실을 감안한다면 말 소리 듣는 시간은 매일 8시간씩 365일로 계산할 때 2920시간이라는 결과가 나옵니다. 이민 간 아이들이 말문이 트이는 데는 초등학교 저학년 기준으로 대략 6개월이 걸린다고 합니다. 영어 소리에 노출되는 시간을 8시간으로 잡으면 1400시간, 12시간으로 잡으면 무려 2000시간 동안 영어 소리를 듣고서야 말문이 트인다는 겁니다. 2000시간을 말이 나오기 위한 임계량이라고 볼 때 매일 세 시간씩 영어 소리를 듣는다면 만 2년, 두 시간씩이라면 3년이 걸리는 셈입니다.

어떻게 들을까?

1. 잠수네 영어, 흘려듣기로 시작한다

잠수네 영어는 아이가 말을 배우는 원리에서 출발, 외국어도 우리말 배우듯 익힐 수 있다는 믿음으로 진행합니다. 우리말을 배울 때 아이는 알아듣지는 못해도 집안식구들이 나누는 말과 동작, 상황을 늘 듣고 보면서 말의 의미를 깨칩니다. 영어를 배울 때는 DVD 보기와 영어 소리 듣기가 이 역할을 해줍니다. DVD에 나오는 등장인물들이 하는 행동과 말을 보면서 어떤 상황에서 어떤 말을 하는지, 어떤 의미가 있는지 알게 됩니다. 재미있는 노래가 나오는 오디오북이나 DVD의 소리만 녹음해서 들으면 외국에 살지 않아도 영어 소리가 들리는 환경이 조성됩니다. 이처럼 생활 속에서 부담 없이 영어 소리를 듣는 과정을 '흘려듣기'라고 합니다.

2. 흘려듣기 다음은 집중듣기

흘려듣기를 하다 보면 아는 말이 하나씩 둘씩 생깁니다. 마치 아이들이 처음 우리말을 배우듯이요. 소리로 들으면 아는데 글자는 아직 모르는 상태입니다. 아는 말이 조금 있는 상태에서 오디오북의 소리와 글자를 맞춰 들으면, 들어본 영어 단어와 문장은 읽을 수 있게 됩니다. 한글책을 읽어주다 보면 어느새 한글을 깨치는 것처럼요. 이것을 '집중듣기'라고 합니다.

3. 흘려듣기와 집중듣기는 서로 보완관계

집중듣기는 '집중해서 들어야 하는 과정'입니다. 당연히 처음에는 쉽지 않습니다. 문자와 소리를 연결해서 영어책을 읽을 수 있도록 해주는 강력한 방법이긴 하지만 정제된 발음만 듣는다는 문제도 있습니다. 실생활에서 책에 나오는 '문어체' 표현을 쓰는 사람은 거의 없으니까요. 반면 흘려듣기는 말 그대로 '흘려듣는 것'이라 아이들이 부담 없이 재미있게 할 수 있습니다. DVD를 많이 보면 빠른 속도로 말하거나 '구어체 표현'이 나와도 다 알아듣습니다. 말을 배우는 아기들이 옹알이하듯 혼자 영어말을 중얼거리기도 하고, 동생과 놀 때 DVD에서 들은 대화를 서로 주거니 받거니 하기도 합니다.

간혹 흘려듣기는 공부가 아니고 노는 것 같아서, 고학년이라 시간이 없어서라는 이유로 흘려듣기를 건너뛰는 분들이 있습니다. 이 경우 흘려듣기의 강력한 이점인 '빠른 속도의 듣기 능력'과 '유창한 말하기'를 익힐 기회를 놓치고 가는 셈입니다. 반대로 아이가 싫어한다는 이유로 흘려듣기만 하고 집중듣기를 안 하면 원어민이 하는 말을 다 알아듣고 말도 곧잘 하는데 영어책은 못 읽는 현상이 나옵니다.

흘려듣기와 집중듣기를 병행하면 시너지 효과가 큽니다. DVD를 보면서 들은 말이 영어책에 나오고, 영어책 집중듣기를 할 때 들은 단어나 표현이 DVD에 나옵니다. 둘을 병행하면 하나만 할 때보다 아는 단어와 표현이 더 많아지게 됩니다. 따라서 처음에는 부담없이 할 수 있는 흘려듣기를 먼저하고, DVD 보기가 익숙해지고 재미를 느끼게 되면 집중듣기를 추가하는 수순으로 진행합니다.

잠수네 영어 3종 세트,
〈흘려듣기+집중듣기+책읽기〉의 힘

듣기가 충분하면 읽기는 자연스럽게 따라온다

DVD 흘려듣기를 하다 보면 알아듣는 말이 점점 늘어납니다. 들리는 말은 따라 하기도 하지요. DVD의 대사를 통째로 외우는 아이도 있습니다. 대사를 외울 정도까지 되면 어떤 상황에서 어떤 말을 쓰는지, 그 의미가 무엇인지 자동으로 짐작하게 됩니다. 집중듣기를 하면서 DVD에서 알게 된 말을 글자로 확인하기도 하고, 영어책 속의 그림을 보며 단어나 문장의 의미를 짐작하기도 합니다. 문장의 전후 관계를 보며 글자의 의미를 유추하기도 하고요.

　이렇게 아는 말과 글자가 늘어나면 서서히 집중듣기하지 않은 영어책도 읽을 수 있게 됩니다. 마치 한글책을 읽어나가는 과정처럼 영어책도 읽을 수 있게 되는 것이죠.

잠수네 영어 초기 단계에는
흘려듣기 → 집중듣기 → 책읽기의 수순으로 진행

잠수네 영어에서 영어책 읽기가 진행되는 수순은 다음과 같습니다.

1단계) 흘듣(흘려듣기)
2단계) 흘듣 + 집듣(집중듣기)
3단계) 흘듣 + 집듣 + 집듣한 영어책 읽기
4단계) 흘듣 + 집듣 + 집듣한 영어책 읽기 + 집듣 안 한 영어책 읽기

잠수네 영어는 다음의 피라미드 그림처럼 흘려듣기가 기반입니다. 흘려듣기가 익숙해지면 집중듣기가 쉬워지고, 집중듣기 습관이 자리 잡으면 영어책을 수월하게 읽을 수 있습니다. 급한 마음에 한꺼번에 다 하려고 욕심내지 말고 흘려듣기 → 집중듣기 → 책읽기 순으로 차근차근 진행하는 것이 잠수네 영어를 편하게 시작할 수 있는 노하우입니다.

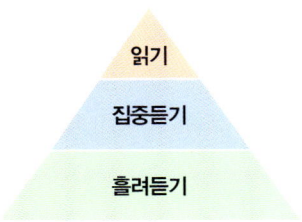

잠수네 영어가 자리 잡으면
흘려듣기 + 집중듣기 + 책읽기가 맞물려 돌아간다

잠수네 영어 중반 이후에는 흘려듣기, 집중듣기, 책읽기의 〈잠수네 3종 세트〉가 앞서거니 뒤서거니 하며 상승작용을 일으킵니다. DVD나 드라마의 재미에 푹 빠지면 책읽기에 버금갈 정도로 다양한 어휘와 표현을 습득하게 됩니다. 집중듣기를 꾸준히 하다 보면 영어책을 읽는 수준과 속도가 서서히 올라갑니다. 다방면의 영어책을 많이 읽으면 역사, 사회문화, 과학 주제의 다큐멘터리, 영어뉴스, 영어강연까지 편안하게 보고 들을 수 있습니다. 이렇게 세 가지가 맞물려 돌아가면 학교영어나 사교육만으로는 도달할 수 없는 수준까지 영어실력이 올라가게 됩니다.

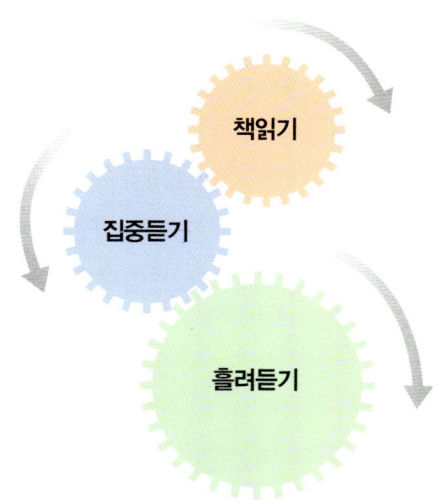

잠수네 영어
3종 세트

흘려듣기

흘려듣기란?

흘려듣기는 애니메이션, 영화 등 영상매체(DVD, TV, 동영상, 영어책CD)를 보거나 듣는 것을 말합니다. TV, 노트북이나 데스크탑, 태블릿, 스마트폰, DVD플레이어 등 다양한 기기를 활용할 수 있습니다.

- DVD 흘려듣기 : 자막 없이 애니메이션이나 영화를 보는 것
- 오디오 흘려듣기 : 재미있게 봤던 애니메이션이나 영화의 소리, 책 없이 영어책 오디오CD를 듣는 것

흘려듣기 효과

① 스트레스 받지 않고 재미있게 영어를 익힐 수 있습니다.
② 영어 소리 노출 시간을 많이 확보할 수 있습니다.
③ 영어말을 알아듣는 귀가 트입니다.
④ 어휘, 문장의 의미를 유추하는 능력이 늘어납니다.
⑤ 외국에서 살았던 아이처럼 발음이 좋아집니다.
⑥ 실제 사용되는 영국식, 미국식 표현을 자유롭게 구사합니다.
⑦ 영미권 아이들의 생활(집, 학교)을 잘 알게 됩니다.

흘려듣기 교재 고르기

1. 순하고 천천히 말하는 DVD 중 아이가 재미있어할 만한 것

영어로 된 재미있는 애니메이션을 보여주면 좋다고 하니 많은 분들이 처음부터 디즈니, 픽사에서 나온 개봉 애니메이션을 보여줍니다. 아이들은 현란한 화면과 신나는 음향효과에 빠져들어갈 만큼 재미있게 보지만, 소수를 제외하고는 말을 알아듣는 데 아주 많은 시간이 걸립니다. 휙휙 변하는 화면에 눈이 돌아갈 뿐 속사포같이 빠른 말소리가 귀에 들어오지 않기 때문입니다. 영어학습만 생각하면 '천천히 말이 나오는 쉬운 DVD'가 가장 효과적입니다. 그러나 시시하다, 유치하다, 재미없다고 안 보면 아무 소용이 없겠지요. 유튜브에서 JD2~JD4단계의 DVD 샘플을 쉽게 찾을 수 있습니다. 그중 아이가 좋아할 만한 것을 골라보세요.

2. '재미있는 책'과 연계되는 DVD, '좋아하는 캐릭터'가 나오는 DVD

《Berenstain Bears》《Arthur》《Little Bear》 시리즈같이 DVD와 책 모두 재미있으면서 아이들에게 보여주어도 괜찮겠다는 생각이 드는 작품이 꽤 있습니다. DVD를 보면서 캐릭터가 익숙해지면 영어책도 쉽게 볼 수 있습니다. 이왕이면 다홍 치마, 재미있는 책을 원작으로 하거나, 공감 가는 주인공이 등장하는 DVD를 보여주세요.

3. 아이가 좋아하는 노래, 녹음 소리가 재미있는 영어책 오디오CD

하루에 세 시간을 꼬박 영어에 할애하는 것이 사실 말처럼 쉽지는 않습니다. 대신 자투리 시간을 잘 활용하면 세 시간 영어하는 것이 그리 어려운 일도 아닙니다. 오디오 흘려듣기는 자투리 시간에 영어 소리를 들려줄 수 있는 좋은 방법입니다. 아침에 일어나는 알람송으로 노래CD를 틀어줄 수도 있고, 화장실에서, 밥 먹으면서 들어도 좋습니다. 아이가 원하면 좋아하는 DVD나 오디오CD를 들으며 잠을 청하는 방법도 있습니다. 놀 때나 차로 이동할 때 오디오 흘려듣기를 하는 것도 좋아요. 신나게 따라 부르기도 하고, 대사를 앞질러 말하기도 하며 즐겁게 놀고 즐길 수 있으니까요.

잠수네 DVD단계를 이해하자

잠수네 초창기, DVD가 많지 않았을 때는 무조건 재미 위주로 볼 수밖에 없었지만, 이제는 재미도 있고 내용도 좋은 쉬운 DVD를 손쉽게 구할 수 있습니다. 잠수네에서는 수많은 DVD들 중에서 어떤 것부터 보면 좋을지 가닥을 잡을 수 있도록 DVD단계를 정리했습니다. 잠수네 DVD단계는 아이들의 나이와 정서, 말하는 속도, 내용 등을 감안해서 JD1~JD9까지 총 9단계로 나누어집니다.

1. 애니메이션

JD1단계	그림책을 간단한 동영상으로 만든 것	
JD2단계	천천히 말하는 유아용 TV시리즈	
JD3단계	약간 빠르게 말하는 유아용 TV시리즈	
JD4단계	말이 비교적 빠른 유아~초등용 TV시리즈 잔잔한 내용의 애니메이션	
JD5단계	말도 빠르고 화면 전환도 빠른 초등용 TV시리즈 대부분의 디즈니/픽사 애니메이션	
JD6단계	초등 고학년 이상이 보았으면 하는 TV시리즈/애니메이션	
JD7~JD9단계	중학생 이상이 보았으면 하는 TV시리즈/애니메이션	

2. 영화, 드라마

JD6단계	초등 전 학년이 봐도 좋을 어린이용 영화 & 드라마	
JD7단계	초등 고학년 이상이 보았으면 하는 어린이, 청소년용 영화 & 드라마	
JD8단계	중학생 이상이 보았으면 하는 청소년, 어른용 영화 & 드라마	
JD9단계	내용을 이해하기 쉽지 않은 어른용 영화 & 드라마	

이렇게 하면 흘려듣기 효과 제로!

1. 아이의 성화에 못 이겨 한글방송을 자주 보여준다 ······▶ **한글방송은** ✗

평소 국내 TV에서 방영하는 애니메이션, 예능프로를 잘 보던 아이라면 영어DVD를 그다지 좋아하지 않습니다. 배꼽 잡을 만큼 재미있는 한국말 방송에 비해 알아듣지 못하는 영어만 나오는 DVD를 좋아할 리 없으니까요. 따라서 잠수네 영어를 하려면 먼저 아이하고 국내 TV는 최소한으로 본다는 약속을 해야 합니다. 아예 안 보면 더 좋겠지만 처음부터 딱 끊기 어렵다면 주중에 영어DVD를 잘 보면 주말에 한 편 보는 식으로 조정을 해보세요.

2. 내용을 알고 싶어해서 한글자막을 보여준다 ┈┈▶ **한글자막, 영어자막 모두 ×**
영어DVD를 볼 때 아이가 거부한다고 한 번씩 한글자막을 보여주는 분들이 종종 보입니다. 한글자막을 보면 영어학습의 효과는 완전히 사라집니다. 다 아는 내용이니 귀를 쫑긋하고 알아들으려 노력할 이유가 없기 때문입니다. 흥미도 사라집니다. 수수께끼의 답을 알아버린 것과 같다고나 할까요? 영어자막도 마찬가지입니다. 아예 글자를 못 읽는다면 모를까 단어를 조금이라도 안다면 떠듬거리며 영어자막을 읽느라 소리에 집중하지 못합니다.

3. 엄마 마음대로 고르고, 무조건 보라고 한다 ┈┈▶ **선택권은 아이에게**
사람은 스스로 무엇인가를 결정할 수 있을 때 자유를 느낀다고 합니다. 잠수네 영어를 하면서도 아이가 스스로 결정할 수 있어야 내가 주도적으로 진행한다는 생각을 하게 됩니다. 아이가 좋아할 만한 것으로 여러 종류의 DVD를 찾아 그 안에서 고르게 해주세요.

4. 재미있어하는 것은 다 보여준다 ┈┈▶ **재미도 좋지만, JD단계도 고려**
새로운 언어를 습득하는 능력은 아이마다 조금씩 다릅니다. 듣는 귀가 예민한 아이(청각형)나 자기가 좋아하는 DVD를 엄청나게 반복해서 보는 아이는 말이 빠르고 화면이 휙휙 넘어가는 디즈니 만화영화를 봐도 쉽게 내용을 이해합니다. 놀면서도 등장인물의 대화가 입에서 튀어나옵니다. 하지만 이런 아이들은 아주 소수입니다. 대부분은 현란한 화면, 신나는 음향효과에 홀려 알아듣지 못해도 마냥 재미있게 볼 뿐입니다. 애니메이션이나 영화 중에는 '콰쾅, 쑹, 꽥, 윽' 하는 효과음만 무성할 뿐 대화가 별로 없는 것도 있고, 〈Wall-E〉나 〈Wallace & Gromit〉처럼 거의 말이 나오지 않는 것도 있습니다. 아이가 재미있어한다고 무조건 보여주지는 마세요. 나이, 정서, 아이 성향과 함께 잠수네 DVD단계도 고려하는 것이 좋습니다.

5. 재미가 있건 없건 '오디오 흘려듣기' ······▶ **'오디오 흘려듣기'는 재미있는 것으로**

아이가 좋아하든 말든 하루 종일 집에 있는 오디오CD만 들려주는 분이 있습니다. 아무리 영어 소리가 들리는 환경을 만들어주는 것이 중요하다고 해도 소리에 관심이 없으면 소음에 불과합니다. 공부할 때, 한글책을 읽을 때같이 집중이 필요한 시간까지 오디오 흘려듣기를 강요하지는 마세요. 대신 식사하거나 목욕할 때, 놀 때, 차로 이동할 때처럼 소리에 귀를 기울일 수 있는 시간을 활용해서 재미있게 들었던 영어책의 오디오CD, 재미있게 본 DVD의 소리를 들려주세요.

6. 부모가 보고 싶은 스포츠, 드라마는 꼭 본다 ······▶ **부모도 한글방송은 ×**

잠수네 영어를 하면서 가장 힘들 때가 아빠가 협조를 해주지 않는 경우입니다. TV 보는 것을 낙으로 삼는 아빠라면 아이들을 위해 한글방송을 보지 말라고 선뜻 말을 꺼내기 어려울 수도 있습니다. 그래도 최대한 설득해보세요. 평일은 아이들이 잠든 후 TV 시청을 하고, 주말에는 꼭 보고 싶은 프로만 정해서 보는 것으로요. 거실에 있는 TV를 안방으로 옮기거나 스마트폰으로 TV 시청을 하기로 약속하는 것도 괜찮습니다. 한글 TV 시청시간을 줄이면 가족 간에 대화시간이 늘어난다는 점도 강조하면서요. 물론 엄마도 좋아하는 드라마를 본다고 TV 앞을 지키면 안 되겠죠?

흘려듣기 부작용, 조심하세요!

1. 영어방송은 시청시간을 약속하세요

DVD와 달리 영어방송은 한번 보기 시작하면 중간에 끊기가 어렵습니다. 그냥 두면 하루 종일이라도 보려고 합니다. 시간 가는 줄 모르게 중독성 있는 프로그램들이 많기 때문입니다. 아이들 시력을 생각해서 TV는 최대한 하루 1시간 30분 이상은 보지 않도록 미리 약속을 해두세요.

2. 자극적, 폭력적, 선정적인 DVD는 피해주세요

좋은 영화나 애니메이션도 많은데 괴기, 공포, 잔혹, 폭력, 선정성이 난무하는 영화를 굳이 보여줄 필요는 없습니다. 애니메이션도 아이들이 보기에 적당하지 않은 것들이 많습니다. 무서운 영화를 보고 나서 밤에 잠을 못 자는 아이도 있고, 천방지축 날뛰는 캐릭터의 행동을 따라 하는 아이도 있습니다. 아이의 나이, 성향을 감안해서 소화할 수 있는 내용인지 먼저 살펴봐주세요.

3. 한 번쯤은 부모도 같이 봐야 합니다

아이가 잘 본다고 혼자 보게 마냥 두면 얼마나 이해하고 보는지, 아이 정서와 맞는 내용인지 확인할 길이 없습니다. 재미있다고 반복해서 보는 아이 옆에서 매번 같이 볼 수는 없겠지만 부모가 보지 않은 애니메이션, 영화라면 처음 한 번은 같이 보도록 노력해주세요. 어떤 줄거리인지 확인도 할 겸, 아이와 대화하고 공감할 기회도 가질 겸해서요.

4. 스마트폰 동영상 보기는 아주 특별한 경우에만

스마트폰으로 동영상을 오래 보면 시력저하뿐 아니라 어른들에게 나타나는 목디스크 증세도 보일 수 있습니다. 스마트폰도 인터넷기기입니다. 동영상을 보다 보면 인터넷 게임도 쉽게 하게 됩니다. 포르노 같은 성인물에도 쉽게 노출됩니다. 어린아이라도 스마트폰에 매달리는 중독 증세를 보일 수 있습니다. 스마트폰으로는 집 밖에서 잠시 시간을 활용하고 싶을 때를 제외하고는 보여주지 마세요.

흘려듣기, 이 점이 궁금해요

1. 흘려듣기 DVD 선택이 어려워요

4부의 흘려듣기 베스트 목록은 〈잠수네 책나무〉의 DVD 베스트를 고스란히 갖고 온 것입니다. 많은 아이들에게 호평을 받은 것들이라 우리 아이도 재미있어할 확률이 높습니다. 특히 아이가 어떤 장르를 좋아하나 잘 '관찰'해보세요. 좋아하는 영역을 발견하면 잠수네 영어는 저절로 굴러갑니다.

2. 내용을 모르고 보는데 괜찮나요?

어른들 생각으로는 알아듣지 못하는데 얼마나 효과가 있을까 의심스럽습니다. 아이들도 자막 없이 보려니 내용을 몰라 답답해하기도 하고요. 물론 처음에는 그림만 볼 수 있습니다. 그러나 차츰 시간이 흐르면 한 장면, 한 장면이 이해되고 소리가 귀에 들립니다. 옆에서 불러도 모를 정도로 몰입해서 보다 보면 어느 순간 말이 들리고 내용이 이해됩니다. 흘려듣기의 효과를 의심하지 말고 쉽고 재미있는 DVD를 찾는 데 주력해주세요.

3. 화려하고 시끄러운 DVD만 보려고 하는데요

형이나 누나, 언니 때문에 화려한 영상에 노출된 둘째, 셋째는 낮은 단계의 DVD는 재미없다고 보지 않으려 하는 경우가 많습니다. 처음부터 디즈니 만화영화를 보여준 아이들도 마찬가지입니다. 낮은 단계의

DVD는 일상의 생활이 주 내용이라 화면전환이 느린데다 귀를 쫑긋하고 들으려 노력해야 조금씩 이해가 되기 때문입니다. 이유식할 때 간이 센 음식을 먼저 먹고 나면 순한 양념으로 조리한 음식은 먹지 않으려는 것과 똑같습니다.

처음에는 일단 아이가 원하는 DVD를 보여주세요. 그러다 흘려듣기의 재미에 푹 빠져서 내용을 조금씩 이해한다고 보이면 그때 단계를 낮추세요. 의외로 그동안 재미없다고 '팽' 당했던 낮은 단계의 DVD도 "내가 언제?" 하며 신나게 볼 수 있습니다. 중독이 걱정될 정도로 자극적인 영상에 빠져 있다고 판단되면, 일정 기간 DVD 흘려듣기를 중단하는 것도 한 방법입니다. 효과음만 난무하는 중독성 강한 DVD라면 없애는 것이 좋습니다. 왜 중단하는지 이유도 충분히 설명해주어야 하겠지요. 한글 TV도 보여주지 않아야 하고요. DVD 흘려듣기를 중단하고 1~2주가 지나면 순한 DVD를 보여주세요. 이때도 무작정 낮은 단계를 들이밀 것이 아니라 아이들이 재미있게 볼 만한 DVD를 찾으려는 노력이 필요합니다.

4. 흘려듣기를 너무너무 싫어해요

DVD 보는 것을 싫어하는 아이도 있습니다. 아무리 재미있는 애니메이션이나 영화도요. DVD 보는 것을 시간낭비라 여기거나 공부의 연장이라 생각하기 때문입니다. 그래도 아이의 눈에 들어오는 재미있는 DVD 찾기를 포기하지 마세요. 꾸준히 찾다 보면 '대박'이 나올 수 있거든요. 흘려듣기를 싫어했던 아이라도 중고등학생이 되고 나면 언제 그랬냐는 듯 공부하다 쉴 때 미국드라마를 즐기며 보기도 하고요. 집중듣기나 영어책 읽는 것에 상대적으로 거부감이 없다면 책 없이 '재미있는 오디오CD'를 듣게 해보세요. 영어실력이 좀 있는 아이라면 CNN 같은 뉴스나 시사프로, 다큐멘터리를 찾아서 봐도 좋습니다.

5. 오디오 흘려듣기 소리에 집중을 안 하는데 효과가 있을까요?

'집중듣기로 들은 오디오CD'를 아이가 놀 때 틀어주었는데 집중을 전혀 하지 않는다고 하소연하는 분이 있습니다. 당연히 집중 안 합니다. '재미'가 빠져 있기 때문입니다. 그냥 오디오CD를 틀어놓는 것은 별 도움이 안 됩니다. 재미있게 보았던 DVD, 재미있게 집중듣기했던 오디오CD의 소리라야 놀다가도 좋아하는 부분이 나오면 따라 하고 흥얼거리는 현상이 나옵니다. 차로 이동하면서 오디오 흘려듣기를 하면, 아빠는 시끄럽다고 끄라 하고 아이는 듣고 있으니 끄지 말라고 하는 일이 다반사입니다. 아빠는 알아듣지 못하는 재미없는 소리고, 아이는 장면도 연상되고 내용도 아는 재미있는 소리이므로 이런 상반된 반응이 나오는 겁니다. 가랑비에 옷 젖듯 듣기 능력이 향상되려면 꼭 '재미있는 소리'를 들어야 한다는 점, 잊지 마세요.

6. DVD 흘려듣기, 반복이 좋아요? 새 것이 좋아요?

아이들은 자라면서 수십 번 변합니다. 어제까지 반복해서 보던 DVD라도 오늘 갑자기 재미없다고 안 보는가 하면, 매번 새 DVD를 찾던 아이가 어느 날 하나만 줄기차게 보는 일도 생깁니다. 한 개 DVD를 반복한다고 너무 걱정하지 마세요. 아무리 반복을 좋아하는 아이라도 1년 내내 한 DVD만 반복하지 않습니다. 반복해서 본다는 것은 그만큼 재미있다는 의미입니다. 재미가 붙으면 DVD 대사를 중얼거리고, 영화를 보면서 앞질러 말하기도 합니다. 영화 대사를 통째로 외우기도 하고요. DVD를 찾는 수고도 덜고 경제적으로도 이득입니다. 반대로 계속 새 DVD만 찾는 것은 정말 재미있는 DVD를 아직 만나지 못했기 때문입니다. 당분간은 무한대의 선택권을 주지 말고 그동안 재미있게 본 몇 개를 골라 한 달간은 이 중에서 골라보자고 약속해보세요. 그중에서 더 재미있는 것을 반복해서 보게 됩니다. 또한 새로운 DVD는 다양한 소리를 듣게 된다는 이점도 있습니다. 조금씩 새것을 넣어주면서 아이를 잘 관찰해보세요. 코믹물, 공주 이야기, 동물 주인공 등 아이만의 패턴이 있습니다. 많고 많은 DVD 중에 아이가 혹할 만한 것은 반.드.시. 있습니다. 그때까지 찾아보세요. 비가 올 때까지 기우제를 드린다는 이야기처럼요.

7. 한글자막을 보여달라고 떼를 쓰는데요

영어말만 나오는 DVD를 처음 보여주면 "뭔 말인지 모르겠어, 한국말로 틀어줘!"하며 떼쓰는 아이들이 꽤 있습니다. 먼저 왜 영어DVD를 보는지 충분히 설명해주고, 영어DVD 외에 TV는 일절 못 본다고 약속을 정해야 합니다. 그래도 한글자막을 열고 보려 한다면 한글자막을 열고 본 DVD는 다음부터 못 본다는 약속을 해보세요. 재미있는 DVD를 계속 보기 위해서 자막을 보고 싶어도 꾹 참을 거예요. 시간이 좀 더 흘러

자막 없이 보는 것이 습관이 되면 언제 한글자막 보여달라고 떼를 썼는 가 싶게 자막 없이도 잘 봅니다. 자막이 뜨면 성가시다고 끌 정도로요.

살짝 머리싸움을 해보는 것도 좋습니다. DVD를 같이 보며 영 엉뚱한 방향으로 이해한 듯 내용을 이야기해보세요. 십중팔구 잘못 이해한 점을 지적할 겁니다. 재미있는 장면이 나와도 웃지 않고 왜 재미있는지 알려달라고 해보세요. 신나게 설명해주면 다시 되감기해서 보면서 네 말이 맞다고 칭찬도 듬뿍 해주고요. 엄마나 아빠는 못 알아듣는데 나는 알고 본다는 자부심이 생기면 소리에 더 귀 기울이게 되고, 자막 없이 보는 데 익숙해집니다.

8. 흘려듣기 시간이 아까운데 안 하면 안 될까요?

흘려듣기는 왠지 노는 것 같아 제외하는 분이 있습니다. 놀면서 보는데 과연 효과가 있을까 의심스럽기도 하고요. 다른 아이들처럼 대사를 중얼거리거나 외우는 현상이 나타나지 않으면 우리 아이한테는 흘려듣기가 맞지 않는다고 지레짐작하기도 합니다. 우리나라같이 영어를 듣는 시간이 너무나 적은 환경에서 흘려듣기를 하지 않으면 영어의 바다에 빠지기 어렵습니다. 실생활의 말을 듣기에 영화, 애니메이션, 드라마만 한 것이 없습니다. 열심히 하는 공부보다 즐기며 하는 것이 훨씬 효과적이라는 말처럼 놀면서 영어를 습득하는 흘려듣기야말로 잠수네 영어의 '기본 중의 기본'입니다. 다양하게 들어본 경험이 있어야 유창한 말하기도 기대할 수 있습니다. 들어서 아는 말이 많으면 읽기도 수월하게 진행됩니다. 쓰기는 듣기, 말하기, 읽기 세 가지의 총 집합이고요. '흘려듣기 없이 잠수네 영어는 없다' '영어실력 키우기에 흘려듣기는 필수다'라고 생각해야 합니다.

정 시간이 안 나는 초등 고학년이나 중학생이라면 주중에는 30~40분짜리 짧은 TV 애니메이션 시리즈, 드라마 위주로 보여주세요. 짬짬이 재미있게 본 DVD 소리를 듣게 하고요. 지금 당장은 영화를 보는 효과가 느껴지지 않더라도 시간이 지나면 DVD에서 알아듣는 말도 많아지고 DVD에서 들은 단어라는 이야기를 하는 때가 옵니다. 바쁜 고3 때 다른 아이들은 수능 영어듣기를 따로 공부하는 데 비해, 잠수네 영어를 한 아이들은 공부하다 쉴 때 미드나 CNN, TED 등 강연을 봅니다. 공부의 압박을 받으며 영어를 하느냐, 편안하게 영어를 하느냐의 기로는 흘려듣기 습관을 어떻게 잘 잡는가에 달려 있습니다.

9. DVD 흘려듣기할 때 딴짓을 하는데요

두 아이가 같이 DVD를 볼 때 이런 일이 간혹 생깁니다. DVD는 혼자 돌아가는데 둘이 장난치고 노느라 정신이 팔리기도 하고, 싸우는 일도 있습니다. 만화책 보며 낄낄거리는 일도 있고요. 한마디로 DVD가 재미없어서 그런 겁니다. 아이들이 집중할 만한 재미있는 것을 같이 골라 보세요. DVD 선택권도 아이들에게 주고요. 알아듣기 쉽고 교육적으로 마음에 드는 것은 대부분 유아용인 경우가 많습니다. 당분간 속이 타더라도 낮은 단계를 고집하기보다 아이가 재미있어하는 것으로 보여주세요. 흘려듣기가 재미있다는 생각이 들고, 일정한 시간 흘려듣기하는 습관이 몸에 붙으면 그때 가서 좀 더 쉬운 DVD를 보여줘도 됩니다.

영어DVD 거부하는 아이의 흘려듣기 정착기
작성자 : 태연맘 (초4, 초1)

제가 잠수네를 겁도 없이(?) 시작할 수 있었던 이유 중 하나는 바로 흘려듣기, 즉 DVD 보기를 영어공부로 할 수 있다는 사실이었어요. 바로 DVD 대여점에서 〈Berenstain Bears〉〈Arthur〉 등을 빌렸습니다. 그리고 아이들에게 자신 있게 보여주었지요.

"엄마! 왜 영어로만 나와요?"
"응, 이제부터 영어로 볼 거야. 영화를 보면서 영어공부도 할 수 있잖아!"

(그동안은 항상 우리말 녹음이나 자막으로 DVD를 봤습니다.)
하.지.만. DVD 시청 10분 뒤 두 아이 모두 울상이 되더군요.

"나 이거 안 볼래. 무슨 말인지 하나도 모르겠어. 한국말로 틀어줘!!"

난감했습니다. 항상 좋아하던 DVD를 거부하며 영어 대신 우리말로 틀어달라고 울며불며 난리가 났습니다. 당황한 저는 그냥 우리말로 틀고는 생각했지요. 먼저 자막 열고 보고, 그 뒤엔 무조건 영어로 보기로 정했습니다. 아이들도 흔쾌히 응해주어서 다음날부터 행동으로 옮겼습니다. 결과는 대~ 실패! 우리말로 본 이야기는 이미 내용을 다 알기 때문에 다시 보면 재미가 반감되기 때문이었죠.
머리를 굴려 다른 규칙을 생각해냈습니다. 두 번째 규칙은 순서를 바꾸는 거였습니다. 처음은 영어, 다음은 우리말, 그다음은 영어로 쭈욱~. 처음 며칠은 좋았습니다. 하지만 역시 결과는 대~ 실패! 원인은 역시 우리말로 보기였습니다. 한번 우리말로 본 DVD는 다시는 볼 이유가 없었던 것입니다.
그래서 마음먹었습니다. 무조건 영어로 보기!!

"엄마는 이제부터 무조건 영어로 틀어줄 거야. 영어로 보는 거 아니면 엄마는 다시는 DVD를 틀어줄 생각이나 계획이 없어!"

아이들은 거의 포기하는 눈치였습니다. 엄마의 단호한 모습을 처음으로 보니 할 말이 없었나 봅니다. 아이들은 거의 1주일 동안 DVD를 찾지 않았고 저도 일부러 틀어주지 않았습니다. 그러다가 큰애가 먼저 "엄마 〈베렌〉 틀어주세요!" 하더군요.

당연히 영어로 틀었고 큰아이는 거부감 없이 보는데 둘째는 마지막 발악(?)을 하더군요.^^ 하지만 저는 본체만체 큰아이와 같이 앉아서 과자 먹으며 재밌게 DVD를 봤습니다. 시간이 지나니 둘째도 어느덧 제 옆에 와서 "엄마 동생곰이 왜 울어?" 하고 물었습니다. 사실 저도 잘 이해하지는 못했지만 줄거리를 대충 이야기해주었습니다.

그날부터 저는 쇼를 했습니다. 소리내서 웃기, 웃긴 장면 따라 하기, 맛난 거 먹으며 보기. 처음엔 그림만 보는 것 같더니 다음엔 한 장면이 귀에 들어오고, 그다음 날엔 그다음 장면이 귀에 들어오고……. 아이들은 늘 새로운 내용이니 계속해서 베렌을 외치고 보고 또 보았습니다. 이제는 DVD 볼 때 아이들이 먼저 영어모드로 설정하더군요. 성공한 겁니다!

지금까지 저희 집의 흘려듣기 정착기였습니다. 잠수맘님들, 흘려듣기 절대로 자막이나 우리말로 틀어주지 마세요. 아이들에게 아무런 의미가 없습니다. 그냥 시간 때우기입니다. 이미 내용을 다 아는 DVD는 아이들이 더 이상 볼 이유도 없고, 몰입해서 보고 무한반복해서 볼 이유는 더더욱 없습니다. 엄마가 마음을 꽉 잡고 아이와의 싸움에서 꼭 이기세요. 당근과 채찍을 들고 꼭 이기세요. 그래야 성공합니다.

> **흘려듣기 에피소드 하나**
> 작성자 : 언제나봄날 (초1)

hostage

hypnotize

고등학교 때부터 영어 좀 한다고 뻐기고 다니던 엄마가 대학 가서 시사잡지 읽으면서 알게 된 이 단어들을 어느 날 보니 써니는 이미 알더라는.

"엄마, 쟤들이 hostage로 잡혔어."

깜짝 놀라서 어찌 알았냐 물었더니 〈Redwall〉 DVD에서 여러 번 나왔답니다. 너무 놀라서 hostage가 뭐냐 물었더니 적군한테 잡히는 거라네요. 한국말로 무슨 단어일 것 같냐고 물으니 한참 눈을 데굴데굴 굴리더니 "포로?"라고 얘기합니다. 물론 엄밀히 말하면 포로는 아니지만 잘 유추하고 있더라는. 그래서 인질과 포로의 차이를 설명했습니다.

한날은 집에 있는 탱탱볼에 끈을 달아 묶어서 흔들며 "엄마를 hypnotize 해서 맛있는 간식 달라고 명령해야지~" 하면서 눈앞에 따라다니더군요. 역시 〈Redwall〉에서 배웠다고 합니다. 이 단어도 아마 엄마는 대학 가서 알았지 싶어요. '잠수 아이들은 이렇게 어휘를 익혀가는구나.' 잠수네 힘에 새삼 놀랐습니다.

집중듣기

집중듣기란?

집중듣기는 오디오CD의 소리와 영어책의 글자를 맞춰가며 듣는 것입니다. 영어책을 펴고 손가락이나 연필로 오디오CD가 읽어주는 곳을 짚으며 듣는 것입니다(접은 종이, 자, 나무젓가락 등 아이가 좋아하는 것으로 바꿔도 됩니다).

집중듣기 효과

① 발음, 억양, 리듬감을 저절로 습득하게 됩니다.
② 알파벳을 몰라도, 누가 가르쳐주지 않아도 혼자 글을 읽게 됩니다.
③ 저절로 단어, 문장의 의미를 알게 됩니다.
④ 우리말 해석 단계 없이 영어글을 바로 이해하게 됩니다.
⑤ 한글책 읽는 속도로 영어책을 읽게 됩니다.
⑥ 자기 실력보다 약간 높은 책을 보는 데 견인차가 됩니다.
⑦ 관심이 덜한 분야의 책을 읽을 때 도움이 됩니다.
⑧ 집중력이 키워집니다.

집중듣기와 영어책 읽기의 관계 변화

잠수네 영어학습을 진행하는 동안 집중듣기의 역할은 차츰 변해갑니다. 학습적인 영어로 접근하는 대다수의 아이들이 단어 외우고 문법을 따져 문장을 해석한다면, 잠수네 아이들은 흘려듣기하면서 화면으로 말의 의미를 이해하고, 집중듣기하면서 글자의 의미를 재확인하고, 영어책을 읽으면서 그림과 문맥을 통해 글자의 의미를 유추하는 3차원적 선순환을 하게 됩니다. 이런 방식으로 어휘를 익히면 상황에 따른 다양한 의미를 쉽게 기억할 수 있습니다. 문법을 배우지 않아도 말과 글을 이해하게 됩니다. 잠수네의 많은 아이들이 이 과정을 거치고 나서 영어책을 스스로의 힘으로 읽게 되었습니다. 두꺼운 책도 겁내지 않게 되었고요. 잠수네 회원들이 '마법의 집중듣기'라는 표현을 쓰는 이유가 바로 여기에 있습니다.

1. 쉬운 영어책을 읽기 위한 준비과정 : J1~J3단계

영어책을 읽기 위해 워밍업을 하는 과정입니다. 알파벳을 모르는 아이라도 J1~J2단계의 쉬운 책부터 시작하면 영어책을 쉽게 읽을 수 있습니다. 오디오CD 소리와 글자를 맞춰서 듣다 보면 영어단어가 어떤 소리가 나는지 알게 됩니다. '아~ 그 소리가 이런 글자였구나!' 하고요. 읽을 수 있는 단어, 문장이 점점 많아지게 되면 "이 책, 나 혼자 읽을 수 있어요!"라고 어느 순간 말하게 됩니다. 또한 쉬운 영어책으로 집중듣기를 하다 보면 단어의 의미도 자연스럽게 깨우칩니다. DVD 흘려듣기를 하며 '의미'를 알게 된 단어를 집중듣기할 때 '글자'로 만나면서 '글자의 의미'를 이해하게 되는 것이죠. 쉬운 영어책에 있는 그림을 보면서 단어의 뜻을 짐작하기도 하고요.

2. 현 수준에서 업그레이드하기 위한 과정 : J4~J8단계
영어책을 읽기 시작하면 읽기책보다 집중듣기 단계를 조금 높여줍니다. 이렇게 하다 보면 읽기책 수준도 자연스럽게 올라갑니다. 혼자 읽기 조금 어려운 한글책을 부모가 읽어주면 재미있게 듣는 아이가 많죠? 영어책도 똑같습니다. 혼자 읽기에는 부담스러운 책이라도 집중듣기는 쉽게 할 수 있으니까요. 빠른 속도의 오디오CD로 집중듣기를 하다 보면 책 읽는 속도가 저절로 빨라지는 이점도 있습니다. 《해리포터 시리즈》의 오디오CD 속도가 분당 180~200단어입니다. 미국 뉴스에서 앵커가 빠르게 말하는 속도지요. 이는 배경지식이 있다면 뉴스나 영화의 빠른 말도 바로 이해할 수 있다는 의미입니다. 우리말로 해석하고 문법을 따져 읽는 식으로 영어공부를 했던 아이라도 집중듣기를 꾸준히 하다 보면 한글해석 없이 영어책을 읽게 됩니다. 빠르게 읽어주는 오디오 속도를 놓치지 않고 따라가려면 해석할 틈이 없으니까요.

3. 다양한 책읽기를 위한 과정 : J6~J9단계

판타지 소설은 좋아해도 감동적인 소설은 읽지 않는 아이들이 많습니다. 한글책도 잘 읽지 않는 분야를 부모가 읽어주면 점차 관심을 가지게 되는 것처럼 영어책도 집중듣기로 접근하면 조금씩 읽게 됩니다. 소설책은 좋아하지만 과학이나 사회 등 지식 분야의 책은 재미없어한다면 한글책부터 먼저 읽도록 해주세요. 그림책이나 소설책은 모르는 단어가 몇 개 있어도 건너뛰고 재미있게 읽을 수 있는 데 비해 지식책은 배경지식이 있어야 집중듣기를 해도 흥미가 생기기 때문입니다. 단어를 정확하게 알지 못하면 이해가 잘 안 되기 때문이기도 하고요. 집중듣기로 아는 논픽션 어휘가 많아지면 오디오CD 없는 지식책도 편안하게 읽게 됩니다. 정리하자면, ① 한글 지식책 읽기 ② 지식영역 집중듣기 ③ 지식영역 영어책 읽기의 순입니다.

4. 집중듣기 졸업

J5~J6단계를 읽는 수준부터는 '느려서 더 이상 못 듣겠다'고 집중듣기를 중단하고 막바로 책을 읽는 아이들이 많이 나타납니다. 책 읽는 속도가 빨라져서 오디오CD 속도에 맞춰 집중듣기하는 것이 지루해지기 때문입니다. 이쯤 되면 집중듣기를 하는 것이 더 이상 의미가 없어집니다. '집중듣기 졸업!'입니다.

집중듣기 교재 고르기

1. 일단 쉬운 것부터 듣습니다

내 아이에게 맞는 집중듣기 수준은 사전 찾지 않고 혼자 읽을 수 있는 영어책보다 살짝 어려운 수준입니다. 4부의 집중듣기 베스트 목록을 도서관이나 영어책 대여점에서 빌려 하나씩 들어보세요. 잠수네 회원이라면 〈잠수네 책나무〉에서 샘플 음원과 영어책 속지를 살펴보면 좀 더 쉽게 찾을 수 있습니다.

(주의점) 절.대. 영어학원에서 배우는 교재나 영어책을 자기 수준이라고 생각하면 안 됩니다. 실제 아이들의 영어수준은 이보다 훨씬 낮습니다.

2. 최대한 재미있는 것을 찾으세요

무조건 쉬운 것만 들으라고 하면 더 이상 '재미있는 영어책'이 아니라 그저 그런 영어학습교재일 뿐입니다. 잠수네 영어는 '재미'가 생명입니다. 재미있으면 알아서 반복하는 것이 아이들이 가진 최대 강점입니다. 재미있게 반복하면 집중듣기의 효과는 극대화됩니다. 잠수네 영어 학습일지를 하나 마련해서 집중듣기한 영어책의 별점을 매겨보세요. 잠수네 회원이라면 〈잠수네 포트폴리오〉에 집중듣기한 책의 반응을 매일 기록하면서 아이가 좋아하는 주제, 캐릭터를 찾아보세요.

3. JD2~JD5단계의 DVD와 연계된 영어책과 오디오CD를 찾아보세요

재미있어하는 책이 전혀 없다면 DVD와 연계된 영어책 중에서 실마리를 찾을 수 있습니다. JD3단계의 〈Clifford 시리즈〉를 잘 본 아이라

면 J3단계의 《Clifford 시리즈》로 집중듣기를 해보는 거죠. JD4단계의 〈Arthur TV 시리즈〉를 좋아했다면 J3단계의 《Arthur Starter 시리즈》나 《D. W. 시리즈》, 또는 J4단계의 《Arthur Adventure 시리즈》와 J4단계의 《Arthur 챕터북 시리즈》를 찾아보고요.

※ 4부에 아이들이 좋아하는 캐릭터가 나오는 DVD와 영어책을 한눈에 볼 수 있도록 해두었습니다.

4. 한글 설명, 질문 없이 한 번에 죽 읽어주는 오디오CD가 좋습니다
국내 출판사에서 만든 영어교재들은 잠수네에서 집중듣기용으로 거의 사용하지 않습니다. 우리말로 설명을 하거나 중간중간 질문을 하는 등 쓸데없는 시간 허비가 많기 때문입니다.

영어책의 단계와 종류를 알아야 집중듣기 책을 고를 수 있어요

1. 잠수네 영어책 단계 이해하기
잠수네 영어책 단계(J단계)는 집중듣기와 읽기용 영어책을 선택할 때 기준이 필요해서 만든 것입니다. 영어책 뒤편에 읽기레벨(RL=Reading Level)이 읽는 책보다 없는 책이 더 많기도 하고, 미국 내에서도 기관에 따라 영어책 레벨이 들쑥날쑥해서입니다. J1단계는 쉬운 단어와 한 줄 정도의 아주 쉬운 문장으로 된 책입니다. J2단계는 J1단계에 비해 약간 더 어렵고 한두 줄의 쉬운 문장으로 되어 있지요. J3단계는 미국 초등

학교 1학년 수준의 좀 더 복잡한 글이 담긴 책입니다. 이런 식으로 J10 단계까지 학년에 따라 분류했습니다.

J단계	비교 기준
J0단계	글자 없는 영어책
J1단계	Preschool
J2단계	Kindergarten
J3단계	Grade 1 (미국 초1 수준)
J4단계	Grade 2 (미국 초2 수준)
J5단계	Grade 3 (미국 초3 수준)
J6단계	Grade 4 (미국 초4 수준)
J7단계	Grade 5 (미국 초5 수준)
J8단계	Grade 6 (미국 초6 수준)
J9단계	Grade 7~9 (미국 중1~중3 수준)
J10단계	Grade 10~12 (미국 고1~고3 수준)

2. 영어책의 종류

❶ 그림책(Picture Book)

 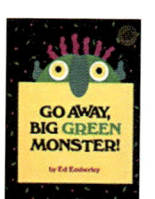 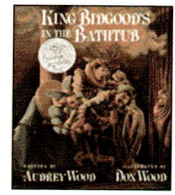

그림 위주로 이야기가 전개되는 책으로 작가가 심혈을 기울여 쓴 문학 작품입니다. 유아들은 물론 초등 고학년 아이들도 볼 만한 재미있고 감동적인 그림책이 많습니다. 생각보다 어휘가 쉽지 않지만 그림을 보며 내용을 이해할 수 있어 다양한 어휘를 습득하는 데 효과적입니다. 재미있게 녹음된 영어책이 많아 집중듣기를 시작할 때 쉽게 접근할 수 있습니다. 신나고 코믹한 노래로 녹음된 영어책은 흘려듣기용으로도 활용하면 좋습니다.

❷ 리더스북(Early Reader's Book)

읽기를 배우기 위한 책입니다. 연령별, 학년별로 레벨표시가 되어 있어 자기 수준에 맞는 책을 선택하기 편합니다. 반복되는 표현, 쉬운 단어, 짧은 문장으로 되어 있어 처음 읽기를 배울 때 도움이 되지만, 학습 목적으로 낸 책이라 내용이 썩 재미있지 않다는 것이 단점입니다(일부 리더스북은 그림책에 필적할 만큼 재미있는 경우도 있습니다). 우리나라 출판사에서 영어학습을 목적으로 내는 전집이나 시리즈는 대부분 리더스북입니다.

❸ 그림책 같은 리더스북

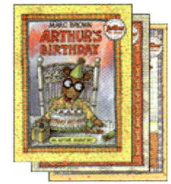  

잠수네만의 독특한 분류입니다. 그림책의 재미와 리더스북처럼 쉽게 읽히는 장점이 함께 있는 책으로, 그림책처럼 단어나 문장이 어렵지도 않고 리더스북처럼 지루하지도 않습니다. 아이들이 좋아하는 캐릭터가 주인공인 시리즈가 많고 오디오CD가 함께 나온 시리즈물도 많습니다. 집중듣기 책을 고르기 막막할 때 이 영역을 찾아보면 아이들이 좋아할 만한 시리즈를 찾을 수 있습니다.

❹ 챕터북(Chapter Book)

 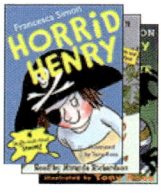 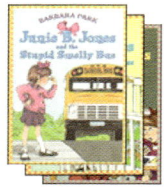

그림책을 읽다가 글밥도 많고 내용도 어려운 소설을 바로 읽기가 부담스러울 때, 이 간격을 쉽게 넘어갈 수 있도록 징검다리를 놓아주는 책이 챕터북입니다. 아이들의 일상을 다룬 이야기부터 모험, 미스터리, 판타지 등 여러 장르가 있으며 대부분 시리즈물입니다. 내용이 좋은 시리

즈도 있지만 수익만 올리려고 낸 TV 시리즈물이나 괴기물도 많으므로 부모의 선구안이 필요한 영역입니다.

❺ 소설(Novel)

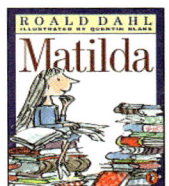  

그림책처럼 읽고 나서 감동과 재미, 생각할 거리를 주는 책입니다. 대부분 글밥이 많고 두꺼운데다 글씨도 작아 소설 읽기를 살짝 두려워하는 아이도 있지만 영어소설의 재미에 빠져들 수만 있다면 영어를 전공한 대학생 이상으로 영어실력이 급속하게 상승합니다.

❻ 지식책

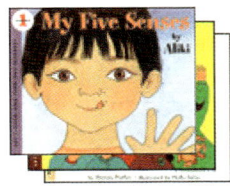  

영어로 된 수학, 과학, 역사책입니다. 처음 집중듣기할 영어책을 찾을 때 지식책은 되도록 피해주세요. 문장이 어려운 것은 아니지만 각 영역별 전문어휘가 많아 배경지식, 어휘실력이 있어야 재미를 느낄 수 있기 때문입니다.

이렇게 하면 집중듣기 효과 제로!

1. 처음부터 30분 집중듣기로 밀고 간다 ……▸ **1주일에 5분씩 늘리기**

펄쩍펄쩍 뛰어다니는 아이들이 처음부터 꼼짝 않고 앉아 30분씩 듣기는 쉽지 않습니다. 집중듣기는 흘려듣기가 자리를 잡은 후 시작하는 것이 부담이 덜합니다. 듣는 분량도 아이와 의논을 해보세요. 학년에 따라 조금씩 다르겠지만 하루 5분부터 시작해도 충분합니다. 1주일에 5분씩만 늘려가도 한 달 반이면 30분으로 늘어나게 되니까요. 며칠 하고 때려치우는 것보다 천천히 오래가는 것이 좋지 않겠어요?

2. 아이 혼자 집중듣기한다 ……▸ **나 홀로 집중듣기 절.대.금.지. 옆에서 지키기**

잠수네 영어를 몇 년씩 했어도 발전이 없다고 하소연하는 분들의 과거를 살피면 십중팔구 아이 혼자 집중듣기를 한 경우가 대부분입니다. 자기 방에 가서 듣겠다고 하는 경우도 마찬가지입니다. 흘려듣기는 아이 혼자 하게 하더라도 집중듣기하는 시간만큼은 엄마가 필요합니다. 둘째가 어리다면 아빠한테 봐달라고 하든지 업고라도 옆을 지켜주세요. 귀가시간이 늦은 직장맘이라면 아침시간을 최대한 활용해보고요. 엄마가 옆에 있는 것 자체를 싫어하는 아이라면, 엄마도 영어공부하고 싶어서 그러니 같이 집중듣기하면서 엄마가 졸면 알려달라고 거꾸로 제안을 해보세요. 방법을 찾으면 길이 있습니다.

3. 억지로 반복해서 듣게 한다 ……▸ **반복 여부는 아이에게 선택권을**

아이가 집중듣기를 싫어한다는 집을 보면 반복해서 듣게 하는 데 원인이 있습니다. 반복이 좋다는 말에 혹해서, 또는 다른 집 아이는 한 시리즈를 한 달씩이나 반복한다는 말에 불끈 자극을 받아 원치도 않는데 반복을 시키는 거죠. 하기 싫다고 하는 아이를 달래려니 엄마도 겉늙습니다. '재미있는 영어책'을 만나면 아이가 더 듣고 싶다고 먼저 챙깁니다. 효과도 없고 반감만 생기는 집중듣기 반복, 굳이 할 필요가 없습니다. 새로운 오디오CD를 듣는 것이 정 불안하다면 '긴 반복'을 하세요. 한 시리즈를 다 듣고 다시 처음으로 돌아가는 식으로요.

4. 단어를 찾고 문장해석을 시킨다 ……▶ **의미파악과 집중듣기는 무관**

집중듣기하면서 무슨 내용인지 모른다고 너무 걱정하지 마세요. 집중듣기의 목적은 '소리와 글자의 연결'에 있습니다. 집중듣기를 하다 보면 어느 순간 책을 읽는 때가 옵니다. 처음에는 의미파악이 잘 안 될 수 있지만 좀 더 시간이 지나면 자연스럽게 어떤 내용인지 알게 됩니다.

5. 베스트 교재는 싹 다 산다 ……▶ **우선 샘플만!**

공동구매가 떴다고 수십만 원어치 시리즈를 덜컥 구입했는데 재미없다고 듣지 않겠다고 뻗대면 이런 낭패가 없습니다. 너 영어 잘하라고 샀는데 안 듣겠다고 하면 어쩌냐고 구박해봐야 아이도, 엄마도 스트레스만 받을 뿐입니다. 모든 영어책의 오디오CD를 다 사야 할 필요도 없습니다. 집중듣기용 영어책과 오디오CD는 아이가 좋아하는 책 위주로 구입하세요. 1년 이상 집중듣기를 한 아이라면 계속 사지 말고 그동안 구입한 것 중 반복해서 들어보는 것도 바람직합니다.

6. 마음 내키면 하고 귀찮으면 안 한다 ┈┈▶ **주 6일 집중듣기 반드시 고수**

만만한 흘려듣기만 몇 년 하고는 잠수네 영어를 오래 했는데 발전이 없다는 분들이 있습니다. 학교행사가 있어서, 아이가 아파서, 여행을 가서, 친척이 방문해서, 제사나 어르신 생신이라서 등 각종 명목으로 집중듣기를 빼먹고는 흘려듣기로만 연명하면서 잠수네 영어를 했다고 생각하는 거죠. 영어를 잘하려면 영어책을 읽어야 합니다. 영어책을 읽으려면 집중듣기를 해야 하고요. 그동안 어떻게 했든 괜찮습니다. 주 6일은 집중듣기를 꼭 하겠다는 마음을 먹고 오늘부터 시작하면 됩니다. 잠수네 영어는 꾸준히만 하면 누구나 가능한 방법입니다.

7. 집중듣기를 매일 1, 2시간씩 한다 ┈┈▶ **최대 30분**

어른도 30분 집중듣기하기가 어렵습니다. 아이가 원하지 않으면 그 이상은 시간낭비입니다. 억지로 집중듣기 시간을 늘린다고 영어를 더 잘하게 되는 것도 아닙니다. 질리지 않게 조금씩이라도 꾸준히 하는 것이 더 중요합니다.

8. 너무 어려운 영어책으로 집중듣기한다 ┈┈▶ **아이 수준보다 살짝 어려운 것으로**

알파벳도 모르는 아이에게 턱없이 어려운 글밥 많은 영어책으로 집중듣기를 시키면 십중팔구 실패합니다. 아이 혼자 읽을 수 있는 영어책보다 살짝 어려운 것으로 집중듣기 수준을 잡으세요.

> **어드바이스**
>
> **예외적으로 한 시간 이상 집중듣기를 해도 괜찮은 경우가 있습니다**
>
> **오디오북 내용을 거의 다 이해할 때**
> 영어책 오디오북을 우리말 책 테이프처럼 편안하게 듣는 아이들이 있습니다. 내용을 거의 다 이해하기 때문에 재미있게 듣다 보면 한 시간을 훌쩍 넘기는 일도 종종 발생합니다. 이런 아이들은 책은 책대로, 오디오북은 오디오북대로 따로 듣기를 더 좋아하는 경향이 있습니다. 아이가 오디오북만 따로 듣는 것이 좋다고 하면 아이의 생각을 존중해주세요.
>
> **초등 고학년, 중학생 중 아이의 의지가 강할 때**
> 뒤늦게 시작한 초등 5, 6학년에서 중학생 아이들 중에는 비장한 각오로 잠수네 영어학습에 전념하는 경우가 있습니다. 아침, 저녁으로 나누어 하루 1~2시간 집중듣기를 하고, 방학 때면 하루 6~7시간씩 영어에 투자해서 6개월에서 1년 사이에 놀라운 결과를 보이기도 합니다. 스스로 하겠다는 의지가 확실한 아이라면 가능합니다. 하지만 고학년에서 시작했다고 모두 따라 할 수 있는 방법은 아닙니다. 우리 아이는 왜 이렇게 안 하는가 고민하고 타박할 것도 아닙니다. 전적으로 아이의 의지에 따라 좌우되는 것이니까요.

집중듣기, 이 점이 궁금해요

1. 꼭 글자를 짚으며 오디오CD를 들어야 하나요?

글자를 짚기 귀찮다고 눈으로만 듣고 싶어하는 아이들이 있습니다. 오디오CD를 잘 들으면 되지 왜 어렵게 글자를 짚어야 할까요? 집중듣기를 직접 해보면 답이 나옵니다. 30분 집중해서 듣는 것이 쉬운 것 같아도 의외로 만만치 않습니다. 글자를 짚으면서 듣다 보면 딴생각도 안 나고 확실히 덜 지루합니다.

2. 집중듣기하다가도 책 속의 그림을 보고 싶어해요

미리 충분히 책을 살펴볼 시간을 주세요. 대신 집중듣기할 때는 글자에 집중하자고 약속을 하고요.

3. 알파벳을 모르는데 글자를 짚을 수 있나요?

알파벳을 전혀 모르는 아이라도 문제 없습니다. 어느 정도 시간이 지나면 스스로 소리와 글자를 맞출 수 있습니다.

4. 집중듣기를 너무 싫어해요

집중듣기를 처음부터 좋아하는 아이는 별로 없습니다. 집중듣기를 하기 전에 왜 해야 하는지 충분히 이야기하고, 아이가 좋아할 만한 영어책과 오디오CD로 듣다 보면 대부분은 집중듣기 습관이 정착됩니다. 시간이 좀 더 걸리고 덜 걸린다뿐이죠. 그러나 집중듣기의 필요성도 잘 설명했고, 좋아할 만한 영어책으로 듣는데도 몇 달이 지나도록 집중듣기를 싫어한다면 좀 더 머리를 써야 합니다. 집중듣기를 너무 지루해하면 글자를 짚는 도구를 예쁜 연필이나 펜, 마술지팡이같이 아이들이 좋아할 만한 것으로 몇 개 준비해서 매일 다른 것으로 바꿔보세요. 집중듣기용 영어책이 글씨가 작아서 싫다면 글씨가 큰 책으로, 글씨가 많다고 투정하면 그림이 많고 쉬운 책으로 바꿔주면 됩니다. "안 돼요, 왜 그러죠?" 하며 제자리만 맴돌지 말고 '되는 방법이 없을까?'를 생각해보세요.

5. 엄마가 읽어주면 안 되나요?

잠수네 회원들 중에도 집중듣기와 '엄마가 읽어주기'를 병행하는 분이 꽤 됩니다. 엄마가 살 부비며 직접 읽어주는 것을 좋아하는 아이도 있고, 집중듣기 싫어하는 아이를 위해 읽어주기도 합니다. '오디오CD가 없는 영어책은 엄마가 다 읽어주마'란 각오로 읽어주는 분도 계세요. 엄마가 읽어주다 보면 번갈아 읽게 되고 서서히 혼자 읽는 날이 옵니다.

> **집중듣기, 시작이 어렵게 느껴지시죠?**
> 작성자 : psalm139 (초2)

전 집듣을 처음엔 5분으로 시작했어요.

"○○야, 이제까지 우리가 영화만 봤지? 네가 좋아하는 게 뭐니? 꾸준히 매일 잘하면 네가 좋아하는 ○○○을(먹을거리, 아니면 5000원 이내의 것으로 먼저 아이가 좋아하는 걸 선택하게) 사줄까 하는데, 어때, 한번 엄마랑 해볼까? 오늘 엄마가 긴 바늘이 딱 4에서 5까지 갈 때까지만 한번 들어보기를 해볼게. 여기 책이 ○권(처음엔 노래가 재미난 그림동화책 다섯 권 혹은 《Oxford Reading Tree》같은 것 깔아놓고) 있는데, 여기서 딱 한 권만 골라봐(선택도 아이가 하게). 엄마가 5분 이상은 안 한다?
자, 엄마가 먼저 읽어줄게(엄마가 책 읽어주면서 약간의 설명이 필요하면 설명해줘도 됨). 이제 여기 찍기 도구가 있는데, 이걸로 네가 들리는 대로 찍는 건데, 어떤 도구를 선택할래(작은 선택이라도 아이가 하게 해주면 그나마 소극적인 참여가 좀 더 나아지더라구요)? (선택하면) 자, 이제 그럼 플레이 들어갑니다~ 시작! (5분 지나 다 끝났으면 칭찬 폭풍) 오메, 이거 5분 하기 힘든데, 네가 해냈다! (쪽쪽 뽀뽀) 오늘은 이걸로 끝이야. 내일도 5분만, 한번 1주일 해보자?"

이런 식으로 했어요. "엄마, 한 권 더 할래요" 조를 경우, 배고프게 합니다. "아니야, 오늘은 여기까지만. 내일을 기대해." 이렇게 목마르게 합니다.

> **엄마가 읽어주기(엄마와 함께 읽기)를 하면서 좋았던 점**
> 작성자 : 샐리즈맘 (초3)

혼자 읽기 버거워서 시작한 엄마와 함께 읽기 시간. 이젠 혼자 충분히 읽을 수 있음에도 이 시간을 자꾸자꾸 챙기게 돼요.

(1) 글밥이 많고 어려운 책에 대한 벽을 허물고 관심을 자연스럽게 끌어올 수 있었구요.
(2) 엄마와 잠자리에서 살 부비며 친밀감 느낄 수 있는 시간으로, 샐리가 무엇보다 사수한 시간입니다. 더불어 잠수 시작하면서 함께 읽기를 시작하니, 엄마가 책도 읽어주고 참 좋다는 생각을 하게 됐답니다.

(3) 스스로 이 시간을 챙기게 되면서 자신이 듣고 싶고, 보고 싶은 책을 골라옵니다. 샐리의 책 취향을 쉽게 알 수 있는 통로이자, 다음으로 어떤 책을 이어줄지에 대한 고민도 함께 해결되는 시간이었습니다.

(4) 읽어주면서 즉각적인 반응과 이해도를 알 수 있었습니다. 어휘를 일일이 짚어주지 않아도 유추하는 정도가 보입니다. 슬쩍~ 엄만 이 부분이 뭐라는 건지 이해가 안 된다고 얘기하면, 자신이 이해한 대로 술술 얘기하기도 합니다(제가 진짜로 이해가 안 된 적도 많아요). 그럼 네가 엄마보다 훨 낫다~ 이렇게 얘기하면 샐리의 턱이 쳐들어집니다.^^

(5) 어려워도 재밌는 책은 계속 반복해서 읽어달라고 하고, 좋아하는 작가의 다른 책도 사달라고 하기도 하구요. 아이가 책을 찾고 분류하는 작업도 즐기게 되더라구요.

(6) 엄마가 읽어주기 → 한 페이지씩 번갈아 읽기 → 샐리도 엄마에게 읽어주기(음독)로 다양하게 발전시키면서 시간을 알차게 채웠습니다.

(7) 샐리 음독시간을 따로 챙기지 않아도 주거니 받거니 한 권씩 읽으니, 아이의 읽기 실력도 저절로 가늠이 되더라구요.

(8) 엄마가 읽어준 책은 쉽게 느껴져서 혼자 읽기로도 바로 이어지구요. 주로 J5단계의 책들이 많았는데, 처음이라면 버거울 책을 쉽게 도전하게 되고, 혼자 읽어볼까 하는 생각도 들게 만드는 듯싶어요.

(9) 끝으로 엄마가 읽어주니 엄마의 영어실력에도 조금은 도움이 되더란 겁니다. 읽어주다 보면 발음과 억양이 매끄러워지고, 재밌게 읽어주려고 하다 보니 더 신경 쓰게 되구요.

그래서 결론은, '엄마가 읽어주는 시간을 앞으로도 쭈욱~ 가져가야겠다'예요. 여러분도 꼭 그런 시간을 가져보세요. 좋은 건 강추해야 하지 않겠어요?!

책읽기

왜 영어책을 읽어야 할까?

영어책 읽기가 중요한 것은 우리 아이들이 살아갈 세계가 달라졌기 때문입니다. 기업들은 한정된 국내 시장을 뛰어넘어 해외로 나간 지 오래입니다. 거꾸로 다국적 회사, 구글이나 페이스북 같은 글로벌 IT회사들이 국내에 진출하고 있습니다. 국내 회사가 인수합병으로 외국계 회사가 되는가 하면, 다른 나라 회사의 지분을 우리나라 회사가 사는 일도 비일비재합니다. 국내의 일자리는 점점 줄어드는 추세인 반면, 영어실력이 뒷받침되는 탁월한 능력을 갖춘 인재라면 전세계 어디서나 근무할 수 있는 시대입니다.

이렇게 빠르게 변화하는 세상에서 살아가기 위한 최소한의 조건 중 하나가 영어구사능력입니다. 전세계 공통어로 영어가 쓰이기 때문입니다. 칼의 손잡이를 잡고 있을 때와 칼날을 잡고 있을 때의 입장이 다르듯, 해외여행이나 다른 사람의 물건을 살 때와 내가 가진 지식과 상품을 팔 때는 입장이 완전히 다릅니다. 전자라면 간단한 생활회화만 알아도 충분합니다. 평생 외국사람과 마주칠 일이 없다고 여기면 영어시험 점수만 좋아도 먹고사는 데 크게 지장이 없겠지요. 그러나 언제 어느 때

외국사람들과 일해야 할지 모르는 상황에서는 상대방의 말과 글을 정확하게 이해하는 것뿐 아니라, 내 생각을 확실하게 전달하고 상대방을 설득할 수 있는 수준의 영어실력이 필수입니다. '누구나 영어를 잘할 필요는 없다'는 말은 시대에 맞지 않는 발언일 뿐입니다.

영어책 읽기의 이점

'영어를 잘하려면 영어책을 많이 읽어야 한다!'는 것은 어떤 상황에서도 진리입니다. 조기유학을 가든, 영어학원이나 영어학습지, 영어과외를 해도 마찬가지입니다. '영어책 읽기가 기본이고 나머지는 모두 옵션'입니다. 하면 나쁘지야 않겠지만 안 해도 그만이라는 의미입니다. 영어책을 많이 듣고 읽으면 단어를 외우지 않아도, 문법을 몰라도 깨알 같은 글씨가 잔뜩인 두꺼운 영어책을 술술 읽어낼 수 있습니다. 글 한 줄 쓰는데 비지땀을 흘리는 절름발이 영어에서 벗어나 한글로 쓸 때처럼 영어로 내 생각을 자유롭게 쓸 수 있습니다. 외국에서 몇 년 산 사람보다 영미권 문화를 더 잘 이해하니 외국사람과 대화에 막힘이 없고 쉽게 친해집니다.

영어책 읽기에 전력을 다하지 않는 이유는?

영어책을 읽어야 할 이유가 이토록 절박한데도 아이들의 영어교육을 고민하는 대다수의 부모들은 영어책 읽기에 전력을 다하지 않습니다. 왜 그럴까요?

- 부모가 경험이 없어 어떻게 영어책 읽기를 해야 할지 모른다.
- 영어책 읽는 것과 영어실력은 별개라고 생각한다.
- 단어를 많이 알지 않으면 영어책을 못 읽는다고 생각한다.
- 문법을 알아야 내용을 이해한다는 고정관념에 사로잡혀 있다.

이런 점들이 영어책 읽기보다 학원으로, 조기유학으로 눈을 돌리는 이유일 겁니다.

영어책, 책인가? 교재인가?

영어책 읽기가 중요하다는 것에 동의하는 분이라도 문제는 여전히 남아 있습니다. 사람들이 책을 보는 이유는 '재미'와 '필요성' 두 가지입니다. 재미로 책을 보면 책읽기가 휴식이 됩니다. 필요에 의한 책읽기는 공부가 되겠지요. 영어책도 두 방향으로 접근할 수 있습니다. 재미있고 끌리는 책을 찾아 읽으면 한글책처럼 책읽기가 휴식이 됩니다. 낄낄거리고 웃거나 감동적인 내용에 주르륵 눈물을 흘리다 보면 '저자의 생각을 읽어내는 정독'은 저절로 됩니다. 영어책을 고르는 눈, 읽는 수준도 따라서 올라갑니다. 자동으로 올라가는 에스컬레이터를 탄 것이

나 마찬가지입니다.

그에 반해 재미있게 영어책을 읽는 아이를 의심의 눈초리로 보는 분도 있습니다. 꼼꼼하게 읽지 않아 '정독'이 안 된다고 푸념을 합니다. 이런 분들을 보면 한글책을 읽을 때 본인은 얼마나 꼼꼼하게 정독하는지 묻고 싶습니다. '정독'이란 것이 단어 하나하나, 문장 하나하나를 꼼꼼하게 읽는 것이 아닌데 말이죠. 영어책으로 공부한다는 학원도 부모들의 욕구에 부응해야 생존이 가능하므로 아이 수준에 턱없이 어려운 영어책을 공부하는 커리큘럼을 짭니다. 영어책을 '영어공부용 교재'로 본다면 재미보다는 효율을 따지게 됩니다. 한 권의 책에 든 단어를 모두 알아야 하고, 문장 하나하나를 완벽하게 해석해야 합니다. 어떤 내용이 들어 있는지 테스트를 해서 다 맞아야 합니다. 이렇게 되면 '읽는 즐거움'은 사라지고, 억지로 하는 수동적인 '공부'가 됩니다.

한글책을 읽지 않고 국어점수를 잘 받을 수 없는 것처럼, 영미권에서도 진짜 실력 있는 아이들은 수업시간에 공부하는 책 외에도 많은 책을 즐기며 읽습니다. 아이들뿐 아니라 우리 어른도 공부보다 노는 것을 더 좋아합니다. 공부를 그만두는 순간 영어책과는 '안녕' 하는 아이로 키우고 싶지 않다면, 오늘부터라도 영어책의 재미를 발견하는 보물찾기에 나서 보세요.

영어책 수준을 올리는 비결은?

1. 쉬운 책이 답이다

책을 읽기 시작할 때 가장 중요한 것은 책읽기가 참 재미있다는 생각이 들도록 해주는 것입니다. 글자 수도 적고 내용도 쉬운 그림책은 5분도 안 되어서 후딱 읽어버립니다. '어? 책 읽는 게 별게 아니네?' 하는 생각에 "이런 책 또 없어요?" 하고 아이 스스로 책을 읽고 싶어합니다. 만만하고 읽기 쉬우니 단숨에 여러 권씩 읽을 수 있는데다, 단기간에 많은 양을 읽다 보면 성취감과 자부심이 하늘을 찌르게 됩니다. 책 속의 그림을 보며 단어와 문장의 의미를 유추하다 보면 단어암기나 한글 해석 없이 글의 의미를 저절로 이해하게도 됩니다.

어린아이들도 학원에서 어려운 영어책으로 공부하는데 쉬운 책 읽기로도 영어실력이 늘까 걱정된다면 한글을 깨칠 때를 생각해보세요. 이제 막 한글책을 읽기 시작한 아이에게 어려운 책을 권하는 부모는 없을 겁니다. 영어를 배울 때도 다르지 않습니다. 이솝 우화에서 나그네가 외투를 벗는 것은 바람이 아니라 햇님 때문입니다. 소나기가 오면 얼른 피하고 싶은 마음이 들지만 가벼운 빗방울은 맞아도 그만, 가던 길을 계속 가게 마련입니다. 쉬운 책을 읽다 보면 햇님이 외투를 벗게 하듯, 가랑비에 옷 젖는 줄 모르듯 글밥 많고 어려운 책을 저절로 잡게 됩니다.

2. 지평선읽기의 놀라운 효과

지평선읽기란 억지로 영어책 단계를 올리지 않고 자기 수준에 맞는 책을 옆으로 많이 읽는 것을 말합니다. 한 쪽당 모르는 단어가 두세 개 이내의 읽기에 만만한 쉬운 책을 폭넓게 많이 읽는 것이지요. 제대로 읽고 있는지, 단어의 뜻은 알고 있는지 굳이 확인하지 말고 모른 척 놔두는 거예요.

지평선읽기를 하는 것은 다음과 같은 이유 때문입니다.

❶ 아는 어휘가 늘어납니다

비슷한 레벨의 책이라면 이 책에서 나온 단어가 저 책에도 나옵니다. 처음에는 잘 이해가 안 되는 말이 있어도 자꾸 읽다 보면 무슨 내용인지 대략 짐작하게 됩니다. 한 쪽에 모르는 단어 한 개씩만 있는 20쪽짜리 얇은 책이라도 아이가 좋아서 반복해서 읽다 보면 20개의 새로운 어휘를 습득하게 됩니다. 100권을 읽으면 2000개의 어휘를 알게 된다는 계산이 나옵니다. 한 쪽에 모르는 단어가 수십여 개인 어려운 책 200쪽을 억지로 읽어본들 이만한 효과를 얻을 수 있을까요?

❷ 저절로 레벨 상승이 됩니다

더 재미있는 것은 쉬운 책만 읽던 아이가 어느 순간 두꺼운 책을 읽겠다고 들고 오는 현상입니다. 아는 어휘가 늘어나니 영어가 만만해진 거죠. 책읽기에 자신이 생긴 것입니다. 자신감이 생기니 영어가 재미있어집니다. 자기 실력보다 어려운 영어책을 읽으려면 모르는 단어를 찾아 외우고, 꼼꼼하게 해석해야 합니다. 쉽고 만만한 책으로 지평선읽기를 하며 공중부양하듯 저절로 영어실력이 올라가는 것과 자기 실력보다 어려운 책으로 억지로 공부하는 것 중 어느 쪽이 더 즐겁게 가는 길일지, 어느 쪽이 더 탄탄하게 가는 길일지 곰곰이 생각해보세요.

3. 무조건 재미있는 책을 찾아라

앞서 쉬운 책 읽기, 지평선읽기가 영어책 수준을 올리는 비결이라고 했지만 '재미'가 빠지면 속 빈 강정에 불과합니다. 읽어도 내 것이 되는 데 시간이 많이 걸릴 뿐 아니라, 자칫하면 부모가 하라고 하니 억지로 하는 공부가 되기 쉽습니다. 그에 비해 아이가 정말 좋아하는 캐릭터나 눈이 확 뜨일 만큼 재미있어하는 주제라면 좀 어려운 책이라도 붙잡고 읽으려고 합니다. 좋아하니 계속 반복해서 보게 되고, 그러다 보면 처음에는 반도 이해 못 하는 책이라도 나중에는 거의 다 이해하게 됩니다.

많은 아이들이 공주나 요정, 슈퍼 히어로, 탐정, 동물이 나오는 책을 좋아합니다. 감동적인 스토리, 잔잔한 일상을 다룬 책을 좋아하는 아이도 있고, 치고 받고 싸우거나 으하하하 웃음이 튀어나오는 코믹물을 선호하는 아이도 많습니다. 초등 고학년이나 중학생은 판타지나 로맨스 소설로 빠지기도 하지요. 오죽하면 판타지 소년, 로맨스 걸이란 말까지 나올까요.

"이거 어때?" 물어서 재미있다면 비슷한 종류의 책을 계속 찾아주고, 재미없다면 조용히 치우세요. 억지로 읽으라 하지 말고요. 책 구하느라 들인 시간, 비용이 아깝고 억울해도 꾹 참으세요. 지금은 재미없다고 하는 책이라도 나중에 재미있다고 하는 날이 올 수 있습니다. 동생이 있으면 나중에 활용하면 되니 본전 생각은 접어두고요. 최대한 아이가 재미있어하는 책을 찾는 것이 영어책 수준을 올리는 지름길입니다.

잠수네 1000권 읽기 프로젝트!

'쉬운 책+지평선읽기+재미있는 책 읽기'를 한 번에 할 수 있게 목표를 잡은 것이 〈잠수네 1000권 읽기〉 프로젝트입니다.

1. 1000권 읽기 누구나 할 수 있어요

영어책을 1000권 읽으라고 하니 오해를 하는 분이 많습니다. '1000권 읽기를 한다는 사람은 진짜 책을 1000권이나 사는 것일까?' '1000권을 읽으려면 몇 년이 걸릴까?' '하다가 중간에 지치지 않을까?' 시작도 하기 전에 겁부터 먹습니다. 잠수네에서도 처음에는 1000권 읽기를 해본다는 엄두를 못 냈습니다. 어떻게 어른도 아닌 아이가, 그것도 영어책을 1000권 읽을 수 있을지 상상이 안 되지 않습니까? 생각을 바꾸면 길이 열리더군요. 해보니 되었습니다. 지금은 잠수네 영어학습을 하는 집이라면 누구나 1000권 읽기를 시도합니다.

2. 100일이면 1000권을 읽습니다

잠수네에서 이야기하는 쉬운 책은 8~48쪽 내외의 얇은 책입니다. 쉬운 책 한 권을 읽는 데는 3~5분, 길어야 10분이면 충분합니다. 열 권 읽는 데 30분에서 한 시간이면 됩니다. 이렇게 매일 100일을 읽으면 1000권을 읽을 수 있습니다. 어때요, 생각보다 어렵지 않겠죠?

※ 1000권 읽기의 구체적인 실천방법은 〈3부 잠수네 영어 실천편〉의 〈발전과정〉을 참조해주세요.

재미있는 영어책, 이렇게 찾아요

영어책을 두고 아이들이 보이는 반응은 다음 네 가지 유형으로 나눠볼 수 있습니다.

① 아이가 관심있는 영역＋아이한테 쉬운 책 …… 재미있다
② 아이가 관심있는 영역＋아이한테 어려운 책 …… 그저 그렇다, 또는 재미없다
③ 아이가 관심없는 영역＋아이한테 쉬운 책 …… 시시하다
④ 아이가 관심없는 영역＋아이한테 어려운 책 …… 재미없다

아이들이 제일 재미있다고 하는 책은 ①번의 관심도 있고 읽기 쉬운 책입니다. 여기에 딱 맞는 책이면 잠수네 영어는 참 쉽게 진행됩니다. 그러나 아이가 무엇을 좋아하는지, 어느 정도 수준의 책을 읽을 수 있는지 연구하지 않는다면 ④번 유형으로 갑니다. "우리 아이는 왜 영어책이 다 재미없다고 할까요?" 묻는 분들이 바로 여기에 해당됩니다. 쉬운 책이라고 무작정 보라고 하면 ③번처럼 시시하다는 반응을 보이고요.

②번은 좀 애매한 부분입니다. 정말 좋아하는 영역이면 조금 어려운 책도 보려고 하는 아이가 있는 반면, 아이 성향에 딱 맞는 책이라 고심 끝에 준비했는데 재미없다고 '팽'당하는 경우도 많습니다. 이때는 아직 읽기 버거운 어려운 책이구나 생각해야 해요. 읽기 싫다고 해서 책장 귀

통이에 꽂아두었는데 언제 그랬느냐는 듯 꺼내서 신나게 읽는 아이를 보고 어이없어하는 분들이 많거든요.

'대체 재미있는 책을 어떻게 찾으란 말이지?' 속으로 푸념이 절로 나오죠? 방법을 알려드리겠습니다.

1. 처음에는 잠수네 베스트가 진리

맨 처음 영어책을 구입하거나 빌릴 때는 〈4부 잠수네 베스트 교재〉를 참조하는 것이 좋습니다. 〈4부 잠수네 베스트 교재〉는 10년 이상의 세월 동안 수많은 잠수네 아이들에게 검증을 받은 목록입니다. 국내는 물론 전세계 어디에도 없는 장기간의 데이터를 기반으로 낸 추천목록이니만큼 신뢰해도 좋습니다. 잠수네 회원들도 '역시 잠수네 베스트!'라고 엄지손가락을 세웁니다. "엄마는 어떻게 이런 재미있는 책을 맨날 갖고 와요?" 하며 아이들이 먼저 열광하기 때문입니다.

2. 아이에게 물어보고 관찰하면 길이 보인다

〈4부 잠수네 베스트 교재〉 목록을 참조해서 영어책을 보다 보면 특별히 재미있어하는 책이 있습니다. 이때를 놓치지 마세요. 엄마가 또는 아빠가 이 책에 대해 잘 모르니까 좀 알려달라고 하는 거예요. 주인공이 마음에 든다면 왜 그런지, 줄거리가 공감되는 이유가 무엇인지, 작품의 배경이 마음에 드는지, 특정 캐릭터만 나오면 물불을 가리지 않고 열광하는지 관찰하는 거죠. 아이에게 물어볼 때는 '이 책의 전문가는 아이다!'라고 생각해주세요. 탐정이 단서를 찾듯 좋아하는 이유를 찾으면 '

대박 책'은 줄줄이 캐낼 수 있습니다. 다음 세 가지는 재미있는 영어책을 찾는 키포인트입니다.

① 좋아하는 장르가 보이면 99퍼센트 성공
② 좋아하는 작가의 다른 책
③ 좋아하는 시리즈의 후속

3. 한글책으로 좋아하는 분야는 영어책도 마찬가지다

영어책은 한글책 읽는 성향과 같이 갑니다. 창작물을 좋아하는 아이는 영어도 창작물을 좋아합니다. 역사책, 과학책을 좋아하는 아이는 영어책도 마찬가지입니다. 어떤 분야의 한글책을 좋아하는지 모르겠다면 아이한테 직접 물어보면 됩니다. 어릴 때 재미있게 본 그림책, 재미있게 본 한글책의 원서를 찾아보는 방법도 있습니다. 반복해서 읽는 한글책이 있다면 왜 재미있는지 이야기를 나눠보세요. 재미있는 영어책 찾기의 실마리를 잡을 수 있습니다.

4. 땅속 감자줄기에서 줄줄이 감자를 캐내듯 재미있는 책을 캐내자

아이가 좋아하는 것이 무엇인지 알았으면, 인터넷서점이나 도서관에서 원하는 책을 구하면 됩니다. 구하는 족족 맛나게 읽는 아이를 보면 인터넷서점을 검색하느라 잠을 좀 못 자도 힘든 줄 모르고, 책 구입하느라 돈이 좀 들어도 아까운 마음이 하나도 들지 않습니다. 내가 해준 음식을 아이들이 맛있게 먹을 때 느끼는 뿌듯한 마음과 다를 바 없습니다.

아이의 열화 같은 반응이 잇따르면 엄마도 영어책을 찾는 과정이 무지무지 재미있어집니다. 아이 입맛에 딱 맞는 영어책을 도서관에서 찾았거나, 인터넷서점 장바구니에 담을 때의 희열은 좋은 화장품이나 옷, 명품 가방을 사는 것에 비할 바가 아닙니다.

간혹 읽은 책이 재미있다고 하면서 같은 시리즈의 다른 책은 더 안 보려고 하거나, 반복을 좋아하는 아이인데 한 번만 읽고는 더 안 보려고 하는 경우도 있습니다. 이유는 ① 재미있는 분야나 작가는 분명하지만 '어려운 책'이라서, ② 엄마가 심혈을 기울여 골라준 책인데 재미없다고 하기 미안해서, ③ 재미있다고 한 이유를 잘못 짚어서입니다. 해법은 원인에 따라 다르겠지요. 어려운 책은 나중에 읽으면 되고요, 아이와 솔직한 대화를 나누는 가정 분위기를 만드는 것은 재미있는 책 찾기뿐 아니라 아이를 잘 키우기 위해서도 꼭 필요한 일입니다. 간혹 공주책이면 다 좋아한다고 내용은 살피지 않고 블링블링한 분홍색 표지만 보고 구입하거나, 코믹물이면 다 재미있어할 것이라고 넘겨짚는 경우 세 번째의 상황이 될 수 있습니다. 이 경우 일껏 구해줬는데 '팽'당했다고 실망하거나 아이를 구박하지 말고, 왜 읽기 싫은지 이유를 물어보세요. 다음부터 싫은 분야는 피하면 됩니다.

5. 타이밍이 중요하다

영어책은 미리미리 준비해두어야 합니다. 당장 듣거나 읽지 않더라도 아이가 좋아하는 분야의 집중듣기할 영어책, 오디오CD 없는 영어책은 최소 1, 2개월 앞서 쟁여둘 필요가 있습니다. 집중듣기용으로 산 책이라도 어느 순간 너무 쉽다며 듣지 않고 바로 읽는 경우도 생기고, 어느 날 갑자기 흥가 동해서 영어책을 왕창 읽는 이변이 생기기도 합니다. 한 달 영어학원비 정도는 영어책 구입비로 잡고 미리미리 준비해주세요. 집에 미리 준비한 책이 없으면 집중듣기 책이 없어 듣지 못하거나, 읽을 책이 없어 손가락만 빠는 상황이 될 수 있으니까요.

많은 책을 읽다 보면 아이들도 영어책을 고르는 안목이 생깁니다. 같은 작가의 다른 책을 찾기도 하고 시리즈물인 경우 집에 없는 뒷부분 책을 보고 싶어하기도 합니다. 다 읽고 나서도 입맛을 다시며 이런 비슷한 책은 없는지 찾아봐달라고 하기까지 합니다. 아이가 반응을 보일 때 주저하지 마세요. 뜨거울 때 내리치라고 했습니다. 이만큼만 오면 부모가 이래라 저래라 간섭하지 않아도 영어책 읽기는 스스로 굴러갑니다. 놀이와 휴식시간이 됩니다. 공부, 학습이라고 생각하지 않습니다. 책을 읽는 동안 영어실력은 눈부시게 성장합니다.

> **잠수네 회원이라면**
>
> **또래 아이들이 재미있게 본 책을 찾아보세요**
>
> 잠수네에는 아이들의 영어책 반응을 세세하게 살필 수 있는 곳이 많습니다. 우선 〈잠수네 책나무〉에서 내 아이가 재미있게 읽은 책을 검색해서, 그 책의 잠수네 회원리뷰를 살핍니다. 이때 내 아이와 반응이 비슷한 아이를 발견하게 되면 그 아이의 〈잠수네 포트폴리오〉나 〈영어교실〉 기록을 찾아보세요. 대박 책, '팽' 당한 책 목록을 찾을 수 있습니다. 잠수네의 〈함께하는 팀〉에 참여하는 것도 좋은 방법입니다. 〈함께하는 팀〉은 아이들 교육에 비슷한 관심을 가진 부모들이 별도의 게

시판에 모여 매일의 학습과정을 올리는 곳입니다. 영어를 주제로 같은 학년, 또는 비슷한 영어실력의 아이를 둔 부모들이 모인 팀에서는 또래 아이들이 재미있게 읽은 책 목록을 매일 쉽게 알 수 있습니다. 궁금한 점은 거의 실시간으로 조언을 받을 수 있기도 하고요.

아무리 해도 재미있는 영어책이 없다면?

1. 한글책을 싫어한다

아무리 노력해도 재미있는 영어책이 없다면 십중팔구 한글책도 잘 읽지 않는 아이일 가능성이 높습니다. 한글이냐 영어냐가 문제가 아니라 '책'이라는 매체를 친하게 여기지 않는 데 근본적인 문제가 있는 것이지요. 한글책을 좋아하지 않는데 영어책인들 좋아할 리 만무하니까요. 유일한 대안은 영어책 읽기를 조금씩 진행하면서 한글책의 재미를 알게 해주는 것입니다. 한글책을 어떻게 재미있게 읽힐 수 있느냐고요? 영어책과 똑같습니다. 쉬운 책으로, 아이가 재미있어하는 분야부터 읽히면 됩니다. 언제 한글책까지 재미를 붙일 수 있을지 한숨이 절로 나오고, 두 마리 토끼 잡기가 쉬운 일은 아니지만 한글책의 바탕 없이 영어책의 재미는 찾기 어렵다는 것을 명심해주세요.

2. 한글책 수준이 높아 쉬운 영어책이 시시하다

반대로 한글책 수준이 워낙 높아 자기 눈에 차지 않는 시시한 영어책 읽기를 거부하는 아이도 있습니다. 이런 아이들은 작품성 있는 작가의 책으로 영어책을 선정하면 좋습니다. 쉬운 그림책이라도 그림이나 담겨 있는 메시지가 범상치 않은 것들이 많고 소설 중에도 비교적 분량이 적고 읽기 쉬운 작품들이 있으니까요. 때로는 명작을 간추린 작품도 도움이 됩니다.

읽기의 변천과정

잠수네 영어는 부모와 아이가 함께 뛰는 이인삼각 경주입니다. 영어책을 읽을 때도 둘의 호흡이 잘 맞으면 에스컬레이터를 탄 것처럼 어려움 없이 영어책 수준이 올라갑니다. 아이가 부담스럽지 않은 선에서 진행하면 전혀 문제 없는데 현명하게 대처하지 못하면 어려움을 겪을 수 있습니다. 다음은 영어책을 읽을 때 만날 수 있는 고비입니다. 어떤 때 고비가 나타나는지 원인과 대처방법을 알아두면 미리미리 예방할 수 있겠죠?

1. 집중듣기 습관잡기

놀면서 하는 느낌의 흘려듣기와 달리 집중듣기는 말 그대로 '집중'이 필요한 과정입니다. 이 때문에 집중듣기가 습관이 될 때까지는 아이 혼자 하기가 쉽지 않습니다. 처음에는 5분이라도 아이가 좋아하는 것으로 듣기를 해주세요. 익숙해지면 차차 시간을 늘리고요. 아이 혼자 하는 집중듣기는 99퍼센트 이상 엉터리입니다. "대단하다" 치켜세우고 "잘한다" 엉덩이 두들겨주면서 집중듣기가 재미있다고 할 때까지 아이 옆에 앉아 자리를 지켜주세요.

2. 집중듣기한 쉬운 책 읽기

'바늘 허리 꿰어 못 쓴다' '급하게 먹은 떡이 체한다'는 속담처럼, 겨우 알파벳 정도 아는 아이에게 집중듣기했으니 바로 읽으라고 하면 영어책을 볼 때마다 스트레스를 받게 됩니다. 집중듣기를 하면서 진득하게 기다리다 보면 "이 책은 혼자 읽을 수 있겠어요" 하며 아이 스스로 말할 때가 옵니다. 영어책 수준을 빨리 올릴 욕심에 너무 어려운 책으로 집중듣기를 하는 것도 아이가 스트레스를 받습니다. 살짝 어려운 책은 계속 듣다 보면 서서히 내용이 이해되지만, 너무 어려운 책은 반복해서 들어도 무슨 말인지 알 수 없으니까요. 집중듣기용 영어책은 사전 없이 혼자 읽을 수 있는 책보다 (잠수네 영어책 단계 기준) 1, 2단계 어려운 책이 이상적입니다.

3. **집중듣기 안 한 쉬운 책 읽기**

　수영을 배울 때 가장 힘든 고비가 숨쉬기입니다. 보통은 킥판을 잡고 계속 숨쉬며 헤엄치는 연습을 하다 익숙해지면 킥판 없이도 혼자 숨을 쉴 수 있지요. 잠수네 영어에서는 '집중듣기한 쉬운 책'이 킥판입니다. 집중듣기한 쉬운 책을 한 권, 두 권 읽다 보면 읽을 수 있는 단어, 문장이 차츰 늘어나고, 이 양이 많아지면 집중듣기 안 한 쉬운 책도 읽을 수 있게 됩니다. 집중듣기를 얼마 하지도 않고 무작정 책읽기로 돌진하는 것은 숨쉬기가 아직 익숙하지 않은데 킥판 없이 헤엄치라고 하는 것이나 마찬가지입니다.

　집중듣기 안 한 쉬운 책을 읽게 되는 공식은 아주 간단합니다. J2단계의 집중듣기한 영어책을 편하게 읽으면 J1단계의 오디오CD 없는 책을 쉽게 읽을 수 있고, J3단계를 집중듣기하고 있다면 J2단계 영어책은 어느 정도 읽을 수 있습니다. 수영을 배울 때 숨쉬는 것이 어렵다고 부모가 대신해줄 수 없는 것처럼, 영어책 읽기도 아이 혼자 해낼 때까지 믿고 기다려주세요.

4. 글만 있는 챕터북 읽기

큰 글자, 예쁜 그림, 하얀 종이의 얇은 그림책이나 리더스북만 보다, J4단계의 《Magic Tree House 시리즈》처럼 갱지에 글밥 많고 그림 적은 데다 쪽수도 만만치 않은 챕터북을 보면 경기를 일으키는 아이들이 많습니다. 예전처럼 영어책이 많지 않던 시절이라면 그마저도 감지덕지하며 읽었을 텐데요, 요즘은 40~60쪽 분량의 하얀 종이, 컬러판 그림, 큰 글씨로 된 쉬운 챕터북도 쉽게 구할 수 있습니다. 갱지로 된 챕터북에 편견이 있는 아이라면 컬러판으로 된 쉬운 챕터북으로 시작해보세요. 글밥이나 두께의 부담을 쉽게 넘어갈 수 있습니다.

5. 두꺼운 소설책으로 넘어가기

수십 권의 시리즈로 된 챕터북은 같은 주인공, 비슷비슷한 줄거리로 이해하기 편합니다. 아무 생각 없이 읽을 수 있는 흥미 위주의 시리즈도 많지요. 그에 비해 소설은 어휘나 문장이 어려운 책이 많습니다. 한 권 한 권이 생각할 거리도 많고요. 아이가 100쪽 내외의 챕터북만 읽으려고 하고 200~300쪽가량의 두꺼운 소설책은 두려워하는 것 같으면 부드럽게 넘어갈 방법을 찾아보세요. 소설이라도 J4~J5단계의 얇고 만만하면서 재미있는 책들이 많습니다. 좋아하는 챕터북과 같은 분야의 소설도 찾아보고요. 영어책에 대해 조금만 연구하면 소설이 어렵니 두렵니 하는 말은 쏙 들어가게 됩니다.

6. 양질의 책 읽기 : 뉴베리상 수상작, 클래식 작품

뉴베리상 수상작이나 클래식 작품같이 좋은 책을 권하는 이유는 무엇보다 책에서 무한한 감동을 느끼길 바라기 때문입니다. 다양한 주제, 풍부한 어휘와 표현이 담긴 책들이라 어휘력, 독해력, 사고력이 커진다는 이점도 있습니다. 이는 작가의 의도, 등장인물의 성격, 배경, 사건의 전개 등을 묻는 각종 영어시험에 유리하게 작용합니다. 영어로 글을 쓸 때도 큰 힘이 되고요.

그러나 뉴베리상 수상작, 클래식 작품에도 한계는 있습니다. 뉴베리상 수상작 중에는 가족의 죽음, 이혼, 부모의 가출, 청소년의 일탈 등 아이들이 받아들이기에 어두운 내용의 책이 많습니다. 클래식 작품도 혁명, 살인, 불륜, 사회의 모순을 다루는 작품들은 초등학생, 중학생이 이해하기도 어렵고 굳이 어릴 때 읽지 않아도 되는 책들입니다. 따라서 사회적으로 양서로 회자되는 책이라도 아이들에게 권할 때는 정서적으로 받아들일 수 있는가, 아이 나이에서 이해할 수 있는가가 최우선입니다.

참 좋은 책인데 아이가 잘 안 보려고 한다면 우회적인 길을 찾아보세요. 〈Walk to Remember〉 〈Charlotte's Web〉같이 원작소설이 있

는 영화를 먼저 보고 소설로 이끌어주는 방법도 있겠고요, 한글번역본을 먼저 보게 한 후 원서를 번역본과 비교하면서 읽어보자고 권유해볼 수도 있습니다(아이들이 번역본의 오류를 잘 집어냅니다). 아이가 읽고 싶어하는 책과 엄마가 권하는 책을 섞어서 보자고 약속을 해보기도 하고요.

7. 지식책 읽기

지식책은 '배경지식의 유무'에 따라 재미 있다, 없다로 갈립니다. 따라서 지식책은 철저하게 아이가 좋아하는 영역을 파야 합니다. 한글책으로 역사책을 좋아했다면 영어책도 역사책으로, 한글과학책을 즐기는 아이라면 영어책도 같은 분야를 좋아할 것이라는 예상을 할 수 있지요. 골.고.루. 읽혀야 한다는 근거 없는 헛소문에 사로잡혀 관심도 없는 분야를 읽게 하지 말고, 좋아하는 쪽을 깊이 파보세요. 깊이가 생기면 그때 가서 옆으로 확장해도 됩니다.

그러나 지식영역의 책을 좋아하지 않는다면 생각을 달리해봐야 합니다. 아이가 영어지식책을 읽었으면 하는 이유는 책을 읽으면서 지식도 얻고 논픽션 어휘도 많이 알았으면 하는 마음 때문인데요, 막상 읽혀보면 생각했던 것과 많이 다릅니다. 일단, 아이 연령에 맞는 지식책은 챕터북이나 소설에 비해 읽기가 어렵습니다. 그나마 좋아하는 분야면 집중듣기로 접근해보겠지만, 딱히 좋아하는 영역이 아니라면 집중듣기를 해봐야 시간만 허비할 뿐입니다. 배경지식이 없어 이해가 잘 안 되니 지식과 어휘를 챙기는 것은 꿈도 못 꿀 일이니까요.

이 경우 길은 두 가지입니다. ① 한글책으로 배경지식을 갖춘 후 → 영어지식책 집중듣기를 하고 → 오디오CD 없는 영어지식책을 읽는 것과 ② 지식은 한글책에서 얻고, 논픽션 어휘는 논픽션 학습서(사회, 과학 지문으로 된 학습서)를 하거나 필요할 때 단기간 외우는 쪽으로요. 둘 중 어느 쪽으로 갈지는 각자의 상황에 따라 선택해보세요.

영어책 읽기, 이러면 완전 실패

1. 몇 개 시리즈만으로 돌린다 ……▶ **월 일정액은 영어책 구입비로 책정**

잠수네 영어는 돈을 거의 안 들이고도 할 수 있습니다. 집 주변의 몇 군데 도서관을 1주일에 두서너 번 정기적으로 돌며 재미있는 DVD, 영어책, 오디오CD를 빌린다면요. 그러나 발품 팔 생각은 눈곱만큼도 안 하면서(돈이 아까워) 처음 시작할 때 사둔 몇 개 베스트 시리즈만으로 집중듣기를 반복하고, 집중듣기한 책으로만 읽으라고 하면 영어책이 재미있을 리 만무합니다. 부모가 재미있는 책을 찾아나선 노력과 시간에 비례해서 아이들이 영어책을 재미있게 읽고 영어실력도 올라갑니다.

2. 영어책은 모두 빌려본다 ……▶ **정말 재미있는 책은 구입해야**

어떤 영어책을 준비해야 할지 모를 때나 수십 권 시리즈책 중 샘플책을 빌려보는 정도라면 영어책 대여점, 도서관을 이용하는 것도 좋은 방법입니다. 그러나 영어책을 전혀 구입하지 않고 계속 빌리기만 하면 아이가 정말 읽고 싶어하는 영어책을 반복해서 읽을 타이밍을 놓치기 쉽습니다. 재미있는 책을 반복해서 볼 때 영어실력이 올라갑니다. 빌려 보다 정말 재미있다고 한 책이나 시리즈는 구입해주세요.

3. 남들이 재미있다는 책, 공동구매 위주로 구비한다 ┈┈▶ **아이의 성향 관찰**
아이의 현재 영어 수준이나 기호를 고려하지 않고 남들이 재미있다고 해서, 또는 싼 맛에 사는 경우 어려워서 그냥 묵히거나 재미없다고 보지 않을 수 있습니다. 가계예산을 초과해서 책을 구입하고 나면 진짜 좋은 책을 구입하고 싶어도 못 삽니다. 나중에 중고로 되팔 때도 잠수네에서 좋은 반응을 얻은 영어책들은 제 값을 받지만 영어교재 판매목적으로 싸게 낸 전집, 시리즈는 세월이 지나면 헐값으로 내놔도 가져갈 사람이 없습니다. 아이가 좋아할 만한 책목록을 미리 준비해두세요. 준비한 책 목록 중 공동구매하는 것이 나오면 그때 사는 것이 좋습니다.

4. 제대로 아는지 계속 확인한다 ┈┈▶ **단어, 내용 확인하는 순간 '재미'는 바이바이**
모르는 단어는 없는지, 내용을 아는지 확인하는 순간 영어책 읽기는 공부가 됩니다. 영어책 읽기를 공부로 받아들이면 재미 붙이기는 물 건너간 겁니다. 책을 읽고 내용을 아는지 테스트하는 경우도 시간이 흐를수록 책읽기의 재미가 사라지는 원인이 됩니다. 영어책 읽기에 재미를 붙여주고 싶다면 단어암기, 완벽하게 해석하기 등의 욕심은 잠시 내려놓아주세요.

5. 모든 책을 소리 내어 읽게 한다 ┈┈▶ **(원치 않는) 음독은 하루 15분이 최대**

음독은 발음교정을 위해 좋은 방법입니다. 그러나 실제로 부모들이 아이에게 음독을 시키는 이유는 제대로 읽는지 확인하고 싶은 마음 때문입니다. 처음에는 단어를 틀리게 읽거나 버벅거리면 고쳐주면 되겠거니 간단하게 생각하지만, 대부분은 가르쳐줬는데도 제대로 못 읽는다고 펄펄 뛰다 부모와 아이 모두 마음만 상할 뿐입니다. 천재면 모를까 고쳐준 대로 바로 입력되는 아이는 거의 없으니까요. 소리 내어 읽는 것은 눈으로 읽는 것보다 훨씬 더 힘이 드는 일입니다. 간혹 초등 저학년 중 소리 내어 읽기를 즐기는 아이가 있지만, 싫어하는 아이라면 음독은 하루 15분이 최대입니다.

6. 정말 알고 있을까 끊임없이 의심한다 ┈┈▶ **널뛰는 레벨, 거품이 보여도 꾹 참기**

1000권 읽기를 하고 나서 영어실력이 급성장하는 이유는 아이들이 영어책을 만만하게 보고, 읽고자 하는 의욕을 갖기 때문입니다. 처음에는 읽고 싶어하는 책의 레벨도 들쑥날쑥, 반복하는 책과 한 번 보고 마는 책, 아예 쳐다보지도 않는 책 등 두서가 없습니다. 아무리 봐도 자기 수준에 비해 어려운 책을 턱없이 빠른 시간에 다 읽었다고 하기도 합니다. 이런 모습을 볼 때면 '과연 제대로 읽고 있는 것일까?' '얼마나 이해했을까?' 의문이 뭉게뭉게 피어오릅니다. 다 알지만 눈감아주세요. 시간이 지나면 아이 스스로 그때는 엉터리로 읽었다고 고백할 때가 옵니다. 거품 낀 읽기과정을 통해 저도 모르게 영어책 읽기에 자신감을 갖고 재미를 느끼게 되는 거랍니다.

7. 너무 어려운 책, 양서만 보게 한다 ……▶ 우선은 쉽고 재미있는 책 중심

아이의 수준이나 기호를 무시하고 엄마가 고른 책을 강요하는 것도 문제입니다. 많은 분들이 아이의 수준을 과대평가합니다. 턱없이 어려운 책을 들이밀면서 왜 우리 아이는 영어책이 재미없다고 하느냐고 호소하고요. 아이들이 좋아하는 영어책 중에는 흥미 위주의 책이 많습니다. 아무리 재밌는 책 읽기가 중요하다고 해도 판타지, 공포물, 로맨스물 같이 한글책이었다면 사주는 것을 꺼렸을 책을 구입하자니 마음이 편치 않을 것입니다. 영어가 재미있고 자신이 붙으려면 쉬운 책, 재미있는 책부터 보여주는 것이 중요합니다. 아이가 정 원하면 책 내용이 마음에 들지 않더라도 구해주세요. 일단 영어실력을 올린 후에 책의 질을 생각해도 늦지 않습니다. 대신 한글책으로는 양서를 많이 읽도록 하는 것이 좋겠죠?

8. 읽을 책, 반복 횟수를 엄마가 정한다 ……▶ 아이가 원하는 대로

책읽기로 고민하는 이유는 대부분 '엄마 마음대로', 일명 '체계적'으로 진행하려고 하기 때문입니다. 책 한 권을 완벽하게 이해해야 새 책 주기, 앉은 자리에서 열 번 반복해서 책읽기 등으로요. 아이의 의견은 배제하고 엄마 뜻대로 진행하면 당장은 무서워서 따라 하는 듯 보여도 재미가 없으니 시간이 흐를수록 하기 싫다, 안 하겠다고 튕겨나가게 됩니다. 책읽기에 재미를 느끼려면 아이가 선택권을 가져야 합니다. 엄마가 짜놓은 순서대로 읽는 것이 겉보기에는 치밀하고 체계적인 것 같지만 영어실력이 늘지 않고 제자리걸음하기 딱 좋습니다. 반복이냐, 새 책이냐 결정권도 아이에게 맡기세요. '듣겠다고 하는 책으로 듣고, 읽겠다고 하는 책으로 읽는 것'이 핵심입니다.

9. 왜 이것밖에 못 읽느냐고 타박한다 ……▶ **칭찬, 칭찬, 칭찬**

엄마의 긍정적인 태도가 아이의 책읽기를 이끌어줍니다. 낮은 수준의 책만 읽는다고 타박하기보다는 이런 것도 읽을 수 있구나 하고 감탄하고 칭찬해주세요. 어떤 아이든 부모에게 인정받고 싶은 욕구가 있습니다. 엄마가 네 나이 때는 영어책은커녕 알파벳도 못 읽었다고 솔직하게 말해주어도 좋습니다.

10. 책 읽을 시간을 내기 어렵다 ……▶ **책읽기 시간을 1순위로!**

한글책이든 영어책이든 아이 손이 저절로 가려면 여유가 있어야 합니다. 책에 재미를 못 붙이는 아이를 보면 엄마가 시간을 빠듯하게 통제하는 경우가 많습니다. 평소에 책을 재미있게 읽던 아이라도 이리저리 스케줄에 쫓기면 손에서 책을 놓기 쉽습니다. 토요일 하루는 아무것도 안 하고 책 읽는 시간으로 비워보세요. 도서관에서 책을 읽고 맛있는 음식을 먹거나, 가족이 함께 북카페에서 책 읽는 시간을 가져보는 것도 좋습니다. 방학같이 시간적 여유가 있을 때 책읽기에 푹 빠지게 해주는 것도 좋은 방법입니다.

6학년 때 민사고 GLPS 캠프에 참여했습니다
작성자 : 작은사냥꾼 (초6)

영어와는 무관하게 저희 집 아이가 참으로 많은 감동을 받은 캠프입니다. 누군가 참여 여부를 물으신다면 이 역시 추천해드리고 싶을 정도니까요.^^ GLPS 캠프 후 스스로 컴퓨터 게임을 깨끗이 끊었다 하면 어느 정도인지 감 잡으시겠지요? 그리고 GLPS 캠프 후 저희는 학원 문 앞에서 절대 흔들리지 않을 자신이 섰답니다. 왜냐면요…….

"엄마, 내가 GLPS에 갔을 때 말이야, 많은 친구들이 있었어. 첫날 외국에서 바로 온 아이도 있었고, 외국인처럼 말을 무척 잘하는 아이도 있었고. 그런데 말이야, 걔들 사이에서 내가 꿇리지 않고 공부하며 발표할 수 있었던 건 바로 책읽기 때문이었어. 학원에서 배웠던 내용이 아니라 내가 집에서 혼자 책 봤던 것들이 정말 큰 도움이 되었어. 그리고 엄마 그거 알아? 학원에서는 레벨이 올라가면 그냥 올라가나 보다, 반이 바뀌는구나, 다행이다, 뭐 그 정도인데 집에서 책을 읽고 있으면 내 실력이 늘어나는 게 보여. 어제는《Molly Moon》을 읽는 게 힘들었는데 한참 지난 어느 날 보면《Molly Moon》이 쉽게 읽혀질 때 '아, 내 실력이 늘고 있구나' 느껴지면서 막 가슴이 벅차올라."

미사문구 없이 얼마 전 아이가 해준 이야기 표현 그대로 옮깁니다. 더 이상 무슨 말이 필요할까 싶습니다.^^

잠수네 처음 하시는 엄마들께 드리는 우매한 저의 깨달음
작성자 : 구하는자 (초4, 초1)

이제 잠수네 처음 하세요? 아이랑 잘해보고 싶으시죠? 저도 그래요. 작년 11월에 잠수네 처음 알고 나서 그때부터 지금까지 아이랑 잘해보고 싶다는 생각을 쭉 해왔어요. 그래서 참 부지런하게 했네요. 아이가요? 아뇨, 제가요.^^ 그렇다고 우리 딸이 열심히 안 한 건 아니에요. 참 성실하게 열심히 했어요. 잠수네 책 열심히 읽고 〈잠수네 책나무〉 단계별로 프린트하고 책 구하려고 알지도 못했던 사이트 열심히 들락거리고 책들 하나씩 하나씩 사다 모으고. 근데요, 그렇게 바쁜 와중에 제일 중요한 것을 놓치고 갔네요.
"아이의 단계보다 낮은 책을 읽히고 아이의 단계를 잘 파악해서 아이랑 즐겁게 하자."

왜 난 무수히 많은 시간이 지난 후에 알게 되었을까요? 무엇을? 즐겁게 하자는 거요? 아니요, 요건 하도 잠수님들이 강조해서 모두 다 알고 계시잖아요. 전 요 앞구절, '낮은 책을 읽히고' 요 부분을 놓쳤어요.

아예 기초가 없는 상태였다면 잠수네가 가르쳐주는 레벨대로 그 레벨에 있는 책들을 구입하면서 하나하나 준비해나갔을 거예요. 그러나! 우리 딸은 이미 영어를 좀 한다는 생각(엄청난 착각?!)에 아이가 어떤 레벨의 책을 편안하게 읽는지 똑바로 보려고 하지 않았던 거 같아요. 테스트 후 제 기대와 다른 레벨에 마음이 급해졌어요. 초4인데, 급하다 급해!

'낮춰보자, 낮춰보자······.' 요게 말이 쉽지 엄마가 자존심을 굽히고 실천하긴 참 어렵더군요. J1단계 책을 음독을 할 요량으로(그리고 작은아이 집듣도 시킬 요량으로) 구분하고, J2단계 책들, J3단계 책들과 같이 놓되 구분하여 놓고, J4단계, J5단계 책은 다른 책장에 꽂았어요. 그리고 J4, J5단계 책은 그냥 집들만 하는 데 사용하라고 아이의 심리적 부담감을 줄여주고. 줄여졌을까요? 아니더군요. 아이가 J2단계, J3단계 책읽기를 하는 데 예전보다 더 정성들여 읽어서 좋았긴 하지만 몸이 피곤하거나 읽기가 지겨울 때 꺼내는 책은 J2단계더군요. 흠흠~~ 저 인정할게요. J2단계 책들, 글이 한두 줄 있다고 많이 구하지 않았어요. 흑~~ 울고 싶어요.

다시 J2단계 책들을 그림책들과 리더스류로 구하러 다녔네요. 도서관에서도 눈높이를 확 낮춰서 J2단계 책들만 구해왔어요. J3단계도 글 두세 줄만 있는 책으로 구해왔구요. 읽더군요. 몸이 피곤하다더니 한 시간을 읽었어요.

왜 앞질러 갔을까? 자책하게 되더군요. 누구를 위해서 지금 영어를 하고 있는 걸까? 정말 아이를 위해서 진행했나? 아이가 즐길 만한 책을 찾기보다 전시용으로 아이의 책꽂이를 장식하고 있진 않았나? 반성에 반성하고 있어요.

처음 시작하시는 분들, 전집으로 들이지 마세요. 저도 전집을 좋아했는데 그게 아니더군요. 한 권씩 한 권씩 들여보고 반응이 오면 들이는 게 더 낫더군요. 전집으로 들이면 책장은 폼나는데 아이는 읽을 게 없는 거죠. 그 전집이 통하면 참 폼나고 아이도 즐겁고 엄마도 즐겁고 일석삼조지만요. 모든 것은 엄마 마음과 다르니까요.

이게 자랑거리도 아니고 차라리 고해성사랑 비슷해요. 적기 싫었지만 혹시나 학원을 다니다 잠수 시작하시는 분들 저같이 우매한 행동으로 시간을 낭비하지 않았으면 해서 올려요.

잠수네야말로 계단식으로 발전합니다
작성자 : 이쁘동이 (초6, 초4)

아이의 레벨이 발전하는 양상을 책 읽는 모양으로 한번 갈라볼까요?

(1) 무조건 양을 쌓는 단계

바닥 만들기. 많이 듣고 많이 읽기. 주 5회 이상 꾸준히 하기. 이 단계는 맨날 제자리 같고, 그 밥에 그 나물인 것 같은 상태가 오래 갑니다. 엄마는 의욕 만땅으로 출발했는데, 아이가 받쳐주질 않습니다. 그냥 넋놓고 보기만 하는 DVD가 뭐가 힘들다고, DVD도 싫다는 게 많고, 시시하다는 것도 많고. 얘는 이래 싫고 쟤는 저래 싫고. "싫으면 시할아버지 구두나 닦고 살아~!" 하는 말이 열두 번도 더 나오죠.

※ 주의 : 이때는 무조건 아이 말을 들어줘야 합니다. 후졌다면 후진 줄 알고, 재미없다면 그런 줄 알고. '너도 언젠가 빛 볼 날이 있겠지' 하고 비싼 책들도 책장에 고이 모셔둬야지요. 본전 타령은 꺼내지도 말구요.

(2) 제법 바닥 면적이 확보되고 조금씩 지상으로 올라오는 단계

DVD쯤이야 속도가 빨라도 받아들이고, 몇 달 전에 '팽'했던 교재도 슬그머니 집어주고. 약간 어려워 보이는 교재도 한번 들어는 줍니다. 엄마가 조금씩 발동이 걸립니다. 이때는 듣기교재 찾기에 온 정성을 기울여야죠. 〈영어교실〉도 뒤지고, 우리 아이 반응도 열심히 들어서 취향과 수준을 알아서 모셔야지요. 이때부터 엄마 잠수실력도 늘기 시작합니다. 죽으나 사나 시키는 대로만 하다가, 우리 아이의 특성과 개성에 대해 연구하기 시작합니다. 안 하셨다고요? 그럼 앞으로는 하셔야 J3단계로 쉽게 넘어갑니다.

※ 주의 : 이때 오버하시면 안 됩니다. 어쩌다 마음 한번 내준 거지, 아이가 아직 윗단계 실력이 된 것은 아닙니다! 전 이때 오버하고, 바로 그 단계 책을 계속 내미는 사람 무지하게 많이 봤죠.

(3) 정말 뭔가 들이붓는 대로 쌓이는 단계
제 단계에 맞기만 하면 책 권하는 것을 기꺼이 반기고, 영어 읽기 숙제하느라 씨름하는 것도 한결 쉬워집니다. 아이도 신나고 엄마도 신나는 나날입니다. 이때, 뭔가 의미 있는 도전을 하면 좋습니다. 듣기가 더 필요한 친구는 듣기를 두 타임으로 늘려보거나, 제 단계에서 얼마 안 남았다는 느낌이면 읽기를 더 독려하고. 대개 방학 때를 이용해서 도전을 하게 되지요. 시간이나 몸이 여유가 있을 때요. 엄마는 정말 뿌듯하고, 잠수 시작하기를 잘했다고 동네방네 전도사가 되어 나서게도 되지요.

(4) 아무 변화가 없는 듯, 다소 실망하는, 벽에 부딪힌 듯한 단계
뭔가를 열심히 막 하고, 한숨 돌린다 싶을 때 보통 이 단계를 경험합니다. 공교롭게도 두 번의 방학 직후에 있는 테스트에서 제자리이거나, 운 나쁘게 오히려 떨어졌거나 하면 기분 더러워지면서 이런 마음이 들죠. 아이들은 금방 잊어먹고 엄마만 "내가 잠수네에서 나름 열심히 했다 소문난 사람인데, 정말 폼이 안 난다"고 의기소침해지죠. 내 방식이 잘못된 건가, 갑자기 학습서 생각, 학원 생각, 국어공부 생각 이런저런 생각의 총공격을 받고, 결국 무엇 하나도 시작하지는 못하면서, 습관이 있어 그냥 듣고 읽기 꾸준히 하는 생활이 이어지지요.
※ 주의 : 이 정체기가 바로 절체절명의 순간입니다. 조금만 기다리시면 됩니다.

(5) 기다리고 기다리던 진정한 레벨업

시들시들한 에미 옆에서 갑자기 아이가 윗단계 책을 꺼내 보는 빈도가 높아지고, 듣기 책에 대해 이러이러한 책을 골라달라는 주문도 늘어갑니다. 그러다가, 듣다 말고 읽는 때가 점점 늘어나고, 소리가 느려서 못 참겠다고 하지요. 어, 그러고 보니 어느 틈에 아이가 보는 책의 레벨이 슬쩍 높아져 있거나 같은 레벨이어도 읽는 시간이 길어져 있거나, 아님 아주 몰입해 보거나 여하튼 전과 다른 무언가가 감지됩니다. "축하 드립니다~ 이제 비로소 아이의 레벨이 한 단계 올라갔습니다~"

그리고 다시 이 사이클을 처음부터 반복하게 될 것입니다.^^
읽기 속도로도 아이의 변화를 느낄 수 있답니다. 처음에는 아주 빨리 주마간산격으로 휘리릭 읽어요. 옛날에 큰애가 심화 1단계 시절 《Arthur 챕터북》을 한 시간에 네 권을 읽었다 해서 제가 따졌어요. 야, 분당 150단어 속도로 읽는 성우가 읽어도 한 권에 40분인데, 네가 어떻게 권당 15분을 읽느냐. 네엡~ 물론 이렇게 말했다고 잠수님한테 혼났습니다. 어제도 작은애가 그림책을 한 20권쯤 들고 와서 이걸 한 시간 동안 다 읽었다고 했다는. 그러마고 궁둥이 두드려줬죠.
이렇게 휘리릭 읽는 시절이 한 2년 되었나? 400쪽쯤 되는 소설을 한 시간 동안 읽던 아이가 점점 책 읽는 속도가 늦춰지더군요. 요즘은 200쪽 정도면 두세 시간쯤 걸리는가 봐요. 처음에 실력이 안 될 때는 읽고 싶은 곳만, 아니 읽을 수 있는 곳만 읽는 거죠. 그러다가 점점 읽을 수 있는 게 많아지고, 아는 게 많아지니 능력이 안 돼도 읽고 싶어지는 거고 결국은 전문을 읽게 되는 거죠.
정독이냐, 다독이냐로 너무 고민하지 마세요. 어느 쪽이거나 제대로 하면 됩니다. 여기서 제대로라 함은, 아이가 좋아서 읽게 하라는 말이죠.^^ 정작 무언가 구멍이 보여서, 그러니까 치명적 취약점이 있다손 쳐도 필요할 때 짧고 굵게, 그때 가서 개입하면 되더라는. 그러니까 균형 잡힌 독서라는 편견을 버리심이 좋아요. 오히려 미치도록 좋아해서, 어느 곳 하나에 심하게 쏠리는 아이들한테 고마워하셔야 해요. 이 '몰입'이 주는 선물은 일일이 따질 수도 없는 기막힌 것이거든요.

말하기 · 쓰기

말하기

어느 수준의 말하기를 목표로 하나요?

영어 말하기는 학원 등 기관에 보내야 한다고 여기는 분이 많습니다. 영어로 말을 잘하면 영어를 잘한다고 생각하는 분도 많고요. 말하기가 되면 읽기, 쓰기도 해결된다고 말하기부터 시키라는 남편 때문에 속을 끓이는 분부터, "남편이 학원 보내래요. 책읽기보다 말하기가 먼저라구요"라며 하소연하는 분도 있습니다. 무조건 외국인과 말하다 보면 늘겠지 하는 심정으로 화상영어나 전화영어, 원어민 그룹 회화를 시키는 분도 적지 않습니다.

우리나라같이 외국어를 거의 들을 수 없는 환경에서 말하기만 똑 떼어 공부하는 것은 의미가 없습니다. 그릇에 물이 차오르면 넘치는 것처럼, 듣기와 읽기가 충분히 차오르면 말이 쏟아져나옵니다. 듣기와 읽기가 안 된 상황에서 말하기는 단순 회화 이상을 넘어가지 못합니다. 말을 할 줄 안다고 읽기와 쓰기가 된다는 것도 아니고요. 아이들 말하기의 목적이 생활영어 수준이라면 특별히 돈을 들여서 말하기 연습을 할 필요가 없습니다. 더구나 회화문형을 익혀서 말하기를 연습하는 학원은 권하고 싶지 않습니다. 시간낭비, 돈낭비입니다.

영어 말하기는 다음 세 종류로 나눠볼 수 있습니다.

① 놀 때, 여행할 때 등 일상생활에서의 말하기 - 생활회화
② 내 생각을 일방적으로 발표하는 말하기 - 프레젠테이션
③ 내 생각을 상대방에게 설득할 수 있는 수준의 말하기 - 토론

①번의 생활회화 능력은 영미권에서 살다 왔거나, 흘려듣기를 많이 한 아이들이 뛰어납니다. 이 능력도 무시할 수 없는 부분이지만, '갑'의 입장이 아니라 '을'의 입장에서 말을 해야 할 때는 단순히 말만 잘하는 것으로는 많이 부족합니다. 말하기의 최고 수준은 부당한 처우를 받았을 때 항의하고 자기 주장을 관철하는 것이라고 하는 분도 있더군요. 그만큼 설득이 어렵다는 말일 겁니다.

그 나라에서 태어나서 자라지 않은 이상 현지인처럼 완벽하게 말하는 것은 매우 어렵습니다. 아무리 영어를 잘해도 문화, 역사적 배경의

차이가 존재하기 때문입니다. 이민 1.5세는 물론, 외국에서 태어났어도 부모가 집에서 모국어를 주로 사용한다면 현지 아이들에 비해 어휘수준이 많이 떨어진다고 합니다. 이런 정황을 볼 때 영어를 모국어로 쓰지 않는 외국인 입장이라면 각자의 필요에 따라 전략적인 접근이 필요하다고 봅니다.

생활회화를 넘어선 ②, ③번 단계까지 목표로 한다면 다음 세 가지가 밑받침되어야 합니다.

첫째, 수준 높은 듣기 능력이 필요합니다. '흘려듣기'와 '집중듣기'로 기를 수 있지요.

둘째, 수준 높은 어휘력이 요구됩니다. 여기에는 '읽기'와 '집중듣기'가 어휘력 신장의 지름길입니다. 간혹 청각형이면서 언어적 재능이 뛰어난 아이는 영화를 통해서도 새로운 어휘를 습득하기도 하나 이런 아이는 많지 않습니다. 나의 한국어 어휘력이 올라간 경로가 책인지 다른 사람과의 대화인지 곰곰이 생각해보세요.

셋째, 상대방의 문화와 역사에 대한 이해, 자신이 말하려는 분야에 대한 지식도 있어야 합니다. 영어책뿐 아니라 한글책 읽기가 뒷받침되어야 하겠지요.

영어 말하기가 자연스럽게 터져나오는 유형은?

1. 말하기를 즐기는 아이

해외 경험 없이 자유롭게 말하기가 되는 아이는 우리말로도 수다스러운 아이가 대부분입니다. 영어로 떠드는 데에 부끄러움도 없고 겁을 내지도 않습니다. 여자아이가 남자아이보다 말을 더 잘하는 것이나, 나이가 어릴수록 영어로 말을 쉽게 하는 것도 이런 이유 때문입니다. 이에 반해 과묵한 아이, 소극적인 아이, 조금 나이가 든 아이(다른 사람의 시선을 의식하게 되는 연령)는 상대적으로 말이 쉽게 나오지 못합니다.

2. DVD를 반복해서 보는 청각형 아이

DVD를 많이 본다 하더라도 한 개만 주구장창 반복해서 보는 아이와 한 번 본 것은 쳐다도 보지 않으려는 아이가 있습니다. 똑같이 반복해서 보더라도 영화 대사를 좌르르 쏟아내는 아이가 있고, 감탄사 정도만 한두 마디 하는 아이가 있습니다. 전자의 경우 영어로 말을 쉽게 하지만 후자는 좀처럼 영어 말하기가 안 됩니다(물론 생활회화 수준의 말하기입니다).

3. 영어동화책을 많이 듣고 읽은 아이

DVD를 많이 보지 않고 집중듣기나 책읽기만 했는데도 말이 튀어나오는 아이가 있습니다. 어린이용 그림책, 동화책 내용의 상당 부분이 '회화체'이기 때문입니다. 책 속의 그림을 보며, 글을 읽으며 상상을 통해 영화를 보는 듯한 효과를 갖고 가는 것일 수도 있습니다. 이런저런 상황에서는 이렇게 말을 하는구나 하는 것을 자연스럽게 습득하는 것이지요.

잠수네 영어를 하면
영어로 말해야만 할 때 말이 터져나온다

잠수네 영어를 한 대부분의 아이들이 외국에 나가면 1주일 안에 생활에 불편함이 없을 정도로 말이 터져나옵니다. 하도 많은 케이스를 듣고 보아서 이제는 일정한 패턴이 느껴질 정도입니다. 현지에서 ESL 수업 여부를 가리기 위해 레벨 테스트를 하면 누구나 최고점수를 받는 것은 아니지만, 시간이 흐를수록 수업 참여도나 이해도가 높아져 어느 순간 학원만 다닌 아이들을 제치고 나갑니다. 외국 경험이 없는데 이런 수준의 영어실력을 갖추다니 놀랍다는 이야기를 듣는 아이도 많습니다. 영미권에서 학교를 다니려면 단순한 생활영어를 넘어서 프레젠테이션, 토론 수준의 영어실력이 요구됩니다. 많이 듣고 읽어야 가능한 영역입니다. 잠수네 아이들이 학원만 다닌 아이들을 뛰어넘는 비결이 여기에 있습니다.

한편 평소에는 영어 한 마디 하지 않던 아이가 학교의 원어민 교사를 독차지하고 대화를 하는 경우도 많이 봅니다. 외국인과 단순한 안부인사를 넘어 지속적인 대화가 유지되려면 어른과 아이라는 연령차를 뛰어넘는 공통의 화제가 필요합니다. 잠수네 아이들이 원어민 교사와 오랫동안 이야기해도 화제가 끊이지 않는 것은 그동안 본 영화나 영어책이 무궁무진하기 때문입니다.

영어 말하기가 가장 어려운 유형은 과묵하고 소극적이면서 나이가 좀 있는 남자아이입니다. 그래도 잠수네 영어로 듣기와 읽기를 했다면,

영어로 꼭 말해야 하는 상황이 되면 다 알아서 말을 합니다. '우리 아이는 말하기가 안 되는데 어쩌지?' 하는 고민을 갖고 있다면 마음을 편하게 가지세요. 필요할 때면 다 하게 됩니다.

그래도 불안하다, 영어로 말을 할 수 있어야 하지 않을까 걱정이 된다면 곰곰이 생각해보세요. 지금 영어말을 꼭 해야 하는 상황인가 하고요. 일단, 초중고 과정에서 영어로 자유롭게 말하는 능력을 테스트하는 경우는 거의 없습니다. 해외에서 살다 왔거나 방학마다 외국에 나가는 아이가 유리한 것은 누구나 아는데 말하기시험을 본다면 발칵 뒤집힐 일이니까요. 공정하지 않다고요.

그러나 아이가 먼저 영어로 말하고 싶어하면 말할 기회를 만들어주는 것도 나쁘지 않습니다. 아이의 영어수준에 따라 선택할 수 있는 방법을 알려드립니다.

발음연습

1. J1~J3단계 쉬운 책 소리 내어 읽기

J1~J3단계의 쉬운 책은 생활회화의 보고입니다. 대부분 대화체라서 소리 내어 읽으면 문장이 입에 붙고 익숙해집니다. 하루 5분에서 15분 정도 매일 소리 내어 읽기를 해보세요. 발음도 좋아지고 영어 말하기에도 도움이 됩니다. 이때 주의점, 아이의 발음에 토를 달지 마세요. 발음 때문에 주눅이 들면 입을 꽉 닫게 됩니다.

2. 정확하게 따라 읽기(정따)

정따는 한 문장씩 오디오CD를 정지시키면서 따라 말하는 것입니다. 책은 봐도 좋고 안 봐도 좋습니다. 정따는 아이의 발음이 부정확하다고 생각될 때 잠깐 시도해보는 정도면 충분합니다. 정따하는 것을 좋아하는 아이들이 많지 않기 때문입니다. 발음 교정에 도움이 된다고 억지로 정따를 강요하지는 마세요.

3. 연속해서 따라 읽기(연따)

연따는 책을 보지 않고 오디오CD에서 나오는 말을 0.1초 간격으로 따라 말하는 것입니다. 연따를 하면 확실히 발음이 좋아집니다. 말하기 연습도 되고요. 그러나 연따는 꼭 하지 않아도 무방합니다. 쉬운 책 소리 내어 읽기로도 발음교정이나 말하기 연습 효과를 얻을 수 있으니까요.

말하기 연습

1. 부모랑 번갈아 가며 읽기

부모는 영어를 못하고, 아이는 말을 하고 싶어하는데 딱히 말할 상대가 없다면 대화가 많은 책을 골라 번갈아 읽어보세요. 실제 등장인물처럼 말하려고 노력하면서요. 발음도 좋아지고 말하는 연습도 됩니다.

2. 혼자 말하기 연습

입시나 토플 등 말하기 테스트를 앞두었을 때 단기간에 큰 효과를 볼 수 있는 방법입니다. 하나의 주제를 선정해서 5~10분간 자유롭게 혼자 말을 해봅니다. 그날 일어났던 일도 좋고, 읽은 책에 대한 줄거리나 소감, 여행 갔을 때의 경험 등 주제는 자유롭게 정해도 좋습니다. 단, 꼭 녹음을 해주세요. 그리고 자기가 녹음한 것을 다시 듣게 해보세요. 녹음한 것을 듣다 보면 무엇이 부족한지 쉽게 알 수 있습니다. 처음에는 쉽지 않겠지만 두세 달 동안 이렇게 하다 보면 말하기 실력이 향상되는 것을 느낄 수 있습니다.

3. 전화영어, 화상영어

아이는 영어로 말하고 싶어하는데, 말할 상대를 구하기 힘들면 단기간 이용하는 것을 고려해볼 수 있습니다. 전화영어든 화상영어든 할 당시에는 말이 좀 느는 것 같아도 중단하면 제자리로 돌아올 가능성이 높다는 점도 감안하고요. 단, 최소 J4단계 이상 영어책을 편하게 읽을 수 있어야 자신이 하고 싶은 이야기를 술술 말할 수 있습니다. 그전까지는 더 많이 듣고 읽는 것이 훨씬 효과적입니다. 교재도 일방적으로 정해주는 것으로 하지 말고, 그동안 읽은 영어책이나 아이가 고른 영어신문기사로 대화할 수 있는 곳을 찾아보시기 바랍니다.

4. 디베이트(Debate)

토론을 제대로 하려면 토론 주제에 대해 잘 알아야 하고, 자기의 생각이 정리되어 있어야 합니다. 영어로 토론하려면 토론 주제와 관련된 자료를 영어로 읽고, 자신의 생각을 영어로 표현할 수 있어야겠지요. 그러나 대부분의 디베이트 학원에서 다루는 주제는 온난화, 인구증가, 해양오염, 운동선수들의 약물복용 문제 등 초등학생이나 중학생이 다루기 어려운 경우가 많습니다. 그러다 보니 신문기사나 칼럼 등 많은 자료를 스스로 찾아 읽고 생각을 정리하기보다는 학원 선생님의 설명을 듣거나 학원에서 주는 자료, 인터넷에서 누군가 올려놓은 글을 내 것인 양 말하기 쉽습니다. 토론/발표까지 하는 고급 말하기를 위해 영어학원에 보내려고 한다면 다음 사항을 하나하나 체크해보세요. 한 가지라도 답이 안 나오면 디베이트를 할 때가 아닙니다.

- 왜 디베이트를 시키려고 하는가?
- 어떤 주제로, 어떻게 수업이 진행되는지 아는가?
- 최소 J6단계 이상의 영어책을 읽을 수 있는가?
- 한글책으로 쌓은 풍부한 배경지식이 있는가?
- 우리말로도 토론이 가능한 지적 수준인가?
- 같이 영어로 대화할 수 있는 수준의 친구들이 있는가?
- 토론을 이끌고 중재할 능력이 되는 영어교사가 있는가?

말하기대회

잠수네 영어를 한 아이들의 자신감은 하늘을 찌릅니다. 그러다 보니 학교에서 말하기대회가 있으면 앞뒤 가리지 않고 손을 번쩍 들고 신청하는 아이들이 많습니다. 영어책, 한글책을 많이 읽은 아이는 소재의 참신성에서 좋은 평가를 받습니다. 대부분의 아이들이 학원 선생님이 써준

천편일률적인 원고로 참여하는 데 비해 좋아하는 작가와 작품에 대해 이야기하거나 책 속의 등장인물이 되면 어떤 것을 하고 싶은지 등 소재가 무궁무진하니까요.

　원고는 아이가 말하는 것을 받아적거나 아이가 먼저 글을 쓰고 조금 다듬는 방법도 있고, 한글로 먼저 쓴 후 영어로 다시 정리해도 좋습니다. 약간의 소품을 준비한다면 좀 더 눈에 띄겠고요. 여기에 큰 목소리로, 심사위원과 청중들의 눈을 바라보며 말하면 좋은 결과를 얻을 수 있습니다. 말하기대회를 준비하면서 말하기에 자신감을 갖는 아이도 있습니다. 아이가 원하면 최대한 도와주세요.

> **교내 영어말하기대회에서 최우수했어요**
> 작성자 : 연찬 (초6)

저희 아이가 4, 5, 6학년 3년 연속으로 교내 영어말하기대회에서 최우수를 했네요. 저희 아이는 여기 아이들처럼 아주 잘하는 아이가 아닌데 운이 좋았나 봐요. 대회 날짜도 잘못 알고 있다가 제대로 준비도 못해 나간 대회라 어떻게 탔는지 의아해하다가 상 받은 이유를 나름 정리해보았어요.

(1) 자기가 하고 싶어서 했다
자기가 하고 싶어 시작한 일이니 화장실 갈 때나 쉬는 틈틈이 원고를 놓치지 않고 읽더라고요.

(2) 원고를 직접 작성했다
원고 주제 정하고 원고 작성할 때 스스로 하도록 터치하지 않았어요. 당연한 말이긴 한데 스스로 하고 싶은 이야기를 하니 말하기할 때 좀 더 실감나게 이야기하게 되는 것 같아요. 5학년 때는 《해리포터》에 빠져 있어서 그 이야기를 했는데 정말 내용은 유치했어요. 투명망토를 너무 가지고 싶은데 투명망토가 있으면 놀이기구를 공짜로 탈 수 있고 수학여행 가서 선생님 몰래 친구들하고 놀 것이다 등등. 딱 그 나이에 맞는 이야기를 신이 나서 했더니 원어민 과외선생님 붙여서 준비한 아이를 제치고 우리 아이가 최우수를 타더군요. 6학년 때는 사교육에 대한 아이의 생각을 이야기했어요. 영어를 말한다는 느낌이 아니라 진짜 의아하게 생각하고 있는 것을 주저리주저리 말하니 아마도 진실성(?)이 느껴졌나 봐요.

(3) 시선 처리

준비 제대로 못 해간 우리 아이가 상을 탄 것이 신기해서 어떻게 네가 탔냐며 물어보니 아이가 한 이야기예요. 눈맞춤이라고 하더라고요. 아이들 실력은 다들 뛰어나잖아요, 발음도 좋고. 근데 자기가 다른 아이들과 조금 달랐다고 생각하는 것은 자기는 사람들과 눈맞춤을 하면서 이야기했다고 하더라고요. 선생님 눈을 쳐다보면서 이야기했다가 학생들을 보면서 이야기했다가……. 다른 아이들은 대부분 정면을 바라보며 유창하게 이야기한다고, 자긴 정면이 아니라 사람들을 보았다고 하네요.

해준 것 별로 없는데 열심히 한 우리 딸 자랑스럽습니다.

쓰기

영어 글쓰기의 목표가 어디까지인가요?

다짜고짜 "영어글쓰기가 안 돼서 걱정이에요"란 말을 하는 분이 종종 있습니다. 이 말은 사람에 따라 큰 차이가 있습니다. 영어 스펠링이 자주 틀려서일 수도 있고, 상당히 잘 쓰는 아이라도 글의 구조나 표현이 미흡해서일 수도 있겠지요. 부모들이 이렇게 불안해하는 이유는 영어 글쓰기에 대해 목표가 불확실한데다 영어 글쓰기에 대한 '감'을 못 잡기 때문입니다.

- 언제쯤 쓰기를 시작하면 되나요?
- 영어 글쓰기에 도움 될 만한 책 좀 소개해주세요.

- 영어 글쓰기를 시키면 무조건 몇 줄 쓰냐고 물어봐요. 영어 글쓰기를 재미있게 하는 방법 없나요?
- 아주 간단한 글쓰기라도 시작하려고 해요. 베껴쓰기부터 하면 되나요?
- 문장이나 단락, 글 한 편을 통째로 외우면 글쓰기에 도움이 되나요?
- 읽기, 듣기는 최고 수준인데 쓰기가 안 돼 학원의 높은 반에 못 들어가요.

영어 글쓰기에 대한 잠수네 회원들의 질문입니다. 이분들한테 왜 영어 글쓰기를 해야 하냐고 물으면 돌아오는 답변이 "다들 하니까, 영어학원 최고반에 들어가려고"가 대부분입니다. 솔직히 우리나라에서 영어 글쓰기를 제대로 가르칠 수 있는 사람은 극소수입니다. 한글 글쓰기도 좋은 선생님 만나기가 하늘의 별 따기인 것처럼요. 웬만큼 영어 잘하는 사람도 영어 글쓰기는 잘한다고 명함을 내밀기 어렵습니다. 토플 만점 받고 외국에 유학 갔어도 가장 어려워하는 영역이 영어 글쓰기이기 때문입니다. 그나마 영어를 가르칠 만한 사람은 SAT 에세이, 토플 쓰기영역 강사로 빠집니다. 과연 영어학원, 영어과외 선생님 중 영어 글쓰기에 자신 있는 사람이 몇이나 될까요? 이런 현실에서 아이들이 쓴 몇 줄의 글만 보고 글쓰기가 되니 안 되니 말하는 것은 호랑이 없는 데 여우가 대장 노릇하듯 영어 못하는 부모들에게 겁 주는 것에 불과합니다.

영어 글쓰기에 대한 오해

1. 영어 글쓰기 수업을 들으면 영어글을 잘 쓸 수 있다?
　……▶ **No! 영어책을 읽어야 영어글도 잘 쓴다**

J4~J5단계(Grade2~3) 이상의 영어책을 쉽게 읽는 아이라면 영어일기 쓰기는 자연스럽게 할 수 있습니다. 처음에는 두세 줄이 고작이지만 다섯 줄, 일곱 줄씩 일기 쓰는 양이 늘어나다가 오래지 않아 종이 한 장을 가득 메울 정도의 분량을 씁니다. 영어책을 많이 읽은 아이들은 '영어글'을 쓴다는 느낌 없이 생각나는 대로 술술 써나가고 책에서 본 살아 있는 영어표현이 종종 나타나는 것이 특징이기도 합니다. 더 중요한 것은 (한국에 사는 이상) 영어글은 한글 글쓰기 수준을 넘어서지 못한다는 점입니다. 한글 글쓰기가 안 되면 영어 글쓰기는 당연히 안 됩니다. 반대로 한글로 글을 잘 쓰는데 영어글을 잘 못 쓴다면 아직 듣기와 읽기 양이 충분하지 않아서 그런 겁니다. 양이 채워지면 영어로도 수려한 글을 쓰게 됩니다.

2. 첨삭을 받으면 글쓰기 수준이 올라갈 것이다?
　……▶ **No! 첨삭에 신경 쓰지 마세요**

자기가 쓴 영어글에 빨간색으로 첨삭을 받았을 때, 유심히 보며 똑같은 오류를 하지 말아야겠다는 생각을 하는 아이는 눈 씻고 찾아봐야 없습니다. 시험이나 대회 등 발등에 불이 떨어진 상황에서나 첨삭해준 것을 들여다볼까 말까 한 것을요. 또한 첨삭 내용도 생각해볼 점입니다. 아이가 쓴 글의 스펠링, 문법적 오류 말고 문장구조나 내용까지 조언해 줄 수 있는 선생님이 얼마나 있을까요? 영어책을 많이 읽고 나면 당장은 스펠링, 문법이 많이 틀리겠지만 시간이 흐르면서 점점 정확하게 글을 쓰게 됩니다. 따로 첨삭을 해주지 않아도요. 영어일기 쓴 것을 잘 보관해두세요. 6개월 후, 1년 후 자기가 쓴 것을 보면서 스스로 교정할 능력이 생깁니다.

3. 영어글을 외우면 글을 잘 쓸 수 있다? ······▶ **No! 정형화된 글만 쓰기 쉽다**

영어문장을 암기하는 것은 극약처방입니다. 영어 글쓰기를 당장 해야 하는 급박한 상황이라면 어쩔 수 없는 면도 있을 겁니다. 그러나 딱히 글쓰기에 매달려야 할 목표가 뚜렷하지 않은 상황에서 글을 암기한다는 것은 굶주린다고 내년 봄 파종할 종자를 먹어치우는 것과 다를 바 없습니다. 글쓰기가 영영 싫어지는 부작용이 생길 수 있으니까요. 더구나 외워서 쓴 글은 진정한 내 글이 아닙니다. 딱딱하고 특색 없는 무미건조한 글이 되고 말아요. 톡톡 튀는 개성 있는 글은 자신의 내면을 담은 글입니다. 외우는 것으로 해결되지 않습니다. 대신 영어책을 많이 읽으면 우리말처럼 순식간에 글을 씁니다. 따로 외울 필요가 없어요.

영어글을 잘 쓰려면?

비슷비슷한 능력을 가진 사람들 속에서 우리말이든 영어든 글쓰기 능력이 뛰어나면 누릴 수 있는 이점이 많습니다. 스펠링, 문법에 맞게 쓰는 정도로 보지 말고 더 멀리, 크게 보세요. 글쓰기는 내 머릿속에 정리

된 것을 풀어내는 일입니다. 든 것도 없는데 쏟아낼 생각부터 하면 연료 없는 자동차로 고속도로를 달리려는 것과 진배 없습니다.

　글을 잘 쓰려면 많이 읽고, 많이 생각하고 많이 써봐야 한다고 하죠? 많이 읽는 것이 다독이라면 많이 생각하는 과정이 정독입니다. 많이 써본다는 것은 생각한 것을 글로 옮기는 과정일 뿐입니다. 한글책이든 영어책이든 많이 읽어야 쓸 거리가 생깁니다. 생각할 때는 모국어인 한글을 사용하고요. 단지 표현할 때만 한글이냐, 영어냐로 나뉠 뿐입니다. 한마디로 '영어만 열심히 한다고 영어글을 잘 쓰는 것은 아니다'라는 것. 간단하게 표로 그려볼까요?

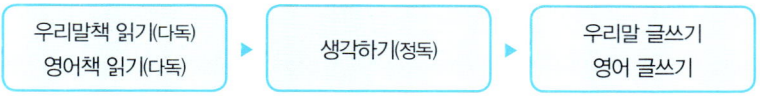

1. 무엇을 쓸지 글감이 있어야 합니다 : 콘텐츠

콘텐츠는 아이의 머릿속에 있는 내용으로, 직접 경험한 것이나 책을 통해 간접적으로 얻은 것들입니다. 책에서 얻는 경험은 꼭 영어책이 아니라 우리말책으로도 가능합니다. 그러니 영어책, 한글책 가리지 말고 골고루 읽도록 해주세요. 콘텐츠는 누구도 도와줄 수 없는, 아이 스스로 채워야 할 부분입니다.

2. 풍부한 단어 실력이 있어야 합니다 : 어휘

단어를 많이 알아야 글을 잘 쓸 수 있다는 것은 다 아는 사실입니다. 그러나 단어만 따로 외운 것은 막상 글을 쓸 때는 도움이 안 됩니다. 생각도 잘 나지 않거니와 설사 사용하더라도 낙동강 오리알처럼 이상한 글이 됩니다. 미국에 유학 간 대학원생들이 어휘는 대학원생 수준인데 문장은 유치원 수준이라는 말을 듣는 것도 다 이런 이유입니다. 반면 책과 DVD를 통해 습득한 어휘력은 글을 쓸 때 힘을 발휘합니다. 같은 말이라도 다양하게 표현할 수 있는 어휘력이 늘게 됩니다.

3. 영어식 문장에서 오류가 없어야 합니다 : 문법과 문체

"이런 표현은 영어에서는 안 써"라는 말을 들어보신 적이 있나요? 한국식 사고로 영어글을 쓰다 보니 문법에는 맞더라도 외국에서는 쓰지 않는 표현들로 가득한 이상한 글이 되는 거죠. 이걸 뛰어넘으려고 책에 좋은 문장이 나오면 따로 적어두고 외우는 거랍니다. 하지만 대학입시를 앞둔 고등학생이나 어른이라면 모를까 어린아이들에게 이런 요구를 하는 것은 몸에 맞지 않는 어른 양복을 입으라는 것과 마찬가지입니다. 간혹 자기가 좋아서 따로 좋은 글을 적어두는 예외적인 아이도 있지만 대부분의 아이들에게 올바른 문법과 문체를 가르치는 해법은 DVD와 영어책을 많이 보는 것입니다. 영어책을 많이 읽은 아이들이 쓴 글을 보면 책 속의 표현이 배어나옵니다. 문체의 한계를 자연스럽게 극복하게 됩니다.

4. 글의 흐름이 탄탄해야 합니다 : 글의 구조

'에세이는 이렇게 쓴다. 서론, 본론, 결론으로 간다. 문단은 다섯으로 나

누어라. 단락의 서두에 중심문장을 두어라.' 학원에서 가르쳐주는 것은 주로 이런 것들입니다. 그러나 이 정도는 간단한 토플 에세이 형식을 배우는 수준일 뿐, 좀 더 긴 에세이나 다른 유형의 글쓰기에는 맞지 않습니다. 어떤 내용을 어떻게 풀어가야 할지는 오로지 글쓰는 사람의 몫입니다. 누구에게 배워서 될 일이 아닙니다. 처음 글을 쓸 때 구조를 잡고, 자기가 쓴 글을 반복해서 읽으면서 끊임없이 고쳐야 좋은 글이 나오지요. 많이 읽고, 자꾸 쓰다 보면 구조가 잡힙니다. 혼자서도 얼마든지 좋은 글을 쓸 수 있습니다.

영어 글쓰기는 언제, 어떻게 시작할까?

한글도 초등 1학년은 되어야 글쓰기를 시작하듯, 영어 역시 J3단계(미국 초1) 수준의 글은 쓸 수 있어야 본격적인 쓰기를 시도해볼 수 있습니다. 아이들이 쓴 글을 보면 읽고 있는 책보다 2단계 아래 수준의 글을 씁니다. 이 말은 J3단계 수준의 글을 쓰려면 5단계 이상 영어책을 읽을 수 있어야 한다는 의미입니다. 따라서 영어책 읽는 수준이 낮다면 영어 글쓰기에 대한 고민은 잠시 접고, 최대한 읽기 수준을 올리려고 노력하는 것이 바람직합니다.

영어 글쓰기를 꼭 하고 싶다면 이런 방법으로 시작할 수 있습니다.

1. 베껴쓰기

스펠링을 잘 모를 때, 쓰는 것을 귀찮아하는 아이라면 베껴쓰기를 해보는 것도 나쁘지 않습니다. 단, 몇 가지 조건이 있습니다. ① 집중듣기 안

한 J3~J4단계 영어책을 편하게 읽을 수 있을 때, ②혼자서도 잘 읽을 수 있는 책으로, ③지겹지 않을 정도의 분량이 바람직합니다. 억지로 하면 역효과가 난다는 것을 잊지 마시고요.

2. 받아쓰기

받아쓰기는 정확하게 듣는 연습이 될뿐더러 반복해서 하다 보면 문장을 저절로 외우는 효과가 있습니다. 그러나 베껴쓰기보다 훨씬 힘들기 때문에 아이가 원치 않는다면 하기 어렵습니다. J4~J5단계 이상을 자유롭게 읽기 전에는 굳이 할 필요가 없기도 합니다. 영어글 쓰는 수준이 안 되는데 받아쓰기를 한들 쓰기에 도움이 될 리 만무하니까요. 받아쓰기를 해보겠다면, 처음 받아쓰기할 책은 아주 쉽고 만만한 책으로 고르세요.

3. 영어일기 쓰기

글은 써야 늡니다. 영어글도 마찬가지입니다. 매일 영어일기를 쓰면 영어글도 늘 수밖에 없습니다. 단, 하루에 일어난 일을 나열하면 매일 똑같은 내용밖에 나오지 않습니다. 일기는 다양한 형식과 주제의 글을 담을 수 있는 그릇입니다. 한글로 쓸 때처럼 영어일기도 주제를 바꿔가며 다양하게 써보게 하세요.

글을 쓸 때는 이렇게 도와주세요

1. 잘 아는 것을 쓰도록 해주세요

잘 모르는 분야는 무엇을 써야 할지 머리를 짜내야 하지만 잘 아는 것은 쓸 거리가 넘쳐납니다. 글감도 자유롭게 고르게 해주세요. 독후감을 쓸 때도 영어책뿐 아니라 한글책 읽은 것으로 써도 좋습니다.

2. 아이와 이야기를 나누어보세요

아이들이 글을 쓸 때 가장 취약한 부분은 어떤 내용의 글을, 어떻게 써나가야 하는가입니다. 글쓰기가 막막할 때 다른 사람과 대화나 토론을 하면 생각을 정리하는 데 도움이 많이 됩니다. 책을 읽은 후 줄거리와 간단한 느낌만 쓰는 아이라면 읽은 책에 대해 같이 이야기해보세요. 네가 주인공이라면 어떻게 하고 싶은지, 작가라면 어떤 결말을 맺고 싶은지 등을요. 엄마는 그 책을 읽어보지 않아서 궁금하다며 알려달라고 하면 신나게 이야기할 겁니다. 재미있는 영화를 본 후 이야기를 나누어도 좋습니다. 충분히 이야기를 나누고 나면 쓸 거리도 많아지고, 어떻게 써야 할지 가닥이 잡힙니다.

3. 한 단락에는 한 가지 이야기만 담는다는 것을 기억하게 하세요

아이들이 쓴 일기를 보면 단락이 없습니다. 저학년이라면 단락 없이 짧은 글도 괜찮지만 학년이 올라가면 단락의 중요성을 말해주어야 합니다. 영어뿐 아니라 우리말 일기도요. 옷을 정리할 때 여름옷, 겨울옷, 양

말 등 종류에 따라 각각 다른 서랍에 넣잖아요. 귀찮다고 아무데나 넣으면 섞여서 찾을 수가 없으니까요. 단락은 서랍 같은 것이라고 이야기해주세요. 서랍 정리하듯 한 단락에는 한 가지 주제만 잘 담으라고요.

4. 주장하는 글을 쓸 때는 세 가지 이유를 들도록 지도하세요
주장을 할 때는 왜 그런지 근거를 댈 수 있어야 합니다. 근거는 탁자를 받치는 다리와 같습니다. 다리가 부실하면 탁자가 금방 무너져버리겠지요. 마찬가지로 주장하는 글의 근거가 설득력이 없으면 자신의 생각을 주장할 때 힘이 없습니다.

5. 무조건 칭찬해주세요
잠수네 영어를 한 아이들이 처음 쓴 글은 스펠링, 문법이 엉망인 경우가 많습니다. 아이의 글을 보면 한숨부터 나오기도 합니다. 그러나 문장의 오류는 시간이 지나면 해결됩니다. 틀린 것을 자꾸 지적하지 마세요. 매번 고쳐라, 새로 써라 하다 보면 자신감도 없어지고 영어글 쓰는 것이 지겨워질 뿐 아니라 글도 늘지 않습니다. 좀 틀리더라도 쓰고 싶은 말을 유창하게 쓰는 것이 100배는 더 중요합니다. 단 한 줄을 쓰더라도 칭찬을 듬뿍 해주세요.

6. 영타는 꼭 익혀주세요
손으로 글을 쓰더라도 타이핑이 필요할 때가 있습니다. 인터넷 타자 연습 프로그램을 이용하면 금방 영타를 익힐 수 있습니다.

미국 간 지 3주 만에 에세이대회에서 수상
작성자 : 리본맘 (중2)

학원이나 과외 등을 통해 쓰기를 배우면서 첨삭해주는 것을 관심 있게 지켜보셨나요? 첨삭의 대부분은 문법입니다. 시제, 수 일치, 스펠링 등등이 대부분입니다. 이런 문법의 첨삭들은 일시적입니다. 다음 번에 또 같은 실수를 반복합니다(우리 집만 그런지는 모르지만).

맞춤법과 같은 정도를 연습하기 위해 계속 영어 글쓰기를 반복한다는 건 시간낭비가 아닐까 생각해요, 어릴 때는요.^^ 하지만, 이런 단순한 실수가 용납되지 않는 시점이 있습니다. 대학입시나 경시 등등 스스로 필요하다고 느껴지는 시점에서는 첨삭 받은 부분은 다시는 실수 안 하려고 스스로 머릿속에 콕콕 넣어버린답니다(제 경험).

그래서, 글쓰기는 콘텐츠가 중요하다고 강조를 하는 겁니다. 완성된 콘텐츠를 첨삭자가 고쳐주기는 무척 힘들지 않을까요? 그것은 새롭게 아이디어를 주고 조언을 해주어 글을 다시 써주는 것과 같기 때문입니다.

글쓰기에서 좋은 콘텐츠와 좋은 아이디어는 디테일한 문법의 오류를 넘어섭니다. 좋은 예로, 저희 아이는 4학년 겨울방학부터 미국 학교 1년 유학 경험이 있습니다. 미국에 건너간 지 3주 만에 우먼스데이에 맞춰 커뮤니티 전체의 모든 학교에서 에세이대회가 있었습니다. 명예가 걸린 대회이다 보니 학교에서 엄청 준비를 시키더군요. 준비란 아이들로 하여금 여성 한 명을 선택하게 하여 책을 읽히는 것입니다. 그런데 저희 아이는 욕심이 많아서인지 선생님이 권해주신 책 외에 도서실을 섭렵하여 엄청 많은 책을 빌려와서 읽고 또 읽고 하며 그 인물을 연구하더라구요.^^

그 결과는? 커뮤니티 전체에서(작은 마을이었기에 몇 학교 안 됐지만 중학교까지도 포함된 큰 대회라는 걸 나중에 알았습니다) 3등을 했습니다. 미국 아이들을 제치고 한국사람이 첫 승리로 주목을 받게 된 거죠.^^ 미국 선생님께서 흥분을 감추지 못하고 저를 포옹하면서 자랑스럽다고, 모국어가 아닌 언어로 이런 글쓰기가 가능한 것은 놀라운 일이라며 칭찬에 칭찬을 하시며 기뻐해주셨습니다.

우리는 그 흔한 학습서, 스펠링 한번 공부하지 않고 학원 한 번 다니지 않고 오로지 듣기 읽기만을 갖고 미국을 간 경우입니다. 분명, 문법의 오류와 엉터리 스펠링이 많았겠죠. 하지만, 영어를 쓰는 본국에서도 완벽한 문법보다 글에 숨어 있는 생각과 표현기법, 콘텐츠를 더 높이 산다는 증거를 보았습니다.

어휘 · 문법 · 독해

어휘

어휘, 암기가 답인가?

잠수네 영어를 진행하면서 어휘에 대해 고민하는 분이 많습니다. 이유는 여러 가지입니다.

- 집중듣기, 책읽기할 때 내용을 모르는데 단어공부를 해야 하지 않을까?
- 소리 내어 읽을 때(음독) 못 읽거나 틀리는 단어, 제대로 읽게 고쳐주어야 하나?
- 눈으로 읽을 때(묵독) 모르는 단어는 건너뛰고 아는 단어만으로 읽는 듯. 책에서 모르는 단어를 짚어주어야 할까?
- 단어를 콕 집어 뜻을 물어보면 우물우물 대답을 잘 못한다. 확실한 뜻을

암기시켜야 하나?
- 다른 아이들은 학원에서 하루 50개씩 단어를 외우는데 이대로 가도 괜찮을까?

이렇게 의문이 꼬리를 무는 이유는 영어학습에 대해서 저마다 하는 말이 달라서겠죠. 한번 찬찬히 생각해볼까요?

영어 어휘의 특징

네이버 사전을 보면 국어사전의 표제어가 약 52만 건, 영한/영영 사전의 표제어는 약 320만 건입니다. 영어 어휘가 한글 어휘 수의 6배나 됩니다. 이 많은 영어 어휘도 크게 보면 세 부분으로 나눌 수 있습니다.

1. 기초 어휘

주로 J1~J3단계 영어책에서 만나는 단어들입니다. 생활에서 자주 쓰이는 단어들이기도 합니다. 따라서 이 단어들만 다 알아도 꽤 영어를 잘한다고 할 수 있어요. 잠수네 아이들이 미국이나 영국의 학교에 가거나 방학 동안 해외 캠프에 가면 듣기는 당연히 문제 없고, 말도 술술 나와서 놀랐다는 간증(?)을 많이 합니다. 그동안 J1~J3단계 영어책을 많이 듣고 읽었으니 J1~J3단계의 어휘도 많이 알 테고 당연히 생활하는 데도 문제가 없을 수밖에요.

2. 픽션 어휘

J4단계 이상 챕터북, 소설에서 이런 단어들을 많이 만날 수 있습니다. 이

야기의 배경, 사건의 흐름, 인물의 심경이나 행동을 묘사하는 단어들입니다. 영어사전을 다들 봐서 아시겠지만 '한 개의 단어＝한 개의 뜻'을 갖고 있지 않습니다. 10여 개 이상의 뜻이 있는 단어들도 무수히 많습니다. 이 뜻을 다 외우는 것은 거의 불가능합니다. 다 외운다 한들 문장 안에서 어떤 뜻으로 사용되는지 알려면 결국 글을 읽어야 하고요.

　우리나라 고등학생들이 영어를 공부하면서 애를 먹는 것이 어휘와 어법입니다. 어법은 '문법＋어휘의 활용'이라고 이해하면 될 텐데요, 영어단어의 여러 개 뜻을 외우면서 단어들이 문장에서 어떻게 쓰이는지 3년 내내 공부합니다. 그러나 영어책을 많이 읽으면 따로 외우지 않고도 이런 단어들이 '그냥 아는 것'으로 둔갑합니다. 꼭 외워야 할 경우라도 책을 읽지 않은 아이들에 비해 쉽게 외웁니다. 이 책에서는 이런 뜻, 저 책에서는 저런 뜻으로 쓰이는 단어를 무수히 많이 본 결과입니다.

3. 논픽션 어휘

논픽션 어휘는 아카데믹 어휘(Academic Words/Vocabulary)라고도 합니다. 이 어휘들은 한글로 1:1 대응이 되므로 10여 개 이상 뜻을 가진 '픽션 어휘'보다 암기하는 데 훨씬 편합니다. 논픽션 어휘는 지식책에 많이 나오지만 문학책에서도 종종 만날 수 있습니다. 그림책, 챕터북이라도 과학현상을 배경으로 한 책에는 과학용어들이 많이 나오고, 역사소설이나 SF소설에서는 사회, 과학 용어들이 함께 나오거든요. 시험을 앞두고 있다면 논픽션 어휘를 외우고 비문학 학습서를 공부하는 과정이 필수입니다. 수능시험, 토플, 텝스 등의 각종 영어시험에는 비문학 문제가 절반을 차지하니까요.

기초/픽션 어휘를 1:1로 단어 뜻을 암기할 때의 문제

다음 그림은 영어그림책 《On the Way Home》의 한 장면입니다. 아래 확대한 문장 속의 bad는 우리가 보통 아는 '나쁜'으로 해석하면 뜻이 통하지 않습니다. 하지만 아이가 피가 난 무릎을 들고 있는 장면을 보고 나서 문장을 보면 '아 다친 무릎이구나!' 금방 알 수 있어요. 문제는 전후맥락을 보지 않고 무작정 단어 뜻을 묻고선 'bad=나쁜'이라고 대답하지 못한다고 가슴을 펑펑 치는 부모들이 많다는 사실입니다(네이버 사전에서 찾아보면 이 책에 나온 bad는 14개 뜻 중 아홉 번째인 'Painful'입니다).

중학교까지만 해도 1:1 단어암기 방식이 통할 수 있습니다. 그러나

고등학교에 가서 영어글이 어려워지면 이 방법으로는 더 이상 해석이 되지 않습니다. 그래서 고등학교 영어를 가르치는 선생님들이 이구동성으로 '어휘집으로 단어를 외우면 안 된다, 글 속에서 단어가 어떤 의미로 쓰이는지 살피고 그 뜻을 외워라, 단어의 뜻을 정리할 때는 단어가 쓰인 문장도 꼭 같이 적어두라'고 조언을 하는 것입니다.

모국어든 외국어든 어휘력을 키우는 데는 잦은 노출이 최고입니다. 그러나 무작정 반복해서 외우는 것만이 능사는 아니에요. 잠수네 영어를 하는 아이들은 영어책을 읽다 모르는 단어를 만나면 한글책 읽는 것처럼 모르는 단어는 뛰어넘고 그냥 읽습니다. 그러다 같은 단어를 자꾸 마주치면 무슨 뜻일까 생각하게 되고, 어느 순간 '아, 이런 뜻이구나' 짐작하게 되지요. 처음에는 엉뚱한 방향으로 생각할 수도 있지만 이 책, 저 책에서 같은 단어를 또 만나면서 점점 정확한 의미가 들어옵니다. 이런 과정이 맞물리면 저절로 아는 단어가 많아집니다. 이 점이 책으로 어휘를 습득할 때의 최대 장점입니다.

단어 확인은 언제, 어떻게 하면 좋을까?

1. 언제 단어 확인이 필요할까?

영어를 언어로 본다면 모국어인 한글처럼 죽죽 책을 읽는 것이 정답입니다. 그러나 한글과 똑같이 가려면 영어도 그 이상으로 쏟아부어야 할 텐데요, 이렇게 하는 것이 현실적으로 쉽지 않습니다. 따라서 영어책만으로 어휘 확장이 부족하다고 느낀다면 '어휘학습서'로 확인해보는 방법도 나쁘지 않습니다.

2. 어떤 방법이 좋을까?

잠수네에서 권하는 어휘학습서는 영어권 아이들이 사용하는 교재입니다. 이런 교재에는 아이들이 책에서 만나는 단어들이 나오므로 평소 영어책을 꾸준히 읽고 있다면 수월하게 할 수 있습니다. 그러나 우리나라 중고생용으로 나온 교재는 별로 권하지 않습니다. 아이들이 읽는 책과 단어군이 많이 다르기도 하고, 읽고 있는 영어책 단계에 맞게 교재를 선정하기 어렵기 때문입니다.

어휘학습서, 이렇게 하세요

어휘 다지기를 위해 어휘학습서를 해보려고 한다면 다음 몇 가지를 꼭 유념해주세요.

1. 읽는 책보다 어휘학습서 수준이 낮아야 합니다

아이가 만만하게 읽을 수 있는 영어책 수준보다 너무 어려운 어휘학습서를 선택하면 해석하기 위해 단어를 찾아야 하고, 한 단원을 하는 데 시간도 많이 걸립니다. 아이 혼자 하기 어려우니 부모나 선생님이 옆에서 도와주어야 합니다. 영어를 좀 잘하는 아이들이 모이는 학원에서 이렇게 하는데요, 들인 시간 대비 효과도 별로 없는데다 '영어=공부'란 생각이 들고 지겨워지기 십상입니다. 마치 수학 선행하듯 어휘 선행을 한다고나 할까요? 진짜 실력은 쉽고 재미있게 할 때 생깁니다.

2. 책 읽는 시간이 어휘학습서 하는 시간의 세 배 이상이 되어야 합니다

어휘학습서를 하는 목적은 지금까지 많이 봐온 단어들을 한 번 정리해주기 위해서입니다. 책읽기가 죽죽 자라는 대나무의 줄기라면, 영어학습서는 대나무의 마디라고나 할까요? 어휘학습서 하느라 책 읽는 시간이 줄어들면 마디만 굵어지고 줄기는 자라지 못하는 셈입니다.

3. 최소한 J3단계 영어책을 자유롭게 읽을 수 있어야 합니다

어휘학습서는 보통 Grade 1/2/3 또는 A/B/C로 단계가 나누어져 있습니다. 잠수네 영어책 J3단계가 Grade 1(Level A)입니다. 이 말은 J3단계 영어책은 술술 읽을 수 있어야 가장 쉬운 어휘학습서를 쉽게 한다는 의미입니다. 그전까지는 어휘학습서를 하기보다 쉬운 책을 왕창 읽는 것이 시간 대비 효율면에서 훨씬 경제적입니다.

4. 암기보다는 같은 레벨의 어휘학습서를 여러 권 해보세요

어휘학습서는 두루뭉실하게 알고 있던 단어의 의미를 적확하게 짚어보는 과정입니다. 생각 같아서는 어휘학습서에 나오는 단어를 모조리 외우게 하면 영어실력이 확 올라갈 것 같습니다. 그러나 이 방법은 외워라 마라 아이와 실랑이하느라 오래 하기 어렵습니다. 아이와의 관계도 나빠지고요. 차라리 같은 레벨의 어휘학습서를 여러 권 해보세요. 자연스럽게 반복의 효과를 얻을 수 있습니다.

5. 영어로 된 어휘학습서라고 겁먹지 마세요

답지가 없어도 괜찮습니다. 엄마가 영어를 못해도 됩니다. 아이가 읽는 책의 수준보다 쉬운 어휘학습서는 아이 혼자 할 수 있으니까요. 어휘학습서는 J3~J4단계 영어책을 읽는 수준에서 책읽기만으로 어휘가 쉽게 늘지 않는다는 느낌이 들 때 선택적으로 해보기를 권합니다.

파닉스, 학습 효과 있을까? 없을까?

파닉스는 영어를 모국어로 쓰는 아이들이 읽기를 쉽게 배울 수 있도록 발음과 철자의 규칙을 모은 것입니다. 듣기와 말하기는 되는데 글자를 모르는 아이들을 대상으로 합니다. 이에 비해 우리나라의 파닉스 교육은 이제 갓 영어를 시작한 아이들이 대상입니다. 그러다 보니 파닉스 학습의 효과에 대해서는 의견이 분분합니다.

"파닉스를 떼면 읽기가 쉬워져요."
"우리 아이는 파닉스를 안 떼서 읽기가 잘 안 되나 봐요."
"파닉스 수업 1년을 했는데 책을 잘 못 읽어요."
"파닉스 규칙에서 벗어나는 단어가 많다고 화내면서 우네요."
"파닉스를 따로 안 했어도 책 읽는 데 지장 없어요."

파닉스 학습이 영어책 읽기에 도움이 된다는 분도 있는 반면, 파닉스를 배웠어도 책읽기와 연결이 안 되어 속상해하는 분도 있습니다. 파닉스와 책읽기는 그리 상관없다는 분도 있지요. 왜 이렇게 저마다 다른 상황이 되었는지 살펴볼까요?

❶ 영어를 처음 시작하는 아이인데, 책읽기 없이 파닉스 학습만 했다.	파닉스 학습을 오래 해도 규칙에 맞는 글자는 읽지만 내용은 잘 이해 못합니다.
❷ 영어를 처음 시작하는 아이인데, 파닉스와 쉬운 책 읽기를 병행했다.	상당한 기간 동안 파닉스를 배워야 영어책을 조금씩 읽을 수 있습니다.
❸ J1~J2단계 영어책을 조금씩 읽어갈 때, 파닉스를 한 번 짚어줬다.	단시간에 파닉스 규칙을 익힐 뿐 아니라, 책읽기를 좀 더 수월하게 진행할 수 있습니다.
❹ 파닉스 학습서를 안 하고 흘려듣기, 쉬운 책 집중듣기, 읽기로도 충분하더라.	따로 파닉스 학습서를 하지 않고도 영어책을 잘 읽는 아이들이 많습니다. 《Leap Frog》《Between the Lions》같은 파닉스를 가르치는 DVD를 본 경우도 있고, 파닉스 리더스북을 읽으면서 파닉스 규칙을 깨치는 아이들도 있습니다. 공부라는 생각 없이 자연스럽게 파닉스 규칙을 익힌 셈입니다.

여기서 핵심을 짚어본다면 다음 네 가지 정도입니다.

① 영어를 처음 시작하는 아이가 파닉스 학습부터 하는 것은 무의미하다.

② 책읽기와 연결되지 않은 파닉스 학습은 시간낭비이다.

③ 파닉스 학습을 해볼 만한 시기는 책읽기에 관심을 갖고 조금씩 자신감을 가질 때이다.

④ 흘려듣기, 집중듣기, 읽기를 잘 진행하면 꼭 파닉스 학습을 하지 않아도 된다.

잠수네 영어에서 파닉스 학습은?

1. 언제 하면 좋을까?

처음부터 파닉스를 익히는 것은 시간낭비입니다. 최소 6개월에서 1년은 〈흘려듣기+집중듣기+쉬운 책 읽기〉에 치중하세요. 시작하는 시기도 최소한 집중듣기하지 않은 J1단계의 영어책을 읽을 수 있을 때가 좋습니다. 이 정도가 되면 파닉스 학습서 한 권을 1주에서 한 달 내에 끝낼 정도로 부담이 없습니다.

2. 어떤 교재와 방법으로 할까?

서점에서 판매하는 파닉스 학습서는 ①EFL용 파닉스 학습서(국내 출판사)와 ②원어민용 파닉스 학습서(해외 출판사) 두 종류입니다. EFL용은 여러 권의 얇은 책자로 되어 있습니다. 파닉스 규칙을 알려주는 데 집중하며 단어는 많지 않습니다. 원어민용은 학년별로 두껍게 나오는데다 파닉스 규칙과 함께 굉장히 많은 단어가 들어 있습니다. 각각의 장단점이 있겠지만, 잠수네에서는 원어민용 파닉스 학습서를 권합니다. J1단계 영어책을 읽을 정도면 아는 단어가 꽤 많아서 원어민용 두꺼운 파닉스 학습서도 만만하게 할 수 있거든요. 이왕 할 거면 파닉스 규칙과 함께 단어, 스펠링도 익히자는 의미입니다. 자세한 교재는 〈3부 잠수네 영어 실천편〉이 〈적응과정〉에 실어두었습니다.

단어암기와 읽기의 상관관계
작성자 : 뽀꼬 (초5)

저희 아이는 국제학교를 4년 다녀 일견 원어민처럼 영어를 구사합니다. 그러나 추론, 사고 요런 문제에서는 여지없이 무릎을 꿇습니다. 작년까지 단어 거의 안 외워봤구요. 올해 초 학원에 잠깐 다니면서 단어암기란 걸 시작했습니다.

그런데 그전까지 제가 아이를 오판한 점이 있습니다. 영어책이야 일사천리로 휘리릭 읽어제치고 내용도 척척 말하니 다 아는 줄 알았습니다. 설령 모르는 단어가 있다고 해도 웬만한 건 문맥에서 파악이 되니까요. 단어 뜻 찾지 않고서도 내용을 파악할 능력이 요구되는 단계도 분명히 있긴 합니다만 여기서 말하는 건 그 후의 상황입니다. 어휘학습서를 해도 뒤에 딸린 문제들을 정말 하나도 모르는 것 없이 자알 품니다. 그래서 다 아는 줄 알았습니다.

그런데 학원에서 비교적 쉽다 싶은 단어시험을 봤는데 이게 아이한테는 더 어렵더군요. 요즘《Wordly Wise Book》단어시험을 보면서 아이가 하는 말이 인상적이었습니다. "단어를 본격적으로 외우고부터는 전에 읽었던 책을 다시 펼쳐보면 그때는 안 보이던 단어가 눈에 딱 띈다"고 하더군요.

당시에는 그 단어가 그 문장에 있었는지도 모를 정도였는데 그 단어를 공부하고 외우면서 인식이 되고 나니 이제는 그 페이지에서 그 단어가 눈에 들어오더라는 것이죠. 그 단어가 그 장면에서 중요한 의미가 있는 경우라면 더욱 선명하게 다가오게 되구요.

반대로 어휘학습서를 하다가 "너 이거 알아?"라고 물으면 "이건 무슨 책 무슨 장면에서 누가 무슨 말을 할 때 썼던 단어다" "미국 사람들은 이런 상황에서는 이렇게 말한다"라고 책의 내용을 떠올리기도 합니다. 그래서 잠수네 여러 고수님들이 어느 정도 레벨 이상에서는 단어 암기가 필요하다고 했구나 하고 뒤늦게 무릎을 쳤습니다.

일단 다독을 합니다. 유추능력을 키울 수 있게요. 그다음 심화 2단계 이상의 실력이 되면 단어 확인 작업을 합니다. 그럼 어떤 경우 유추에 많이 의존했던 리딩이 탄탄해집니다. 어쩌면 이것이 잠수네 영어공부의 본질이 아닐까 합니다.

어휘 짚어주기?
작성자 : 해가조아 (중1, 초5)

'어휘를 짚어준다'는 말, 잠수네에서 많이 쓰죠. 저는 이 말을 두 가지 경우로 해석합니다.

첫째는 뜻은 모르지만 책에서 봤던 어휘를 정확히 알려준다(or 외운다). 둘째는 이제부터는 책이 어려워지니 먼저 어휘 좀 공부하고 책을 읽는다.

그런데 저의 경우는 첫 번째 뜻으로 짚어주었습니다. 발전 2단계 여덟 번 하고 심화 2단계를 두 번째 받은 초등학교 4학년 9월에 처음으로 본격적인 어휘를 했어요. 《Wordly Wise Book》으로 시작해 영영으로 딸딸딸 외웠죠. 그런데 그게 한계가 있었어요. 《Wordly Wise Book 6》의 3분의 2 지점부터 초등생 딸이 더 이상 못 외우는 거였어요. 처음 보는 단어들이래요. 그전까지는 읽던 책에서 나온 단어였구요. 그래서 딱 멈췄어요. 그때부터 애가 힘들어했으니까요.

두 번째 방법. 제가 실험을 해봤어요. 애들 읽는 책을 읽으려니 제가 모르는 단어들이 많은 거예요. 먼저 단어공부 좀 했죠. 그리고 책을 봤는데 단어들이 공부했다는 기억만 나고 뜻이 생각이 안 나는 거예요(^^ 제가 머리가 나쁜지도). 시간도 많이 걸리고 어른이니 했지 아마 애였으면 '이래가면서 책 읽어야 하나' 했을 거예요.

초등생의 '어휘를 짚어준다'의 방법으로는 첫 번째 방법을 추천해요. 우리도 한글책 읽을 때 어휘 하나하나 몰라도 그냥 읽잖아요. 무슨 뜻인지도 잘 알구요. 재미도 있구요.

문법

문법, 왜 공부할까?

영어문법을 공부하는 근본적인 이유는 영어글을 정확하게 읽고, 문법적 오류 없이 쓰기 위해서입니다. 그러나 현실적으로는 '중고등학교 영어 내신시험을 대비하기 위해서'라는 것은 다 아는 사실이지요. 마음 같아서는 두 가지 모두 잡았으면 좋겠지만, 대부분은 중고등 내신영어와 수능 만점을 목표로 하는 문법공부에 전전긍긍하는 것이 현실입니다.

〈영어책 읽기 vs 문법공부〉의 상관관계를 그린다면?

왼쪽 끝은 전통적인 문법 위주의 영어학습, 오른쪽 끝은 잠수네 아이들이 진행하는 영어습득 방법입니다. 왼쪽으로 갈수록 문법공부의 양이 많아지고, 오른쪽으로 갈수록 문법을 공부해야 할 양이 적어집니다. 왼쪽의 극단적인 경우가 말은 사라지고 글만 남은 '라틴어' 공부방법입니다. 문법과 단어암기, 독해로만 공부하는 방식이지요. 오른쪽 맨 끝은 원어민이 자국어(영어)를 습득하는 방식입니다. 우리가 한국어를 읽고 쓸 때 문법공부를 따로 하지 않아도 크게 문제 없는 것과 똑같습니다. 영어책을 거의 읽지 않는다면 라틴어 공부처럼 처음부터 문법공부를 해야 하겠지요. 그러나 영어말과 책을 많이 듣고 읽으면 모국어처럼 문법을 공부하지 않아도 '그냥' 알게 되는 영역이 늘어납니다.

　영어는 자전거를 배우는 것과 비슷합니다. 자전거 페달을 직접 밟으면서 좌충우돌하며 몸으로 부딪쳐 배워야 합니다. 듣기와 읽기를 등한시하고 문법 위주로 하는 공부는 이론으로만 자전거를 배우려는 것과 다를 바 없습니다. 직접 해보지 않고 이론만 공부해서는 자전거를 탈 수 없는 것처럼 듣기와 읽기 없이 문법만 배우면 영어문맹으로 갈 수밖에 없습니다.

문법, 중요합니다. 그러나 충분히 많이 듣고 읽기를 한 후에 문법을 접하는 것과 문법을 위주로 공부하는 것은 천양지차의 결과를 보여줍니다.

정확하게 읽고 쓰기 위해 문법공부를 해야 한다?

1. 〈정확하게 읽기〉보다 〈죽죽 읽어가기〉가 먼저입니다

"문법은 독해의 기초다, 정확하고 빠른 독해를 하려면 문법은 필수다"란 말을 많이 합니다. 그러나 문법책 한 줄 보지 않고도 잠수네의 수많은 아이들이 《해리포터》를 읽는 수준까지 갔습니다. 문법을 몰라도 책 내용을 이해하는 데 전혀 불편을 못 느끼는데 왜 문법공부를 해야 하느냐고 눈을 똥그랗게 뜨고 항의하는 아이까지 있을 정도입니다. 영어책을 많이 읽다 보면 시간이 흐를수록 정확하게 읽는 능력도 올라갑니다. 엄청나게 많은 양(다독)을 읽으면 빠르게 책을 읽어나가게 됩니다. 정확하고 빠른 독해를 생각한다면 문법보다 읽기가 먼저입니다.

2. 〈오류 없이 쓰기〉보다 〈거침없이 쓰기〉가 먼저입니다

문법적 오류 없는 글쓰기, 바로 이 부분이 문법을 공부하는 근본적인 이유입니다. 그러나 문법을 잘 아는 것이 외려 발목을 잡는 경우가 많습니다. '이렇게 쓰는 것이 맞을까? 틀릴까?' 고민하다 글 한 편을 제대로 못 쓰는 사람이 한둘이 아니잖아요. 중고등학교 6년을 문법교육을 받았지만 우리 부모 세대 중 영어 글쓰기에 자신 있는 분은 별로 없다

는 것도 그 반증이고요.

그에 비해 J3~J4단계 책을 편하게 읽는다면 문법을 전혀 몰라도 한 두 장 정도의 영어글은 거침없이 씁니다. 아이들이 쓴 글은 자기가 읽는 책보다 두 단계 정도 낮은 수준입니다. J3~J4단계 영어책을 읽고 있다면 J1~J2단계 수준의 글을 쓰겠지요. 이 정도 글을 쓰는 아이한테 문법적으로 맞았니 틀렸니 하며 고치라고 하는 것은 참 넌센스입니다. 초등학교 1, 2학년 아이들이 쓴 일기를 보고 맞춤법이 틀렸다, 띄어쓰기가 틀렸다고 자꾸 지적하면 글 쓰는 것을 겁내잖아요. 영어도 똑같습니다. 정확성보다 죽죽 거침없이 자기 생각을 표현하는 능력(유창성)이 먼저입니다. 문법적으로 정확한 글은 J4단계 이상 글을 쓸 수 있는 수준이 될 때 손봐도 늦지 않습니다.

글쓰기를 위한 문법공부

정확한 쓰기를 위한 문법공부를 할지 고민할 시점은 최소한 J4단계 수준의 영어글을 쓸 수 있을 때입니다. 역산하면 J6단계 영어책을 술술 읽는 정도는 되어야 하겠지요. 이때도 문법을 꼭 해야 한다기보다는 방학 때 한 번 짚고 가는 정도로 생각해주세요. 영어문법책을 고를 때도 아이가 혼자 볼 수 있는 쉬운 수준이 좋습니다. 그래야 문법 내용이 머리에 쏙쏙 들어오고 글을 쓸 때도 문법규칙을 적용해보려 노력할 수 있기 때문입니다. 다른 사람의 도움 없이 혼자 쉽게 할 수 있기도 하고요.

중고등 영어 내신시험을 위한 문법공부

'로마에 가면 로마법을 따르라.' 중고등학교 영어시간에 배우는 문법은 이 말 한마디로 요약됩니다. 중고등학교 영어시험에서 100점을 맞기 위해 문법공부를 하는 것이 현실이니까요. 중학교 가서 문법 문제에서 틀리면 영어를 아무리 잘해도 내신점수가 잘 나올 수 없다는 이야기를 들으면 초등학생 부모들은 문법공부를 미리미리 시켜야 하지 않을까 고민합니다. 여기에 부채질하는 것이 초등 고학년부터는 문법을 체계적으로 해둬야 중학교 가서 영어점수를 잘 받을 수 있다는 협박성 조언을 남발하는 이웃집 엄마, 학원, 영어과외 선생님들입니다. 정말 그럴까요? 초등학생에게 중고생 문법을 가르쳐도 큰 효과를 보지 못하는 것은 다음과 같은 이유 때문입니다.

1. 중고등 때 배우는 문법 용어는 대부분 한자어입니다
동사, 형용사, 부사, 보어 등 어른들은 당연히 알 것이라 생각하는 문법 용어들, 아이들이 쉽게 이해할 리 만무합니다. 중학생도 이해가 쉽지 않은 터에 초등학생은 말할 나위가 없겠죠.

2. 문법 개념은 철저하게 암기해야 합니다
영어문법은 규칙적인 것보다 불규칙적인 부분이 훨씬 더 많습니다. 불규칙한 문법은 (이해하는 과정 없이) 무조건 외워야 해요. 암기한 것은 잊어버리는 게 당연합니다. 잊지 않으려면 완전히 내 것이 될 때까지 끝없이 반복해가며 외워야 합니다. 언제까지요? 수능영어시험 볼 때까지

입니다. 문법을 일찍 시작하면 할수록 잊지 않도록 반복하는 기간도 덩달아 늘어난다는 것이 불편한 진실입니다.

3. 중고등 문법은 완벽하게 알 때까지 수많은 문제를 풀어봐야 합니다

문법책을 몇 번이고 반복해서 봤어도 문제풀이는 또 다른 이야기입니다. 중학생이라도 스스로 공부해야겠다는 의지가 없으면 문법공부한 것이 헛수고인 경우가 비일비재합니다. 하물며 초등학생이라면 문법 문제를 다 맞아야겠다는 목표가 있을 리 만무합니다. 이 때문에 초등 때 배우는 문법은 반쪽짜리밖에 될 수 없는 구조입니다.

'문법=수학'이라고 생각하면 쉽게 이해가 될 겁니다. 수학 역시 개념을 깊이 있게 이해하려고 노력해야 할 뿐 아니라 필요한 개념은 외워야 합니다. 더 중요한 것은 문제를 풀어보면서 개념이 어떻게 적용되는지 연습을 해야 하지요. 초등학생에게 중고생용 문법책을 가르치는 곳이 있다면 이런 문제를 알면서도 모른 척하거나 잘 모른다고 봐도 됩니다.

중학교 입학하기 전 문법을 한 번 짚고 가면 좋다는 소문은 그야말로 뜬소문일 뿐입니다. 초등 6학년 겨울방학 때 좋다는 문법학원, 과외, 인터넷강의를 알아보고 문법공부를 시켜도 시간과 돈을 들인 것에 비해 효과는 극히 미미합니다. 초등 고학년 학부모가 문법에 대해 걱정하는 것은 일곱 살 아이 엄마가 초등수학이 어려우니 미리미리 공부시켜야 한다고 겁 먹는 것과 똑같습니다. 내신용 문법은 중학생이 되고 나서 스스로 문법공부를 해야겠다는 절박감이 들 때 본격적으로 시작해

도 늦지 않습니다. 그전까지는 최대한 많이 듣고 읽어서 진짜 영어실력을 올려두는 것이 훨씬 이득입니다.

> **문법보다 듣기/읽기 양 채우기가 장기적으로 더 나은 투자**
> 작성자 : 고운맘 (중2, 초4)

초등 때 문법, 독해보다는 읽기, 듣기에 최대한 쏟아부어서 중등 입학 전에 꽉 찬 심화2까지 올릴 수 있도록 집중하는 게 좋을 듯해요. 예비중 시기에 문법, 내신에 신경 쓰는 분이 많은 것 같아서, 또 잠수네 영어로 중등 내신 되는지 불안해하는 분들도 계신 것 같고, 저도 예전에 궁금해하던 사항이기에 경험, 생각 적어봅니다.

잠수식으로 듣기, 읽기로 쌓아올린 영어, 초등 마칠 때까지 최대한 집중해서 양을 채워 일정 수준을 넘어서면 중고등 6년 동안 다른 아이들보다 엔진 하나 더 달고 가는 것 같습니다. 그 일정 수준이라는 것이 꽉 찬! 심화 2단계라고 보구요(꽉 찼다는 것은 여러 가지 기준이 있겠지만, J6단계 정도 다양한 책들 편하게 읽으면서 문장구조 정확히 파악하고 의미파악 쉽게 되고, 이 수준 단어들 활용까지도 어느 정도 된다면 좋겠습니다).

참고로 중학교 내신은 지역적으로, 학교마다 조금씩 차이는 있지만 기본적으로,

(1) 교과서 본문의 완벽한 이해, 정확한 영작이 가능해야 하구요
(2) 범위에 해당하는 문법 숙지해야 하구요
(3) 학교 프린트물 있으면 이해, 암기해야 하구요
(4) 수행으로 듣기, 말하기 잘 챙겨야 합니다.

저희 아이 보니 영어시험은 시험 전날 4~5시간이면(보통 범위가 3단원) 위의 과정 넉넉히 소화가 가능합니다. 물론 여유 있게 하루 정도 더 잡고 차분하게 문법 문제도 풀어보는 것이 바람직하겠지만, 임계치를 넘긴 아이들은 위의 과정이 그만큼 수월하고 빠르게 가능하다는 얘깁니다.

본문 암기, 처음 보는 문법 이해 정말 빠르게 해냅니다. 실수 잘하고 암기에 약한 편인 저희 아이가 영어는 순식간에 외우고, 실수도 거의 없는 것 보면 임계치를 넘겼기 때문이라는 생각이 듭니다. 겸손한 마음, 차분하게 집중하는 것만 늘 명심한다면 투자한 것에 비해 좋은 결과를 안겨주는 효자 과목인 거죠. 특히 시험이 어려울수록 빛이 납니다.

문법을 전체적으로 미리 공부한다고 했을 때, 이것으로 시험대비가 끝나지는 않아요. 반복이 많이 필요할 거예요. 물론 문법 용어에 친숙해지고, 시험 공부를 할 때 낯설지 않다는 등 도움이 되는 점은 있겠지요.

듣기, 읽기를 많이 하면서 문법도 챙겨간다고 생각할 수 있지만, 두 가지를 병행하면서 충분한 양을 하기는 쉽지 않은 일 같고, 중등 입학 이후로는 초등만큼 맘 편하게 듣기, 읽기에 왕창 시간과 에너지를 쏟는다는 것도 어려운 일이라 저라면 초등 마칠 때까지 최선을 다해 읽기 레벨을 올리겠어요. 일단 읽기, 듣기 양이 왕창 채워진 후에야 읽기, 듣기 꾸준히 잡고 가면서 문법이니 어휘니 기타 등등 집어넣을 여유가 생기니까요.

아직 J6단계 책들을 수월하게 읽어내지 못한다면 문법보다는 듣기, 읽기 양을 채우는 게 장기적인 관점에서 더 나은 투자가 아닌가 하는 것이 제 개인적인 생각이에요.

중2까지는 학교에서 배우는 문법들만 시험 때 제대로 공부하면(학교 프린트, 자습서, 《1316 팬클럽》 정도면 충분) 시험에서 문제 없답니다.

일찍부터 단어, 문법, 독해 등등 따로따로 챙겨가는 것보다 기본 내공을 최대한 끌어올려놓는 게 수월하게 높이 올라갈 수 있는 비법이 아닐까 싶습니다. 남들 깡충거리며 진 빼고 있을 때 목표 한번 응시해주고, 멀리 뛰기 위해(듣기, 읽기 하면서^^) 잔뜩 웅크리는 거, 괜찮은 선택 같아요.

독해

영어 독해력에 대한 오해

1. 영어 독해력과 국어 독해력은 같을까? 다를까?

독해력은 '처음 보는 글을 얼마나 이해하는지에 대한 능력'입니다. 각종 시험뿐 아니라 사회생활을 하는 데도 필요한 능력이지요. 특히 국어나 영어 같은 언어영역은 독해력의 유무에 따라 희비가 엇갈립니다. 한국 땅에서 십수 년 살았어도 고등학교 국어시험 100점 안 나오는 아이들이 수두룩합니다. 마찬가지로 미국에서 10년을 살았어도 독해력이 부족하면 영어시험 점수가 낮을 수 있습니다.

영어는 한글과 같은 언어지만, 외국어이기도 합니다. 한글 독해력은 어휘력, 배경지식, 사고력에 따라 좌우됩니다. 책을 많이 읽어야(다독) 어휘력과 배경지식이 늘어나고, 책에 담긴 저자의 생각을 정확하게 이해해야(정독) 사고력이 커집니다. 그러나 영어 독해력은 한글 독해력과 비슷하면서 조금 다른 점이 있습니다. 영어 어휘를 늘리는 가장 좋은 방법은 영어책을 많이 읽는 것입니다. 하지만 배경지식과 사고력은 조금 다릅니다. 꼭 영어책이 아니라도 한글책으로 습득한 배경지식이 많고, 한글책 읽기로 탄탄한 사고력을 갖추었다면 영어글을 이해하는 데 큰 도움이 됩니다.

2. 독해 문제풀이로 독해력이 올라갈 수 있을까?

초등 고학년만 되어도 학원에서 독해문제집을 풀고 어휘, 문법을 공부하는 아이들이 많습니다. 중고생은 말할 나위도 없고요. 그러나 이 방법으로는 독해력을 올리는 데 한계가 있습니다. 독해문제집의 지문은 한두 쪽짜리 짧은 글입니다. 이 정도 글에서 책이 주는 즐거움을 느끼기란 불가능합니다. 책처럼 재미가 있어 반복해서 읽을 리도 없고요. 또한 독해집의 지문 분량은 영어책에 비하면 새 발의 피입니다. 절대량이 적으니 영어책을 많이 읽는 아이만큼 실력이 급속하게 늘지도 못합니다. 자기 수준보다 어려운 독해집으로 공부한다는 것도 문제입니다. 모르는 단어가 많으니 읽는 속도가 느립니다. 같은 시간을 영어에 투자한다고 했을 때 영어책에 비해 읽는 분량이 턱없이 적을 수밖에 없습니다.

문제풀이는 독해력을 측정하는 수단일 뿐입니다. 한글책을 전혀 읽지 않고 국어문제집만 풀어서는 국어성적이 오르지 않습니다. 영어도 마찬가지입니다. 독해문제집은 영어책 읽기를 기본으로 하면서 보조적으로 할 만합니다. 특히 중고생용 독해문제집을 초등학생에게 풀리는 것은 피해주세요. 그 시간에 책을 읽는 것이 훨씬 낫습니다. 토플, 텝스 등 인증시험을 대비할 때도 최대한 영어책 수준을 끌어올린 후 독해문제집을 풀어야 시간 대비 효율이 올라갑니다.

다독과 정독

1. 다독의 효과

영어책을 많이 읽을 때와 거의 읽지 않을 때 어떤 상황이 되는지 비교해봤습니다.

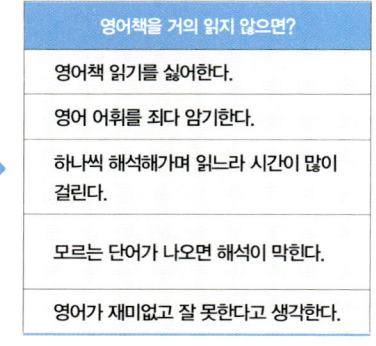

영어책이 재미있는 것은 줄거리, 등장인물의 생각이나 행동에 공감하기 때문입니다. 외우지 않고도 자연스럽게 어휘를 습득하고 문맥 안에서 유추하게 되면 어휘실력은 자동으로 올라갑니다. 한글책처럼 술

술 읽다 보면 저절로 속독도 됩니다. 나는 영어를 잘한다는 자긍심을 갖게 되면 영어책을 더 많이 읽고 듣는 선순환이 일어납니다. 영어책을 읽지 않는다면 다독의 이런 이점을 다 놓치는 것이겠지요.

2. 정독에 대해 정확하게 알자

책읽기의 단계는 크게 네 가지로 나누어볼 수 있습니다.

1단계	읽기를 배우는 단계	알파벳, 단어, 문장을 읽고 쓰는 법을 배운다.
2단계	내용을 이해하는 단계	책에 어떤 내용이 있는지 기억하고 이해할 수 있다.
3단계	분석하며 읽는 단계	저자의 의도, 인물의 성격, 작품 배경, 줄거리, 주제, 중심 내용을 파악한다.
4단계	비판적, 창의적으로 읽는 단계	주제별, 작가별로 통합, 비교, 비판하며 읽고, 자신의 생각을 말이나 글로 표현한다.

많은 분들이 정독에 대해 오해를 하고 있습니다. "우리 애는 정독을 안 해요" 하며 호소하는 분들을 보면 '정확하게 읽지 않는다' '무슨 내용인지 기억하지 못한다'를 두고 말하는 경우가 대부분입니다. 1~2단계 수준의 이해도만 보고 그러는 것이지요. 영어단어 외우고, 테스트하고, 문법 배우고 해석하는 것, 모두 읽기를 배우는 1단계 수준입니다. 그러나 국어교과서의 구성을 보면 저학년에서는 1, 2단계 위주지만 학년이 올라가면서 3단계의 '분석하며 읽기'를 익히도록 구성되어 있습니다. 영미권 아이들이 공부하는 독해학습서도 3학년 이상에서는 3단

계를 집중적으로 다룹니다.

'책을 많이 읽었는데 국어성적은 안 좋다' '영어책을 많이 읽었는데 학원의 독해 테스트 점수가 기대 이하다'란 말이 나오는 것은 책을 많이 읽었어도 3단계 수준의 읽기가 안 되기 때문입니다. 국어시험 점수가 오르락내리락 널뛰기하는 아이들은 제대로 된 읽기가 바탕이 되지 않은 '감'으로 찍기 때문입니다. 국어시험이나 수능 언어영역, 토플의 Reading Comprehension 영역은 3단계 이상을 평가하고자 합니다. 중고등학교 수행평가나 논술, 토플의 Writing 영역도 3단계 이상의 이해도를 바탕으로 글을 쓰도록 요구합니다. 시험에서 요구하는 읽기 수준이 3단계 이상이라면 정독이란 '분석적 읽기' '통합적, 비판적 읽기'에 좀 더 무게중심이 가 있는 것이겠죠?

독해력을 키우려면?

'독해력을 올리려면 다독이 중요하다, 아니다 정독이 더 중요하다' 설전을 벌이는 것은 의미 없습니다. 다독과 정독 둘 다 독해력을 올리는 데 중요하기 때문입니다. 독해력의 기본이 되는 어휘력, 배경지식, 사고력은 다음 표로 정리할 수 있습니다.

1. 영어책 '다독'으로 어휘, 배경지식, 속도를 잡는다

독해력의 기본인 어휘, 배경지식은 다독을 통해 쌓입니다. 많이 읽어야 속도가 붙고요. 문자 하나하나 읽는 데 치중하면 나무는 볼지 몰라도 숲은 보기 어려운 데 반해, 죽죽 읽어가다 보면 전체를 보는 눈이 트입니다. 속도감 있게 읽을 수 있으면 수능영어시험, 텝스 등을 볼 때도 유리합니다. 지문을 빠르게 읽어내니 한 번 더 생각할 시간을 벌 수 있으니까요. 또한 아무리 정독이 중요하다 해도 읽는 책마다 죄다 정독을 하라면, 재미있는 책읽기는 물 건너가버립니다. 책읽기가 지겨운 공부가 되면 다독의 효과도 '펑' 하고 신기루처럼 사라지게 됩니다. 빈대 잡으려다 초가삼간 태우는 격입니다.

다독은 사교육으로는 해결이 안 됩니다. 잠수네 영어를 하는 집처럼 아이의 입맛에 딱 맞는 영어책을 일일이 찾아주기란 현재의 영어학원 운영방식으로는 불가능합니다. 아이들 각자의 성향, 영어수준이 모두 제각각이기 때문입니다. 국어학원에서 한글책 다독을 진행하지 못하는 것과 마찬가지입니다.

2. '정독' 훈련은 차근차근 진행한다

정독 훈련은 다음 네 가지 방향으로 가닥을 잡아보면 됩니다.

❶ **반복해서 읽다 보면 저절로 정독이 됩니다**

아이들은 어른들이 갖지 못한 놀라운 능력을 갖고 있습니다. 재미있는 책은 수십 번 반복해서 읽어도 지루해하지 않는 것이에요. 이렇게 반복해서 읽다 보면 그 속의 내용을 다 기억하고, 자신의 생각까지 말할 수 있게 됩니다. 그러나 이것도 억지로 읽으라면 아무 소용이 없어요. 아이가 자연스럽게 정독하기를 원한다면 반복해서 읽을 만큼 재미있는 책을 찾아보세요.

❷ 국어교과서는 정독 훈련 워크북입니다
극소수이지만 정독하는 습관을 타고나는 아이들이 있습니다. 그러나 대부분은 정독하는 방법을 배워야 합니다. 정독하는 방법을 가르치고 연습하는 대표적인 교재가 국어교과서입니다. 국어를 잘하고 영어책 읽기 수준이 높으면 수능영어, 토플, 텝스의 독해영역도 수월하게 답을 찾습니다. 국어든 영어든 묻는 스타일이 똑같기 때문입니다. 정독을 어떻게 하는지 방법을 모르는 아이라면 우리나라 국어교과서를 워크북처럼 풀어보는 것이 가장 빠르고 현실적인 대안입니다. 아이에게 국어교과서를 보면서 교과서에 나온 질문에 답하게 해보세요. 부모는 전과(초등)나 자습서(중등)를 보며 답을 확인하고요.

❸ 교과목 교과서로 지식책 정독 연습을 해보세요
지식책 내용을 정확하게 내 것으로 하는 것도 책읽기의 중요한 전략 중 하나입니다. 그러나 글의 내용을 완전히 이해하고 내 것으로 만들 만큼 꼼꼼하게 따지면서 읽어야 하기 때문에 처음부터 많은 분량은 하기 어렵습니다. 그래서 꿩도 잡고 알도 먹는 좋은 방법이 교과목 교과서로 하는 정독입니다. 교과목 성적도 올리고, 더불어 영어독해도 잘할

수 있으니까요.

교과서의 중요한 부분에 밑줄을 긋고 노트에 요점 정리를 해보도록 하세요. 초등학생이면 과학, 사회, 수학 교과서를 자기 힘으로 요점정리 하면서 읽도록 해보세요. 중학생이라면 도덕, 체육, 미술 교과서도 정독의 대상이 됩니다. 목차, 단원 제목, 단원의 목표, 활동하기나 더 깊이 생각하기 등의 단원 맨 뒤의 문제들, 그림이나 표도 모두 정독할 영역입니다.

❹ 국어교과서로도 부족하면 (영어)독해학습서를 해보세요

잠수네에서 추천하는 독해학습서는 영미권 아이들이 푸는 국어문제집이라 보면 됩니다. 국어교과서와 독해학습서에서 다루는 영역이 거의 비슷하거든요. 독해문제만 나오면 매번 엉뚱한 답을 찍는 아이라면 방학을 이용해 왕창 풀어보세요. 영어글을 분석적으로 읽는 연습을 할 수 있도록 세세하게 주제가 나눠져 있어 단기간에 정리하기 좋습니다. 단, 독해학습서 시간이 영어책 읽는 시간보다 많으면 배보다 배꼽이 커지는 격입니다. 객이 주인 노릇하는 것이나 다름없어요. 교재도 아이의 영어 수준보다 한 단계 쉬운 수준으로 골라주세요. 그래야 부모 도움 없이 아이 혼자 신나게 풀어볼 수 있습니다.

3부

잠수네 영어
실천편

잠수네 영어학습 이해하기

잠수네 초창기, 경험이 많지 않던 시절에는 아이의 영어수준과 상관없이 모든 아이들이 한 가지 방법으로만 가면 되리라 생각했습니다. 하지만 같은 방법으로 진행해도 아이마다 너무나 다른 결과를 보며 대체 원인이 무엇일까, 대안은 없을까 고민하기 시작했습니다. 동시에 잠수네 영어로 성공한 아이들의 공통점이 무엇인지 찾아나섰습니다. 먼저 경험한 선배로서 아이의 영어수준에 따라 가장 중요한 것이 무엇인지, 어떤 것이 헛수고인지 콕 짚어주면 후배부모들이 시행착오를 줄일 수 있겠다 싶었습니다. 이렇게 고민하고 노력한 결과가 〈잠수네 영어학습 로드맵〉입니다.

〈잠수네 영어학습 로드맵〉은 좀 더 많은 아이들이 잠수네 영어로 성공할 수 있도록 방법을 정리한 것입니다. 여기서 제시한 대로 매일 꾸준히 따라 해서, 알파벳도 모르던 아이가 영어를 즐기는 아이로 자라난 사례가 수없이 많습니다. 〈잠수네 영어학습 로드맵〉은 이론이 아니라 실천 매뉴얼입니다. 오늘부터 바로 실천해보세요.

잠수네 영어학습 과정 이해하기

〈잠수네 영어학습 과정〉은 '영어책을 어느 정도 읽을 수 있는가'를 기준으로 잡습니다. 그동안의 수많은 사례를 통해 듣기, 읽기, 말하기, 쓰기를 좌우하는 가장 중요한 척도가 영어책을 읽는 양과 수준이라는 것을 알았기 때문입니다.

〈잠수네 영어책 단계〉는 총 10단계(글자 없는 0단계 제외)입니다. 〈잠수네 영어학습 과정〉은 이를 기준으로 네 개의 과정으로 나누었습니다.

① 적응과정 : 영어책을 전혀 못 읽거나 J1단계의 영어책을 읽는다.
② 발전과정 : J2~J3단계(미국 초1 수준) 책을 읽고 이해한다.
③ 심화과정 : J4~J6단계(미국 초2~초4 수준) 책을 읽고 이해한다.
④ 고수과정 : J7단계(미국 초5 수준) 이상 책을 읽고 이해한다.

잠수네 영어학습 과정과 영어책 단계 비교표

잠수네 영어학습 과정		영어책 단계 기준
적응과정	적응1	영어책을 읽지 못함
	적응2	J1단계 책을 편하게 읽음
발전과정	발전1	J2단계 책을 편하게 읽음
	발전2	J3단계 책을 편하게 읽음
심화과정	심화1	J4단계 책을 편하게 읽음
	심화2	J5단계 책을 편하게 읽음
	심화3	J6단계 책을 편하게 읽음
고수과정	고수1	J7단계 책을 편하게 읽음
	고수2	J8단계 책을 편하게 읽음
	고수3	J9단계 이상 책을 편하게 읽음

앞의 표에서 보듯 영어책을 거의 못 읽는다면 '적응과정'입니다. 서너 줄의 영어책을 읽을 수 있다면 '발전과정', 60~70쪽 정도인 미국 초등학교 2학년 수준의 영어책을 읽을 수 있다면 '심화과정', 《해리포터》같이 두꺼운 책을 읽는 수준이라면 '고수과정'이라고 볼 수 있습니다.

발전과정 정도면 주변에서 영어를 꽤 잘한다는 이야기를 듣습니다. 영어로 진행되는 수업을 듣는 데 지장이 없습니다. 부모의 걱정과 달리 말하기와 쓰기도 술술 나옵니다. 심화과정 이상이면 웬만한 영어학원의 최고반에 들어갑니다. 해외에서 몇 년 산 아이들보다 뛰어나다는 인정을 받기도 합니다. 심화과정 하반기면 수능영어도 문제 없습니다. 고수과정은 토플 등 공인시험도 단기간에 고득점을 받을 수 있습니다.

잠수네 영어학습 로드맵

다음은 잠수네 영어학습의 전체 흐름을 보여주는 표입니다.

구분		흘려듣기	집중듣기	책읽기	선택사항	말하기/쓰기
적응 과정	D+1개월	흘려듣기 1시간 30분	–	–	–	–
	D+2개월	흘려듣기 1시간 30분	집중듣기 5~15분	–	–	–
	D+3개월	흘려듣기 1시간 30분	집중듣기 15~30분	집중듣기한 쉬운 책 읽기 10~20분	–	–
	D+6개월	흘려듣기 1시간 30분	집중듣기 30분	쉬운 책 읽기 30분	파닉스 학습서 30분	–
	D+1년	흘려듣기 1시간 30분	집중듣기 30분	쉬운 책 읽기 30분		–
발전 과정	D+ 1년 6개월	흘려듣기 1시간	집중듣기 30분	쉬운 책 읽기 1시간	어휘학습서 30분	–
	D+2년	흘려듣기 1시간	집중듣기 30분	책읽기 1시간	어휘/독해학습서 30분	–
심화 과정	D+ 2년 6개월	흘려듣기 1시간	집중듣기 30분	책읽기 1시간 30분	어휘/독해학습서 30분	말하기 쓰기
	D+ 3~4년	흘려듣기 1시간	집중듣기 30분~1시간	책읽기 1시간 30분	어휘/독해/문법 학습서 30분	말하기 쓰기
고수 과정	D+ 3~4년 이후	자유롭게	자유롭게	자유롭게	어휘/독해/문법 학습서	말하기 쓰기

앞의 표는 잠수네 영어학습의 전체 흐름을 한눈에 볼 수 있도록 만든 것입니다. 각 과정 옆에 있는 'D+개월 수'는 시작일(D-day)부터 어느 정도의 시간이 걸리는지 이해를 돕기 위해 임의로 정한 것입니다.

대부분의 부모들이 가장 궁금해하는 것은 각각의 과정들이 어느 정도의 시간이 걸리는지일 것입니다. '그래? 최소 3년이면 고수가 된다는 말이지?' 하는 생각도 드시겠지요. 물론 알파벳도 모르던 아이가 2년 6개월 정도 열심히 해서 J7단계(미국 초5 수준) 책을 자유롭게 보는 경우도 있습니다. 언어감각이 뛰어나고 부모의 열성이 받쳐주면 충분히 가능한 결과입니다. 그러나 영어를 모국어로 쓰는 아이들이라도 영어책 한 줄 못 읽는 상태에서 5학년 수준의 영어책을 읽기까지 되려면 학교 교육과정 기준으로 최소 5년(초1~초5)이 걸립니다. 즉 적응과정 1년, 발전과정 2년, 심화과정 3년, 총 5~6년이 걸리는 것이 '정상'이라는 것이지요.

알파벳도 모르는 적응과정에서 고수과정까지 가는 데 걸리는 시간은 아이마다 제각기 다릅니다. 잠수네 영어를 시작하기 전 영어공부를 어느 정도 했던 아이라면 발전과정이나 심화과정부터 시작할 수도 있습니다. 이 경우 시간이 훨씬 단축되겠지요. 한글책을 좋아하고 읽는 수준이 높은 아이라면 시간이 흐를수록 가속도가 붙을 것입니다. 조금씩 차이는 있겠지만 부모가 잠수네 영어를 신뢰하고 충분히 이해한 상태에서 아이의 성향에 맞춰 성실하게 진행하면 누구나 따박따박 앞으로 나아갈 수 있습니다.

잠수네 영어학습 이렇게 시작하세요

1. 내 아이의 과정은 어디쯤일까 알고 싶다면?

이전에 학원이나 학습지 몇 년 했고, 어떤 학원 무슨 단계다, 이런 거 다 소용없습니다. J2~J3단계 책을 읽고 이해하면 발전과정, 이해하지 못하면 적응과정입니다. J4단계 이상의 책을 쉽게 잘 읽고 이해하면 심화과정이고, J7단계 이상의 책을 한 쪽당 모르는 단어 두세 개 내외로 편안하게 술술 읽을 수 있으면 고수과정입니다. 학원에서 잘한다는 이야기를 들었더라도 영어서점에 직접 가서 아이가 읽을 수 있는 책을 살펴보고 아이 수준을 판단하세요.

앞서 〈잠수네 영어학습 과정과 영어책 단계 비교표〉에서 발전과정은 'J2~J3단계의 영어책을 편하게 읽는다'라고 했습니다. 이 말은 이 단계의 영어책은 사전 없이 어떤 책이든 다 읽는다는 의미입니다. 집중듣기를 한 후 읽거나 영어단어를 찾으면서, 혹은 부모가 뜻을 알려줘야 읽는다면 발전과정이 아니라 적응과정이라고 생각해야 합니다. 간혹 영어학원에서 공부한 책을 아이 수준으로 오해하는 분이 있습니다. 이것을 기준으로 집중듣기, 읽기 책을 선정하면 어려워서 재미도 없거니와 발전속도도 매우 느립니다.

처음에는 아주 만만한 낮은 단계부터 시작하는 것이 요령입니다. 아이가 너무 쉽다고 하면 그때 조금씩 단계를 올리세요. 어려운 영어책으로 지겹게 오래도록 하는 것보다, 단계 올라가는 재미에 신나게 하는 것이 훨씬 더 효과적입니다.

2. 계획은 단순하게

매일 세 시간을 투자하는 기간은 다음 그림처럼 2~3년 정도입니다. 그 전후로는 영어에 세 시간씩 시간을 들이지 않아도 됩니다. 영어 말고도 아이들이 느끼고 체험해야 할 것이 얼마나 많은데요.

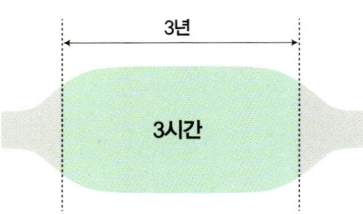

잠수네 영어 진행계획은 단순하게 짜세요. 그래야 스트레스 받지 않고 몇 년씩 꾸준히 할 수 있습니다. 아이고, 머리 아파라, 누가 대신 콕 집어서 요걸로 요렇게 하라고 짜주면 정말 좋겠죠? 일단 해보세요. 시작이 어렵지 진행하다 보면 슬슬 요령이 생깁니다. 누구한테 묻기 전에 나 스스로 생각하고 고민하는 과정이 있어야 아이의 영어실력이 올라감에 따라 맞춤 계획을 세울 수 있는 힘이 생깁니다. 다음 두 가지가 포인트입니다.

① 잠수네 영어 3종 세트(흘려듣기, 집중듣기, 책읽기)의 시간배분을 어떻게 할까?
② 어떤 교재로 해야 아이가 재미있어할까?

3. 잠수네 영어 3종 세트 시간배분은?

❶ 적응과정, 발전과정 때는 세 시간을 최대한 지키세요

적응과정과 발전과정은 잠수네 영어의 습관을 잡는 시기입니다. 영어 실력이 제자리인 집을 보면 하다 말다, 하루 한 시간도 제대로 안 한 경우가 대부분입니다. 잠수네 영어 3종 세트(흘려듣기, 집중듣기, 책읽기) 중 가장 쉬운 흘려듣기만 조금 하고는 잠수네 영어를 몇 년씩 했어도 영어실력이 제자리걸음이라고 하소연하는 분도 아주 많습니다. 3종 세트의 시너지 효과를 보려면 이 세 가지를 빼먹지 말고 해야 합니다. 일요일은 쉬더라도 주 6회 매일 세 시간을 지키려고 최대한 노력하세요. 이 시간만 잘 지켜도 영어실력이 쑥쑥 자라게 됩니다.

❷ 심화과정 이후에는 좋아하는 매체에 따라 조절합니다

아이마다 좋아하는 매체가 다를 수 있습니다. DVD를 집중적으로 보면서 새로운 어휘를 쏙쏙 흡수하는 아이가 있는가 하면, 집중듣기가 너무 재미있어 3~4시간 분량의 오디오CD를 다 듣겠다고 고집하는 경우도 있습니다. 집중듣기는 싫지만 밤 늦게까지 시간 가는 줄 모르고 영어책을 보는 아이도 있습니다. 심화과정 이후는 아이가 좋아하는 매체가 있다면 그쪽으로 쭉 밀어주세요. 재미는 학습효과를 극대화하는 엔진이니까요.

❸ 학년, 시기에 따라 유동적으로 조절합니다

고학년이고 방학 때라면 하루 세 시간이 아니라 5, 6시간까지도 투자해보세요. 중학생이라 마음 편하게 매일 한 시간씩 DVD를 보기 어렵다면 주말에 한두 편씩 영어방송을 보게 해주세요. 초등학교 1, 2학년이라면 세 시간 집중할 시기(2, 3년 정도)를 언제로 잡을 것인가 가늠해보시기 바랍니다. 초등학교 6년 내내 영어에 매일 세 시간씩 투자하다가는 다른 과목 공부에 지장을 줄 수 있답니다.

4. 기록의 힘

잠수네 영어 성공의 노하우는 '매일 꾸준히 하는 것'입니다. 작심삼일파, 의지박약형이라고 지레 겁먹지 마세요. 기록만 열심히 남겨도 꾸준히 할 힘을 얻을 수 있습니다. 날짜와 흘려듣기, 집중듣기, 책읽기 칸을 만들고 교재 이름과 진행한 시간을 적어보세요. 가능하면 메모장에 DVD, 영어책에 대한 아이의 반응도 적어보고요. 하루하루 기록이 쌓여 아이가 좋아하는 영역, 좋아하는 영어책의 패턴이 보이면 잠수네 영어 진행에 큰 도움이 됩니다.

또한 잠수네 영어 진행기록은 훌륭한 육아일기이자 아이한데 주는 멋진 선물입니다. 부모가 자신을 얼마나 정성스럽게 키웠는지, 자기의 어린 시절은 어땠는지 엿볼 수 있거든요. 또한 나중에 특목고나 대학입시에서 자기소개서를 쓸 때도 유용한 자료가 될 수 있습니다. 사소한 일이라도 기록이 남아 있으면 나만의 특색을 보여주는 글을 쓰는 데 좋은 소재가 될지 모르니까요.

잠수 대박집 vs 잠수 쪽박집
작성자 : 헤르미온느 (초4)

그동안 잠수네 하면서 보니, '잠수가 안 되는 아이는 없다. 잠수가 잘 되는 집은 엄마가 다르다'는 말이 정말 진리더라구요. 이게 엄마가 엄청 똑똑해야 한다든지, 분석을 잘한다든지, 영어를 좀 한다든지, 뭐 그런 게 아니라(잘하면 나쁠 거야 없지만, 대세에는 전혀 지장이 없다는 것이지요), 잠수에 임하는 마음가짐과 습관만 바꾸면 누구든지 대박집이 될 수 있겠다는 거예요.

잠수 대박집의 특징은 엄마가,

(1) 잠수네 영어가 된다는 확신이 있고, 구체적인 (과정) 목표가 있다.

그냥 무.조.건. 열심히 하는 것보다는 초등학교 졸업 전 거품 없는 심화 2단계 진입이라든지 J6단계 줄줄 읽는 수준 또는《Harry Potter》읽을 때까지 등, 손에 잡히는 목표나 진행 로드맵을 갖고 가는 집일수록 훨씬 더 열심히 하고 목표달성도 예상보다 빠르더라구요.

(2) 아이와 소통을 잘하며 잠수 습관 제대로 들이는 데 공을 들인다(단, 단호할 땐 단호하게).

책 반응 살피기는 기본이고, 잠수를 잘하려면 아이와 얼마나 호흡을 잘 맞추느냐가 관건이거든요. 단, 잠수 3종 세트 습관 들일 때까지는 단호하고 꿋꿋하게 밀어붙이는 게 중요합니다(아이 기분 맞춰가며, 살살 달래가며, 간식과 상장/상품, 마사지 서비스 등 온갖 당근과 칭찬과 격려로).

(3) 아이 취향에 빠삭하고, 도서관 사서, 인터넷서점 고객센터와도 친하다.

아이의 눈빛을 예의 주시하면서도(하나도 재미없다는 동태눈인지, 불을 뿜는지) 재미난 책, 좋은 책을 보면 엄마 눈에서 레이저를 발사하는 동시에 지름신을 반가이 맞으며, 책 욕심을 상당히 낸다는 공통점이^^ (좋은 옷, 가방 사는 데 그다지 관심없고, 그럴 돈 있으면 책 한 권 더 사주겠다는 마인드로).

(4) 엄마가 진행기록 남기기, 콘텐츠 공부, 계획 세우기를 열심히 한다.
- 〈포트폴리오〉, 〈영어교실〉 등 기록을 아주 정성껏, 구체적으로 한다.
- 잠수네 안에서 성향이 비슷한 같은 학년 또는 1, 2학년 위 선배 중에서 롤 모델을 찾아 열심히 따라쟁이한다.
- 〈잠수네 책나무〉, 좋은 글들을 열공하며 진행과정을 점검하고 계획을 세운다.

(5) 잠수네 안에서 잠수님, 고수님, 잠친들과의 커뮤니케이션에 열심이다.
- 진행하다 막히면 답 달아주고, 고민을 나누고 격려해줄 잠친들이 있다.
- 잠수네 오프모임에 열심히 참석해서 주기적으로 자극 받고 마음가짐을 새로이 한다(강연회, 포럼, 티타임 등).

반면에 잠수 쪽박집의 특징은,

(1) 잠수네 방식을 알지만 (제대로 알지 못하거나) 확신이 부족하다.
발만 담가놓고는 실천은 안 하고 '잠수네 좋은 건 알겠는데, 정말 될까? 내가 할 수 있을까?' 주저주저 고민만 많다.

(2) 선택과 집중을 못한다.
기존의 꼭 필요하지 않은 것들을 정리 못하면서 시간 없다고 한탄한다든지, 동네, 학교 엄마들 카더라 통신에 '학원을 보내야 하나? 선행, 그래도 안 하는 것보단 해두는 게 낫지 않을까?' 하며 마음이 갈대처럼 흔들린다.

(3) 엄마가 아이와 따로 놀거나 아이한테 휘둘린다(단호함 부족).
아이 눈빛을 살피지 않거나 아이가 신호를 보내는데도 반응이 무뎌서 엄마 혼자만 의욕이 활활~. 또는 '우리 아인 아직 어린데 매일 세 시간 너무 힘들지 않을까?' 하며 툭하면 패스한다.

(4) 〈영어교실〉, 〈포트폴리오〉 기록을 대충 쓰거나 자주 빼먹는다.
(5) 아이의 성향/기질, 책 취향 파악을 잘 못하고 있다.
(6) 잘하는 집들과의 비교, 과다한 욕심 혹은 좌절.

대박집과 쪽박집 중 몇 가지나 해당되나요? 비밀 하나 가르쳐드릴게요. 쪽박집과 대박집이 완전히 다른 게 아니고, 엄마 마음먹기에 따라 백지 한 장 차이더라구요.
잠수네 처음 들어와서 1년 넘게 쪽박집의 전형적인 행태를 보이다가 뒤늦게 정신차리고 나름 열심히 달려와서 대박집 대열 꼬리 정도에 서게 된 집, 바로 우리 집이 그 증거예요. 엄마가 이제 감을 좀 잡았다고 할까요?

> **잠수네 아이들은 한글 읽는 속도로 영어책을 읽습니다**
> 작성자 : 야옹2 (초5, 7세)

잠수네 영어를 하다 보면 의심, 고민투성이입니다. 모르는 단어 슬렁슬렁 넘어가도 되는지, 엄청난 속도로 책을 읽어젖혀도 되는지, 언제쯤 레벨업을 할 수 있을지, 어느 레벨쯤 가면 돈을 덜 쓸 수 있을지(뒤의 두 가지가 사실 젤 궁금하시죠?). 고로 엄마는 단어를 외우게 하고픈 유혹에 매일 머리가 지끈지끈.

하지만 이것들은 모~두 엄마의 엄청난 고민인 동시에 잠수네의 숨은 보석 같은 과정이랍니다. 잠수네의 묘미는 거품 올리고 거품 빼기입니다. 놀라운 사실은 이 모든 것을 아이가 스스로 해낸다는 것입니다(엄마가 빈틈없이 도와준 집은 확실히 속도가 좀 빠르긴 합니다만 모두들 고학년이 되면서 어느 정도의 양이 채워지면 어떤 지점에서 만나게 됩니다. 엄마의 역량에 대해서 너무 자신 없다, 힘들다 하지 마세요).

모르는 단어를 넘기지 못함이 오히려 긴 지문을 읽지 못함과 맞물립니다. 슬렁슬렁 넘기더라도 앞뒤 지문을 유추해서, 또는 그림책이라면 그림으로 감(?)을 잡습니다. 잠수네 아이들의 영어 감각은 타의 추종을 불허합니다. 언어란, 이 감을 잡으면 얘기 끝납니다.^^

단어를 외우게 하면 아마도 빛의 속도로 잊어버릴 것을 예상해야 합니다. 이다음에 그림사전으로 외우게 해도 감이 아~주 뛰어난 아이가 아니라면 '아는 단어의 확인' 정도로 그칠 것입니다. 시간낭비 하지 말고, 그림책과 쉬운 리더스북으로 끌고 가세요. 언젠가는 메워집니다.

속도. 이것이 제가 예전에 했던 이야기인데 저희 남편이 실은 잠수네 방식을 못 미더워했습니다(이 방식이 나쁘다는 게 아니라 너무나 평범한 우리 아이에게 과연 맞는 시스템이냐는 의문이었지요). 하루는 아이에게 "너도 《베렌》 한 권, 나도 《베렌》 한 권. 우리 누가 빨리 읽나 내기해볼까?" 했습니다. 남편은 딱 세 장 읽고 포기하더군요. 저나 남편은 영어 한 줄 읽으면 자동으로 맨 앞으로 가서 해석하고 있습니다. 잠수네 아이들은 그냥 한글 읽는 속도로 영어책을 읽습니다. 그 후엔 남편이 아이에게 시합하자는 얘기 안 합니다. 콕 집어서 "이 단어가 무슨 뜻?" 이런 것도 안 합니다(어딜 감히

^^). 돈은 어느 정도 드는지 그건 집집마다 사정이 다 다릅니다. 집 근처에 도서관 시스템이 잘 갖춰졌다면 도서관을 많이 이용하구요, 대여점을 이용하는 집도 있구요, 저처럼 성질 급한 사람은 꽤 사들였구요.

지나고 보니 엄마 마음으로는 《해리포터》같은 멋진 책들을 컬렉션으로 책장에 꽂아놓고, "음~ 구경해~ 우리 아이 책이야~"라고 우아하게 얘기하고 싶지만, 이건 사실 돈낭비구요, '이건 빌려보면 안 되나?' 싶은 얇은 책, 볼품없어 보이는 쉬운 책들이 결국 우리가 사줘야 할 책들이랍니다. 제 말을 잘 기억하세요. 쉬운 책은 사주고, 나중에 아이의 레벨이 오르면 중고시장에 파세요. 그리고 이다음에 아이가 두꺼운 책을 원하면 그때는 빌려서 읽혀도 됩니다(제가 이렇게 얘기해도 아마 사고 싶은 책들이 있을 거예요^^).

심화방에서 아이가 숨고르기를 할 때, 그땐 정말로 책값이 거짓말처럼 덜 들어갑니다. 그전에는 아이가 원하면 사주세요. 이게 결국 시간을 아끼는 길입니다. 그럼 돈을 아끼는 길은? 내 아이의 레벨보다 높은 책을 사 쟁이는 것, 요것만 안 하셔도 돈이 굳습니다. 그리고 베스트셀러는 아마도 영원히 품절은 없을 겁니다. 품절이어도 너무 조급하게 생각하지 마세요. 곧 입고됩니다.

마지막으로, 잠수네에 한 6, 7개월 꾸준히 들어오면 깨닫게 될 겁니다. 영어가 중요한 게 아니라 내 아이와의 관계가 가장 중요하다는 사실을. 스스로 즐기면서 하는 아이를 늘 대단하다고 칭찬해주고, 아이 스스로 자부심을 가질 수 있도록 격려해주세요.

무슨 교재가 좋은지 묻지 마세요. 이건 거의 아이의 한글책 성향을 많이 따릅니다. 교재를 살 때 꼭 아이의 의견을 묻고, 잠수네 베스트셀러는 거의 실패가 없으니 정 어려우면 저처럼 그 길을 따르면 됩니다. 〈잠수네 책나무〉에 모든 정보가 있습니다. 공.부.많.이.하.세.요.

흘려듣기, 집중듣기할 때 편리한 기기

1. DVD 플레이어
집에서 아이들이 편안하게 보기에는 일반 DVD 플레이어가 좋습니다.

2. 휴대용 DVD 플레이어 (Portable DVD Player)
가벼워서 이동하면서 듣고 볼 수 있는 것과 흘려듣기/집중듣기 모두 이 기계 하나로 할 수 있다는 것이 최대 장점입니다. DVD, 오디오CD, MP3/MP4, USB 메모리가 모두 지원되고, 스피커가 내장되어 있습니다. 7~11인치의 모니터로 볼 수도 있지만, TV와 연결하면 TV모니터로도
볼 수 있습니다. 단점이라면 화질, 음질이 떨어지고 충전하는 데 시간이 많이 걸린다는 점입니다. 시력 문제도 있고요. 이 때문에 화면은 끄고 흘려듣기 용도로 쓰거나 아예 집중듣기용으로 오디오 소리만 듣는 집도 있습니다.

3. DVD 재생 플레이어
모니터 없이 DVD 소리만 들을 수 있는 제품입니다. 가장 좋은 기능은 DVD를 넣으면 영어로 바로 자동재생되는 것입니다. DVD 소리를 따로 녹음할 필요가 없어 아이들이 재미있게 본 DVD의 소리만 따로 듣고 싶을 때 좋습니다. 오디오CD, MP3도 들을 수 있고 카세트 테이프까지 재생할 수 있는 콤보 제품도 있습니다.

4. 외장하드/USB

애니메이션, 영화, 동영상을 다운받아 저장해두고 USB를 꽂을 수 있는 기기에 연결하면 어디서나 흘려듣기를 할 수 있어 편합니다. 컴퓨터 하드웨어만으로 용량이 부족할 때도 유용합니다.

5. 태블릿 - 아이패드, 갤럭시탭 등

집 안팎 어디서나 편하게 흘려듣기를 할 수 있는 스마트기기입니다. 유튜브, TED 등 인터넷 동영상을 볼 때도 좋고 영어그림책 CD, 영화/애니 등 동영상을 저장해두고 봐도 편리합니다. N드라이브(네이버), 구글드라이브 등 클라우드 서비스를 이용하여 영화나 영어책 오디오CD를 넣어두고 흘려듣기, 집중듣기를 하는 집도 있습니다.

6. 와이파이/블루투스 스피커 (Wifi & Bluetooth Speaker)

노트북, 스마트폰, 태블릿의 오디오 소리를 무선으로 크게 들을 수 있는 스피커입니다. 기기에 내장된 스피커 소리가 작거나 듣기 거슬릴 때 연결해서 사용하면 좋습니다. 스피커만 들고 다녀도 소리를 들을 수 있어 외출했을 때는 물론 집안 어디서나 흘려듣기, 집중듣기할 때 편리합니다.

7. 타이머

❶ 큐브 타이머: 원하는 시간이 적힌 면을 위로 두면 자동으로 알람을 울려주는 기기입니다. 시계를 볼 필요 없이 흘려듣기, 집중듣기, 책읽기를 할 때 편리합니다.

❷ 카시오 타이머: 네 종류의 시간 누적 기능이 있는 타이머입니다. 중고생 공부용으로도 좋고, 잠수네 영어 진행시 둘 이상 아이들의 각자 진행시간을 카운팅하기에도 유용합니다.

적응과정

적응과정 계획짜기

적응과정은 잠수네 영어학습의 출발점입니다. 영어와 첫 만남인 만큼 흥미와 재미를 붙여주는 것이 가장 중요합니다. 일단 아이가 호기심을 갖고 재미있어하는 내용의 DVD, 영어책을 선택해서 차고 넘치도록 영어를 들려주세요.

◎ 적응과정의 기준

영어책을 전혀 못 읽거나 J1단계의 영어책을 읽는 수준입니다.

◎ 적응과정에서 나타나는 현상

① 반복해서 들은 쉬운 영어책은 스스로 읽을 수 있습니다.
② 많이 들은 말은 입으로 중얼거리는 현상이 나타납니다.
③ 기본적인 단어, 문장은 특별히 외우지 않아도 알아듣습니다.

◎ 적응과정의 목표와 시간배분

구분	흘려듣기	집중듣기	책읽기	선택사항
목표	① 자막 없이 DVD 보는 습관 들이기 ② 쉽고 재미있는 DVD 보기	① 영어소리에 친숙해지기 ② 쉬운 영어책 읽기 준비하기	집중듣기한 쉬운 책 읽기	-
D+1개월	흘려듣기(JD2~JD4) 1시간 30분	-	-	-
D+2개월	흘려듣기(JD2~JD4) 1시간 30분	쉬운 집중듣기(J1~J2) 5~15분	-	-
D+3개월	흘려듣기(JD2~JD4) 1시간 30분	쉬운 집중듣기(J1~J2) 15~30분	집중듣기한 쉬운 책 읽기(J1) 10~20분	-
D+6개월	흘려듣기(JD2~JD4) 1시간 30분	쉬운 집중듣기(J2~J3) 30분	쉬운 책 읽기 (J1~J2) 30분	-
D+1년	흘려듣기(JD2~JD4) 1시간 30분	쉬운 집중듣기(J2~J3) 10분 빠른 집중듣기(J4) 20분	쉬운 책 읽기 (J1~J3) 30분	파닉스 학습서 30분

◎ 적응과정의 핵심잡기

① 읽기보다 듣기에 더 비중을 둡니다 : 잠수네 영어를 시작한 지 1년이 안 된 분이라면 무조건 듣기에 무게중심을 두어야 합니다. 아이가 저학년이라면 어느 정도 수긍해도 고학년이라면 불안한 분도 많을 겁니다. 그러나 길게 보십시오. 듣기 양이 많을수록 읽기 실력도 비약적으로 올라갑니다. 자꾸 언제 책을 읽나 하고 조바심을 내다 보면 필연적으로 단어 확인, 외우기가 뒤따르게 됩니다.

② 한 번에 하나씩 습관을 잡습니다 : 적응과정의 첫 단추는 흘려듣기를 습관화하는 것입니다. 흘려듣기에 적응이 되면 그다음에 집중듣기를 시작하세요. 쉬운 책 읽기는 흘려듣기와 집중듣기가 자리잡은 뒤에 해도 늦지 않습니다.

③ 처음부터 세 시간은 힘들어요 : 잠수네에서는 하루 세 시간 동안 영어환경을 조성하라고 권장합니다. 하지만 급하게 먹으면 체하듯이 지나친 욕심은 금물입니다. 자칫 아이들이 또 하나의 학습으로 받아들이고 싫어할 수 있습니다. 처음에는 한 시간 정도, 그 뒤 서서히 시간을 늘려가세요.

흘려듣기

자막 없이 DVD 보는 습관을 들여주세요.

1. DVD는 쉽고 재미있는 것부터 들려주세요

처음에는 말이 너무 빠르지 않고 아이들에게 친숙한 TV 시리즈물을 추천합니다. TV 시리즈 중 영어책과 연계되는 것은 집중듣기, 책읽기까지 쉽게 갈 수 있습니다. 그러나 쉬운 DVD는 유치해서 싫다는 아이라면 일단 좋아하는 것부터 보여주세요. 나중에 알아듣는 내용이 많아지면 쉬운 DVD도 재미있게 보게 됩니다.

2. 한글자막 없이 DVD 보기를 싫어하면 분위기를 조성해주세요

우리말 TV 프로그램을 많이 보았거나, 영어말이 나오는 DVD를 처음 접하는 아이들 중에는 알아듣지 못하겠다고 영어DVD를 보지 않으려는 경우가 있습니다. 왜 안 볼까 고민하지 말고 볼 수 있는 환경을 조성해보세요. 간식시간에 DVD를 보게 하거나, 불을 끄고 팝콘을 먹으며 영화관 분위기를 내도 좋습니다. 엄마 혼자 보다가 재미있는 부분에서는 박장대소를 하며 아이의 관심을 끄는 방법도 있지요.

3. 반복하든 새것만 보든 아이가 원하는 대로 해주세요

영어학습 측면에서는 같은 내용을 반복하는 것이 가장 효과적인 방법이지만 실제 아이의 기호와 상관없이 반복시청을 강요하면 집중도도 떨어지고 아이가 영어를 싫어하게 될 수도 있습니다. 텔레비전 애니메

이션 시리즈는 같은 캐릭터, 비슷한 배경이 나오므로 굳이 반복하지 않아도 반복해서 보는 효과를 얻을 수 있습니다.

4. 유튜브에서 텔레비전 애니메이션 시리즈 샘플을 찾아보세요

아이들이 어떤 DVD를 좋아하는지 모르겠다면 유튜브에서 TV 애니메이션 샘플을 찾아보세요. 아이가 특히 좋아하는 것은 DVD를 구입해도 되고, IPTV(인터넷 TV)를 신청해도 됩니다.

5. 오디오 흘려듣기를 부지런히 하세요

아이들이 놀 때나 자투리 시간에 오디오CD를 틀어주세요. 단, 영어 소리라고 아무것이나 들려주지 말고, 재미있게 봤던 DVD 소리나 재미있게 들었던 영어그림책 오디오CD라야 귀를 쫑긋하고 듣게 됩니다. 노래가 나오는 영어책 소리를 들려주면 좋아하는 아이들이 많습니다.

체크 포인트

적응과정의 흘려듣기, 꼭 지켜야 할 세 가지

1. 한글자막은 보여주지 마세요. 한글자막을 보면 영어학습 효과는 '제로'입니다.
2. DVD는 하루 1시간 30분 이내로 보여주세요. 그 이상은 아이들 성장에 썩 바람직하지 않습니다.
3. 오디오 흘려듣기만으로 시간을 때우지 마세요. DVD 흘려듣기와 병행해야 '말'이 늡니다.

집중듣기

영어 소리에 친숙해지고, 쉬운 영어책을 읽을 준비를 합니다.

1단계) 부담 없이 쉬운 책으로 시작합니다

첫째 주에는 J1단계의 영어그림책이나 리더스북을 택하여 한 권만 듣습니다. 5분 정도면 충분합니다. 둘째 주에 한 권 더 추가하면 10분이 되겠죠? 이렇게 넷째 주까지 하면 매일 3, 4권의 영어책을 20분 정도씩 듣게 됩니다.

2단계) '쉬운 책 집중듣기+빠른 집중듣기'를 병행합니다

쉬운 책 집중듣기를 쭉 진행하다 보면 집중듣기한 J1~J2단계의 영어책을 한 권씩 읽을 수 있게 됩니다. 이때부터는 약간 난이도 있는 집중듣기를 추가합니다. J1~J2단계 쉬운 책 듣기는 시간을 좀 줄이고 J3~J4단계 책 듣기의 비중을 높여가는 식으로요.

체크 포인트

적응과정의 집중듣기, 꼭 지켜야 할 세 가지

1. 꼭 아이 옆을 지키세요. 엄마 없이 하는 집중듣기는 '안 한 것'과 같습니다.
2. 집중듣기에 재미를 붙일 방법을 연구하세요. 재미있는 책을 찾든지, 단기간 당근을 사용하든지요.
3. 집중듣기 수준을 과하게 올리지 마세요.

책읽기

집중듣기한 쉬운 책을 읽습니다.

1단계) 집중듣기한 책 읽기, 스스로 읽겠다고 할 때까지 기다려주세요
맨 처음 집중듣기하는 책은 J1단계가 대부분입니다. 이 책들은 반복해서 듣다 보면 어느 순간 읽을 수 있을 정도로 쉬운 책입니다. 알파벳도 모르고 영어학습 경험이 전혀 없는 아이라도 영어책을 읽을 수 있습니다. 정석은 없습니다. 아이에 따라 두세 번 듣고 바로 읽기도 하고 한 달을 반복해서 듣고서야 읽기도 하니까요. 아이에게 혼자 읽을 만하다고 생각되면 알려달라고 해보세요. 한 권씩 읽을 수 있는 책이 늘어날 때마다 칭찬도 듬뿍 해주시고요.

2단계) J1~J2단계의 집중듣기한 쉬운 책을 소리 내어 읽기 시작합니다
집중듣기하는 영어책이 J2~J3단계로 올라가면, J1단계의 집중듣기한 영어책은 거의 읽을 수 있게 됩니다. 한 권씩 음독을 하다 보면 읽을 수 있는 영어책이 늘어나고 영어에 자신감이 생깁니다. 처음에는 외워서 읽는 경우가 대부분이지만 시간이 지나면 아는 단어가 하나씩 늘어납니다.

3단계) 오디오CD 없는 영어책은 집중듣기한 책보다 한 단계 낮은 책을 읽습니다
집중듣기했던 책으로 소리 내어 읽기를 6개월 정도 하면 아는 단어가 꽤 많아집니다. 다른 책에 같은 단어가 나오면 "어? 저기서 봤던 거네?"

하고 반기기도 하고요. 이런 신호를 보내면 이제 집중듣기하지 않은 책도 읽을 준비가 된 것입니다. J1~J2단계의 집중듣기한 영어책을 거의 읽을 수 있으면 오디오CD 없는 J1단계 영어책을 읽을 수 있습니다.

> **어드바이스**
>
> **적응과정의 책읽기, 음독(소리내어 읽기)이 먼저입니다**
>
> 음독을 하면 발음이 좋아지고 말하기 연습에 도움이 될 뿐 아니라 읽지 못하는 단어도 파악할 수 있습니다. 음독을 신나게 할 수 있는 방법도 찾아보세요. 엄마랑 번갈아가며 읽기, 동생에게 읽어주기, 녹음하기, 아빠나 가족 앞에서 읽기 등 방법은 여러 가지입니다.
>
> 음독할 때 모든 책을 소리내어 읽으라고 강요하지 마세요. 음독은 아이에 맞춰 무리하지 않게 진행하는 것이 좋습니다(최대 하루 2, 3권 이내).

> **체크 포인트**
>
> **적응과정의 책읽기, 꼭 지켜야 할 세 가지**
>
> 1. 반복해서 집중듣기한 책을 바로 읽으라고 하지 마세요. 영어책이 두려워집니다.
> 2. 단어암기, 한글 해석은 금물입니다. 책 읽는 재미도 놓치고, 영어실력이 성장하는 데도 한계가 있습니다.
> 3. 영어책에 딸린 워크북 등 교재 활용은 신경 쓰지 마세요. 시간만 걸릴 뿐 안 해도 전혀 지장 없습니다.

선택사항

1. 말하기, 쓰기

적응과정에서 말하기, 쓰기는 생각하지도 마세요. 듣기와 읽기가 되어야 말하기, 쓰기도 됩니다.

2. 파닉스 학습서

파닉스를 따로 안 해도 많은 아이들이 듣고 읽는 동안 글자를 저절로 깨칩니다. 만약 파닉스를 꼭 하고 싶다면 6개월에서 1년 이상 충분히 듣기, 읽기를 하고, 집중듣기하지 않은 J1단계 영어책을 읽을 수 있는 수준에서 해주세요. 단어를 많이 모르는 상태에서 파닉스 학습서를 하게 되면 쓸데없이 시간만 늘어갈 뿐, 책읽기로 연결도 잘 안 되고 아이와 부모 모두 힘들어집니다. 또한 파닉스 규칙은 단모음, 자음의 소리 정도만 알아도 됩니다. 복잡한 규칙은 해봐야 금방 잊게 되거든요.

파닉스 학습을 꼭 하고 싶다면, 단어가 많이 들어 있는 원어민용 두꺼운 파닉스 학습서를 추천합니다. 달랑 파닉스 규칙만 배우는 것보다 많은 단어를 읽고 써보면서 스펠링을 익히는 효과까지 있으니까요. 한편 아이들이 좋아하는 캐릭터를 주인공으로 한 파닉스 리더스북도 많습니다. 파닉스를 자연스럽게 익히도록 DVD도 여럿 있고요. 파닉스 학습서 대신 보여줘도 되고, 파닉스 학습서와 병행해도 좋습니다(적응과정 추천교재 참조).

적응과정 → 발전과정
레벨업의 비밀

잠수네 영어의 발전과정 기준이 'J2단계의 영어책을 편안하게 읽는다'로 되어 있습니다만, 실제로 잠수네 영어교실의 발전과정에 있는 아이들은 집중듣기하지 않은 J2~J3단계의 영어책을 읽고, J4~J5단계의 영어책으로 집중듣기를 하고 있습니다. 영어만 나오는 DVD 보는 것도 일상화되었고요. 어떻게 이 정도까지 갔는지 알아볼까요?

1. 잠수네에서 제시하는 대로 두세 시간 성실하게 진행했다

적응과정에서 발전과정으로 못 가는 가장 큰 원인은 '성실하지 못해서'입니다. 적응과정에서 오래 지체되는 분들을 보면 하루 한 시간도 제대로 안 하고, 며칠씩 빼먹는 것쯤 아무렇지도 않게 여기는 경우가 대부분입니다. 집중듣기할 때 꼭 옆을 지키라고 누누이 강조하는데도 아이가 싫어한다고, 또는 엄마가 바쁘다고 혼자 듣게 합니다. 중학생도 아닌데 시간이 안 난다고 앓는 소리를 합니다. 그에 비해 잠수네에서 제시하는 대로 '의심 없이' 매일 성실하게 따라 한 집은 영어실력이 쌓입니다. 처음부터 세 시간을 꽉 채우기가 쉽지 않을 겁니다. 그래도 매일 두세 시간씩 꾸준히 하려고 노력해보세요. 웬만한 사교육은 모두 가지치기하고 영어에 집중하면 누구나 J2~J3단계의 영어책을 읽는 발전과정으로 넘어갈 수 있습니다.

2. 쉽고 재미있는 DVD, 영어책을 많이 찾아줬다

잠수네 영어는 참 쉽고 단순한 방법입니다. "재미있니?" 묻기만 하면 되거든요. 재미있다면 Go, 재미없다면 다른 것을 더 찾아보면 그뿐이고요. 쉬운 책으로 집중듣기를 하다 "읽을 수 있겠어?" 물어서 읽을 수 있으면 읽고, 아직 어렵겠다면 더 들으면 되고요. 이렇게만 하면 크게 힘들이지 않고 공부한다는 느낌 없이 편하게 영어를 익힐 수 있습니다. 실제 알파벳도 모르던 아이가 서너 줄짜리 영어책을 읽게 되고, 다시 빽빽하게 글이 많은 영어책을 읽기까지는 끊임없이 재미있는 교재를 찾아다니고 아이와 호흡을 맞춘 엄마의 노력이 숨어 있습니다.

반대로 "힘들어요, 안 돼요" 하는 분들을 보면 '재미'가 홀랑 빠져 있습니다. 아이의 속도가 아닌 엄마의 욕심으로 끌고 가려 하고요. 집에 있는 몇 안 되는 시리즈로 연명하면서 아이가 영어를 재미없어한다고 하소연합니다. 집중듣기한 책을 바로 읽으라고 하거나, 너무 어려운 영어책으로 집중듣기를 하면 영어책 읽기가 부담스러워질 수밖에 없습니다.

적응과정에서는 흘려듣기, 집중듣기, 책읽기가 다 재미있을 수는 없습니다. 하나라도 재미있는 영역을 찾도록 노력해보세요. 쉬운 책으로 집중듣기하는 것이 읽기로 연결됩니다. 충분히 집중듣기를 하고 나서 스스로 읽겠다고 할 때 한 권씩 읽게 해주세요. 영어책 구입비가 부담스러우면 부지런히 도서관에서 대여해 보여주세요(잠수네 회원 중에는 버스로 도서관 서너 곳을 다니며 수십 권의 영어책을 대여하는 분도 있습니다). 재미있는 DVD, 영어책은 반드시 있습니다. 아직 찾지 못했을 뿐입니다. 아이가 재미있어할 만한 DVD와 영어책을 열심히 조달해주는 것이 잠수네 영어를 쉽고 편안하게, 신나게 진행할 수 있는 비법입니다.

적응과정에서 정체되는 원인과 대안은?

잠수네 영어를 시작한 지 1년 이상 되었는데도 아직도 DVD 한글자막을 열고 싶어하고, 집중듣기도 잔소리해야 간신히 하고, 쉬운 영어책 한 권 읽기 힘들어한다면 다음 유형을 잘 살펴보세요. 무엇이 문제인지 파악되었다면 신발끈을 다시 묶고 힘차게 앞으로 나가야겠죠?

❶ 잠수네 영어가 진짜 될까 의심한다.	확신이 들면 그때 해도 늦지 않다.
❷ 잠수네 영어학습법을 잘 이해 못했다.	잠수네 영어학습법을 더 연구한다.
❸ 이런저런 핑계로 엄마가 게을렀다.	주 6회, 하루 두세 시간씩 성실하게 진행한다.
❹ 재미있는 교재를 안 찾았다.	재미있는 DVD, 영어책을 찾는 데 주력한다.
❺ DVD, 집중듣기 수준이 너무 높다.	단계를 낮춘다.
❻ 집중듣기 후 바로 책읽기를 시켰다.	책읽기는 아이의 속도를 따라간다.
❼ 흘려듣기는 노는 것 같아 안 했다.	잠수네 영어는 놀며 하는 방법이다.
❽ 억지로 반복시켰다.	반복 여부는 아이에게 맡긴다.
❾ 집중듣기할 때 옆을 지키지 않았다.	아이와 같이 집중듣기를 한다.
❿ 책읽기를 전혀 안 했다.	집중듣기한 쉬운 책을 읽는다.

적응과정 추천교재 — 흘려듣기

● JD2~JD4

[JD2] Caillou 시리즈
까이유

[JD2] Dora the Explorer 시리즈
도라도라 영어나라

[JD2] Max & Ruby 시리즈
토끼네 집으로 오세요

[JD2] Timothy Goes To School 시리즈
티모시네 유치원

[JD2] Little Einsteins 시리즈
리틀 아인슈타인

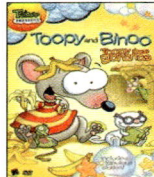
[JD2] Toopy and Binoo 시리즈
투피와 비누

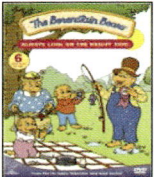
[JD3] Berenstain Bears 시리즈
우리는 곰돌이 가족

[JD3] Little Bear 시리즈
리틀 베어

[JD3] The Magic Key 시리즈
매직 키

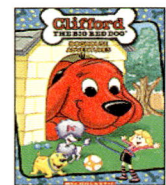
[JD3] Clifford 시리즈
클리포드

[JD3] Charlie and Lola 시리즈
찰리와 롤라

[JD3] Super WHY 시리즈
슈퍼 와이

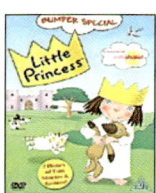
[JD3] Little Princess 시리즈
리틀 프린세스

[JD3] Go Diego Go! 시리즈
고 디에고 고!

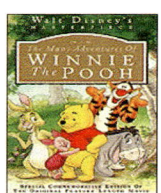
[JD3] Winnie the Pooh 시리즈
곰돌이 푸

[JD3] Olivia 시리즈
올리비아

[JD4] Arthur 시리즈
아서

[JD4] Horrid Henry 시리즈
호리드 헨리

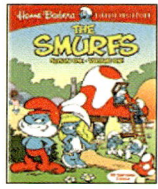
[JD4] Smurfs 시리즈
개구쟁이 스머프

[JD4] Eloise TV 시리즈
엘로이즈

집중듣기

● J1~J3

[J1] Piggies

[J1] Hooray for Fish!

[J2] Nick and Sue 시리즈

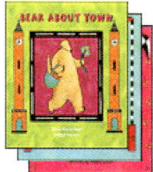
[J2] Stella Blackstone: Bear 시리즈

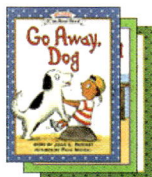
[J2] I Can Read Book 시리즈: My First

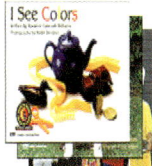
[J1~J2] Learn to Read 시리즈: Level 1~2

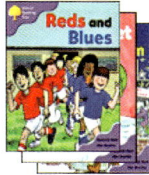
[J1~J3] Oxford Reading Tree 시리즈: Stage 1 + ~5

[J1~J3] 리더스북 Step into Reading 시리즈: Step 1~3

[J1~J3] Floppy's Phonics 시리즈: Stage 1~6

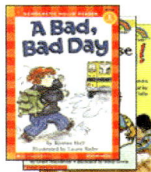
[J2~J3] Scholastic Reader 시리즈: Level 1~2

[J3] Little Critter 시리즈

[J3] Froggy 시리즈

[J3] Eric Carle: Bear 시리즈

[J3] Suzy Goose 시리즈

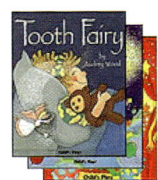
[J3] Audrey Wood: 남매 시리즈

[J3] Little Princess 시리즈

[J3] Caillou 시리즈

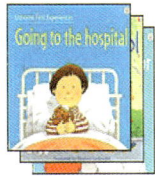
[J3] Usborne First Experiences 시리즈

[J3] Rockets 시리즈

[J3] Mr. Putter & Tabby 시리즈

● 잠수네 영어 실천편 > 적용과정

적응과정 추천교재  책읽기

※ 집중듣기했던 영어책도 읽기책으로 활용합니다.

● J1~J2

[J1] David 그림책 시리즈

[J1] 작가 Donald Crews의 Rain, Freight Train, Blue Sea, Tomorrow's Alphabet

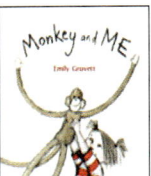
[J1] 작가 Emily Gravett의 Monkey and Me, Orange Pear Apple Bear, Blue Chameleon

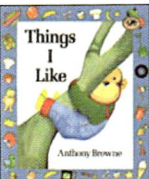
[J1] 작가 Anthony Browne의 Things I Like, I Like Books

[J1] Sight Word Readers 시리즈

[J1] Brand New Readers 시리즈

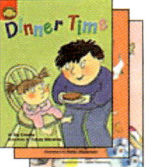
[J1] Sunshine Readers 시리즈: Level 1

[J1] Project X 시리즈: Band 1

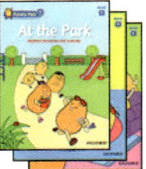
[J1] Potato Pals 시리즈: 세트1,2

[J1] 작가 Peggy Rathmann의 Good Night Gorilla, 10 Minutes Till Bedtime

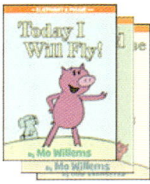
[J2] Elephant and Piggie 시리즈

[J2] Ready to Read 시리즈: Eloise

[J2] Clifford Phonics Fun 시리즈

[J2] Little Critter First Readers 시리즈: Level 1

[J2] I Can Read Book 시리즈: Biscuit

[J2] Read at Home 시리즈: Level 1~2

[J2] Curious George Phonics 시리즈

[J2] Bright and Early Books 시리즈: Berenstain Bears

[J2] Wishy Washy Readers 시리즈

[J2] All Aboard Reading 시리즈: Level 1

선택사항

● 파닉스 DVD

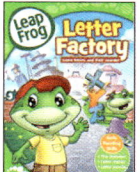  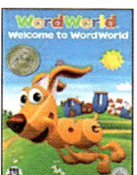 

[JD3] LeapFrog: Letter Factory
립프로그

[JD3] Super WHY 시리즈
슈퍼 와이

[JD3] WordWorld 시리즈
워드월드

[JD3] Between the Lions 시리즈
비트윈 더 라이온스

● 파닉스 리더스북

    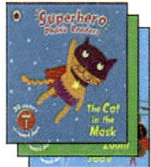

[J1] Sight Word Readers 시리즈

[J2] Clifford Phonics Fun 시리즈

[J2] Curious George Phonics 시리즈

[J2] I Can Read!: My Little Pony Phonics Fun 시리즈

[J3] Superhero Phonic Readers 시리즈

● 파닉스 학습서

   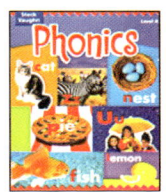 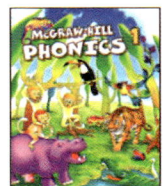

PEARSON Phonics
(Level K, A~C)

Scholastic Phonics
(Level K, A, B)

Spectrum Phonics
(Grade K, G1-6)

Steck-Vaughn Phonics
(Level K, A~D)

McGraw-Hill Phonics
(Grade 1~6)

초6, 초2, 5세…… 대를 이어 잠수네와 함께
작성자 : 민이현이 (초6, 초2, 5세)

(1) 첫 달 집중듣기 하루 15~20분 매일 하기
J3단계 그림책 같은 리더스들은 한 권이 보통 10분이 안 됩니다. 이 시기의 아이들은 긴 문장이나 긴 스토리를 집듣하기가 버겁기 때문에 호흡이 짧은 10분 단위 리더스북이 좋습니다. 몇 권인지 몇 분인지는 하면서 결정할 일이나 아마도 20분 넘기기는 힘들 겁니다. 이 단계의 목표는 매일 꾸준히 하는 것입니다.

(2) 한 달 집듣이 꼬옥 되도록 당근을 걸어주세요
당근과 함께 엄마가 지켜주세요. 저는 작년 12월 집듣 매일 30분 하기를 할 때 매일같이 마사지를 해주었습니다. 지금도 하고 있구요. 정말 힘들지만, 심화 2단계 가는 날까지 해준다는 장기적인 목표 아래 해주고 있습니다.

(3) 한 달이 완성되면
이제 두 가지 중 선택을 하세요. 2차 목표로 시간을 늘릴 것인지, 또는 같은 조건으로 두 달 연속하기를 할 것인지……. 저는 두 달 연속하기를 권합니다. 집듣은 연속 석 달 가는 게 고비입니다. 1차 고비가 한 달이고, 2차 고비가 석 달입니다.

(4) 석 달 연속 집듣이 되었다면 이제 시간을 늘리세요
10분짜리 서너 권을 한다든지, 또는 아주 쉽고 널널한 J3 챕터북을 한 권 한다든지 여러 가지 방법을 연구하세요.

(5) 집듣 석 달 연속하는 동안은 절대 책읽기를 동시에 밀지 마세요

이 기간 동안은 오로지 'DVD 흘려듣기＋집중듣기 20분'만 하는 겁니다. 이것만 해도 두 시간입니다. 워밍업이 되어야 습관이 자리를 잡습니다. 저는 완벽주의맘입니다. 14년 직장경력에, 소위 엄친딸이었구요. 큰아이 처음 잠수할 때 세 시간이 안 되면 미치는 줄 알았지요. 그래서 애를 잡았어요. 작년 12월 집듣 연속 한 달 한 날 엄청 울었어요. 아이가 그랬거든요. 학원 안 다닌다고. 다시 엄마가 시키는 잠수 한다고. 그런데 제가 빌었어요. 엄마가 못하겠다고. 너랑 나랑은 잠수 못한다고. 그냥 숙제 안 해도 되니 학원 다니라고. 그리고, 서로 약속을 한 겁니다. 한 달! 딱 한 달만 연속으로 집듣하면 엄마가 다시 너랑 같이 잠수를 해보마고. 하루하루가 얼마나 길었는지 몰라요.

(6) 자, 석 달이 잘 진행되었다면 이제 책읽기를 같이 들어갑니다

책읽기 또한 아주 쉬운 걸로 시작하세요. 말도 안 되게 쉬운 걸로 아주 많이. 벽돌쌓기 아시죠? 잠수네 쉬운 책 읽기가 벽돌쌓기입니다. 저희 아이 발전 1단계로 시작했으니 웬만한 책은 읽을 줄 알았지요. 그러나 이 쉬운 책 읽기가 쉬운 걸 시키는 것 외에 또다른 의미가 있습니다. 영어활자 읽기의 임계량이라는 거예요.

저희 작은아이는 여섯 살입니다. 오빠의 시행착오 덕분에 아주 잘 크고 있지요. 요새 한글을 읽고 있는데, 제가 딸아이를 보면서 느낍니다. 한글을 줄줄 읽으려면, 책읽기 독립레벨이 되려면 대략 500권 정도는 읽어야 한다는 것을요. 쉬운 영어책 읽기는 반드시 거쳐야 하는 과정입니다. 그래서 큰아이도 작년 12월 발전 2단계 만점 받았을 때 또다시 1000권 읽기를 했어요. 임계량이 안 찼다고 느꼈거든요.

명심하십시오.

(1) 한 번에 하려고 하지 않는다.
(2) 아이를 밀어주되 죄지 않는다.
(3) 한 달 단위/석 달 단위/여섯 달 단위/1년 단위 계획을 세운다.
(4) 내 아이와 나한테 맞는 실천방법을 세운다.

> **초등 저학년, 이제 시작하는 친구들, 저희는 이렇게 했어요**
> 작성자 : 점례 (초5, 초1)

(1) 쉬운 흘려듣기부터 시작하세요

초등 저학년에 잠수를 알게 된 분은 정말로 축복받은 분입니다. 지금 ABC만 안다고 해도 전혀 걱정할 게 없습니다. 아주 널널한 시간 덕분에 지금부터 조금씩 조금씩 나아가면 됩니다. 저학년인데도 벌써 날아다니는 다른 아이들 때문에 가슴 쓰려할 필요 없어요(전 쓰려서 잠도 못 자고 그랬지만요). 우리 아이도 얼마 안 있어 그 아이랑 나란히 날아다닐 테니까요.^^
문제는 못 알아듣는 영어라고 거부하는 아이들이에요. 형이나 누나가 있어서 그간 자극적인 동영상에 노출이 많이 되었다면 더더욱. 그럴 땐 그냥 아이가 좋아하는 걸로 먼저 보여주세요. 섞어서 보여줘도 되구요. 이 시기가 그렇게 오래가진 않더라구요. 저희 집에선 〈슈팅 바쿠간〉〈포켓몬〉뭐 그런 잠수네에서 권장하지 않는 DVD로 시작했습니다. 그런 거 한 바퀴 돌고 나니 다른 걸로 넘어가지더라구요.

(2) 일상 속의 즐거운 음악시간, 오디오 흘려듣기!

저는 오디오 흘듣을 참 좋아하고 꾸준히 해오고 있습니다. 오디오 흘려듣기는 영어책 CD를 틀어놓거나, 좋아하는 DVD의 소리만 들려주셔도 됩니다. 다양한 소리를 들려주세요. 잠시 오디오 흘들의 효과를 말씀드리면, 저희 둘째(초1, 적응1)는 오디오 듣다가 "엄마! 이 책 뭐야? 집에 있어? 없어? 그럼 사줘! 나 이 책 보고 싶어!" 하고 졸라대는 일이 왕왕 생긴답니다. 그렇게 오디오로 먼저 익숙해진 뒤 책을 구입한 경우, 엄청난 글밥에 엄마가 놀라 뒤로 물러나며 "이 책은 글자가 너무 많아서 못 듣겠다!" 하는데도 "아니야, 들을 수 있어!" 하면서 집중듣기하는 대담함도 보여주구요(중간에 눈이 풀리긴 해요).

(3) 집중듣기는《Oxford Reading Tree》와 즐거운 노래 그림책으로
형이 하는 걸 봐왔기에, 호기심에 펼쳐서 그림만 본 적이 많은《Oxford Reading Tree》라 큰 어려움 없이 그냥 들었습니다. 하루 세 권씩, 한 권이 1~2분. 자꾸 그림을 보려고 해서 그림 볼 시간을 따로 주기도 했구요. 집든한 뒤 같이 책장 넘기면서 깔깔대기도 했습니다(《Oxford Reading Tree》에 작가 아저씨 안경 숨겨져 있는 거 아시죠? 그거 찾기~).
오디오 흘려듣기를 통해 노래로 익숙해지고 나니, 아이의 집들이 날개를 답니다. 물론 이 날개는 아직 아기용 날개예요. 아주 조그맣고 귀여운, 겨우 파닥파닥거리는.^^ 낮에 흘듣으로 즐기고, 저녁에 집듣하고, 노래로 또 즐기고. 그 재미난《Oxford Reading Tree》는 반복하기 싫다던 녀석이 노래책은 그제 가져오고, 어제 가져오고, 오늘 또 집듣하자고 들고 오더군요. 엉터리 발음으로 노래를 통째로 외워버려 집듣이 아니라 함께 노래하기 시간으로 변질되기까지 한답니다.

(4) 아직 읽기를 할 때는 아닙니다
아주 쉬운 책으로 한 권씩 같이 음독해보세요. 그냥 만만하게 쉽게 힘들지

않게. 엄마가 한 단어, 아이가 따라서 한 단어. 익숙해지면 두 단어, 세 단어씩 아주 조금씩 늘려가세요. 무슨 책으로? 집든한 책으로~ 그중 가장 만만한 책으로~ 아이가 자신 있어하는 책으로! 조금 지나면 혼자서 읽을 줄 아는 책이 아주 조금 생겨요. 같은 책을 자꾸 들고 와도 나무라지 마세요. 아이가 자신 있어하는 책이 생긴다는 건 좋은 거니까요. 이제 시작하는 아이인데 같은 책을 열 번 스무 번 들고 오면 어떻습니까.

(5) 잠자리에서 한글책과 더불어 영어책도 한 권 읽어주세요

매일 잠자리에서 책을 읽어주는데 그간 한글책만 읽어주다가 잠수네 영어를 진행하면서 영어책도 읽어줍니다. J3단계 정도 선에서 글밥 적은 걸로 고르구요, 아이가 원하면 어려운 책이라도 읽어주긴 해요(읽다가 제가 못 읽는 단어도 막 나오구……). 도대체 뭔 소리인지 못 알아들을 땐 아이가 "뭐라고 하는 거야?" 하고 물어요. 그럴 땐 간단하게 설명도 해줍니다(엄마도 뭔 소린지 모르겠다구요? 그럼 솔직히 말하세요. "글쎄, 뭐라고 하는 거지? 엄마도 잘 모르겠어. OO는 뭐라고 하는 거 같아?" 하면서요. "같이 사전 찾아볼까?" 해도 되구요. 애가 싫다고 그냥 읽으라면 그냥 읽구요). 엄마가 헷갈리는 단어가 나오면 스마트폰 사전에서 찾아 발음도 몇 차례 들려주기도 합니다.

(6) 하루 세 시간을 할 수 있는 때가 있어요

하루 세 시간을 하라는데 도대체 어떻게 해야 할까요? 지금은 적응하는 시기예요. 아무리 구워삶아도 세 시간이 안 나옵니다. 집듣은 해봐야 10여 분이고, DVD도 한 시간 이상 보여주기 그렇잖아요. 오디오 흘듣으로 나머지를 메운다고 해도, 이 또한 세 시간을 채우기란 어렵습니다. 아니 거의 불가능에 가깝습니다. 지금은 그냥 매일매일 습관만 잡아주면 됩니다. 아이

가 적응방을 벗어났을 때, 읽을 줄 아는 책이 제법 될 때 그때 세 시간을 하면 됩니다. 그러니 처음부터 하루 세 시간에 목매지 마세요. 엄마도 힘들고 아이도 힘들고, 초장에 나가떨어집니다.^^

잠수네 영어는 엄마가 90퍼센트를 준비해놓고(식단 짜고 장보고 조리하고 상 차려놓는 것까지!) 아이가 나머지 10퍼센트(맛나게 먹는 것!)를 하는 것 같아요. 언젠가 영화배우 황정민 씨가 시상식에서 한 말 있지요? 스텝들이 다 차려놓은 밥상을 자긴 맛나게 먹은 것뿐이라던. 상 차린다고 고생한 건 스텝들이지만 맛나게 먹고 상 받은 건 영화배우잖아요.^^ 우리 엄마들은 그런 스텝이 아닐까 싶어요. 아이들은 멋지게 짠~ 하고 등장하는 배우구요. 자, 자, 그러니 이제부터 식단 짜고 장보고 요리하자구요, 아이들이 맛나게 먹어주길 바라면서(맛나게 안 먹어주면? 엄마 탓이지요! 딴 요리를 내놔야지요, 아이 입맛에 맞는. 그러면서 아이가 안 좋아하는 음식(=흥미 덜 가는 책)도 살짝살짝 숟가락에 얹어줘가면서).

이제 시작하는 어머니들, 겁내지 마시고 조금씩 조금씩 발걸음을 떼보세요. 언제나 화이팅!!!입니다.

> **이렇게 하면 적응방에 뼈를 묻는다**
> 작성자 : 내려놓자 (초3)

잠수네 영어를 시작하고 1년 반 넘도록 생각날 때마다 가~끔씩 DVD 보고, 집중듣기를 했어요. 흘려듣기는 소음으로 여겨져 무척 싫어했어요. 하지만 조금씩이라도 맛보라고 보여주기는 했어요. 정말 아무 생각 없이 집에 있던 DVD 네 개를 돌려 가며 가끔 보여줬네요. 재미도 고려는 했지만, 엄마 편한 대로 시리즈 대충 고른 거지요.

집중듣기는 20여 개월간 5개 시리즈로만 돌렸습니다. 그것도 대중없이요. 몇 번 했는지 물론 모르구요. 시간 측정도 안 했어요.《Oxford Reading Tree》2단계 후 3단계 사는 게 아까워서 5단계를 샀네요.《Magic Key》나오면서 재밌다는 소리는 어디서 주워듣구요. 이 시리즈들은 지금 어떠냐구요? 집듣은커녕 읽는 것도 싫어합니다.《Oxford Reading Tree》를 좋아하던 아이였건만, 엄마의 무식함으로 그저 그런 책이 되었지요. 그리고 늘 CD만 틀어놓고 전 집안일을 하거나 딴짓을 했어요.

책읽기는 아이가 어릴 적 사둔 영어책을 (혼자 읽을 수준은 못 되니) 제가 읽어주는 걸로 대신했어요. 그것도 1년에 열 권이나 읽었을까? 이 와중에 학습서도 했네요. 학습지를 좋아하는 모녀이기도 하고, 파닉스 끝내면 바로 읽을 줄 알았거든요. 착각이 참 심했지요?

잠수네 포럼 이후, 맘 잡고 시작만 하면 잘 굴러갈 줄 알았건만 그렇지가 않더라구요. 아이와 사이는 점점 나빠지면서 급기야 학원까지 생각하게 되었습니다. 기초만 잡고 그 후에 잠수로 하면 술술 잘될 것 같다는 생각이 들더라구요. 심봉사 눈뜨게 하는 일이 보통 어려운 게 아니지 않습니까! 열심히 해보지도 않고, 힘들다고, 난 못할 것 같다고 징징거리기만 했지요.

그러던 차에 '함께하는 팀' 공고를 봤습니다. 뭔지도 모른 채 덥석 신청하고, 기말고사 후 바로 시작하게 되었어요. 마지막이다 생각하며 방학 동안 열심히 해본 후 아니다 싶음 재가입 없이 바로 학원행할 결심이었지요. 〈포트폴리오〉부터 날마다 쓰면서, 진행기를 올리기 시작하니 열심히 할 수 밖에 없더군요.

발전방 식구들이 많아 매일 올라오는 진행기가 장난이 아니었어요. 책 수준도 저랑은 너무도 달랐지만, 그래도 날마다 뭔가를 얻고 배우게 되더라구요. 나름 잠친도 생기고, 잠수가 정말 즐거워졌습니다. 그리고 아이에게 제가 정말 너그러워지고 따뜻해졌어요. 영어 시키려고, 아이를 관찰하기 위해 자꾸 눈을 바라보고 안아주다 보니 영어는 덤으로 굴러가게 되더라구요. 잠친들이 얼마나 감사했는지 모릅니다. 많이 가르쳐주고, 힘들 때 나도 그랬다며 위로해주시니 어찌나 힘이 나고 좋던지요. 방학 동안 '함께하는 팀' 안에서 정말 열심히, 재미있게 했어요. 함께한 분들, 정말 감사합니다~!!!

'함께하는 팀' 참여 이후 달라진 점이라면, 저희 집 최대의 난관인 흘듣의 정착을 위해 재미 위주로 수준에 상관없이 보고 싶다는 걸 다 보여주었다는 거예요. DVD가 어느 정도 길들여지자, 바로 단계 낮추고 JD2단계부터 차근차근 보여주었구요. 다행히 거부하지 않고 봐주네요.

책은 집듣을 위해 흥겨운 노래 위주로 도서관 대여와 대량 구입으로 구하기 시작했습니다. J1, J2단계부터 시작해서 《책나무》의 스크랩순으로 정신없이 들이댔어요. 안 그래도 잘 굴러가는 집듣은 그래서 처음부터 30분을 해도 문제 없이 점점 시간이 늘어나고 한 시간 이상씩 해도 거뜬하게 되었어요. 멜로디가 좋은 책들은 단계에 상관없이 즐겨 찾고 따라 하더군요. 그 중에서도 《Mother Goose》는 강추강추강추!!! 두 번 정도 집듣하고 나니, 라임이 귀에 익고 입에도 익어서 다른 책들 읽는 데도 많은 도움 되었어요. 덕분에 긴 책도 만만하게 보는 효과까지! 지금도 최고의 흘듣이랄까요~ 입에서 거의 줄줄 나옵니다.

발전과정

발전과정 계획짜기

발전과정에서는 적응과정에 했던 학습방법들을 좀 더 다양하고 깊이 있게 발전시킵니다. 적응과정이 많은 양의 흘려듣기를 통해 영어 소리 듣는 것에 재미를 붙이는 과정이라면, 발전과정은 많은 양의 쉬운 책 읽기를 통해 영어에 자신감을 심어주고, 재미있는 책 읽기의 기초를 닦는 시기입니다.

◎ 발전과정의 기준

J2~J3단계의 영어책을 읽을 수 있는 수준입니다.

◎ 발전과정에서 나타나는 현상

① 영어방송, DVD를 아이들이 더 빨리 알아듣는 현상이 나타납니다.

② 외우지 않아도 아는 단어들이 늘어납니다.

③ 조금씩 재미있다는 영어책이 생기기 시작합니다.

④ 영어로 말할 상황이 되면 자신의 생각을 자유롭게 표현합니다.

⑤ 발전과정 끝 무렵이면 한두 쪽의 영어글은 쉽게 씁니다.

⑥ 영어에 자신감을 갖기 시작합니다.

◎ 발전과정의 목표와 시간배분

구분	흘려듣기	집중듣기	책읽기	선택사항
목표	몰입해서 반복할 수 있는 재미있는 DVD 찾기	① 빠른 소리에 친숙해지기 ② 챕터북 읽기 준비하기	쉬운 책 1000권 읽기	-
(1단계) D+1년 6개월	흘려듣기 (JD4~JD5) 1시간	쉬운 집중듣기(J3) 10분 빠른 집중듣기(J4) 20분	쉬운 책 읽기 (J2~J3) 1시간	어휘학습서/ 그림사전 30분
(2단계) D+2년	흘려듣기 (JD4~JD5) 1시간	빠른 집중듣기 (J4~J5) 30분	책읽기(J3~J4) 1시간	어휘/ 독해학습서 30분

◎ 발전과정의 핵심잡기

① 흘려듣기 : 발전과정에서는 몰입해서 볼 수 있는 DVD를 찾는 것이 최대의 관건입니다. 흘려듣기 시간은 적응과정보다 약간 줄여주세요. 적응과정에서는 듣기에 중심을 두었지만 발전과정에서는 책읽기로 비중이 서서히 옮겨가야 합니다.

② 집중듣기 : 초반에는 적응과정에 연이어 쉬운 책 집중듣기와 어려운 책 집중듣기로 나눠서 진행합니다. 쉬운 책 집중듣기를 하면 한 단계 낮은 쉬운 영어책을 읽을 수 있고, 어려운 책 집중듣기를 하다 보면 자기 실력보다 어려운 책을 겁내지 않게 됩니다. 1000권 읽기를 하고 난 발전과정 후반부터는 좀 더 두껍고 어려운 책을 읽을 수 있도록 집중듣기 수준을 한 단계 올립니다.

③ 책읽기 : 발전과정에서는 쉬운 책을 많이 읽는 것이 핵심입니다. 집중듣기하지 않은 J2단계 영어책을 읽을 수 있을 때 쉬운 책 1000권 읽기(J1~J3)를 시작해보세요. 1차 1000권 읽기가 끝나면 영어책 수준을 좀 더 높여 2차 1000권 읽기(J2~J3)를 하든, 두껍지만 재미있는 책 읽기(J4)로 가든 각자의 상황에 맞게 진행합니다.

④ 선택사항 : 쉬운 책을 많이 읽다 보면 저절로 알게 되는 단어들이 늘어납니다. 문법이나 한글 해석 없이도 문장을 이해하게 되고요. 쉬운 책에 들어 있는 그림들이 단어와 문장의 이해를 돕기 때문입니다. 그러나 책읽

기만으로 어휘의 뜻을 유추하는 것이 느리다면 어휘학습서를 하면서 다져볼 수도 있습니다. 단, 책읽기 시간을 줄이면서까지 어휘학습서를 하지는 마세요. 어떤 경우라도 책읽기가 기본이기 때문입니다. 쉬운 책으로 어휘 유추가 안 되는 아이에게 또 하나 권할 만한 것은 〈영어그림사전〉입니다. 책처럼 여러 번 반복해서 읽다 보면 단어의 의미가 선명해지거든요. 단, 단어를 꼭 외워야 한다는 압박은 주지 마세요. 영어가 재미없어지니까요.

흘려듣기

몰입해서 반복할 수 있는 재미있는 DVD를 찾으세요.

1. 몰입과 반복! 흘려듣기의 핵심입니다

1년 이상 꾸준히 듣다 보면 아이들의 반응을 조금씩 느끼게 됩니다. 아이 스스로 반복해서 보려 하거나 특별히 좋아하는 영어 프로그램이 있나요? 이야기하다 DVD나 영어방송에서 들은 말이 튀어나오나요? 혼자 놀 때 중얼중얼 들은 말을 하나요? 저게 무슨 말이냐고 끊임없이 묻지는 않나요? 옆에서 불러도 모를 만큼 빠져들어 재미있게 보는 아이들, 지겹도록 반복해서 보려는 아이들은 위와 같은 행동을 많이 합니다. 이런 현상은 흘려듣기의 효과가 100퍼센트 나타나고 있고 영어를 자연스럽게 습득하고 있다는 증거입니다.

2. DVD/영어방송 보는 시간을 아까워하지 마세요

DVD 보는 시간을 지나치게 줄이지 마세요. 어떤 교재보다 살아 있는 구어체 표현을 익히고 영어가 재미있다는 느낌을 주는 길이니까요. 중학생이라 시간에 쫓긴다면 주중에는 30분 내외의 짧은 TV 시리즈를 보고, 영화같이 긴 DVD는 주말에만 보는 것도 괜찮습니다.

3. 자투리 시간을 활용하세요

아이가 커갈수록 시간이 없다는 말이 입에 붙습니다. 아침에 일어날 때, 학교 갈 준비하는 시간, 잠자기 전, 밥 먹는 시간 등 자투리 시간에 녹음

한 오디오CD를 틀어주세요. 30분 이상 오디오 흘려듣기를 할 수 있습니다. 단, 교육적, 정서적으로 우리 집에 맞지 않는다는 생각이 들면 억지로 하지 마세요. 잠자기 전이나 쉬는 시간에 영어 소리보다 좋은 음악을 듣는 것이 아이를 위해 더 바람직한 길일 수도 있으니까요.

체크 포인트

발전과정 흘려듣기, 꼭 지켜야 할 세 가지

1. 쉬운 영어책과 연결되는 DVD를 최대한 많이 보여주세요. 1000권 읽기 할 때 큰 힘이 됩니다.
2. DVD 볼 때 아이의 반응을 살피세요. 좋아하는 영역, 캐릭터의 DVD를 구해주면 몰입해서 봅니다.
3. 매일 최소 30분에서 한 시간 흘려듣기는 꼭 지키세요. 듣기가 안 되면 반쪽짜리 영어밖에 안 됩니다.

집중듣기

빠른 속도의 영어 소리에 친숙해지고, 챕터북 읽기를 준비합니다.

1단계) 쉬운 책 반복듣기(J3단계) + 약간 어려운 책 자유롭게 듣기(J4단계)

쉬운 책 반복듣기는 읽기를 좀 더 편하게 시작할 수 있는 밑바탕입니다. 반복해서 듣다 보면 새로운 단어의 발음뿐 아니라 의미까지도 알게 되는 효과가 있습니다. 하지만 J3단계의 오디오CD 없는 책을 쉽게 읽는 아이라면 쉬운 책 반복듣기는 중단해도 좋습니다. 대신 좀 힘들어하는 아이라면 읽을 수 있을 때까지 쉬운 책 반복듣기를 해주는 것이 도움이 됩니다. J4단계의 약간 어려운 책은 반복하든 계속 바꾸든 자유롭게 듣습니다.

2단계) 서서히 집중듣기 책 수준을 올려봅니다(J4~J5단계)

오디오CD 없는 J3단계 영어책을 자유롭게 읽게 되면, 반복듣기는 그만하고 J4~J5단계 집중듣기만 진행합니다. 이해가 확실히 안 되어도 좋습니다. 자기 수준보다 약간 높은 단계의 책으로 집중듣기를 하는 것이 책 읽는 수준을 끌어올리는 동아줄이 됩니다. 가장 중요한 것은 아이의 반응입니다. 내용을 잘 몰라도 재미있게 듣는 아이라면 서서히 단계를 올려도 상관없습니다. 그러나 내용을 좀 알아야 좋아하는 아이라면 번역본이 있는 책을 선택해서 한글책을 먼저 보고 집중듣기를 해도 좋습니다. DVD/영어방송과 연계해서 영어책을 들어도 효과적입니다.

> **어드바이스**

한글번역본 읽기는 양날의 칼입니다

J3~J4단계 이상 영어책 중에는 한글번역본이 있는 책이 꽤 됩니다. 한글번역본을 먼저 읽으면 책에 흥미를 느낄 수도 있고, 내용을 이해하는 데도 도움이 됩니다. 좋은 번역본도 많고요. 그러나 같은 내용을 한글책과 영어책으로 중복해서 보는 시간도 무시 못할뿐더러, 번역본을 읽고 집중듣기하는 습관에 젖으면 번역본이 없는 책은 집중듣기하는 것을 겁낼 가능성도 있습니다. 챕터북 중에는 한글번역본으로 보여주고 싶지 않은 책도 많습니다. 번역본은 펌프물을 퍼내기 위한 '마중물' 정도라고 생각해주세요.

> **체크 포인트**

발전과정 집중듣기, 꼭 지켜야 할 것 세 가지

1. 집중듣기를 즐기지 않는다면 발전과정에서도 아이 옆을 지켜야 합니다.
2. 지나치게 어려운 책으로 집중듣기하지 마세요. 읽기책보다 1, 2단계 위의 책이 좋습니다.
3. 집중듣기가 좋으면 한 시간 이상 할 수 있지만, 즐기지 않는다면 30분이 최대입니다.

책읽기

쉬운 책 1000권 읽기에 도전합니다.

1단계) 쉬운 책 1000권 읽기 : J1~J3단계

발전과정에서는 서서히 책읽기의 비중을 높여갑니다. 발전과정에서 쉬운 책 읽기에 주력하는 이유는 J1~J3단계 쉬운 책을 많이 읽어야 J4단계(미국 초2 수준) 이상의 챕터북을 편하게 볼 수 있기 때문입니다. 반복해서 읽다 보면 영어책 읽기의 참맛을 느끼게 됩니다.

2단계) 재미있게 읽기 : J3~J5단계

쉬운 책 1000권 읽기를 하고 나면 자신감도 생기고 한 단계 올라선 느낌도 받게 됩니다. 이제부터는 재미있는 책 읽기로 무게중심을 옮겨주세요. 읽기를 목적으로 나온 리더스북에서 재미있는 책을 찾지 못했다면 그림책을 찾아보세요. J4~J6단계에 포진해 있는 챕터북은 영어책 읽기의 재미에 푹 빠지게 하는 일등공신입니다. 탐정, 추리, 과학, 일상생활, 코믹, 공포물 등 다양한 장르가 있어 맛있는 과자 먹듯 골라 읽을 수 있습니다. 영어책은 한글책 읽는 성향과 비슷합니다. 창작물을 좋아하는 아이는 영어도 창작물을 좋아합니다. 과학책을 좋아하는 아이는 영어책도 마찬가지입니다.

> **체크 포인트**
>
> 발전과정의 책읽기, 꼭 지켜야 할 세 가지
> 1. 영어책을 제대로 읽었을까 의심하지 마세요. 거품도 쌓이면 단단한 실력으로 바뀝니다.
> 2. 영어책 단계를 억지로 올리지 마세요. 쉬운 책을 읽다 보면 저절로 좀 더 높은 단계 책을 원하게 됩니다.
> 3. 재미있는 책을 찾는 노력을 게을리하지 마세요. 대박책을 만나면 영어는 저절로 굴러갑니다.

선택사항

1. 말하기, 쓰기?

아직 말하기와 쓰기에 주력할 때가 아닙니다. 좀 더 많이 듣고 읽은 후 생각해보세요.

2. 쉬운 어휘학습서

쉬운 영어책을 많이 읽어도 단어나 문장의 의미를 잘 파악하지 못할 때 선별해서 진행해주세요. 어휘학습서 할 시간에 쉬운 영어책을 더 읽는 것이 효율적이기 때문입니다.

3. 쉬운 영어그림사전

쉬운 영어책에 들어 있는 그림을 봐도 어휘 유추가 안 된다면 영어그림사전을 책처럼 여러 번 반복해서 읽는 것도 좋은 방법입니다. 그림 옆에 단어가 나와 있어 의미를 정확하게 이해하는 데 도움이 되거든요. 이때도 단어를 꼭 외우도록 강요하지 말고 책처럼 읽게 하는 것이 좋습니다.

1000권 읽기 프로젝트

1. 왜 1000권 읽기를 하라고 하나요?

❶ 무언가 해냈다는 뿌듯함을 느낄 수 있습니다.
❷ 영어책 읽기에 자신을 갖게 됩니다.
❸ 글밥이 많다고 꺼려하던 챕터북도 읽을 '용기'가 생깁니다.

2. 언제 시작하나요?

집중듣기하지 않은 J1~J2단계 영어책을 편안하게 읽는 모습을 보일 때(발전과정 초기)입니다. 알파벳도 모르고 시작한 아이라면 쉬운 책 집중듣기를 충분히 해서, 읽을 수 있는 책의 권수를 차근차근 늘려두는 것이 1000권 읽기 준비운동이 됩니다. 처음에는 집중듣기한 책만 읽을 수 있지만 아는 단어가 늘어나면 오디오CD 없는 책들도 읽을 수 있게 되니까요.

3. 어떤 책으로 하면 좋은가요?

❶ J1~J3단계의 책으로 100권을 준비합니다(100권×10번=1000권)
J1~J2단계의 책은 오디오CD 유무와 상관없이 자유롭게 고르고, J3단계 책은

집중듣기한 것으로 합니다. 집중듣기한 책만으로 1000권 읽기를 하겠다는 생각은 피해주세요. 수없이 들었던 책을 재미있게 볼 아이는 많지 않습니다.

❷ 그림책＋리더스북을 골고루 섞어주세요
J1~J3단계의 리더스북은 재미있는 책이 많지 않습니다. 재미있는 책은 그림책에 많아요.

❸ 아이가 재미있어하는 책으로 고르세요
누가 좋다더라만 믿고 무작정 구입하지 마세요. 인터넷에서 공동구매한다고 다 사들이지도 말고요. 잠수네 회원이라면 〈잠수네 책나무〉에서 회원 리뷰를 참조하고, 회원이 아닌 분은 〈4부 잠수네 베스트 교재〉의 영어책 표지를 눈에 익힌 후 서점에 가보거나 인터넷서점의 본문보기를 하면서 고르세요.

4. 어떻게 하면 되나요?

❶ 100일 동안 1000권 읽기를 끝내겠다는 마음으로 시작해보세요
읽기 기간이 너무 길면 늘어지고, 너무 짧게 잡으면 마음이 급해집니다.

❷ 묵독으로 읽습니다
1000권을 모두 소리 내어 읽으려면 아이와 엄마 모두 지쳐버립니다. 한 시간을 읽어도 몇 권 못 읽습니다. 떠듬거리기라도 하면 엄마의 매서운 눈총까지 받으니 아이가 좋아할 리 만무합니다. 꼭 소리 내어 읽기를 해봐야겠다면 자신감을 가질 수 있도록 '집중듣기했던 책'으로 한두 권만 해보세요.

❸ 수시로 칭찬해줍니다
영어책을 정말 잘 읽는다고 칭찬을 퍼부어줄수록 가속도가 붙습니다.

❹ 확인하지 마세요

내용이나 단어를 자꾸 확인하면 책 읽는 재미도 떨어지고 속도도 떨어집니다. 단어 익히고 뜻 외우는 데 시간을 들이다 보면 1000권 읽기는 점점 요원해집니다. 아이가 과연 제대로 읽고 있는지 확인하고 싶은 마음이 스멀스멀 올라오더라도 꾹 참으세요. 자꾸 읽다 보면 의미를 파악하는 날이 오니까요.

❺ 책 선택, 반복 횟수는 아이의 의사를 따라주세요

8쪽짜리 아주 얇은 책만 읽겠다거나, 같은 책을 반복해서 읽으려고 해도 막지 마세요. 아무리 1000권을 빨리 채우려는 욕심이 있다 하더라도 얇은 책을 무한정 반복하는 아이는 없습니다. 같은 책을 1년 내내 반복하지도 않고요. 열 번이고 스무 번이고 자꾸 읽으려는 책은 재미있다는 증거로 봐주세요.

❻ 1000권 읽기 기록이 아이 눈에 잘 띄도록 해주세요

100권짜리 북트리를 벽에 붙이고 한 권 읽을 때마다 스티커를 붙여주세요. 스티커 붙이는 재미도 있고, 한 그루씩 북트리를 완성해가면 자부심도 생깁니다.

100권짜리 북트리 (책 뒷부분 부록의 양식을 복사해서 사용하세요)

📗 잠수네 회원이라면

〈잠수네 책벌레〉의 〈도전! 책읽기〉 메뉴를 활용하세요

조금 머리가 굵어진 아이에게 쉬운 책은 정서상 썩 맞는 것은 아닙니다. 최대한 아이 기호에 맞게 재미있는 책을 고르라고 말은 해도 정말 재미있는 책을 찾기가 쉽지 않습니다. 영어책을 많이 읽는 아이들이 주변에 별로 없다 보니 다른 아이들은 안 하는데 왜 나만 엄마 등쌀에 허덕이나 심통이 나기도 합니다. 그러나 〈잠수네 책벌레〉에 들어가면 자기 학년의 수많은 아이들이 영어책을 읽고 있다는 데 자극을 받습니다. 읽은 책을 입력하면 매일 책벌레 그래프가 늘어나는 게 신이 납니다. 〈도전! 책읽기〉 메뉴에서 '1000권 읽기 도전'을 신청하면 한 권 입력할 때마다 예쁜 과일이 나무에 주렁주렁 달리는 재미에 알아서 책을 읽습니다. 〈잠수네 책벌레〉, 1000권 읽기를 수월하게 이끌어주는 1등 공신입니다.

1. 〈책벌레 앱〉의 바코드 검색(📷)을 눌러 책 뒤의 바코드를 찍고, 읽은 책의 평점을 입력하면…….
2. 〈도전! 책읽기〉 메뉴에서 1000권 읽은 기록이 자동으로 집계됩니다.

1000권 읽기, 이런 게 궁금해요

1. 책은 안 읽고 그림만 보는데요?

처음에는 그림만 보는 것이 자연스러운 현상입니다. 그러나 여러 번 반복해서 보다 보면 그림에서 글씨로 눈이 갑니다. 1000권 읽기 하는 책들은 대부분 그림이 있습니다. 그림 보기는 책 내용을 이해하는 데 중요한 읽기 전략 중 하나입니다. 그림을 통해 단어와 문장을 이해하는 습관을 들이면 나중에 글밥 많은 두꺼운 책을 읽을 때도 모르는 단어가 나오면 앞뒤 문장을 보며 단어의 의미를 유추하게 됩니다. 단, 몇 번을 봐도 그림만 본다면 책 내용이 아이에게 어려워서 그럴 수 있습니다. 나중에 읽자고 이야기해보세요.

2. 같은 책을 앉은 자리에서 두세 번 보는 것도 세 권으로 인정해주나요?

같은 책을 한자리에서 열 번을 읽어도 인정해주세요. 1000권 읽기는 정확하게 1000권을 채우는 것이 중요한 게 아니라 책 읽는 즐거움을 얻고, 영어실력을 올리는 것이 목표입니다. 앉은 자리에서 같은 책을 반복해서 읽는 것도 하루 이틀이지, 오래가지는 않습니다.

3. 책값이 너무 많이 들 것 같아 어떻게 감당할지 걱정이에요

우선 도서관이나 영어책 대여점을 이용해보세요. 책을 살 때도 처음부터 전질로 들이지 말고 맛보기로 한 권씩 보여준 후 좋아하면 시리즈 전체를 구입하세요. 책값으로 학원비 정도는 들이겠다는 마음이 필요하답니다. 아이가 둘 이상이면 둘째부터는 책값이 굳는다는 것도 위로가 되겠죠?

4. 온라인 영어동화 사이트 책으로 1000권 읽기를 하면 안 될까요?

최대한 종이로 된 책을 들고 보기를 권합니다. 출판된 책은 온라인 동화가 갖지 못한 감동과 재미가 있습니다. 컴퓨터로 하는 학습의 한계를 감안하면 더욱더 종이책으로 가시기를 바랍니다.

5. 너무 쉬운 책이나 페이지 수가 적은 책만 고집합니다

아이가 아직 1000권 읽기 할 수준이 안 되었는데 엄마 욕심에 시작한 것은 아닌지 잘 생각해보세요. 잠수네 영어를 이제 갓 시작한 아이라면 1000권 읽기는 무리입니다. 최소한 J2단계 책을 편안하게 읽을 수 있어야 1000권 읽기를 시작할 수 있습니다. 그 정도가 아니라면 〈쉬운 책 집중듣기 + 집중듣기한 책 읽기〉를 더 많이 하시기 바랍니다. 충분히 읽을 수 있는데도 쉽거나 쪽수가 적은 책만 읽으려고 한다면 아이가 원하는 대로 그냥 두세요. 그래봐야 하늘이 무너지는 것도 아니고, 한 번 더 1000권 읽기를 하면 되니까요.

6. 특정 시리즈만 읽으려고 하는데 괜찮나요?

네, 괜찮습니다. 시리즈 도서를 반복하면 비슷한 문장, 단어가 나와 쉽고 편하게 읽을 수 있습니다. 문형을 익히는 데도 효과적이고요. 가정 경제에도 도움이 됩니다. 이렇게 해서 1000권 읽기가 끝나면, 다른 책으로 1000권 읽기를 다시 하면 됩니다. 다른 한편으로는 집에 구비한 영어책이 너무 적어 재미있는 책을 못 찾아 반복하는 것은 아닌지 살펴볼 필요도 있습니다.

7. 엄마는 묵독을 원하는데 아이가 음독을 좋아해서 책 읽는 속도가 떨어져요. 어쩌면 좋죠?

소리 내서 읽는 것을 진짜 좋아하는 아이일 수도 있지만 기뻐하는 엄마 얼굴을 보고 싶어하는 아이의 순진한 마음 때문에 그럴 수도 있습니다. 이 경우 무조건 엄마 마음대로 밀어붙이기보다는 왜 묵독을 해야 하는지 찬찬히 설명해

주세요. 그런 후 서서히 묵독의 비중을 높이는 쪽으로 방향을 잡아보시기 바랍니다. 그래도 아이와 타협이 안 된다면 모든 책을 다 소리 내서 읽어야 한다는 의무조항을 걸어보세요. 하던 짓도 멍석 깔면 안 한다는 옛 속담이 현실이 될 겁니다.

8. 턱없이 빨리 읽는데 믿어줘야 하나요?

한 시간에 60권(8~12쪽짜리)을 다 읽었다고 갖고 오는 아이를 믿어야 하느냐는 질문을 올린 분이 있습니다(이런 아이들이 못 미더워 모든 책을 소리 내어 읽게 하는 집이 꼭 있습니다). 속이 부글부글 끓겠지만 꾹 누르고 잘했다고 칭찬해주세요. 처음 얼마간은 1000권 읽기 욕심에 엉터리로 읽었다고 할 수 있습니다. 그러나 페이지만 넘기는 것도 하루 이틀이지 언제까지 그러지는 못해요. 하루에 한두 권은 음독을 하면서 나머지는 묵독으로 꾸준히 진행해보세요. 시간이 지나면 읽는 속도가 차차 제자리를 잡게 됩니다.

9. 어떻게 하루에 10권이나 읽을 수 있죠? 우리 집은 5~6권 읽기도 빠듯해요

하루에 10권 읽는 것이 힘들다면 다음 사항을 체크해보세요. 모든 책을 소리 내어 읽기를 하고 있지는 않나요? 지금 읽는 책이 두껍고 어렵지는 않은가요? 읽은 책의 내용을 다 아는지 확인하느라 시간이 걸리는 것은 아닌가요? 1000권 읽기는 J1~J3단계의 쉬운 책을 죽죽 읽어가는 것입니다. 챕터북이나 소리 내어 읽기, 확인하며 읽기를 하면 1년이 가도 1000권 읽기는 하기 어렵습니다.

10. 1000권은 엄두가 안 나요. 방법이 없을까요?

그럼 목표를 좀 작게 해보세요. 50권이든 100권이든 단기 목표를 이루었으면 작은 파티도 열어주시고요. 필요하다면 당근도 사용하면서요. 이렇게 한 발 한

발 디딜 자리를 만들어주다 보면 시간이 지나면서 자발적으로 읽어가기 시작합니다. 연을 날리려면 처음에는 연을 들고 열심히 뛰어가야 하지만 어느 순간 제 힘으로 하늘에 떠 있는 것처럼요.

11. 한글책도 워낙 안 좋아하는데 영어책 1000권 읽기를 할 수 있을까요?

두 마리 토끼를 다 잡아야 할 상황이지만 무엇이 우선이냐고 한다면 두말할 것 없이 '한글책'입니다. 아이 보기에 재미있고 쉬운 책으로 한글책 읽기를 병행하면서 영어책 읽기를 진행해보세요. 한글책을 좋아하지 않는 아이는 영어책도 재미있게 읽기 어렵기 때문입니다.

12. 단어 뜻을 유추하지 못하는데 한국어로 가르쳐주지 않아도 되나요?

영어책을 읽을 때 모든 단어를 정확하게 알아야 한다 생각하면 아이와 부모 모두 스트레스를 받습니다. 단어 찾고 외워봐야 효과도 그리 없습니다. 일껏 알려줬는데 다음에 또 읽지 못하면 왜 못 읽느냐 윽박지르게 되고 아이는 아이대로 의기소침해질 뿐입니다. 아이가 답답해하는 기색 없이 영어책을 잘 읽는다면 그냥 두세요. 확인하는 것보다 죽죽 듣고 읽는 것이 훨씬 많은 양의 영어를 접할 수 있습니다.

발전과정 → 심화과정
레벨업의 비밀

심화과정은 J4~J6단계의 영어책을 읽는 수준입니다. 챕터북, 소설책 등 대학생, 어른도 못 읽는 두꺼운 영어책을 한글책처럼 술술 읽어냅니다. 여기까지 온 아이들을 보면 자기 색깔이 확연하게 보입니다. 잠수네 3종 세트 중 선호하는 매체가 제각기 다르고 좋아하는 영어책 분야가 아이마다 달라서죠.

심화과정까지 온 아이들의 과거를 돌이켜보면 일정기간 특정 영역에 몰입하는 순간이 있습니다. 며칠 전까지만 해도 30분 이상 절대 집중듣기를 안 하던 아이가 느닷없이 세 시간짜리 영어책 오디오CD를 앉은자리에서 다 듣겠다고 기염을 토하기도 하고, 영어책은 숙제하듯 딱 한 시간만 읽고 덮어버렸는데 어느 순간 이불 뒤집어쓰고 밤늦게까지 몰래 읽을 정도로 영어책에 빠지기도 합니다. DVD 흘려듣기에 전혀 흥미를 못 느껴, 어쩔 수 없이 집중듣기와 책읽기 위주로 진행하던 아이라도 영어실력이 올라가면 갑자기 영어방송에 관심을 갖게 되기도 합니다. 잠수네 영어 3종 세트 중 한쪽으로 쏠리는 경향이 보이면 좋아하는 쪽을 더 밀어주세요. 그 힘으로 영어실력이 올라가기도 하고, 그동안 소홀히 하던 영역이 저절로 해결될 가능성도 높으니까요.

1. 몰입할 만큼 재미있는 책 읽기에 빠졌다

영어책 수준이 올라가는 공식은 '몰입×절대량'입니다. 자기 입맛에 딱 맞는 영어책을 만나면 몰입도가 '100'에 가까워집니다. 재미있는 책을 엄청 읽으니 영어실력도 저절로 휙익 올라갑니다. 심화과정까지 온 분들을 보면 방학 때마다 읽기 폭설을 경험하는 경우가 많습니다. 아이의 키높이만큼 영어책을 읽은 인증샷을 올리기도 하고요. 이렇게 하는 것은 길게 오래 끄는 것보다 단기간에 집중하는 쪽이 힘도 덜 들고 성취감도 높기 때문입니다.

때로는 한두 가지 시리즈 책에 '꽂혀' 심화과정까지 오는 아이들도 있습니다. 얇고 쉬운 이야기책은 빠르게 읽던 아이라도 생각하며 읽어야 할 책을 만나면 속도가 뚝 떨어지면서 한 권을 읽더라도 완전히 이해할 때까지 곱씹어 읽습니다. 이런 아이들은 많은 책을 읽지 않아도 영어실력이 올라갑니다.

대박 책을 만나면 더 이상 바랄 것이 없겠지만 재미있는 책을 찾으려고 노력하다 보면 90점, 80점짜리 중박, 소박 책도 발견하게 됩니다. 재미가 빠지면 영어책 읽기에 탄력이 붙지 않습니다. '대체 어떤 내용일까?' 궁금하지 않으니 건성으로 읽게 됩니다. 〈4부 잠수네 베스트 교재〉 중 재미있는 책을 최대한 찾아보세요. 분명히 우리 아이가 원하는 대박 책이 숨어 있습니다. 영어책 수준이 올라가는 임계량은 아이마다 다릅니다. 왜 우리는 제자리일까 고민하지 말고 시간 여유가 있는 방학을 이용해 폭설을 내려보세요. 꾸준히 읽다 보면 누구나 한 단계 올라설 수 있습니다.

2. 엄청난 양의 집중듣기로 왔다

집중듣기의 재미에 빠져 하루 5~6시간을 듣는 아이들이 있습니다. 영어책 읽기를 하자면 집중듣기하면 안 되냐고 할 정도입니다. 이런 경우 영어실력이 빨리 상승하는 장점이 있는 반면 정도가 심하면 시험 볼 때 누가 읽어주면 다 맞는데 혼자서 풀어보라면 무슨 말인지 이해 못하는 상황이 되기도 합니다. 아이와 충분히 이야기를 나눠보세요. 집중듣기 한 책은 아이의 진정한 실력이 아닙니다. 모든 책에 오디오CD가 있는 것도 아니고, 고수과정까지 가려면 집중듣기하지 않고 책만 읽는 과정이 꼭 필요합니다.

3. 흘려듣기에 몰입했더니 심화과정이 되었다

극히 드물지만, 집중듣기는 간신히 명맥만 유지하고 책도 별로 안 읽었는데 DVD 흘려듣기에 빠져 심화과정까지 오는 아이들이 있습니다. 흘려듣기를 많이 한 덕에 대사도 다 외우고, 당연히 말도 유창하게 합니다. DVD 흘려듣기를 하면서 어휘, 문장을 자기 것으로 만드는 '청각형' 아이들입니다. 그러나 책읽기가 받쳐주지 않으면 TV 보는 것만으로는 영어실력이 올라가는 것에 한계가 있습니다. 서서히 책읽기 비중을 늘리는 쪽으로 방향을 잡아주세요.

4. 책읽기와 함께 어휘학습서를 병행했다

책읽기와 함께 어휘를 다져가며 심화과정까지 오는 집도 있습니다. 학습서 하는 것을 좋아하는 아이라면 이 방법도 나쁘지 않습니다. 다만,

책 읽는 시간보다 학습서 하는 비중이 크거나 집중듣기하지 않고 읽을 수 있는 책 수준보다 어려운 교재로 하면 영어실력 향상에 그리 도움이 안 됩니다.

발전과정에서 정체되는 원인과 대안은?

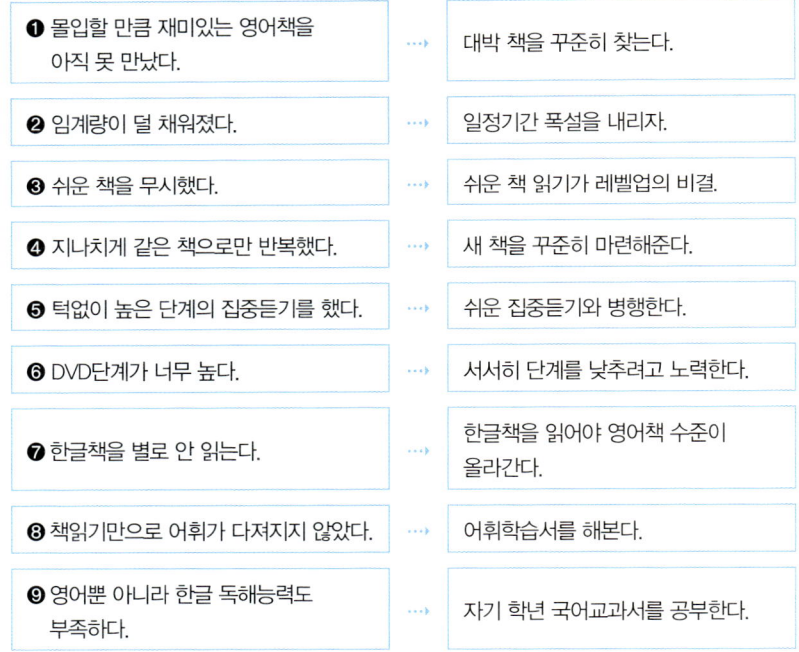

 다음은 〈잠수네 포트폴리오〉의 〈학습노트〉에서 '발전과정 → 심화과정'으로 올라간 초등학교 3학년 아이의 1년 평균 진행시간 그래프입니다. 그래프 ①을 보면 발전과정에서는 흘려듣기 한 시간, 집중듣기 30분, 영어책 읽기 한 시간을 유지하다, 심화과정으로 넘어가면서 집중듣

기와 책읽기 시간이 늘어나는 게 보이시죠? 집중듣기와 영어책이 재미있어 하루 1, 2시간 넘게 하려고 하기 때문입니다. 그래프 ②를 보면 한글책 읽기도 매일 한 시간씩 꾸준히 하는 것이 보입니다. 영어와 함께 한글책 읽기도 챙겨야 심화과정으로 넘어간다는 것을 보여줍니다.

① 영어시간

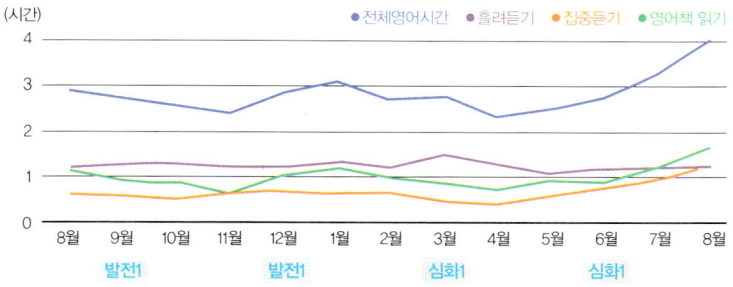

② 전체 기록시간

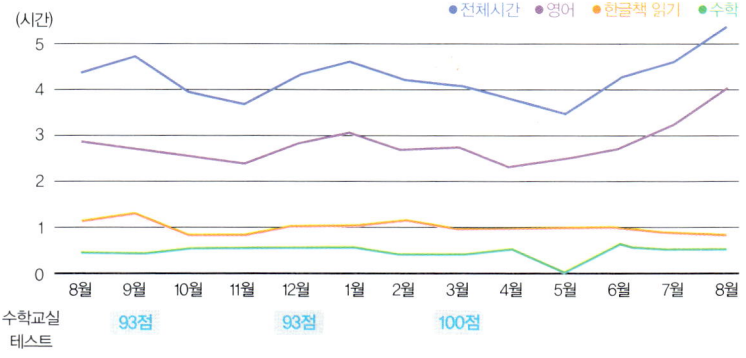

발전과정 추천교재 — 흘려듣기

● JD4~JD5

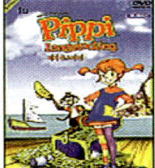
[JD4] Pippi Longstocking TV 시리즈
말괄량이 삐삐

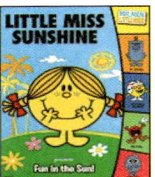
[JD4] Mr. Men and Little Miss 시리즈
EQ의 천재들

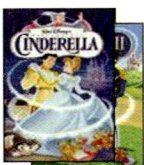
[JD4] Cinderella 시리즈
신데렐라 1~3

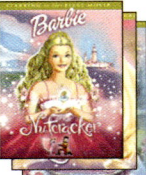
[JD4] Barbie 시리즈
바비

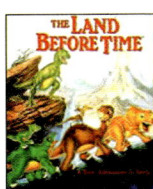
[JD4] The Land Before Time 시리즈
공룡시대

[JD4] A Bunch of Munsch
로버트 먼치 DVD 콜렉션

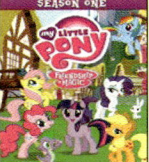
[JD4] My Little Pony 시리즈
마이 리틀 포니

[JD4] The Cat in the Hat 시리즈
닥터수스의 캣 인 더 햇

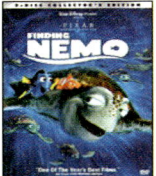
[JD5] Finding Nemo
니모를 찾아서

[JD5] SpongeBob 시리즈
스폰지 밥

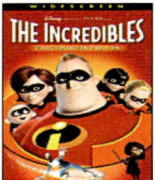
[JD5] The Incredibles
인크레더블

[JD5] Kung Fu Panda 시리즈
쿵푸 팬더 1, 2

[JD5] Alvin And The Chipmunks 시리즈
앨빈과 슈퍼밴드 1~3

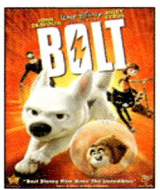
[JD5] Bolt
볼트

[JD5] Madagascar 시리즈
마다가스카 1~3

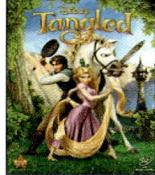
[JD5] Tangled
라푼젤

[JD5] Bee Movie
꿀벌 대소동

[JD5] Monsters, Inc.
몬스터 주식회사

[JD5] Up
업

[JD5] Toy Story 시리즈
토이 스토리 1~3

집중듣기

● J3~J5

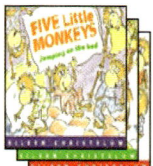 [J3] Five Little Monkeys 시리즈

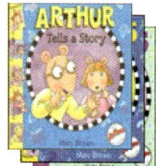 [J3] Arthur Starter 시리즈

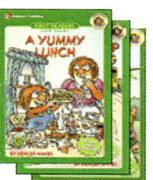 [J3] Little Critter First Readers 시리즈: Level 2~3

 [J3] Ready to Read 시리즈: Henry and Mudge

 [J3~J4] Oxford Reading Tree 시리즈: Stage 6~9

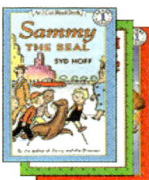 [J3~J4] I Can Read Book 시리즈: Level 1~3

 [J4] Winnie the Witch 시리즈

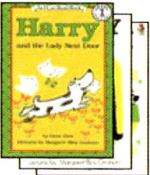 [J4] Harry the Dirty Dog 시리즈

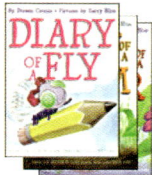 [J4] Diary of a 시리즈

 [J4] Arthur Adventure 시리즈

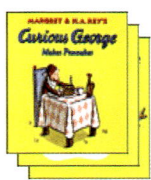 [J4] Curious George 시리즈

 [J4] Mercy Watson 시리즈

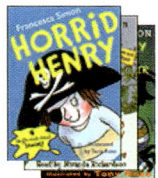 [J4] Horrid Henry 시리즈

 [J4] Seriously Silly Colour 시리즈

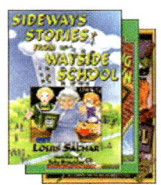 [J4] Wayside School 시리즈

 [J5] Berenstain Bears 시리즈

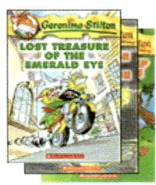 [J5] Geronimo Stilton 시리즈

 [J5] Seriously Silly Stories 시리즈

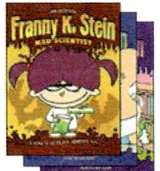 [J5] Franny K. Stein 시리즈

 [J5] A to Z Mysteries 시리즈

● 잠수네 영어 실천편 > 발전과정

발전과정 추천교재 — 책읽기

※ 집중듣기했던 영어책도 읽기책으로 활용합니다.

● J3~J4

  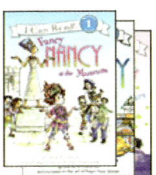  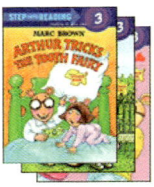

[J3] Fly Guy 시리즈   [J3] Clifford 시리즈   [J3] I Can Read Book 시리즈: Fancy Nancy   [J3] Spooky Tales 시리즈   [J3] Step into Reading 시리즈: Arthur

 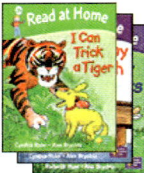 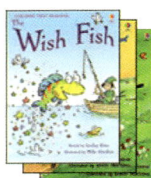  

[J3] D.W. 시리즈 (Arthur)   [J2~J3] Read at Home 시리즈: Level 1~5   [J2~J3] 리더스북 Usborne First Reading 시리즈: Level 1~4   [J3] Pigeon 시리즈   [J3] Meg and Mog 시리즈

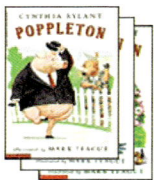    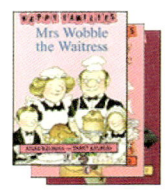

[J3] Poppleton 시리즈   [J3] Curious George TV Readers 시리즈   [J3] Parts 시리즈   [J4] Robert Munsch 시리즈   [J4] Happy Families 시리즈

    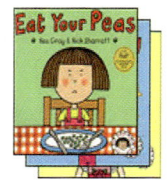

[J4] Dav Pilkey: Dragon Tales 시리즈   [J4] Commander Toad 시리즈   [J4] Charlie and Lola 시리즈   [J4] Banana 시리즈: Blue   [J4] Daisy 그림책 시리즈

선택사항

● 어휘학습서

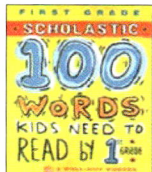
Scholastic 100 Words
Kids Need to Know
시리즈 (Scholastic):
Grade 1~2

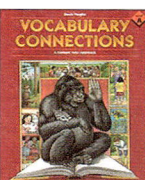
Vocabulary
Connections
시리즈
(Steck-Vaughn):
Level A~B

Reading for
Vocabulary
시리즈 (월드컴):
Level A~B

● 쉬운 영어그림사전

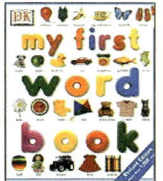
[J1] My First
Word Book

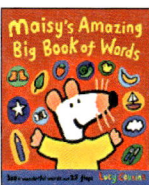
[J1] Maisy's Amazing
Big Book of Words

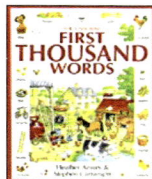
[J2] First Thousand
Words

[J3] The Cat in the
Hat: Beginner Book
Dictionary

[J3] Oxford Reading
Tree Dictionary

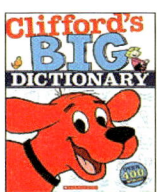
[J3] Clifford's Big
Dictionary

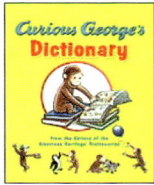
[J3] Curious
George's Dictionary

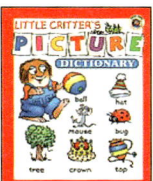
[J3] Little Critter's
Picture Dictionary

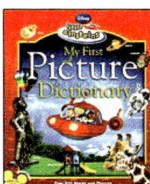
[J4] My First Picture
Dictionary: Disney's
Little Einsteins

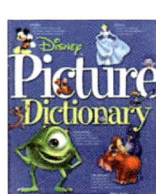
[J4] Disney Picture
Dictionary

집중듣기로 읽기 끌어올리기
작성자 : 헤을 (초5, 초4)

방학을 이용해서 아이와 상의하며 계획을 짜보세요. J4단계 집듣과 J3단계 읽기가 궤도에 오르면, J5단계 집듣을 하면서 J3, J4단계 리더스북과 그림책을 읽게 합니다. 《Berenstain Bears》도 좋지요. 바로 J4단계 챕터북 읽기는 약간 벅찰 수 있으니 상대적으로 얇은 J4단계 리더스북과 그림책들로 쭈욱 깔아주는 겁니다. J5단계 집듣이 정착되었다고 판단되면, J4단계 챕터북을 한 챕터씩 본격적으로 읽히는 겁니다. 이때도 칭찬 만땅이 필수입니다. 이렇게 넓은 계단식으로 서서히 진행하면서 천천히 올라가세요. 이때 중요한 것은 J4단계 책을 집듣한다면 J1단계부터 J3단계의 모든 책들(리더스, 그림책, 챕터북) 읽기를 바닥에 쫙쫙! 깔아줘야 한다는 겁니다(이해하시겠죠?). 집듣이 '재밌지만 약간 벅찬 책'이라면, 읽기는 '재밌고 쉬운 책'이 되어야 한다는 것입니다. 그렇게 바닥을 잘 다지면서 집듣을 끌고 가다 보면, 어느새 벅차게 집듣했던 책들이 쉽게 읽히게 됩니다. 그러면 그때 집듣책 레벨을 하나 올리고, 읽기책도 따라서 조절합니다. 하지만 이때도 반드시 J1단계의 책부터 집듣 바로 아랫단계의 책들까지 우르르 왕창 깔아주면서 읽어줘야 한다는 것!

이 방법밖에는 없습니다. 한 줄 한 줄 읽어나가다 보니 런투리드가 《Harry Potter》까지 뻗치는 것이거든요. 절대 빨리 가려 하지 마시고 각 단계에서 아이가 충분히 재미를 맛보고 갈 수 있도록 해주면 좋겠어요. '먼저 난 자가 나중 될 수도 있고, 나중 난 자가 먼저 될 수도 있습니다. 물론, 먼저 난 자가 먼저 될 수도 있고, 나중 난 자가 나중 될 수도 있습니다.' 이것이 잠수네입니다.

팡팡이의 영어책 읽기를 끌어오면서 약속한 것들
작성자 : 초록나무별 (초5)

(1) 어렵다, 읽을 만하다, 쉽다 등 엄마에게 솔직하게 이야기해줄 것
읽기에 대한 계획을 짜기에 앞서 일단 지금 단계에서 아이가 가장 무난하게 읽는 책의 레벨이 무엇인지를 정확히 파악하는 것이 중요합니다. 그러면 평소에 책에 대한 아이의 의사표현이 솔직해야 하는데, 어렵다고 말하면 실력 없다고 생각할까 봐 기피하는 것 같더라구요. 그래서 쉬운 책을 다져 읽는 것은 실력이 없기 때문이 아니라 기초 바닥공사를 튼튼히 하기 위함이고, 제 단계 책(만만한 책)을 열심히 읽는 것은 뼈대를 튼튼히 세우는 일이라고 말해줍니다. 더불어 제자리걸음을 하지 않으려면 조금 어려운 윗단계 책도 조금씩 읽어보는 시도가 필요하다고. 일단 엄마가 큰 욕심 없이 아이를 있는 그대로 받아주면 아이도 솔직하게 표현해주는 것 같습니다.

(2) 아이 반응을 살피며 '쉬운 책, 만만한 책, 어려운 책'의 비중 조절
보통 자기 레벨의 책을 읽기의 중심에 두고 한 단계 아래 책, 한 단계 위의 책을 더하여 적절한 비율을 정합니다. 어려운 책은 일단 집들으로 접했던 책 중에 비교적 얇은 책, 그리고 아주 반응이 좋았던 책부터 시작하면 아이가 부담이 적은 것 같아요. 이런 책을 정해서 처음에는 매일 한 권 정도에서 시작합니다. 아이의 반응을 유심히 관찰하다 보면 어려운 책도 시간이 지남에 따라 수월해지고 있음을 느낄 때가 있어요. 그럴 때 슬슬 권수를 늘려 잡습니다. 아랫단계 책을 줄이고 윗단계 책을 조금씩 늘려가는 방식으로, 엄마의 필독 리스트라는 걸 정해서 넣어주기도 했어요.

(3) 레벨이 높더라도 아이가 읽어보겠다고 하면 일단 시도해본다

가끔 조금 무리라 생각되는 윗단계 책을 읽어보겠다 할 때는 일단 막지 않고 도전해보게 합니다. 한 권 읽어낼 때 속도를 보면 아이에게 아직 버거운 책인지 아닌지 대충 감이 오죠. 그리고 다 읽고 나서 반응을 봐도 알 수 있구요. 어쨌든 아이가 다 읽으면 무지무지 칭찬 많이 해줍니다. 다음에는 더 수월하게 읽을 수 있겠거니 합니다(보통은 읽으면서 좀 부담이 된 책은 한 번쯤 도전해본 뒤 얼마간은 다시 손을 대지 않더라구요).

(4) 책을 읽다가 간혹 모르는 단어가 나왔을 때 반드시 유추해볼 것, 그다음 그 의미를 엄마에게 확인해보도록 한다

아이가 "이건 이런 의미 같은데 엄마, 찾아봐줘" 하면 저는 노트북에 네이버 영어사전을 열어놓고 바로바로 찾아줍니다. 아는 건 바로바로 대답해주기도 하지만, 모르는 어휘가 요즘 부쩍 늘었거든요. ^^;
약간 비슷하지만 비껴간 의미, 완전히 틀린 것은 문장도 보며 정확히 짚어줍니다. 네이버 사전에서는 발음도 확인할 수 있어 좋아요. 이 외에 읽은 책의 어휘 체크는 따로 하지 않습니다. 그냥 이렇게 아이가 묻는 것을 확인해주는 정도에서 제 할 일은 끝납니다. 나머지는 아이의 몫으로 남깁니다. 책을 자주 반복해서 읽다 보면 자연스레 익히게 되고, 다른 책에서 나오기도 하니까요.

(5) 권수를 목표로 두지 않는다. 한 권이라도 재밌게 즐기며 읽자고 한다

아이의 읽기 실력에 따라 대충 하루 한 시간이면 몇 권 정도 읽겠다는 감은 잡고 있지만, "매일 몇 권은 읽어야 해"라고 정하지는 않았어요. 처음 잠수 시작할 때부터 지금까지 "언제까지 1000권 읽기를 끝내자" 이런 목표를 세우지도 않았구요.
언젠가 그렇게 정해서 해본 적도 있는데 바로 접은 이유가 아이보다 일단

제가 마음이 급해지더라구요. 그냥 한 권이라도 충분히 즐기며 읽고자 합니다.

> **키높이 책읽기 하며 깨달은 점**
> 작성자 : 에무스 (초4)

열심히 읽어준 우리 딸에게 정말 고맙고, 자랑스럽습니다. 키높이 쌓기 하며 집에 있는 제 단계 책을 꺼내 읽다 보니 유익한 점이 있더군요.

(1) 아이의 선호도와 무슨 책을 주로 읽는지 알게 되었어요

❶ 재미있으면서 만만한 책
예)《Little Critter》《Curious George》《Eloise》《Elephant and Piggie》《Fly Guy》《Oxford Reading Tree》《Rockets》《Silly Sally》《Don't Do That》《Eric Carle》《Dr. Seuss》, Audrey Wood의 책들, Robert Munsch의 책들

❷ 재미는 좀 없지만 만만한 책
　예) 《I Can Read Books》 1단계, 《Hello Readers》 1~2단계

❸ 조금 부담스럽지만 재미로 커버할 수 있는 책
　예) 《Arthur Adventure》 《Happy Families》 《Geronimo Stilton: Fantasy》 《Berenstain Bears》 《Mr. Men and Little Miss》 《Franny K. Stein》 등

❹ 읽기 겁나지만 또는 읽기 싫지만 시도해본 책(엄마가 "쌓다 보니 다른 책이 없다. 한번 읽어봐" 한 책들)
　예) 《An I Can Read》 2단계, 《Oxford Reading Tree》 6~9단계, 《Winnie the Witch》 등

이런 순서로 읽고 나더니 저에게 한마디 날리더군요. "진작 이 책이 재미있다고 읽어보라고 하지. 괜히 겁냈잖아요. 어려울 줄 알았는데 읽어보니 재미있어요." 살짝 엄마를 원망하네요. 이런, 부담될까 봐 강요하지 않았더니…….

(2) 평소 집에 있으나 모셔놓은 책들을 꺼내 읽을 수 있었어요
집에 책이 그 정도인지라 챕터북 빼고 집에서 잠자던 책도 다 읽을 수 있는 계기가 된 것 같아요.

(3) 책장이 비어가니 왠지 책을 사야 할 것 같은 생각에 조금씩 질렀어요
J4~J6단계를 넘보며 재미있는 그림책도 좀 사구요. 《제로니모 환상의 모험》을 영어책으로 읽더니 집중듣기하고 싶다고 하여 사기도 했어요. 어쨌든 새롭게 〈잠수네 책나무〉를 연구하는 계기가 되었답니다.

(4) 아이의 자신감입니다
1000권 읽기 하고 북트리나 〈잠수네 책벌레〉로 확인시키는 것보다 직접 쌓아놓고 보는 것이 성취감이 조금 달랐어요. 눈에 보이는 성과가 있으니 아빠도 칭찬해주었구요. 《Geronimo》와 《Matilda》를 집중듣기하며 두꺼운 책에 대한 용기도 생긴 것 같아요.

(5) 또다른 새로운 변화는 입이 근질거린다는 겁니다
집에서 동생에게 영어로 말하는 통에 말귀 못 알아듣는 동생은 "누나, 영어로 말하지 마" 하면서 가끔 엄마한테 일러줍니다.

(6) 엄마가 참 많이 바뀌었어요
우리 딸은 사랑받고 사랑을 표현해주길 원합니다. 근데 저는 온실 속 화초가 아니라 잡초처럼 커야 한다며 혼자 해결해나가기를 바랐어요. 공부도 자신이 필요해서 해야 된다며 마냥 방관하고 있었어요. 하는 일이 재미있어 정신없이 일만 하고 살았지요. 하지만 이제는 아이와 온전히 마음을 맞추며 살아가기 위해 노력하고 있습니다. 문자메시지로, 그리고 볼 때마다 사랑한다 말해주고 꼭 스킨십을 하며 아이와 사랑하려고 노력합니다. 그러면 아이는 엄마 사랑한다며, 엄마가 우리 엄마라서 정말 좋다며 꼭 화답하구요. 영어를 하기 위해 잠수네를 시작했지만, 무엇보다 엄마로서 아이와 어떻게 지내야 하는지를 배운 것 같아요.

1000권 읽기 하니까 책읽기가 수월해졌다고 하네요
작성자 : 루인 (초3)

잠수 시작한 지 5개월 정도 되었는데, 그전에 제가 영어동화책을 좋아해서

집에 사들인 책이 1000권 정도 되더라구요. 암튼 저만 좋아하던 책을 잠수네를 접하고 소원풀이하는 기분으로 딸애한테 읽히고 있습니다.
저는 11월 12일~12월 19일까지 1000권 읽기를 끝냈거든요.

앞의 두 양식을 벽에 붙여놓고, '1000권 목표달성'에 매일 읽은 권수만큼 동그라미 치게 하고, 1000권 읽기표에 책제목 쓰고 읽은 만큼 동그라미 치면서 진행했습니다. 그래서 매일 30권 정도 10회 반복하기가 수월했어요. 그렇게 1000권 읽기 하면서 당근으로 뻥도 쳤죠. 1000권 읽기 하면 잠수네에서 상장이랑 과자상자 선물 온다고. 저도 이런 뻥 잘 못 치는데 애들한테는 잘 먹히더라구요. 1000권 읽기 끝내고 택배상자에다 인쇄한 상장과 과자를 잔뜩 담아 잠수네에서 온 것처럼 전해주니까 반응 좋았습니다.
지금은 〈잠수네 책벌레〉에 열심히 등록하고 있습니다. 제가 일하는 엄마라 정신이 없어서 처음엔 등록할 엄두를 못 냈는데, 의외로 효과 만점입니다. 등록하면 권수보다 쪽수로 등수가 올라가기 때문에 비슷한 상위 등수 라이벌을 자기가 찾더라구요. 그래서 무섭게 덤벼듭니다. 요즘은 50권씩 읽거나, 아님 100페이지가 넘는 합본책이랑 《Horrid Henry》 같은 분량 있

는 책을 좋아라 읽어갑니다.

아이가 1000권 읽기 하니까 책읽기가 수월해졌다고 하네요. 그리고 겁없이 읽어가는 것 같고요. 무엇보다 습관이 잡혀가는 것 같아서 정말 좋습니다.

심화과정

심화과정 계획짜기

심화과정에 들어오면 지금까지 아이와 함께 걸어온 길이 뿌듯하면서도 한편으로는 군데군데 부족한 부분이 눈에 띌 것입니다. 재미 위주로 교재를 선택했던 터라 잘 안 읽으려는 분야를 어떻게 읽도록 할 것인가 걱정스럽기도 하고요. 또 적응, 발전과정에서 일단 접어두었던 문법, 말하기, 쓰기 등에 대한 고민도 있을 것입니다. 심화과정에서는 이런 부분을 어떻게 해결할 것인가가 포인트입니다.

◎ 심화과정의 기준

J4~J6단계의 영어책을 읽을 수 있는 수준입니다.

◎ 심화과정에서 나타나는 현상

① DVD 내용을 거의 이해하며 흘려듣기를 휴식으로 여깁니다.
② 좋아하는 주제의 영어책을 겁없이 읽습니다.
③ 집중듣기 영어책 읽기를 몇 시간씩 하는 아이들이 나타납니다.
④ 책 읽는 속도보다 오디오CD가 느려 집중듣기를 중단하고 영어책을 바로 읽는 경우가 많아집니다.

⑤ 영어로 말하는 데 거침이 없습니다.

⑥ 영어일기를 한글일기 쓰는 속도로 씁니다.

⑦ 영어가 재미있다, 나는 영어를 잘한다는 생각을 하게 됩니다.

◎ 심화과정의 목표와 시간배분

구분	흘려듣기	집중듣기	책읽기	선택사항
목표	다양하게 보고 듣기	① 소설 읽기 준비하기 ② 다양한 영역의 책으로 넓히기	① 재미있게 읽기 ② 다양하게 읽기	–
(1단계) D+2년 6개월	흘려듣기(JD6~JD8) 1시간	집중듣기(J5~J7) 30분	책읽기(J4~J6) 1시간 30분	어휘/독해학습서 30분
(2단계) D+ 3~4년	흘려듣기(JD6~JD8) 1시간	집중듣기(J5~J7) 30분~1시간	책읽기(J4~J7) 1시간 30분	어휘/독해/문법 학습서 30분

◎ 심화과정의 핵심잡기

① 흘려듣기 : 심화과정이 되면 쉬운 만화영화는 거의 다 이해하면서 보는 아이들이 많아집니다. 고학년인 경우 원작을 바탕으로 한 영화나 다큐멘터리 등으로 영역을 넓혀가도 좋습니다. 적응과정, 발전과정 때보다는 TV 보는 시간을 조금 줄여도 좋습니다.

② 집중듣기 : 심화과정의 집중듣기는 소설책을 읽을 수 있는 토대가 됩니다. 창작책만 읽으려는 아이라면 수학, 과학, 역사 등으로 듣기교재를 넓혀주세요. 다양한 영역의 책을 읽을 수 있는 기반이 됩니다.

③ 책읽기 : 발전과정에서 J1~J3단계 쉬운 책을 많이 읽은 아이라면 챕터북도 쉽게 읽을 수 있습니다. 즐기며 책을 읽을 수 있게 최대한 도와주세요. 가장 좋은 방법은 책의 선택권을 아이에게 주는 것입니다. 쉬운 책, 자기 수준에 맞는 책, 약간 어려운 책 가리지 말고 골고루 읽게 해주세요.

④ 쓰기 : 서서히 쓰기도 준비해갑니다. 처음 시작은 쉬운 책 베껴쓰기와 받아쓰기로 하세요. 영어글자 쓰는 데 익숙해지고 아이가 부담을 갖지 않는다면 영어일기 쓰기를 시작해도 좋습니다.

⑤ 선택사항 : 많이 듣고 읽은 것을 다지는 과정으로 영어학습서를 시작해 볼 수 있습니다. 기본은 독해, 어휘학습서입니다. 학습서는 어떤 종류든 맨 아랫단계(Grade 1, 또는 Level A)부터 시작하는 것이 좋습니다. 학습서 하는 시간은 하루 30분을 넘기지 마세요.

흘려듣기

다양한 영역을 보고 듣습니다.

1. 흘려듣기는 꾸준히 계속합니다 (매일 30분~1시간)

집중듣기, 책읽기, 학습서에 치중하다 보면 누구나 시간이 모자라게 마련입니다. 적응, 발전과정 때보다는 DVD/영어방송 보는 시간을 조금 줄여도 좋지만 하루 30분 정도라도 흘려듣기하는 시간을 확보해주세요. 매일 시간을 할애하기 어렵다면 주말에 영화 한 편씩 보는 것도 좋습니다.

2. 책과 연계되는 영화를 보게 해주세요

아이들에게 인기 있는 소설을 바탕으로 한 영화들을 선별해서 보여주면 심화과정에서 그 책을 읽을 때 영화와 비교하면서 재미있게 볼 수 있습니다.

3. 다큐멘터리 등 영역을 넓혀주세요

다큐멘터리 채널을 좋아하는 아이들도 있습니다. '디스커버리'나 '내셔널지오그래픽' 채널의 인기 프로그램은 DVD로도 판매됩니다.

> **어드바이스**

책 없이 오디오 듣기

적응, 발전과정의 오디오 흘려듣기가 재미있게 본 DVD나 집중듣기한 영어책의 소리를 듣는 것이었다면, 심화과정부터는 집중듣기를 안 하고 오디오CD만 따로 들어도 재미있게 들을 수 있습니다. 그동안 집중듣기용으로 비축약(Unabridged)된 오디오CD만 찾았다면, 이제는 축약(Abridged)된 것도 재미있게 듣는다는 이야기입니다. BBC라디오 방송의 어린이 드라마를 들어도 되고요. 단, 책 없이 오디오 듣기는 ①아이가 원하고 ②집중듣기와 읽기의 간격이 크지 않으면서 ③J5~J6단계 이상 영어책을 편하게 읽는다는 전제 아래 가능합니다. 책 없이 오디오 듣기를 하면 좀 더 소리에 집중할 수 있습니다. 때로는 책을 읽을 때보다 듣기를 하며 더 감동을 느끼기도 합니다. 아이가 좋아하면 조금씩 시도해보세요.

> **체크 포인트**

심화과정의 흘려듣기, 꼭 지켜야 할 세 가지

1. 아이 나이와 정서에 맞는 DVD를 보여주세요. 영어를 잘해도 나이는 변하지 않습니다.
2. TED, CNN 등은 중학생부터 보게 해주세요. 초등학생이 이해하기 어려운 내용이 대부분입니다.
3. 흘려듣기를 건너뛰지 마세요. 흘려듣기로 습득하는 어휘, 문화상식이 책 읽을 때 힘을 발휘합니다.

집중듣기

다양한 책으로 듣기 영역을 넓히고, 소설책 읽기를 준비합니다.

1단계) 집중듣기책 수준을 조금씩 높여갑니다 : J5~J7단계

심화과정에서는 조금 어려운 챕터북이나 소설을 위주로 듣습니다. 발전과정에서 많은 책을 재미있게 읽은 아이라면 자기 수준보다 약간 높은 책으로 집중듣기하는 것을 재미있어합니다. 책 내용의 상당부분을 이해하는 수준이 되었으니까요. 집중듣기책 수준은 J5단계를 읽는다면 J6단계로, J6단계를 읽으면 J7단계로 고르면 됩니다.

2단계) 다양한 영역으로 듣기교재를 넓혀보세요 : J5~J7단계

심화과정부터는 '재미있는 책'과 함께 '좋은 책'을 병행합니다. 영어책 수준이 높아질수록 아이마다 선호도가 확연하게 갈립니다. 너무 편중되게 보려고 한다면 집중듣기를 통해 다른 분야의 책도 볼 수 있도록 도와주세요.

❶ 영화 원작 책 집중듣기 : 영화는 흘려듣기만이 아니라 아이의 관심을 책과 연결해주는 적절한 통로입니다. 판타지만 보려는 아이가 있다면 좋은 소설을 원작으로 한 영화를 먼저 보여준 뒤 그 소설로 집중듣기를 해보세요. 영화와 책을 함께 보면 원작과 영화가 어떻게 다른지 비교될 뿐만 아니라 내용 이해도 빨라집니다.

❷ 뉴베리상 수상작, 지식책 집중듣기 : 집중듣기를 통해 소설만 보려는 아이는 지식책을, 역사, 과학책만 보려는 아이는 소설 쪽으로 영역을 넓혀볼 수 있습니다. 다만 평소 보지 않으려던 영역이므로 아이와 충분히 이야기를 나눈 후 교재를 선택하도록 하세요.

> **어드바이스**
>
> **초등 저학년이 뉴베리상 수상작을 듣는 것은 무리입니다**
>
> 영어를 잘하면 아이의 나이와 상관 없이 뉴베리상 수상작 같은 유명한 책을 권하기 쉽습니다. 그러나 이 책들은 (J5단계 수준의 쉬운 책들이 간혹 있긴 해도) 대부분 J6~J8단계에 분포된 만만치 않은 수준입니다. 문장만 어려운 것이 아니라 인종, 사회, 문화 간의 갈등이 고스란히 담겨 있습니다. 그중에는 미국 중고등학교 영어수업 교재로 쓰이는 책도 있습니다. 우리나라 초등 1, 2학년 아이들이 이런 책들을 얼마나 소화할 수 있을까요? 그냥 줄거리 위주로 가볍게 읽거나 엄마의 강요에 못 이겨 읽는 척할 뿐이랍니다.

> **체크 포인트**
>
> **심화과정의 집중듣기, 꼭 지켜야 할 세 가지**
>
> 1. 집중듣기가 재미있어 두세 시간 들으려는 아이를 막지 마세요. '집중듣기=책읽기'가 되는 아이입니다.
> 2. 책읽기를 좋아한다고 집중듣기를 빼먹지 마세요. 최소 하루 30분 집중듣기는 필수입니다.
> 3. 책 선택은 꼭! 아이와 의논해서 결정하세요. 단계가 높아질수록 재미가 빠지면 듣기 어렵습니다.

책읽기

재미있는 책을 찾아 읽습니다.

1단계) 재미있게 푹 빠질 수 있는 책을 찾으면 대성공 : J4~J7단계

영어책을 즐기며 읽을 때란 대략 J5단계 수준의 책을 읽을 수 있을 때부터입니다. J1~J3단계의 쉬운 책을 많이 읽으면 자연스럽게 J4단계 챕터북을 읽을 수 있었던 것처럼, J4~J6단계의 챕터북 시리즈를 읽다 보면 자연스럽게 J5~J7단계의 소설책을 읽을 힘이 생깁니다. 심화과정에서는 재미있게 푹 빠질 수 있는 책을 찾으면 대성공입니다. '우리 아이가 좋아할 책은 무엇일까?'라는 말을 머릿속에 콕콕 박아놓고 열심히 찾으세요. 그것이 엄마의 역할입니다.

2단계) 다양하게 읽기 영역 넓혀가기: J4~J7단계

심화과정부터는 집중듣기했던 영어책을 읽기책으로 바로 활용할 수 있습니다. 재미있는 것은 영어책 수준이 올라갈수록 책값이 저렴해진다는 사실입니다. 뉴베리상 수상작, 과학책, 역사책, 사회책, 위인전, 신화 등 다양한 책을 읽도록 해주세요. 지식책으로 접근이 어렵다면 사회, 역사, 과학 분야의 학습서 지문읽기로 대신해도 됩니다.

> 어드바이스

원서냐 번역본이냐? 페어북의 자리

잠수네에서는 영어책 원서와 한글번역본을 '페어북(Pair Book)'이라고 합니다. 앞서 발전과정에서 한번 짚은 적이 있지요. 집중듣기에 앞서 번역본을 읽는 것은 영어책을 겁내지 않고 재미있게 읽기 위한 '마중물' 정도라고요. 심화과정에서는 조금 다른 차원의 고민이 생깁니다. J5~J7단계 재미있는 영어책 중 번역본이 많다 보니, 바로 읽자니 영어실력이 조금 부족하고 번역본부터 읽자니 아는 내용이라고 영어책을 안 읽을까 걱정이 되어서입니다. 때로는 영어책 수준을 올리려고 번역본을 밑밥용으로 읽게 하는 것이 옳은가도 고민거리입니다. ①일단 번역본을 읽고서 집중듣기하거나 영어책을 읽는 것은 제 실력이 아닙니다. 발전과정 때처럼 마중물 정도라면 모를까 1:1로 한글책과 영어책을 읽히지는 마세요. ②영어든 한글이든 좋은 책은 '읽고 싶을 때 읽는 것'이 정답입니다. 지금 아니면 느끼지 못할 감동과 재미를 놓치지 않으려면요.

> 체크 포인트

심화과정의 책읽기, 꼭 지켜야 할 세 가지

1. 쉬운 책을 읽는다고 나무라지 마세요. 말하기, 쓰기에 꼭 필요한 '문형'을 저절로 습득하게 됩니다.
2. 푹 빠질 만큼 재미있는 책을 만나면 죽 밀어주세요. 양서도 좋지만 우선은 '재미'입니다.
3. 초등 저학년은 어려운 책으로 단계를 올리기보다 다양한 책으로 지평선읽기를 하세요.

선택사항

1. 쓰기

서서히 쓰기도 준비해갑니다. 처음 시작은 ① 쉬운 책 베껴쓰기 ② 쉬운 영어책 받아쓰기입니다. 영어글자 쓰는 데 익숙해지고 아이가 부담을 갖지 않는다면 ③ 영어일기 쓰기를 시작해도 좋습니다. 단, 제대로 된 영어 글쓰기는 다양한 분야의 J6단계 영어책을 읽을 때 시작하는 것이 좋습니다. 아이들이 쓰는 글이 읽는 책보다 두 단계 정도 낮은 수준인 것을 감안하면 최소한 J4단계 정도의 글은 쓸 줄 알아야 내용 있는 글을 쓸 수 있기 때문입니다.

2. 말하기

말하기는 최소한 J5단계 이상 영어책을 자유롭게 읽을 때 시도해보는 것이 시간과 비용 면에서 효과적입니다.

3. 영어학습서

❶ 어휘, 독해학습서

많이 듣고 읽은 것을 다지는 과정으로 해볼 수 있습니다. 잠수네에서 말하는 학습서는 영미권 초등학생용으로 나온 학년별 교재입니다. 몇 학년 것으로 해야 할지 모르겠다면 아이가 읽는 영어책보다 한 단계 낮은 수준으로, 1과(Lesson)를 30분 안에 할 수 있는 교재로 고르세요. 이 정도면 엄마가 가르쳐주지 않아도 아이 혼자 충분히 할 수 있습니다. 만약 아이가 J5단계(미국 초3 수준) 이상 영어책을 자유롭게 읽고 있다면 B레벨(미국 초2 수준), 또는 Grade 2부터 시작하면 됩니다.

❷ 문법학습서

쓰기에 초점을 맞춰 영영문법 진행을 해볼 수 있습니다. 단, J6단계 영어책을 자유롭게 읽을 때라야 문법학습서를 한 것이 쓰기와 연결된다는 점을 잊지 마세요.

심화과정까지 온 아이들, 어떻게 영어책을 읽었을까?

책읽기를 좋아해서 심화과정까지 온 아이들은 제각기 다른 양상을 보입니다.

1. 리더스북 → 챕터북 → 장르소설로 파고드는 아이들

어릴 때 한글그림책을 별로 안 본 아이, 한글책 수준이 높지 않은 아이들은 읽기 쉬운 리더스북이나 흥미 위주의 챕터북을 좋아하는 경향이 있습니다. 감동적인 소설보다는 판타지, 로맨스, 공포물 등 특정 영역의 소설에 빠져들고요. 영어책을 읽는데 챕터북이나 판타지면 어떻고, 로맨스 소설이면 어떠냐는 생각이 들기도 합니다. 그러나 이렇게 재미 위주로 나온 책들은 줄거리의 비약이 심하고 비현실적이기 때문에 논리적인 사고를 방해한다는 약점이 있습니다. 많이 팔려고 쉽게 쓰다 보니 어휘가 한정적이라는 점도 한계입니다. 이런 유형의 아이라면 판타지 소설, 로맨스 소설 중에서도 문학적 가치가 있는 책을 찾아보세요. 역사소설(Historical Fiction)이나 영화의 원작 등 다가가기 쉬운 책으로 집중듣기를 해보는 방향도 좋습니다. 영어책은 아이가 좋아하는 쪽으로 가고, 대신 한글책을 양서 위주로 읽거나 (읽기 싫어하면) 부모가 읽어줘서 균형을 잡아보는 것도 또 하나의 방법입니다.

2. 그림책에서 감동적인 소설로 가는 아이들

초등학교 1, 2학년인데 심화과정까지 온 아이들의 비결을 찾아보면 어릴 때 그림책을 많이 듣고 읽었다는 공통점이 발견됩니다. 그림책을 많이 본 분이라면 문장이나 어휘가 만만치 않다는 것을 느낄 겁니다. 어른이 봐도 감동적인 그림책, 사회적인 이슈나 과학지식을 담은 그림책도 많습니다. 그래서인지 그림책을 많이 본 아이들은 어휘력, 사고력이 뛰어납니다. 영어로 쓴 글도 남달라요. 재미에 치우친 가벼운 챕터북보다는 잔잔한 감동이 있는 소설을 좋아합니다. 이런 유형의 아이를 둔 분들의 고민은 챕터북같이 많은 양의 시리즈물을 읽으면서 얻는 어휘력, 속도감을 놓치지 않을까 하는 것인데요, 한 권이라도 곱씹어 읽는 습관이 있거나 같은 책을 무한반복해서 읽는다면 이런 걱정은 안 해도 됩니다. 많은 책을 읽지 않아도 아주 경제적으로 영어실력이 올라갈 수 있으니까요. 정 걱정된다면 방학 동안 단기간에 몰아쳐서 읽혀보세요.

3. 다독형 아이 vs 정독형 아이

늘 새로운 책 읽기를 좋아하고, 많은 양의 책을 휘리릭 읽는 아이가 있는가 하면 좋아하는 책만 주야장천 반복해서 읽거나 한 권을 보더라도 천천히 곱씹으며 읽는 아이가 있습니다. 전자를 다독형, 후자를 정독형이라고 할 수 있겠지요. 다독형인 아이는 많은 양의 책을 읽다 보니 저절로 속독이 됩니다. 책읽기가 어렵지 않고 휴식이 되지만 구체적인 내용은 잘 기억을 못합니다. 반대로 정독형이면 한 권 한 권 읽는 것이 느리고 에너지가 많이 소비되지만, 대신 디테일에 강합니다. 책값도 별로 안 들지요. 1000권 읽기를 안 해도 심화과정까지 올라갑니다. 남의 떡이 더 커 보이듯 다독하는 아이를 둔 분은 정독을 안 한다고 고민하고, 정독형 아이를 둔 분은 좀 더 많은 책을 읽지 못한다고 안타까

위합니다. 타고난 기질은 바꾸기 어렵습니다. 각자의 장점을 최대한 살리면서 보완할 길을 찾아보세요. 다독형이라면 구멍을 메우는 데 신경 쓰고, 정독형은 신문이나 잡지처럼 편하게 읽을 만한 매체를 찾아나서는 쪽으로요.

4. 집중듣기한 책은 안 보려는 아이 vs 집중듣기한 책만 보려는 아이

집중듣기했던 영어책은 읽기 싫어하는 아이들이 있습니다. 내용을 다 알아버려 재미를 못 느끼기 때문입니다. 혼자 읽기에 버거운 책이거나 싫은 분야의 책을 또 보기 싫어서일 수도 있습니다. 반복을 극도로 싫어하는 성향일 수도 있고요. 반대로 한글책으로 읽었거나 재미있게 본 영화의 원서, 집중듣기했던 책만 읽으려는 아이도 있습니다. 이 경우는 잘 모르는 내용을 읽는 것을 두려워해서일 수도 있고, 좋아하는 것은 무한반복하는 성향일 수도 있습니다. 두 경우 모두 반대쪽 아이를 부러워하지만 멀리서 보면 정답은 없습니다. 아이가 좋아하는 대로 진행하세요. 영어책을 재미있게 읽고 있다면 그것으로 충분하니까요.

 심화과정 → 고수과정
레벨업의 비밀

심화과정 후반에 들어서면 집중듣기는 J6~J8단계를 넘나들고 책은 J4~J7단계까지 폭넓게 읽습니다. 이 정도가 되면 어휘나 배경지식이 문제일 뿐 영어를 언어로 이해하는 문턱을 넘어선 상황입니다. 영화나 TV 드라마도 거의 이해합니다. 잘 모르는 분야나 정서에 안 맞는 영역, 정신연령상 소화하기 어려운 부분만 제외하고서요. 이처럼 외국인이 말하는 것을 실시간으로 이해하는 수준이 되면 말하기도 문제가 없습니다. 실용영어로서 영어교육의 목표를 한 고비 넘은 셈입니다.

그러나 여기서 한 번 더 점프해서 J8~J9단계 영어책을 읽는 수준까지 가는 것은 지금까지와 조금 다른 측면이 있습니다. 이전처럼 재미있는 책 읽기로만 가기에는 '어휘, 독해력, 배경지식(상식)'이 걸리기 때문입니다. 다독에서 정독으로 전환되어야 한다는 의미이기도 하고요. 잠수네 아이들은 어떻게 이 문제를 해결했는지 하나씩 짚어볼까요?

1. 영어로 된 양서, 지식책을 많이 듣고 읽었다

다음 그림은 영어를 습득하는 유형을 셋으로 나눠본 것입니다. A형은 영어책으로 어휘의 대다수를 챙기는 유형입니다. 텝스나 토플 등의 인증시험에서도 아는 단어를 재확인하고 모르는 단어만 약간 외우면 됩니다. B형은 책읽기의 비중은 높지만 어휘/독해 등 다지기로 보완하는 경우입니다. 그래도 C형처럼 영어를 '공부'할 양이 많지 않습니다. C형은 전통적인 영어학습을 하는 경우입니다. 책읽기를 거의 안 하니 어휘/독해와 함께 문법까지 챙겨야 하지요.

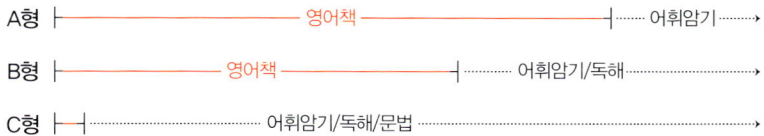

잠수네에는 A형처럼 책읽기로만 고수과정까지 온 아이들이 있습니다. 이 아이들은 자기가 읽고 싶은 책만 읽은 것이 아니라, 부모들이 권하는 다양하고 좋은 책들을 듣고 읽었다는 공통점이 있습니다. 부모가 권유할 때도 한꺼번에 억지로 읽히는 것이 아니라 재미있는 책(Fun Book)으로 영어책 읽기가 달콤하다는 것을 충분히 느낀 뒤, 차차 좋은 책(Good Book)의 비중을 높여가는 방식입니다. 뉴베리상 수상작, 클래식작품, 지식책같이 선뜻 잡지 않을 책들은 아이가 관심을 가질 만한 주제인지, 이해할 만한 수준인지, 아이 정서상 받아들일 만한 내용인지 살펴보고 그중에서도 '재미'를 느낄 만한 책을 고르려고 노력했습니다. 허황된 내용에 어휘 수준도 낮은 판타지, 로맨스 소설은 최대한 피하고, (논픽션 어휘 습득을 위해) 막바로 읽기 어려운 과학, 경제, 역사 등 전문영역의 책은 집중듣기로 가고요. 또한 배경지식, 상식을 갖추기 위해 잡지나 신문을 읽도록 했지만 꼭 영어로 읽으라고 고집하지는 않았습니다. 한글잡지나 신문을 읽다 보면 영어잡지나 영자신문도 충분히 이해할 수 있기 때문입니다.

간혹 주도면밀하게 양서를 듣고 읽지 않았어도 J8~J9단계의 영어책을 읽는 수준까지 오는 집도 있습니다. 역사, 판타지, 추리물 등 아이가 읽고 싶어하는 분야로 최대한 밀다 보니 어느새 영미권 성인독자들이 읽는 수준의 책까지 읽게 된 결과지요. 단, 여기서도 엄마의 선구안이 영향을 끼칩니다. 추리, 판타지 소설이라도 문학적 가치가 있고 어휘 수준이 높은 책을 골라준 거죠. J7단계 이상 소설에는 논픽션 어휘도 많이 나오는데, 몰입해서 읽다 보면 책 모두 자기 것으로 흡수하게 됩니다. 한 분야를 들이판 결과, 아는 것이 많아지고(배경지식) 이해의 폭도 높아지는데다(독해력) 어휘 수준까지 올라간 셈입니다.

2. 〈잠수네 영어 3종 세트 + 어휘/독해학습서〉를 탄탄하게 진행했다
B형처럼 흘려듣기, 집중듣기, 책읽기 3종 세트와 학습서를 병행하면서 고수과정까지 오는 아이들도 많습니다. 영어책으로 '재미있게' 듣고 읽으면서 수없이 접한 단어들을 어휘학습서로 정확한 의미를 확인하고, 독해학습서로 글을 꼼꼼하게 읽는 연습을 하는 것이죠. 영어책으로는 다독을, 학습서로는 정독을 한다고 볼 수 있겠죠? 특히 책읽기만으로 부족한 사회, 과학 영역의 어휘는 논픽션 어휘, 독해학습서로 많이 접할 수 있도록 노력하고, 비문학 지문 독해를 위해 영어신문을 요약하도록 하는 경우도 있습니다. A형과는 다른 길이지만 이 아이들도 영어를 재미있어하고 휴식으로 느낀다는 점에서는 공통분모를 갖고 있습니다.

3. 잠수네 영어 3종 세트와 함께 한글책을 많이 읽었다

초등학교에서 중학교로 올라가면 수학공부, 시험 등 시간에 쫓기게 마련입니다. 잠수네 심화과정에 있는 초6 아이들도 다를 바가 없습니다. 그런데 신기한 일이 벌어지더군요. 초등 때보다 잠수네 영어를 하는 시간이 되레 줄었는데도 고수과정에 진입하는 아이들이 나타나는 것이지요. 학년이 올라가면서 학교에서 배우는 것도 많아지고, 상식이 늘기도 했겠지만 눈에 띄는 공통점은 한글책 읽기가 탄탄하다는 것입니다. 초등 고학년 무렵이면 학원에 다니느라 한글책 읽을 시간도 없는 아이들에 비해 중학생이 되어서도 한글책 읽기를 놓지 않다 보니 생각의 폭과 상식, 독해력이 커진 것이지요. A형의 변형인 A´형이라고나 할까요?

한편 어릴 때부터 한글그림책과 영어그림책을 많이 읽은 아이들도 초등 고학년이 되면 고수과정에 속속 진입합니다. 한정된 범위의 단어로 쓰인 리더스북, 챕터북에 비해 그림책의 어휘는 제한이 없습니다. J5~J6단계의 영어그림책에는 J6~J7단계 소설에나 나옴직한 어려운 단어들이 종종 나옵니다. 영어그림책에 쓰인 짧지만 함축된 표현, 기승전결이 뚜렷한 이야기의 흐름에 익숙해지면 독해력도 함께 커집니다. 또한 한글그림책의 감동을 아는 아이는 가벼운 흥미 위주의 책보다 감동적인 이야기가 담긴 소설을 좋아합니다. 이 때문에 두꺼운 소설을 읽는 것이 수월합니다. 다양한 주제의 책을 읽다 보면 등장인물의 심리, 갈등, 작품의 배경을 이해하는 힘도 자랍니다. 어휘력과 독해력,

배경지식까지 받쳐주니 실력이 안 올라갈 수 없습니다.

4. 학원에서 정독연습이 되었다

심화과정 정도가 되면 잠수네 영어의 '구멍'을 어떻게 메울까 고민하는 분들이 나타납니다. 축구라면 기본체력은 좋은데 테크닉이 좀 부족하다고나 할까요? 영어책 읽기가 탄탄하거나 한글책 읽기의 기반이 다져져 있는 경우 구멍이 크게 안 느껴집니다. 만약 둘 다 만족스럽지 못하다면 집에서 학습서로 부족한 부분을 채울 수도 있지요. 그러나 이마저도 여의치 않은 집은 학원을 보내기도 합니다. 학원을 다니면 어휘암기, 독해연습, 서머리 등 학습적인 영어공부 면에서는 효과적입니다. 오랜 기간 정체되는 느낌에 학원을 몇 달 다니고 나니 한 단계 올라서는 아이들도 있으니까요. 그러나 학원행을 선택한 많은 분들이 결국은 다시 잠수네 영어로 돌아옵니다. 높은 반일수록 학원을 다니면서 책 읽을 시간이 없다는 것을 절실하게 느끼기도 하고, 학원 시스템의 허점이 너무나 잘 보이기 때문이지요.

반대로 오랫동안 학원만 보내다 잠수네 영어를 하겠다고 급선회하는 집도 있습니다. 학원만으로는 알맹이가 빠진 듯하다고요. 역시 축구에 빗댄다면 잔기술은 능한데 100미터도 못 달리고 맥을 못 추는 선수인 셈입니다. 이 경우 엄마와 아이가 혼연일체가 되어 흘려듣기, 집중듣기, 책읽기에 몰입하면 고수과정으로 진입하기도 합니다. 다행인지 불행인지 이런 케이스는 많지 않습니다. 그만큼 학원에 의존하는 분들이 많다는 것이겠죠.

5. 특별한 계기가 있었다

학교의 '영어독서 골든벨' 행사에서 일등하고 싶은 욕심에 지정 도서를 반복해서 읽으면서 정독하다 고수과정까지 오는 아이들도 있습니다. 지정 도서들이 어려운 어휘가 많이 나오는 뉴베리상 수상작이거든요. 국내 영어캠프에 들고 간 한 권의 영어책을 닳도록 반복해서 읽다가 읽기실력이 일취월장한 경우도 있습니다. 들고 간 영어책이 500여 쪽의 두꺼운 소설이더군요. 이처럼 별다른 계획이 없어도, 부모가 꾸준히 노력하지 않았어도 아이 스스로 하겠다는 의지가 생기면(일명 '자기주도학습') 고수의 벽을 넘을 수 있습니다. 끝까지 희망의 끈을 놓지 마세요.

심화과정에서 정체되는 원인과 대안은?

원인	대안
❶ 어휘가 부족하다.	어휘학습서를 꾸준히 한다.
❷ 정독을 하지 않아 독해력이 떨어진다.	국어교과서, 독해문제집을 공부한다.
❸ 상식, 배경지식이 부족하다.	한글지식책, 한글신문과 뉴스를 본다.
❹ 영어책 편독이 심하다.	집중듣기, 한글책으로 보완한다.
❺ 사춘기를 맞아 엄마와 등지고 산다.	'나' 대화법, 경청하기를 실천해본다.
❻ 몰입할 만큼 재미있는 책을 만나지 못했다.	좋아하는 주제의 책을 더 찾아본다.
❼ 정서에 맞지 않는 어려운 책을 읽는다.	공감할 만한 책으로 낮춘다.

심화과정 추천교재 · 흘려듣기

● JD6~JD8

[JD6] Matilda
마틸다

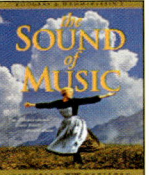
[JD6] The Sound of Music
사운드 오브 뮤직

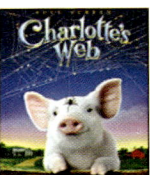
[JD6] Charlotte's Web 샬롯의 거미줄

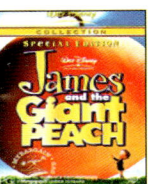
[JD6] James and the Giant Peach
제임스와 거대한 복숭아

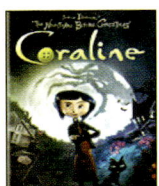
[JD6] Coraline
코렐라인: 비밀의 문

[JD6] The Wizard of Oz
오즈의 마법사

[JD6] Full House 시리즈
풀하우스

[JD6] Mulan 시리즈
뮬란 1, 2

[JD6] Despicable Me
슈퍼배드

[JD6] Hannah Montana 무비 시리즈
한나 몬타나 무비 시리즈

[JD7] Harry Potter 시리즈
해리포터

[JD7] Percy Jackson & the Olympians: The Lightning Thief
퍼시 잭슨과 번개 도둑

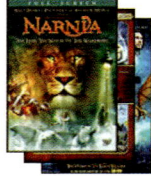
[JD7] Chronicles Of Narnia 시리즈
나니아 연대기 1~3

[JD7] Bridge to Terabithia
비밀의숲 테라비시아

[JD7] Wizards of Waverly Place 시리즈
우리 가족 마법사

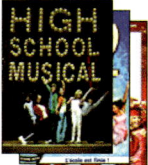
[JD7] High School Musical 시리즈
하이스쿨 뮤지컬

[JD8] Iron Man 시리즈
아이언 맨 1, 2

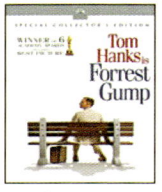
[JD8] Forrest Gump
포레스트 검프

[JD8] Real Steel
리얼 스틸

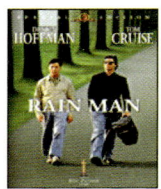
[JD8] Rain Man
레인 맨

집중듣기

● J5 ~ J7

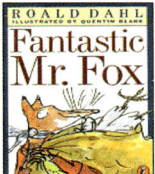
[J5~J6] 작가 Roald Dahl의 Fantastic Mr. Fox, Matilda, The Twits

[J5] Judy Blume: Fudge 시리즈

[J5] Spiderwick Chronicles 시리즈

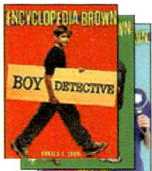
[J5] Encyclopedia Brown 시리즈

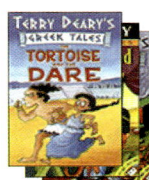
[J5] Terry Deary's Historical Tales 시리즈

[J5] Judy Moody 시리즈

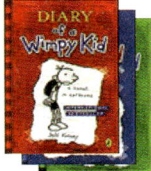
[J6] Diary of a Wimpy Kid 시리즈

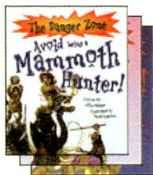
[J6] The Danger Zone 시리즈

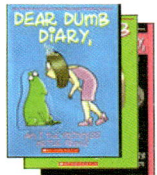
[J6] Dear Dumb Diary 시리즈

[J6] Jack Stalwart 시리즈

[J6] Andrew Clements: School Stories 시리즈

[J6] Percy Jackson 시리즈

[J6] Who Was? 시리즈

[J7] Hatchet

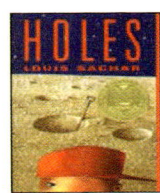
[J7] Holes

[J7] The Invention of Hugo Cabret

[J7] Hoot

[J7] Harry Potter 시리즈

[J7] Unfortunate Events 시리즈

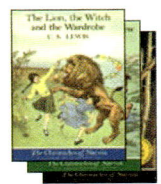
[J7] Chronicles of Narnia 시리즈

심화과정 추천교재  책읽기

※ 집중듣기했던 영어책을 읽기책으로 활용합니다.

● J5~J6

  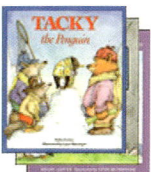  

[J5] Captain Underpants 시리즈 ・ [J5] Rainbow Magic 시리즈 ・ [J5] Tacky 시리즈 ・ [J5] Angelina Ballerina 그림책 시리즈 ・ [J5] Katie의 명화여행 시리즈

  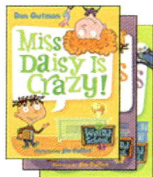  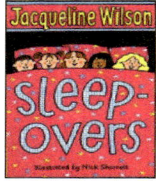

[J5] Gruffalo and Friends 시리즈 ・ [J5] Magic School Bus TV 시리즈 ・ [J5] My Weird School 시리즈 ・ [J5] Catwings 시리즈 ・ [J5] 작가 Jacqueline Wilson의 Sleep-Overs, Lizzie Zipmouth, The Worry Website

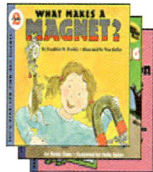 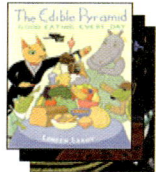   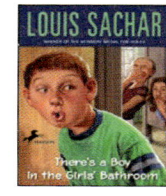

[J4~J5] Let's Read and Find Out 시리즈: Level 1~2 ・ [J4~J5] Loreen Leedy: 과학/수학/사회 그림책 시리즈 ・ [J5] Secrets of Droon 시리즈 ・ [J5] 작가 Dick King-Smith의 The Swoose, The Invisible Dog, George Speaks ・ [J5] 작가 Louise Sachar의 There's a Boy in the Girls' Bathroom, Dogs Don't Tell Jokes

 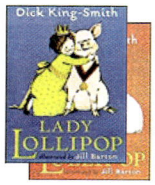 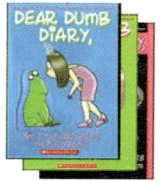  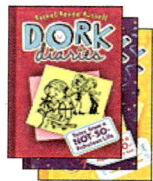

[J6] 39 Clues 시리즈 ・ [J6] Lollipop 시리즈 ・ [J6] Dear Dumb Diary 시리즈 ・ [J6] Ramona 시리즈 ・ [J6] Dork Diaries 시리즈

선택사항

● 어휘학습서

Connecting Vocabulary
시리즈 (Options)

4000 Essential
English Words
시리즈 (Compass
Publishing)

Wordly Wise 3000
시리즈 (EPS)

● 독해학습서

[종합] Making
Connections
시리즈 (EPS)

[사회] Content Reading:
Social Science 시리즈
(Continental Press)

[과학] Content Reading:
Science 시리즈
(Continental Press)

[사회] Content Reading:
Social Science 시리즈
(Continental Press)

[과학] Content Reading:
Science 시리즈
(Continental Press)

● 잠수네 영어 실천편 > 심화과정

책을 권할 때 정서 수준도 감안하세요
작성자 : 하이눈 (중1, 초5)

아이에게 책을 권할 때 독서 수준만 생각할 게 아니라 정서 수준도 고려해야 한다는 거예요. 가령 3학년인 아이가 독서 수준이 5학년 정도라 판타지며 뉴베리 등을 그냥 들이밀면 아이에게 책 읽는 즐거움을 뺏을 수도 있다는 거지요.

뉴베리 작품들을 좀 들여다보고 느낀 게 미국 사람들은 아이들이 청소년기에 갖춰야 할 가장 중요한 덕목을 '용기'라고 생각하는구나였어요. 여기서 용기는 불의를 보면 분연히 일어서는 협의의 용기가 아니라 시련을 극복하는 힘이었습니다. 정서적으로 독립된 인간이 되면서 닥칠 여러 시련들, 사랑하는 존재의 상실(부모, 형제, 친구, 동물의 죽음), 이별, 나를 괴롭히는 사람, 정말 공정하지 않은 상황, 무언가를 절실히 원하는데 여건이 허락되지 않을 때, 열심히 했는데 실패했을 때……. 이 모든 상황을 컨트롤하고, 시련이 닥쳤을 때 주저앉지 않고 다시 도전할 수 있는 힘을 가지라고 얘기하는 책이 뉴베리인 것 같았습니다. 그러니 아직 자아니 정체성이니 하는 생각이 없는 어린아이들에게는 맨날 똑같은 고초를 겪는 이야기라 지루할 뿐이지요. 뉴베리들을 읽혔을 때의 반응은 4학년 때, 6학년 때, 중1 때 각각 다릅니다.

판타지도 마찬가지입니다. 잘 만든 판타지는 좀 더 넓은 세상에서 아이들이 자신의 가능성과 자아존중감, 상황극복의 힘 등을 느낄 수 있게 해주거든요. 하지만 2, 3학년 아이에게 이런 책을 주면 흥미랑 자극의 강도만 높여줄 뿐이지요. 아이들은 사춘기가 시작되려 할 때, 말초적인 자극뿐만 아니라 뭔가 가치 있고 중요하며 미래에 대한 비전을 주는 것들을 갈구합니다.

큰아이가 5, 6학년 때 책을 참 많이 읽었는데, 그때 꿈이나 미래, 용기에 대해 생각할 수 있는 책들을 많이 던져줬습니다. 뉴베리나 판타지, 실화, 자서전, 일반소설 등을 가리지 않구요.

아이들이 수준에 맞는 책을 읽을 때 좋은 점은 추억도 같이 남는다는 것입니다. 이제 시작하는 초6 아이에게 《Horrible Harry》는 시시한 내용일 뿐이지만, 3학년 때 재밌게 읽었던 아이는 6학년 때 다시 읽어도 여전히 재밌단 소리를 합니다. 예전에 읽었을 때의 느낌이 추억으로 남아 되새겨지는 거지요.

그래서 아이가 책을 많이 읽는 경우 앞으로 진도를 쭉 빼지 말고 옆으로 넓혀 심화시키라는 말을 합니다. (수학처럼) 아이가 책을 잘 읽을 경우 가파르게 점점 더 어려운 책으로 이끌기 쉬운데, 이런 경우 2단계 정도 앞서는 책을 읽을 때쯤 아이가 독서를 멀리할 가능성이 높습니다. 책 읽는 게 어려워지는 거지요. 엄마에게 말은 못하고 점점 책 읽는 즐거움을 잃게 됩니다.

미국의 경우 각 학년에 꼭 알아야 할 단어가 정해져 있어서 챕터북 같은 걸 쓸 때 작가들이 이 단어들을 참고하여 글을 씁니다. 2, 3학년 대상이면 1, 2, 3학년 단어들 위주로 책을 쓰고 4학년 정도까지 약간 가미해주는 수준으로요. 가끔 챕터북의 내용이 너무 허술해서 읽히기 싫다고 하는 분들이 있는데 그건 어른들의 잣대입니다. 그 나이 때 아이들이 가장 좋아하는 소재를 가지고 그 나이 때 쓰고 알아야 할 단어들로 만든 책들이라 건너뛰면 위로 치고 올라갈 힘(어휘력 포함)과 책 읽는 즐거움을 잃을 수 있습니다.

단어를 익히는 가장 좋은 방법은 서로 다른 책에서 그 단어를 여러 번 보는 거라는 말을 하잖아요. 여기서 핵심은 '서로 다른 책'인 것 같습니다. 가끔 한 책에서 유추가 안 된 단어는 아무리 반복해서 나와도 그 책이 끝날 때까지 모르는 경우가 있어요. 그래서 비슷한 수준의 책을 많이 읽으면서 올라가는 게 어휘력을 높이는 방법이라 생각합니다.

한편, 재미있는 영어진행을 한다고 2, 3학년 아이들에게 《Warriors》나 《Percy Jackson》 시리즈 책을 주면 정작 그 책들이 줄 수 있는 가치들은 놓치고 나중에 뉴베리나 성장소설들을 지루하게 할 수 있습니다.

수준에 맞는 책을 읽는다는 것은 앉은 자리에서 다 읽을 수 있는 책을 읽는 것입니다. 책을 읽을 때는 발단, 전개, 위기, 절정, 결말의 과정을 밟는 것인데, 한창 재밌어지는 순간에 책을 놓거나 매일 조금씩 읽어서는 책에 푹 빠지기 힘듭니다. 며칠에 걸쳐야 하는 책은 선택하지 않습니다. 감정의 흐름을 잘 타고 카타르시스를 느껴야 책에 중독이 돼서 또 읽게 되니까요.

난 무서운 게 없다, 다 덤벼!
작성자 : 천사두마리 (초5, 초3)

사건 1) 《Harry Potter》 집중듣기 완료

《Harry Potter》 7권까지 듣는 데 총 117시간이라고, 어느 분 진행글에서 봤습니다. 그러니 하루 한 시간씩 해도 꼬박 4개월. 아무래도 중간에 하루씩은 빼먹게 되니 4개월 넘어가는 건 당연지사죠.

우리 집은 4개월 반이 걸렸네요. 《Harry Potter》 듣느라 1년의 3분의 1이 훌쩍 지나갔습니다. 아이는 재미나게 들었지만 그 기간이 어찌나 길고 책은 어찌나 두껍던지.

그 두껍고 긴 시리즈가 드디어 끝이 났습니다. 감개무량합니다. 지난번 《39 Clues》를 통해서 읽기 산을 넘었고, 이제 듣기 산도 넘었습니다. 이제 그 어떤 시리즈도 무섭지 않아요. 《Harry Potter》보다 긴 시리즈는 없습니다. 그보다 두꺼운 책은 손에 꼽을 정도입니다. 정말 큰 산을 넘은 기분입니다.

사건 2) 읽기 거품 J7으로
《39 Clues》를 읽고 나더니 간이 커져서 집어드는 책이 J7단계 아니면 J8단계더군요. J5단계랑 J6단계는 안 읽으려나? 했더니 많은 책 중에서 《Hoot》을 읽겠다는 거, 다음 집중듣기 책으로 하고 많은 책 중에서 《Narnia》를 택했다는 거, 이것은 우연이 아닙니다.

학교에서 아침 독서시간에 각자 읽고 싶은 책을 가져와서 읽는데 한 여학생이 《Hoot》을 읽고 있더랍니다. 그걸 보고 욕심이 불끈 솟은 거지요. 그 여학생은 학원을 아주 많이 다니는 아이예요. 오늘 우리 아이하고 걸으면서 이야기했어요.

"학원을 많이 다니는 애나 너나 지금 똑같은 책 읽고 있지 않으냐. 그애는 학원 다니면서 숙제도 열심히 해야 했고, 단어도 외워야 했을 거다. 때로는 학원 가고 싶지 않은 날도 많았을 거다. 근데 너는 그냥 재미나게 집들하고 재미나게 책 읽었는데 이렇게 되지 않았니."

그랬더니, 자기는 영어가 공부가 아니라 노는 거나 마찬가지라고 말하더군요. 그래서 앞으로도 열심히 집들하고 읽기 하고, 그리고 적당한 시기에 학원 가서 해보고 싶은 단어 외우기도 해보자, 그랬습니다.

《Narnia》는 역시 작년에 같은 반 친구가 아침 독서시간에 읽었다고 하네요. 당시에도 욕심이 불끈 솟았을 테지만, 작년에는 아이한테 나니아 이야기를 한 적이 없으니 본인도 어찌하지 못하다가 올 들어 엄마가 나니아 이야기를 가끔 하고 집에 마침 2권이 있어서 보여주고 하니까, 그 책을 딱 찍은 거지요. 딴 거 안 하고 이거부터 한다고.

주변 친구는 무지무지 중요한 것 같습니다. 친하지 않더라도 말이지요.

고수과정

고수과정 계획짜기

고수과정까지 온 아이들은 어떤 학원에서든 최고반에 들어갑니다. 심지어 같은 반으로 편성될 아이가 없어 학원을 포기하는 경우도 생깁니다. 학교에서도 전교에서 영어를 잘하는 축에 들어갑니다. 초등학교 저학년이라면 더 이상 읽을 영어책이 없다는 막막함이 느껴지기도 할 것이고, 중학생이라면 특목고를 목표로 토플 등 영어시험 점수를 내는 데 매진하겠지요. 매일 세 시간씩 해야 한다는 의무감에서 벗어나도 좋지만 듣기와 읽기는 꾸준히 해주세요.

◎ 고수과정의 기준

J7단계 이상 영어책을 읽을 수 있는 수준입니다.

◎ 고수과정에서 나타나는 현상

① 영화의 영어자막을 열고 자기가 들은 내용이 맞는지 확인하고 싶어합니다.
② 책 읽는 속도가 빠른 오디오CD 속도(분당 180단어)를 뛰어넘습니다.
③ 외국인과 의사소통하는 데 지장이 없습니다.

④ 수능영어를 뛰어넘는 상태입니다.

⑤ 토플, 텝스 등 각종 시험은 단기간 준비해도 쉽게 목표 점수에 도달할 수 있습니다.

◎ 고수과정의 목표와 시간배분

구분	흘려듣기	집중듣기	책읽기	선택사항
목표	감동적인 내용, 지식까지 습득할 수 있는 DVD 찾기	① 빠른 속도, 다양한 소리 듣기 ② 정확하게 알아듣기	① 다양하게 읽기 ② 깊이 있게 읽기	-
D+3~4년 이후	흘려듣기 (JD7~JD9) – 자유롭게	집중듣기(J7~J9) –자유롭게	책읽기(J7~J9) –자유롭게	어휘/독해/문법 학습서 –자유롭게

◎ 고수과정 핵심잡기

고수과정에서는 아이들 나이와 진로에 따라 가는 방향이 달라집니다. 초등학교 저학년과 고학년, 중학생의 길이 다를 것이고, 중고등학교 진학 목표가 어디인가에 따라서도 차이가 날 수밖에 없습니다. 따라서

'일괄적으로 이렇게 해야 한다' 하고 선을 긋기 어렵습니다. 각자의 상황에 맞추어 자유롭게 진행해주세요.

① 흘려듣기(선택) : 흘려듣기는 더 이상 학습이 아니라 휴식시간입니다. 오디오북만 따로 들어도 좋습니다. 영어방송은 좋아하는 프로그램으로 편하게 볼 수 있습니다.

② 집중듣기(선택) : 7단계 이상 책으로 집중듣기를 할 수 있습니다. CNN Student 뉴스, TED 등을 집중듣기 교재로 활용할 수 있습니다.

③ 책읽기 : 영어실력이 된다고 꼭 어려운 책만 고집할 것이 아니라 아이가 좋아하면 J4~J5단계의 책도 보게 해주세요. 쉬운 단계의 책이 말하기, 쓰기의 기반이 되기 때문입니다.

④ 쓰기 : 연령과 목적에 따라 쓰기의 방향이 달라집니다. 저학년이라면 일기 등을 자유롭게 많이 써봅니다. 공인점수를 내야 한다면 에세이, 토플 Writing 등 진로와 관련된 쓰기연습을 시작합니다.

⑤ 영어학습서 등 : C단계 이상의 학습서를 다양하게 해볼 수 있습니다. 진로에 따라 시험준비를 시작할 수도 있습니다.

◎ 고수과정은 선택의 기로
　① 최소 한 시간은 영어시간을 유지해주세요
　매일 세 시간의 압박감에서 벗어나도 될 만한 시기입니다. 그동안 영어에 쏟아붓느라 부족했던 다른 것들을 해야 하니까요. 그러나 영어의 끈은 놓지 마세요. 하루 한 시간이라도 꾸준히 영어를 접해야 합니다.

② 빠른 소리 듣기는 꾸준히 진행하세요
고수과정이 되면 집중듣기할 영어책을 찾기가 어렵습니다. 말하기 속도가 가장 빠른 영어책 오디오CD(분당 180~200단어 정도)보다 책 읽는 속도가 빠르기 때문입니다. 집중듣기할 책 찾기가 어렵다면 주말에 한두 편 영화를 보거나 매일 영어뉴스를 보는 등 빠른 소리를 듣는 시간을 유지해주세요. 빠르고 다양한 소리를 듣는 연습은 외국인과 대화할 때는 물론 각종 시험의 듣기 테스트도 자연스럽게 해결하는 길이기 때문입니다.

③ 영어책은 계속해서 많이 읽어야 합니다
책읽기의 목적이 시험 대비는 아니지만 책을 많이 읽고 나면 어떤 시험이든 단기간 연습해도 고득점을 얻을 수 있습니다. 초등학생이라면 영어책 읽는 데 최대한 시간을 투자해주세요. 중학생이라면 자기가 읽고 싶은 책으로 1주일에 한 권 정도는 영어책을 읽도록 해주세요.

④ 한글책 읽기, 몇 번을 강조해도 지나치지 않습니다
그동안 열심히 영어를 했다면 잠시 숨을 돌리면서 한글책 읽기에 빈 구멍은 없는지 생각할 필요가 있습니다. 특히 지식책 분야는 한글책으로 쌓은 배경지식이 있어야 영어책도 쉽게 읽을 수 있습니다. 배경지식이 많으면 토플, 텝스 등의 시험을 볼 때도 매우 유리하다는 점 잊지 마세요.

흘려듣기

감동적인 DVD, 지식까지 습득할 수 있는 영상물을 찾아보세요.

1. 고수과정에서도 흘려듣기는 잊지 마세요

고수과정에서는 집중듣기를 할 책이 점점 없어집니다. 오디오CD 속도보다 빠른 속도로 영어책을 읽게 되기 때문입니다. 그러나 이런 현상이 나타난다고 영어 소리 듣는 것을 중단하지는 마세요. 집중듣기는 안 하더라도 듣기감각을 유지하고, 새로운 어휘습득을 위해 매일 30분 이상 흘려듣기를 꾸준히 해야 합니다. TED 같은 영어강연이나 영어뉴스를 봐도 좋고, 책 없이 오디오CD만 듣거나 영화를 봐도 좋습니다. 공부처럼 정해진 시각에 할 필요도 없습니다. 등하교시 듣거나, 쉬면서 꾸준히 듣도록 해주세요.

2. 감동과 상식을 얻을 수 있게 해주세요

특별히 전문용어가 나오는 것이 아니라면 영어방송을 대부분 이해하는 수준이기 때문에 영화 보는 시간을 배경지식, 상식 넓히는 기회로 활용할 수 있습니다. 아이의 성향에 맞춰 좋아하는 분야의 작품을 찾아보세요. 역사나 과학을 좋아한다면 다큐멘터리를, 명작소설을 좋아하는 아이라면 고전 영화와 책을 연계해서 보는 것도 좋습니다.

3. 아이가 원한다면 영어자막을 열고 보아도 좋습니다

고수과정이 되면 웬만한 영어 소리가 거의 다 들립니다. 그러나 다큐멘터리나 영어뉴스는 조금 예외예요. 영화라면 정황을 살펴서 의미를 짐작할 수 있고 화면만 봐도 재미있지만 다큐멘터리나 뉴스는 어휘의 뜻을 정확하게 모르면 내용 자체를 이해하지 못할 수도 있거든요. 이럴 때는 자막을 열어놓고 보게 해주세요. 화면을 정지해두고 사전을 찾아도 좋아요. 이렇게 하다 보면 TV 자막을 보면서 시사용어, 비문학 어휘를 자연스럽게 습득할 수 있습니다. 영화를 볼 때도 아이가 원하면 자막을 열고 보아도 좋습니다. 영어자막이 대사와 다르다며 엉터리라고 투덜거리면서 볼 거예요.

체크 포인트

고수과정의 흘려듣기, 꼭 지켜야 할 세 가지

1. 흘려듣기는 잠수네 영어의 처음과 끝입니다. 영어를 최소한으로 줄이더라도 흘려듣기는 꼭 하세요.
2. 잘 모르는 다큐멘터리, 뉴스를 들을 때는 먼저 한글책이나 한글신문으로 배경지식을 쌓게 해주세요.
3. 좋은 DVD, 다큐멘터리를 볼 기회를 늘려주세요. 공감능력, 지식, 어휘를 함께 갖고 갈 수 있습니다.

집중듣기

빠르고 다양한 소리를 정확하게 알아듣습니다.

1. 다양한 영역의 읽기로 이끌기 위한 집중듣기

고수과정에서 집중듣기를 하는 가장 큰 이유는 잘 읽지 않던 영역의 영어책을 볼 기회를 갖기 위해서입니다. 지식책이나 유명한 소설(뉴베리상 수상작이나 클래식 작품)을 주로 듣겠지요. 또한 읽고는 싶은데 자기 수준보다 약간 어려운 책이라면 집중듣기를 하면서 읽어보는 것도 괜찮습니다. 시간이 허락하고 아이만 싫어하지 않는다면 꾸준히 진행해주세요.

2. 영어뉴스 받아쓰기

뉴스에 나오는 말은 영어책 오디오CD보다 말하기 속도가 더 빠릅니다. 여러 나라 사람들의 억양도 들을 수 있습니다. 내용도 사회, 문화, 정치, 경제 등 다방면에 걸쳐 있지요. 뉴스 받아쓰기는 정확하게 듣기 연습도 될 뿐 아니라 어휘, 시사상식을 넓힐 수 있는 좋은 수단입니다. 단, 영문 뉴스 받아쓰기를 하려면 한글신문 읽기, 우리말 뉴스 보기가 먼저 되어야 합니다. 한글 개념을 이해해야 영어 어휘도 이해하니까요. 인터넷에는 뉴스나 인터뷰, 기사 등을 텍스트와 함께 녹음해서 들려주는 곳이 있습니다. 이런 곳을 활용해보세요. 처음에는 빈칸 채우기를 해보다가, 듣기가 익숙해지면 반복듣기를 하면서 기사 전문을 받아쓰기해보세요.

- AP 뉴스 받아쓰기(해커스)

  http://eng.hackers.co.kr/Html/S_Lec/index.html?id=I_others_APnews

- CNN Student News

  http://edition.cnn.com/studentnews

체크 포인트

고수과정의 집중듣기, 꼭 지켜야 할 세 가지
1. 아이의 나이, 정서 수준을 뛰어넘는 영어책으로 집중듣기하는 것은 피해주세요.
2. 잘 읽지 않던 영역을 집중듣기하는 것은 좋으나 억지로 강요하지는 마세요.
3. 집중듣기 졸업 시점을 잘 잡아보세요.

책읽기

다양한 영역의 책을 깊이 있게 읽습니다.

1. 클래식 작품 읽기 : J7~J9단계

문학작품을 좋아하는 아이라면 서양의 고전작품을 읽어볼 만합니다. 다만 아이가 싫어하는데 억지로 읽힐 필요는 없습니다. 작품을 선택할 때는 아이 나이도 고려해야 해요. 아무리 영어를 잘해도 자기 나이를 뛰어넘는 책은 읽기 힘들거든요.

2. 자유롭게 읽기 : J7~J9단계

고수과정까지 온 아이라도 '재미있는 책 읽기'는 빠뜨릴 수 없는 부분입니다. 심화과정 중반 이후로는 영어책 읽는 것이 더 이상 '공부'로 느껴지지 않을 것입니다. 고수과정은 더 말할 나위가 없지요. 레벨에 상관없이 아이가 읽고자 하는 책을 자유롭게 읽게 하되 되도록이면 골고루 읽도록 도와주세요. 나이가 어릴수록 영어책 읽기에 주력하는 것이 좋습니다. 많은 양의 좋은 글을 읽다 보면 문법, 말하기, 쓰기 등 모든 영역의 실력을 탄탄히 할 수 있기 때문입니다.

3. 영어신문, 영어잡지 읽기

지식책을 많이 못 읽은 아이라면 영어신문 읽기가 도움이 됩니다. 처음에는 시사용어 등이 이해가 안 될지도 모릅니다. 이때는 우리말로 된 신문도 같이 봐주어야 합니다. 어른들이 보는 영어신문은 최소한 중학생은 되어야 읽을 수 있습니다. 영어를 아무리 잘해도 자기 연령은 뛰어넘을 수 없다는 점, 잊지 마세요.

체크 포인트

고수과정의 책읽기, 꼭 지켜야 할 세 가지

1. 편독하는 성향이라면 다른 영역도 끊임없이 시도해보세요.
2. 다독보다 한 권이라도 반복해 읽을 수 있는 좋은 책을 권해주세요.
3. 영어책 수준을 올리는 견인차는 한글책입니다. 좋은 한글책을 많이 보게 해주세요.

선택사항

1. 쓰기

고수과정에서는 각자의 필요에 따라 본격적인 글쓰기를 시도해봅니다. 필요하다면 동의어사전(Thesaurus)을 옆에 두고 참조해주세요.

- 영어일기 쓰기 – 다양한 형식으로 자유롭게 씁니다.
- 에세이 쓰기 – 한 가지 주제를 놓고 깊이 있게 써봅니다.

2. 말하기

단순히 회화를 목적으로 한다면 따로 학원에 다닐 필요는 없습니다. 말할 상황이 되면 시간이 조금 걸릴 뿐이지 충분히 자신의 생각을 표현할 수 있으니까요. 그러나 논리적으로 말하기가 필요하다면 연습이 필요합니다.

- 전화영어 – 신문을 가지고 하는 전화영어
- 학원 이용 – 토플 Speaking 대비

3. 영어학습서 – 어휘, 독해, 문법

책읽기로 쌓은 실력을 다지는 과정으로 영어학습서를 해볼 수 있습니다. 어휘학습서는 어휘의 다양한 의미, 파생어, 유사어 등을 공부할 수 있어 어휘력을 넓히는 데 도움이 됩니다. 독해학습서는 다양한 지문을 접할 수 있고, 정확하게 내용을 파악하는 연습을 할 수 있습니다. 문법도 정확한 글쓰기와 말하기, 각종 시험을 위해 공부할 필요가 있습니다. 단, 고수라도 중고등학교 영어시험에서 100점을 맞으려면 겸손한 마음으로 영어교과서와 학교 프린트물을 철저하게 공부해야 합니다.

4. 어휘 암기

고수과정이 되면 좀 더 효율적으로 어휘를 늘리는 문제를 고민하게 됩니다. 수능 수준은 따로 단어를 외우지 않아도 되지만 토플, 텝스에 나오는 비문학 어휘는 별도로 공부해야 합니다. 기본은 책, 신문, 잡지를 보며 어휘를 확장하는 것이지만 단기간에 많은 단어를 알아야 한다면 어휘를 암기할 필요가 있습니다.

논픽션 어휘잡기는 이렇게

논픽션 어휘에 관심을 갖는 이유는 무엇일까요? 우선은 각종 시험 때문이겠지요. 시험문제의 절반이 논픽션 지문이고 그 내용을 이해하려면 논픽션 어휘를 알아야 할 테니까요. 좀 더 먼 미래를 보자면 모든 글의 절반이 논픽션이니 따로 논픽션 어휘를 공부해서 나쁠 것은 없겠지만 효율면에서 조금 생각할 점이 있습니다.

영어 논픽션 어휘는 전략적으로 접근할 필요가 있습니다. 토플, 텝스 등 공인시험을 앞두고 있다면 필요한 어휘는 무조건 외우는 것이 정답입니다. 그러나 발등에 불이 떨어진 상태가 아니라면 ① 한글책으로 배경지식과 어휘를 탄탄하게 늘리고, ② 논픽션 영어글을 읽을 만한 수준까지 영어실력을 최대한 올린 후, ③ 영어 논픽션 어휘를 보완하는 것이 좀 더 현명한 길입니다.

구체적으로 논픽션 어휘를 익히는 방법을 알아볼까요?

1. 한글 지식책, 한글신문 읽기
지식영역은 배경지식을 넓히는 것이 1순위입니다. 다양한 글을 읽을 수 있게 도와주세요.

2. 과학/역사를 배경으로 하는 챕터북, 소설 읽기

한글로 된 과학/사회책도 안 읽는 아이라면 영어 지식책을 억지로 들이밀어봐야 소용이 없습니다. 아이가 먼저 거부하니까요. 대신 이야기책에 지식영역이 버무려진 책을 권해보는 방법도 있습니다. 일종의 '연결고리'라고나 할까요? 이야기의 흐름을 따라가면서 자연스럽게 논픽션 어휘에 노출되는 효과를 기대해보는 거죠. 과학이나 역사를 배경으로 하는 소설이 꽤 있습니다.

3. 영어 지식책(논픽션) 읽기

아이가 좋아하고 흥미있어하는 분야라면 쉬운 영어지식책을 읽어보는 것도 좋습니다. 알고 있는 배경지식을 토대로 거꾸로 어휘를 유추할 수 있으니까요. 그러나 너무 큰 기대는 하지 마시기 바랍니다. 지식책은 '지식'을 얻기 위해 읽는 책입니다. 영어지식책은 논픽션 어휘가 어렵지 문장 자체는 비교적 단순합니다. 따라서 지식책 읽기로는 '지식'과 '논픽션 어휘'는 조금 얻을 수 있을지 모르나, 영어실력은 늘리기 어렵습니다.

4. 흘려듣기 활용

초등 고학년이나 중학생이라면 TED, CNN Student News, 과학/역사를 주제로 한 다큐, 사회/역사/과학 배경의 영화(중등 이상)를 보는 것도 논픽션 어휘 확장에 도움이 됩니다. 단, 영어책 읽는 수준이 높아도 학년이 어리거나 배경지식이 없으면 들려도 이해가 안 되는 상황이 될 가능성이 높습니다. 한글로 봤을 때 아이가 이해할 수준인가 먼저 살펴보세요. 배경지식이 많지 않다면 한글지식책이나 한글신문, 한글로 된 영화/다큐멘터리를 먼저 보고 영어를 접하는 것이 좋습니다.

5. 영어신문, 영어잡지

신문과 잡지는 더 다양한 논픽션 어휘를 접할 수 있는 매체입니다. 무조건 읽으라고 하기 전에 아이가 소화할 수 있는 내용인지, 공감할 수 있는 글이 얼마나 있는지 먼저 살펴보는 지혜가 필요합니다.

6. 논픽션 어휘학습서

지식책은 읽기 싫어하지만 논픽션 어휘를 꼭 익혀야 할 상황이라면 대안으로 '논픽션 학습서'를 생각해볼 수 있습니다. 단어집으로 무작정 외우는 것보다 훨씬 나으니까요. 한 편의 글을 읽으면서 지식과 어휘, 두 마리 토끼를 잡아보길 기대도 하면서요. 영어판 〈독서평설〉이라고나 할까요?

고수과정 추천교재 — 흘려듣기

● JD7~JD9

[JD7] I am Sam
아이 엠 샘

[JD7] The Day After Tomorrow
투모로우

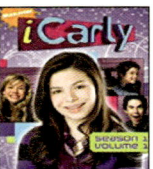
[JD7] iCarly 시리즈
아이칼리

[JD7] Mrs. Doubtfire
미세스 다웃 파이어

[JD7] Journey to the Center of the Earth
잃어버린 세계를 찾아서

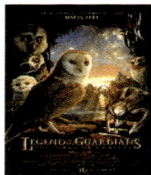
[JD7] Legend of the Guardians: The Owls of Ga'Hoole
가디언의 전설

[JD7] The Secret Garden
비밀의 화원

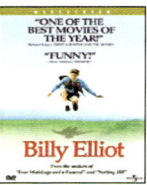
[JD8] Billy Elliot
빌리 엘리어트

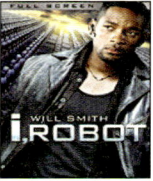
[JD8] I, Robot
아이, 로봇

[JD8] A Christmas Carol
크리스마스 캐럴

[JD8] Little Women
작은 아씨들

[JD8] Life Is Beautiful
인생은 아름다워

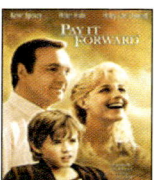
[JD8] Pay It Forward
아름다운 세상을 위하여

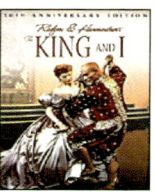
[JD8] The King and I
왕과 나

[JD8] The Cure
굿바이 마이 프랜드

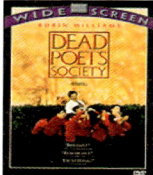
[JD9] Dead Poets Society
죽은 시인의 사회

[JD9] Mamma Mia!
맘마미아

[JD9] The Lord of the Rings 시리즈
반지의 제왕 1~3

[JD9] The Shawshank Redemption
쇼생크 탈출

[JD9] The Island
아일랜드

집중듣기

● J7~J9

[J7] A Single Shard

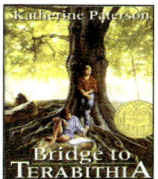
[J7] Bridge to Terabithia

[J7] Lois Lowry 청소년 SF 시리즈

[J7] Time Quartet: A Wrinkle in Time 시리즈

[J7] Artemis Fowl 시리즈

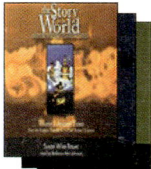
[J8] Story of the World 시리즈

[J8] Inheritance Cycle: Eragon 시리즈

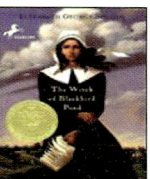
[J8] The Witch of Blackbird Pond

[J8] Rascal

[J8] Little Women

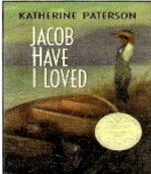
[J8] Jacob Have I Loved

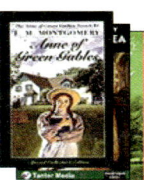
[J8] Anne of Green Gables 시리즈

[J8] Drums, Girls & Dangerous Pie

[J8] Alice's Adventures in Wonderland

[J9] Heidi

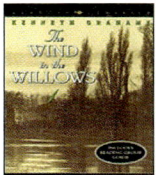
[J9] The Wind in the Willows

[J9] Zamonia 시리즈

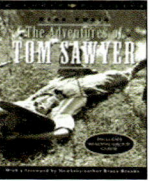
[J9] The Adventures of Tom Sawyer

[J9] Hitler Youth: Growing Up in Hitler's Shadow

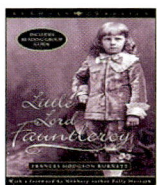
[J9] Little Lord Fauntleroy

고수과정 추천교재 — 책읽기

※ 집중듣기했던 영어책도 읽기책으로 활용합니다.

● J7~J9

 [J7] Hunger Games 시리즈

 [J7] George's Secret Key 시리즈

 [J7] Benedict Society 시리즈

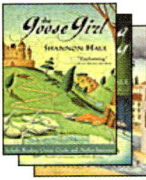 [J7] Shannon Hale: Princess 시리즈

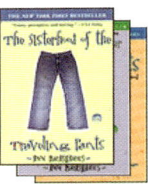 [J7] Sisterhood of the Traveling Pants 시리즈

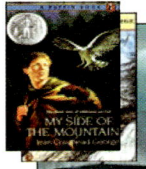 [J7] My Side of the Mountain 시리즈

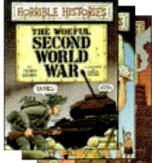 [J7] Horrible History 시리즈 (Horrible Science/Horrible Geography/Murderous Maths)

 [J7] Walker Illustrated Classics 시리즈

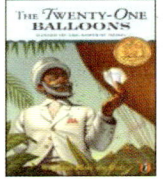 [J8] The Twenty-One Balloons

 [J8] Gideon Trilogy 시리즈

 [J8] Wizard of Oz 시리즈

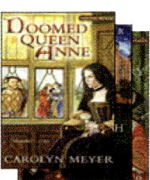 [J8] Young Royals 시리즈

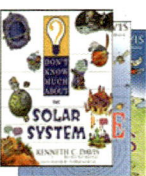 [J8] Don't Know Much about 시리즈

 [J8] Gilda Joyce 시리즈

 [J8] The Slave Dancer

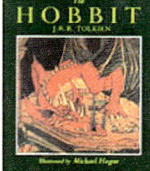 [J8] The Hobbit

 [J9] City of the Beasts 시리즈

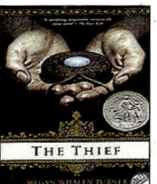 [J8] The Thief

 [J8] Hitchhiker 시리즈

 [J9] No Fear Shakespeare 시리즈

> 선택사항

- 어휘학습서/독해학습서 … 심화과정 추천교재 참조

- 정확한 쓰기를 위한 문법학습서

❶ 초등용 영어 글쓰기를 위한 문법학습서

국내에서 구할 수 있는 문법책은 '한글 문법책'과 '영어 문법책'으로 나뉩니다. 초등용 한글 문법책은 정확한 글쓰기보다는 문법설명에 치중하고 있습니다. 그에 비해 영어 문법책은 정확한 글쓰기에 초점이 맞춰져 있습니다. 보통 〈Lanuage Arts〉란 제목으로 된 이 시리즈들은 학년, 단계별로 나와 있어 아이가 읽는 책 수준에 맞게 선택하기 좋고, 읽는 수준에 맞게 선정하면 아이 혼자 할 수 있습니다.

답지가 있는 초등학생용 학년별 영어 문법책

Writing Skills & Grammar 시리즈

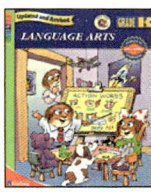
Little Critter Spectrum Language Arts 시리즈

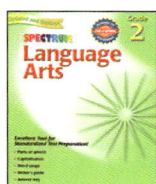
Language Arts

❷ 중등용 영어 글쓰기를 위한 문법학습서

중학생이 되어 영어 글쓰기를 꼭 해야 할 상황이라면 영어 문법책으로 한번 짚어보는 것이 좋습니다. 단, 사전 찾지 않고 혼자 해낼 수 있는 영어실력(최소 J6~J7단계 이상 읽는 수준, 심화 3단계 이상)이라야 영어 문법책에 나온 이러저러한 문법규칙을 글쓰기에 적용해볼 수 있다는 점 꼭 명심하세요.

Azar 시리즈
(초급/중급/고급)

Grammar in Use 시리즈
(미국판-초급/중급)

Grammar in Use 시리즈
(영국판-초급/중급/고급)

고수방 기념으로 걸어온 길을 요약
작성자 : 복실엄마 (초6)

'책읽기'가 느린 듯 보이지만, 성실함이 무기인 모녀인지라 그저 성실하게 꾸준히 한결같이, 별 비결도 없고 요령도 없이 가장 확실하고 유일한 길이라는 확신만 갖고서 진행해왔어요.

어떤 시기든지 '양(시간)' '질(재미)' '우리말책' 이 세 개의 톱니바퀴가 잘 맞물려 돌아가도록 노력했구요. 복실이가 우리말책 독서력이 좋고 독서 습관이 잘 잡혀 있는 아이여서 그 점을 잘 살려 나름대로 변형/실험한 부분도 있었고, 우리말책 수준을 끌어올리는 작업을 할 필요 없이 유지만 하면 되었기에, 영어에만 집중할 수 있었다는 것이 우리 집만의 특징입니다.

(1) 발전방
- 집중듣기는 항상 옆에서 같이 했고, 흘려듣기와 읽기 할 때도 옆에서 지켜볼 때가 많았음.
- 집중듣기를 싫어하는 편이어서 책을 많이 읽어주었음.
- 한글책 수준이 높았지만 자발적으로 책을 읽는 것은 아직 시기상조라고 생각해서, 심화방에 입성 전까지 흘려듣기, 집중듣기, 읽기를 단호하고 성실하게 진행함.
- 쉬운 책은 재미없어하지만 새 책이 쌓여 있으면 궁금해서 한 번 정도는 읽어보려 했기 때문에 매일 대여점과 도서관을 돌면서 새로운 책들을 공급함.
- 난이도에 상관없이 영어책의 재미를 붙여주는 작업을 병행함.
- 좋아하는 캐릭터가 나오는 책, 요리책, 만들기책, 팝업북 등을 그림이

라도 보여주고, 어이없게 어려운 원서라도 아이가 읽고 싶어하면 구입해줌.
- 발전방 후반에는 스스로 글을 쓰기 시작했는데, 그럴 때마다 적극적으로 도와주고 즐겁게 할 수 있도록 북돋워줌.

(2) 심화 저학년방
- 한글책의 관리를 꾸준히 함.
- 저학년의 정서에 맞으면서 영어 수준이 좀 높은 책들을 부지런히 발굴함.
- 집중듣기를 싫어해서 듣기가 잠깐 사라진 적이 있었지만, 후에 흘려듣기라도 꾸준히 해서 소리가 사라지지 않게 노력함.
- 본격적인 몰입의 시기, 하루 세 시간 이상씩 읽음.
- 재미를 최우선으로 난이도에 상관없이 '자유롭게 읽기'.

(3) 심화 고학년방
- 다독보다는 그림책, 뉴베리, 클래식 등 양서 위주로, 책을 좀 더 찬찬히 정성껏 읽는 분위기를 만듦.
- 새 책을 너무 자주 공급하기보다는 심화 저학년방에서 읽었던 책들을 반복하게 함.
- 방학 때는 활력을 주기 위해 판타지를 읽히기도 함.
- 뉴베리 중 읽지 않으려는 책들은 집중듣기로 듣게 함.
- 논픽션 등으로 영역을 확장하는 작업을 꾸준히 함.
- 논픽션 지문을 접하려는 의도로 논픽션(과학, 사회) 학습서를 조금 하다가 중단.
- 책의 어휘를 발췌해서 암기하는 공부를 하다가 중단.

- 영자신문으로 하는 전화영어를 함(말하기뿐만 아니라 쓰기도 꾸준히 하는 계기가 되었고, 신문을 접한다는 의미도 있음).

지금까지 걸어온 길을 되돌아보니 치열했지만 즐거웠던 시절이 떠오르면서 뿌듯하기도 하고 울컥하기도 합니다. 무엇보다 아이가 여기까지 오면서 힘들지 않고 재미있었다고 말해주어서 흐뭇하고 고마운 마음입니다. 잠수영어가 큰 줄기는 같지만 아이의 성향이나 엄마의 목표 혹은 가치관이 다르기 때문에 결국은 각자의 길을 걸어갈 수밖에 없는 것 아닌가 합니다. 책을 사랑하는 우리 아이가 잠수영어를 만난 것은 정말 행운이라고 생각한답니다.

적응에서 고수까지 4년의 기록
작성자 : 꼬마애벌레 (초5)

변화의 속도가 빠른 편이었던 이유는 무엇이었을까 생각해보았어요.

(1) 잠수로 될까란 의심을 단 한 번도 하지 않았던 것
저는 오히려 잠수가 유일한 길이라는 광신도적 믿음이 초반부터 있었어요. 초창기에 잠수네 콘텐츠의 핵심을 제대로 파악한 것.

(2) 한 번에 한 가지씩
심화 2단계가 되기까지 다른 것들을 자제하고 영어와 책읽기에 올인한 것 말고도 영어 진행에 있어서도 그랬더라구요(의도적이었다기보다는 되돌아보니 그렇더군요). 심화 1단계가 될 때까지는 교재 찾기에 들인 엄마의 노력과 시간투자와 집중듣기 위주였어요. 집중듣기:읽기=7:3 정도?

그다음은 읽기. 어느 정도 듣기가 자유로워진 듯 보이는데 읽기와 듣기의 레벨 차이가 두세 단계 나니 고민스러워지더라구요. 더 이상 벌어지면 안 될 텐데, 아니 왜 집중듣기가 읽기를 끌어올리지 못하는 거야?ㅜㅜ 한 달 정도 심사숙고하다가 나름의 극약 처방을 내렸어요. 두세 시간씩 신나게 굴러가던 집중듣기 시간을 한 시간 안으로 제한한 거죠. 집중듣기발로 심화까지 온 경우라 잘못하면 불씨만 꺼뜨리는 거 아닌가 무지 걱정되었지만요. 그러고는 억지로는 읽게 할 수 없으니 어떻게든 읽기에 불을 붙이기 위해 이때가 심화 1단계였는데도 J1, J2단계의 책이라도 좋아할 만한 책들은 다 긁어 모았어요. 당근용, 불쏘시개용 유치한 팝업북, 만화책까지 수억 투자를 하구요. 그렇게 노력하니 슬슬 J5단계, J6단계도 집어들기 시작하더라구요. 그때 깨달았죠. 아~ 관심을 가지고 노력하면 그만큼 나아가는구나! 자신감도 잔뜩 생기더라구요.

그때 읽기를 끌어올리기 위한 노력을 하지 않고 마냥 좋아하는 집중듣기만 밀어줬으면 심화1에서 좀 더 머물렀을 거라는 생각이 들어요. 결국 집중듣기도 자유롭게 읽기를 위한 수단이고 궁극적으로 지향해야 할 바는 읽기라는 판단이 정확했던 거죠. J5, J6단계 읽기가 편해진 후 심화 2단계로 올라섰어요.

(3) 교재 선정은 세심하고 치밀하게

자, 이제 그림책 많이 봤으니 챕터북 볼까? 하지 않았던 거죠. 짧은 그림책, 리더스 위주로 듣고 읽다가 조금씩 긴 그림책들로 호흡을 늘린 후 활자가 크고 컬러풀하거나 종이질이 좋은 챕터북으로 갱지에 대한 거부감을 조금씩 없앴어요. 다음엔 로알드 달의 J4단계 소설이나 《Charm Seekers》처럼 아이가 대박 좋아하는 책으로 깨알 같은 활자의 압박을 넘어섰죠. 그다음엔 J5, J6단계 소설들도 순조롭게 받아들인 것 같아요.
최종적인 책 선택은 아이가 했으나 보이지 않는 엄마의 튜닝 속에 그런 것처럼 보인 것뿐이었죠. 집들을 끌어올릴 때는 읽기를 가볍게 진행하고, 논픽션이나 성장소설 클래식 등을 읽을 때는 집들을 가벼운 판타지로 진행해서 피로감이 쌓이지 않도록 조절했어요. 아름다운 그림책들로 진행하는 분들 진행기는 꼭꼭 챙겨보며 그림책도 열심히 챙겼답니다. 심화 들어와서는 일정시기에 큰 주제를 정해서 진행했어요. 한동안 클래식으로 밀어주다가 재미가 필요하다 싶을 땐 재밌는 판타지에도 버닝하다가 어느 방학은 쭉 뉴베리만 몰아쳐서 읽기도 하고. 그냥 무작정 정한 것은 아니고 아이의 상태 관찰해가면서 그때그때 한 스텝 나아가기 위해 필요한 것이 무엇일까 고민해서 정한 거죠. 아이야 아무것도 모르고 재미있어하는 동안 엄마는 그야말로 무지하게 머리를 굴렸던 거죠.

(4) 학원
저는 엄마가 해줄 수 있는 최선의 서포트를 해서 같은 노력으로 효과를 극대화하기를 바라는 실용주의자예요. 그때그때 심사숙고를 통해 필요한 부분은 학원에서 잠깐잠깐 채워오기도 했는데 석 달 이상 다닌 학원은 없어요. 심화 2단계 올라서서 E학원 방학특강으로 글쓰기 연습을 했어요(잠수님 말씀대로 많이 읽은 아이는 금방 그간의 인풋들이 나오더라구요^^). 바로 P어학원에서 어휘활용 부분을 배워왔어요. 그리고 고수 올라오기 전 C어학원에서 논픽션 리딩과 서머리 훈련을 해서 지문을 분석적으로 읽고 중심문장 찾기, 주제 파악 등에 많은 도움이 된 듯합니다.

(5) 몰입
게시판을 보면서 깨달은 것 중 하나가 그때그때 쏟아붓는 시기가 있어야 한다는 것이었죠. 저는 그 시기를 매해 겨울방학으로 정하고 방학 앞뒤로 석 달간 평소보다 더 스케줄을 없애고 읽기, 듣기에 퍼부었어요. 매년 6월에 레벨업을 했던 것이 비법이라면 비법일까요? 할랑하게 보낸 이번 6월에도 또 올라섰으니 운대가 맞았나 하는 생각이 갑자기 드네요.

(6) 게시판 글의 힘
지금도 스크랩해놓은 글들을 읽으며 느끼는 것인데, 그때그때 내가 관심 있게 바라보는 것이 무엇이냐에 따라 처음 보는 글처럼 다가올 때가 있더라구요. 도움 되는 글들은 몇 번이고 읽고 또 읽고 그래도 모자라면 출력해서 줄 쳐가며 공부해요. 내게 필요한 답이 수많은 게시판 글들 속에 용해되어 있더라구요. 여기까지 오면서 무수한 고민들의 처방약이자 등대였던 셈이죠.

(7) 말하기
아이가 말이 많지 않기 때문에 학교 영어시간에 모르긴 몰라도 몇 마디 안 하고 올 거예요. 그러니 대부분의 말하기 능력은 DVD를 통해 얻은 것 같네요. 이번 여름캠프 가기 전 상황은 조금 아쉬운 대로 할 말은 할 수 있는 정도였는데, 3주 캠프로 훨씬 편안하고 거침없이 말할 수 있는 뚜껑을 열어준 듯해요.

(8) 학습서
끝을 본 학습서가 진짜 몇 권 안 돼요. 아마도 학교 수업이 아이의 영어를 끌어주는 역할은 못했어도 쉬운 학습서로 다져주는 역할은 하지 않았나 싶네요. 너무 큰 비중은 두지 마시고 이때다 싶을 때 짧고 굵게 진행하시면 좋아요. 이것도 심화 2단계 이상에 추천이요, 물론 절대 필수는 아니구요.

(9) 엄마와 아이의 스타일

아이 : 한글책 읽기를 좋아해 엄마가 열심히 영어책을 챙겨도 한글책 벌레가 앞서는 아이. 청각형. 오디오북 듣기를 무척 좋아해서 자투리 시간 활용에 유리. 느려도 꼼꼼하게(요건 아직도 가끔 답답한 생각이 들기도 하지만 덕분에 크게 기복이 없는 것은 인정해야겠네요). 은근히 달궈지는 뚝배기 같은 스타일. 암기 취약. 순발력이나 재치는 한참 모자라서 가끔 답답하기도 하지만 혼자 생각하기 좋아하니 언젠간 뒷심 발휘하리라 믿고 싶은 스타일.

엄마 : 너무 게을러서 하루 종일 컴퓨터 앞에 앉아 잠수 중독되기 딱 좋고 변덕 없는 스타일. 게다가 아무리 더러운 주위 환경도 상관치 않아 1주일도 청소 안 하고 버틸 수 있는 참을성의 소유자. 거시적인 로드맵을 그릴 능력은 부족하나 단기적 목표를 세우고 전략적으로 실천하는 잔머리는 뛰어남. 때론 단호하고 독함.

(10) 마지막으로, 잠수에 대한 믿음과 소소한 아이의 발전에도 기뻐한 덕분에 아직까지 큰 슬럼프가 없었던 것도 도움이 되었겠지요?

잠수네, 회원들은
이렇게 이용해요

잠수네 책벌레 앱 …… 바코드로 읽은 책 즉시 등록

> **책벌레 앱 때문에 뿌듯한 날들입니다**
> 작성자 : 완소딸기왕자 (초6, 초1)

둘째가 올해 입학했는데, 일곱 살까지 그저 뛰어놀던 아이에게 책을 읽혀야겠기에 시작한 〈잠수네 책벌레〉. 불이 붙었습니다. 읽고 바코드 찍어 올리며 페이지, 권수가 쌓여가는 재미에 푹 빠졌습니다. 6년 동안 시큰둥하던 큰애까지 아주 적극적이 되었어요. 동생 보고 자극 받아서요. 오늘은 학교 끝나고 도서관에 갔는데 처음으로 옆도 안 보고 책만 읽었답니다. 두 시간 동안요. 작은아이는 뛰어놀다가 제가 책을 읽어주자 곧 집중하더라구요. 내일 또 가자는 소리를 듣게 될 줄 미처 몰랐네요.

잠수네 불꽃의 점화
작성자 : 서진서현맘 (초3, 초1)

오늘도 우리 집에서 들려오는 띡 띡 스마트폰으로 읽은 책 입력하는 소리. 들으면 들을수록 경쾌한 소리입니다. 처음 잠수네 시작하면서 이걸 돈 주고 하기엔 아까운 거 아닌가 했던 때도 있었어요. 이제는 〈책벌레〉의 무당벌레를 마치 애완용으로 키우는 기분으로 하루하루 열심히 찍어가고 있습니다. 단순히 읽은 책을 기록만 하는 것이 아니라 분류도 해주고 다른 친구들과 기록도 비교할 수 있어서 좋은 것 같습니다. 욕심 많은 둘째는 그렇게 책을 읽으래도 안 읽더니 자기보다 기록이 좋은 아이들 따라잡겠다고 그만 읽으라고 할 때까지 읽고 있습니다. 가끔 자기 수준보다 높은 책을 열심히 읽어요, 글자만. 아무래도 쪽수를 늘리려는 꼼수인 듯한데 그냥 봐주고 있어요.

잠수네 책벌레 ······ 아이 스스로 영어책을 읽도록 동기 부여
(월별로 단계/권수/쪽수 자동 분석)

> **지나고 보니 요게 또 아주 소중한 자산이 됩니다**
> 작성자 : 규린사랑 (초2)

잠수 가입 첫날부터 〈책벌레〉에 등록했어요. 3월 말일이 되면 만 3년이 되니 길다면 길고 짧다면 짧은 기록이에요. 처음엔 그저 그래프가 신기하고 재미나서 기록했는데, 지나고 보니 요게 또 아주 소중한 자산이 됩니다.

- 〈히스토리 책벌레〉로 지난 책읽기를 되돌아보면, 우리 아이가 어떤 책들을 읽어왔는지 변천사를 알 수 있어요.
- 〈내 기록 보기〉를 통해 아이가 어떤 영역 읽기에 치중하는지, 어느 영역이 부족한지 알 수 있어 채워주고 격려해줄 수 있어요.

- 그래프를 보노라면 여러 가지 그림이 그려져요. 방학 때 책읽기가 많이 늘어나는 것도 보이고, 학기 중에는 현저히 떨어지는 모습도 보여요. 아이가 커갈수록, 권수는 줄어드는데 페이지는 늘어나는 현상도 보여요.
- 1만 점이 넘을 때마다 받는 상장이 아이에게 커다란 자부심이 돼요. 상장은 반드시 아빠가 주게 했어요. 남편이 직장에서 받아온 임명장 판에다 상장을 꽂아서 정식으로 수여식을 하고, 엄마는 박수, 딸내미는 인사를!

상장 수여식이 끝나면, 이렇게 침대 옆 벽면에 죽 붙였어요. 부작용이 있다면 친구들이 놀러올 때마다 질문공세가 심하다는 것!! 올해는 다 떼어내어 클리어파일로 옮겼답니다. 아이한테 자극 주기에 더없이 좋아요.

책벌레 '도전 책읽기!'
작성자 : 가을베리 (초1)

처음엔 엄두가 안 났는데 현재 책벌레 1000권 읽기에 가보면 100권당 한 그루씩 나무가 채워져서 눈에 보이네요. 아주 쉬운 책으로 100권이 그리 어렵지 않게 채워지는 걸 보면서 아이가 아주 재밌어하구요. 다음은 어떤 색으로 나무가 채워질까 궁금한 것도 책읽기를 자극한답니다. 그러고 보니 시각적 효과가 참 중요하네요.^^

잠수네 책나무 앱 …… 바코드로 잠수네 영어책 단계, 회원 리뷰 검색

> **바코드 찍는 재미**
> 작성자 : 가을베리 (초1)

도서관에서 제목만 보고 맘에 들어 빌려 읽다가 수준이 너무 높아서 그냥 반납하곤 하던 책들이 참 많았어요. 스마트폰에 〈책나무 앱〉을 깔고 나선 와우, 바로 바코드 검색하면 학년 수준 나오고 리뷰 나오고! 거의 한 권도 실패하지 않았어요. 도서관 가서 책 빌려오는 재미 정말 쏠쏠하답니다.

잠수네 어플, 초등 저학년 아주 유용합니다
작성자 : 안나핑크 (초1, 3세)

잠수네 가입 땐 생각지도 못했던 〈책나무〉가 지금은 가장 좋으네요. 잠수네 어플에 있는 책 바코드를 읽어서 몇 단계인지 알려주는 기능이 참 좋아요. 아이가 책을 읽고 나서 스스로 기록하는 것에 재미가 붙어 전보다 많이 읽어요. 그리고 그 동안 높은 단계의 책을 읽어서 흥미를 못 붙였다는 사실도 알게 되었어요. 그래서 저도 아이 단계에 맞는 책으로 돌아가서 다시 사들이고 있지요. 부담 갖지 마시고 〈잠수네 책나무〉부터 찾아보세요. 파이팅!

도서관에서 책 대여할 때도
작성자 : 카즈신 (중1, 초3)

바코드 찍어서 재미 검증하고 빌려옵니다. 참 편리해요. 스마트폰 앱 〈책나무〉!! 틈나는 대로 스마트폰으로 〈책나무〉 들어가서 리뷰순 눌러 인기 있는 책을 자꾸 눈도장 찍습니다. 앞으로 볼 책이 무궁무진해 의욕이 불끈!

잠수네 책나무 …… 재미있는 영어책 찾기 1등 공신

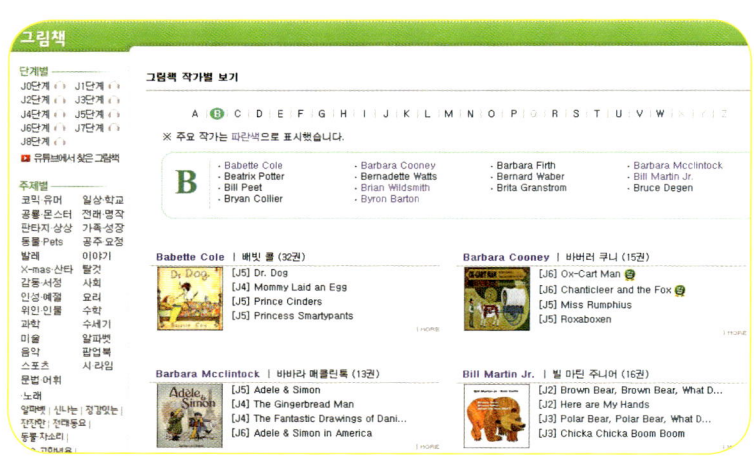

책나무 짱이에요
작성자 : 삼화 (중2, 초4)

잠수 시작한 지 얼마 안 돼서 영어책이 어떤 게 좋은지, 어떤 게 아이한테 맞는지 몰라 이래저래 걱정이었는데 〈책나무〉 덕분에 엄청 도움이 되고 있어요. 책 구입할 때마다 〈책나무〉에서 꼼꼼히 살펴보고 구입하니 무척 편하고 시간도 절약되더라구요. 그리고 다른 아이들 베스트 올라온 걸 구입하면 우리 아이도 웬만하면 다 좋아하더라구요. 〈책나무〉 짱이에요.

항상 든든한 책나무!!!
작성자 : 시원반달 (초5)

잠수네 하면서 가장 중요한 책 고르기! 변변한 서점 하나 없고 도서관은 교통이 애매하고……. 참 열악한 환경에 처해 있다 보니 늘 책 고르는 일이 쉽지 않았는데 〈책나무〉가 있어 정말 든든합니다. 아이도 매번 책이 들어올 때마다 이렇게 좋은 책을 골라주는 저를 대단히 존경스럽게 바라본답니다.^^ 전부 〈책나무〉 덕분입니다. 여러 영역의 책을 빠뜨리지 않고 읽힐 수 있어서 정말 다행입니다.

잠수네 포트폴리오 …… 공부습관 잡기, 자기주도 학습

기록은 엄마의 피로회복제
작성자 : 엄마가사랑해 (초3)

최근에 기록에 목숨 걸고 있습니다. 몇 개월 전을 돌아보니 정말 아이의 성장이 보이더라구요. 매일매일 "이것도 읽어봐라, 재미있니? 이 책은 어떠니?" 이런 질문들을 입에 경련이 나도록 웃으며 하지만, 속으로는 '왜 아직도 이렇게 재미있는 책이 없니? 혹시 이것도 모르니? 그동안 뭘 한 거니?' 아이를 힐책하고 있더란 말이죠. 예전에 쓰다 치워버린 〈잠수네 포트폴리오〉를 다시 읽게 되었을 때 깨달았어요. 우리 아들이 많이 늘었구나. 열심히 하고 있었는데, 최선을 다하고 있었는데 모두 내 욕심이구나.

기록은요, 쌓이면 지친 엄마를 다시 힘 솟게 해주는 피로회복제 겸 보약이 되더라구요. 잠수영어는 아이는 즐겁게, 엄마는 열심히, 인 것 같아요. 아이가 눈치채지 못하게 물심양면으로 지원하는 역할이 엄마지요. 그런 엄마가 지치면 안 된다고 생각해요.

시간이 적나라하게 나오니 아주 생생한 다큐 보는 듯
작성자 : 만두짱맘 (초2)

학습노트를 기록하며 개인적으로 가장 재미있는 건 남의 일기를 몰래 들여다보는 기분이라는 거(헉! 이거 고백해도 되나?).

한 달에 한 번이나 두 번 올라오는 영어 진행글로는 캐치하기 힘들고 (세세하게 보지 않고서는) 그냥 활자로만 보이던 시간이나, 영어책 목록들이 실감나게 보이게 된 것이 저의 경우 참 좋습니다. 저희 아이랑 학년이 같거나, 같은 영어교실 방이거나 한 분들의 일지글을 좀 챙겨보면서 비교도 해보는데, 앞으로 더 많은 시간이 흘러가면 이렇게 챙겨보던 글들이 큰 도움이 되는 날이 올 거라는 생각이 듭니다.

실제로 저희 아이보다 살짝 앞서가는 분의 일지에서 읽은 책 목록과 집중듣기 목록 등은 교재 선정하는 데 도움이 되었답니다. 한 가지 더! 〈포트폴리오〉 제목처럼 아이의 여러 가지 기록으로 남겨놓을 수 있는(앞으로 입시 등에 필요한 자료들) 방을 마련해놓아서 필요할 때 한눈에 보고 자료로 쓸 수 있게 했다는 것도 중요한 일 중 하나입니다.

또 추가 하나! 초등 고학년이나 중등 일지를 보니 수학의 비중이 많이 높아지는구나! 실감 있게 다가오네요. 앞으로는 위 학년 일지들도 챙겨보면서 우리 아이 로드맵도 생각해보는 시간을 가져야겠어요. 시간이 적나라하게 나오니 아주 생생한 다큐 보는 거 같습니다.

잠수네 영어교실 …… 매월 영어학습과정 기록.
3개월마다 테스트 후 코칭 페이퍼 제공

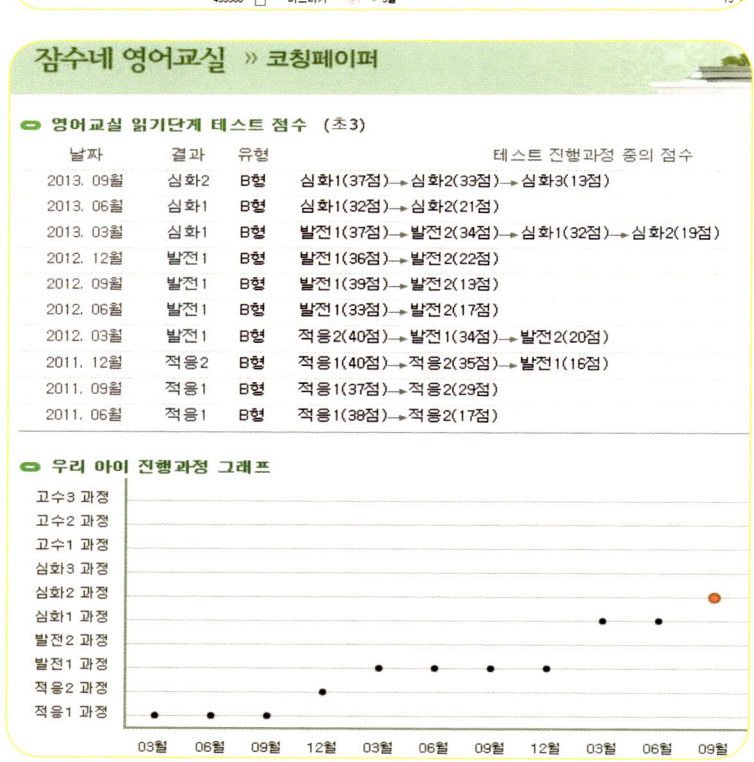

자기가 자기를 돕는 셈
작성자 : 해피99 (중1)

잠수네 영어교실에 들어가면 의무적으로 한 달에 한 번은 진행기를 써야만 다음 테스트를 볼 수 있습니다. 자기가 자기를 돕는 셈인데, 이것이야말로 코칭 페이퍼보다 도움이 되는 자가발전기입니다. 설렁설렁 쓰면 작은 용량의 발전기를 장착하는 것이고, 솔직하고 정성껏 쓰다 보면 큰 용량의 발전기를 자가장착하는 것이죠.

생각보다 석 달 만에 돌아오는 테스트가 금방 코앞이란 생각을 하게 됩니다. 한 학기에 중간, 기말시험, 또 두 번의 잠수네 테스트를 보니 한 달에 한 번 꼴로 긴장을 하게 되는 것이죠. 학교시험과 잠수네 테스트를 잘 보기 위해 달력을 펴놓고 챙기게 됩니다. 스스로 점검도 하면서요. 그러다 보면 1년이 눈에 들어오고 나중을 위해서도 오늘 할 일이 뭔지 생각해보게 됩니다.

느슨해지기 쉬운 자신을 채찍질해주는 역할을 하는 게 바로 진행기예요. 정성껏 진행하면서 진행기를 쓸수록 아이에게 더 신경을 쓰게 되는 것이죠. 꾸준히 하다 보면 늘 나침반을 지니고 있는 기분이 들어요.

내 손에 쥐여진 것을 황금으로 볼 것인가, 돌멩이로 볼 것인가는 자신의 선택입니다. 같이 힘을 내봅시다.

잠수네 영어교실 Writing 첨삭 …… 매월 두 편 첨삭(고수과정)

글번호	선택	작성자	학년	제목	작성일	
1725	☐	잠수네	중1	↳ [첨삭] Evil eye essay	13-10-04	0
1724	☐	딴지맘	초5	♥ Book Review	13-09-30	0
1723	☐	잠수네	초5	↳ [첨삭] Book Review	13-10-04	0
1722	☐	딴지맘	초5	♥ Book Review	13-09-29	0
1721	☐	잠수네	초5	↳ [첨삭] Book Review	13-10-02	0
1720	☐	눈뜸	중3	♥ The Diary of Anne Frank	13-09-28	0
1719	☐	잠수네	중3	↳ [첨삭] The Diary of Anne Frank	13-10-02	0
1718	☐	맥도날드	중2	♥ Olive's Ocean	13-09-28	0
1717	☐	잠수네	중2	↳ [첨삭] Olive's Ocean	13-10-02	0
1716	☐	올바르게	초3	♥ Book Report: Between Shades of Gray	13-09-27	0
1715	☐	잠수네	중3	↳ [첨삭] Book Report: Between Shades of Gray	13-10-02	0

> **초6에서 중3까지 118개의 글을 올려 첨삭을 받았습니다**
> 작성자 : 앤메리 (중3)

I really don't know what to say. I'm so glad I got to read and edit this. You are an excellent writer, and I am very impressed. Some (very few) phrases and parts of sentences were Just a little awkard, and I fixed those sith some minor tweaks. You have inspired me. I admire what you are doing.

며칠 전에 Writing Class에 올린 저희 아이의 글에 대한 첨삭 멘트입니다. 3개월 만에 쓴 글이었는데 칭찬도 많이 하시고, 고맙다고 해주셨어요. 오히려 감사인사는 아이와 제가 드려야죠.
초등 6학년 때부터 중3까지 118개의 글을 올렸더군요. 고수방에 오기 전 초등 5학년 때부터 혼자 노트에 쓴 북리뷰들은 따로 있고요. 저희에게는 소중한 보물이고 추억들입니다. 가끔 아이에게 어디서 영어 글쓰기를 배웠느냐고 물어보는 분들이 계신데, 즐겁게 읽은 영어책에서 배웠고, 교정해주는 이 없이 써본 북리뷰에서, Writing Class에서 배웠답니다.

초등 2학년에 시작한 영어교실을 이제는 떠나야 하네요. 조급한 마음에 속상해하기도 하고, 조그만 일에 기뻐하기도 했던 8년이었습니다. 포기하지 않고 주저앉지 않고 함께 따라와준 딸이 고맙고, 제 자신이 대견합니다.

> **궁금하시죠? 고수방 Writing Class**
> 작성자 : 즐거운날 (중3)

저희 아이가 처음으로 고수방에 진입해서 영어 글쓰기라는 걸 시작했네요. 학교 영어에세이대회에 선생님이 나가라고 해서 억지로 나가고, 학원에서 달랑 몇 줄 써본 것 빼고는 처음이에요. 한글 글쓰기도 싫어하니.

이번 방학에는 일주일에 한 편씩 2000자 이상으로 정하고 한 편당 얼마 하고 당근(money)을 걸었지요. 이제 겨우 두 편 썼는데, 간간이 모르는 단어는 네이버 검색하고, 다 쓰면 파일로 저장하고 복사해서 Writing Class에 척 하고 붙여넣어요.

그런데 선생님이 첨삭을 무척 친절하게 해주시네요. 워드파일로 그리 편집하기도 힘들 텐데 삭제할 부분, 추가할 부분 정말 감탄스럽게 달아주세요. 그리고 코멘트도 어찌나 격려가 되는지 제가 한 부분만 옮겨볼게요.

You write very well, presenting clearly your thoughts and the outline of the story, with excellent vocabulary and grammar. Your use of the language is quite natural sounding.

다들 분발하셔서 고수방 들어오시고, Writing Class에도 꼭 참여하세요.

함께하는 Team ······ 온라인에서 잠수네 영어를 함께 진행하는 20-40명 규모의 모임

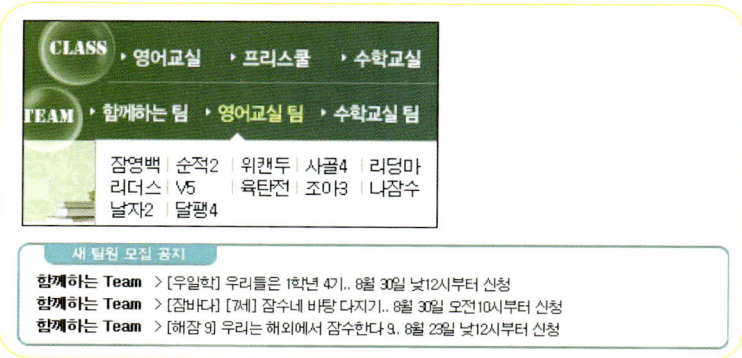

오래되신 고수님들부터 동기 같은 잠친들까지
작성자 : 츄츄쵸효 (초1)

1년 가까이 책벌레 입력하고 〈책나무〉 들여다보며 혼자서 진행했었는데, 맞게 하고 있는 건지 의구심도 많이 생기고 진행도 게을러지고 조급함에 아이와의 관계까지 안 좋아지더군요. 조언을 구할 데도 없고 해서 함께하는 팀에 지원하여 들어가게 되었답니다. 이미 오래되신 고수님들부터 동기 같은 잠친들까지 서로 어떻게 하는지 들여다보고 조언도 구하면서 다같이 으샤으샤. 〈포트폴리오〉를 본격적으로 작성하면서 열심이 되었답니다. 또 내 아이와 같은 또래거나 같은 단계에 있는 아이들의 〈포트폴리오〉도 들여다보면서 교재와 진행에 대해 다시금 돌아보게 되었구요.

우린 이모랑 삼촌을 얻었다
작성자 : 기차화통엄마 (초6, 초4)

• 작년 겨울 잠수 가입 최초로 함께하는 팀에 들어갔어요
잠수네는 혼자 조용히 진행할 땐 참 외로운 싸움이잖아요. 근데 팀을 진행하면서 같은 또래 아이들을 기르는 분들을 만나게 되고 또 같은 고민들을 나누다 보니 이웃사촌 같은 정이 가게 되더라구요.

• 팀을 시작하면서 〈포트폴리오〉 기록을 매일 하게 되었어요
그동안 게을러서 〈잠수네 포트폴리오〉를 잘 활용하지 않았거든요. 원래 기록에 약해서 〈포트폴리오〉 기록이 뜨문뜨문이었는데 팀에 올릴 진행을 기록하면서 매일 쓰는 습관을 가지게 되었어요.

• 다른 분들 〈포트폴리오〉에 놀러 가게(?) 되었어요
다른 분들 〈포트폴리오〉에 가면 그날 읽은 책 제목까지 좌악~~ 숨김없이 뜨기 때문에 가끔 딸내미랑 아들내미 불러서 보여주기도 합니다("이것 봐, 너랑 동갑인데 얘는 요렇게 열심히 산다!"). 우리 아이들보다 몇 살 많은 언니, 오빠들의 〈포트폴리오〉도 보면서 미래를 대비하게 되었어요.

이렇게 조금씩 잠수네에 발을 담그면서 우리 아이 상황을 자세히 적어 질문할 용기를 얻게 되었어요. 잠친들이 저의 가장 큰 보물입니다. 누가 귀찮게 우리 아이들 진행기까지 뒤져가며 저에게 조언을 해주겠어요. 또 정말 바쁜데도 제 질문에 몇 마디가 아니라 장문의 답을 여러 번 해주겠어요.
우리 아이들은 든든한 이모와 삼촌들을 잠수네에서 얻었습니다. 주변 경험을 풀어주셔서 미리 맘 잡고 대비할 수 있게 해준 이모들, 학원을 안 다니니 정보가 없어 어찌하나 고민할 때 귀한 조언을 해주는 이모들, 삼촌들, 엄마랑 수다를 떨어주어 아이들 쪼아대는 강도를 줄여준 이모들^^(요 이모들을 우리 애들은 가장 좋아할 듯). 정말 감사합니다.^^

잠수네 베스트 교재

잠수네 베스트 교재가 나오기까지 • 356

단계별 흘려듣기 베스트(JD1~JD9) • 360

주제별 흘려듣기 베스트 • 384
코믹 | 탐정·모험 | 감동 | SF·판타지 | 슈퍼 히어로 | 공주 | 뮤지컬 | 유령·몬스터 | 로봇 | 스포츠 | 재난 | 크리스마스 | 전쟁·역사 | 명작 | 미국드라마 | BBC 영국드라마 | 일본 애니메이션 | 학습 | 과학 | 수학 | 동물

단계별 집중듣기 & 읽기 베스트(J1~J9) • 414

주제별 집중듣기 & 읽기 베스트 • 468
노래가 좋은 그림책 | 알파벳 그림책 | 탈것 | 코믹·유머 | 일상·학교 | 공주 | 발레 | 요정 | 마녀 | 판타지 | 로봇·슈퍼 히어로 | 탐정·추리 | 전래·명작 | 명작 패러디 | 크리스마스·산타 | 요리 | 시·라임 | 공포·유령 | 공룡 | 몬스터 | 드래곤 | 사회·역사 | 위인·인물 | 과학 | 수학 | 미술 | 음악 | 스포츠 | 동물

〈DVD+영어책+한글책〉 한 축에 꿰기 • 518

아이들이 좋아하는 만화 베스트 • 539

읽기용 사전 베스트 • 541

[Tip] 영어 교재, 다 구입해야 하나요? • 542

4부

잠수네 베스트 교재

잠수네 베스트 교재가 나오기까지

여기에 소개된 영어책과 DVD는 〈잠수네 책벌레〉 프로그램과 〈잠수네 책나무〉 프로그램의 데이터를 기초로 뽑은 목록입니다. 책을 고를 때는 잠수네 단계를 참조하되 아이의 책 읽는 수준과 흥미도에 따라 유연하게 선택하셨으면 합니다.

잠수네 책벌레

2003년부터 현재까지 전국의 잠수네 회원 자녀들이 읽은 책이 평점과 함께 입력되어 있습니다.

- 〈잠수네 책벌레〉에 등록된 책: 한글책 약 17만 권, 영어책 약 12만 권

번호	단계	책제목	시리즈	저자	출판사	쪽수	읽은날짜	횟수	평가
618	J2	Country Fair	Little Critter First Readers Level 1	Mercer Mayer	School Specialty Publishing	24	13-10-15	4	
617	J2	We Love You, Little Critter	Little Critter First Readers Level 1	Mercer Mayer	McGraw-Hill	24	13-10-15	2	
616	J2	Skating Day	Little Critter First Readers Level 1	Mercer Mayer	School Specialty Publishing	24	13-10-15	1	
615	J2	Beach Day	Little Critter First Readers Level 1	Mercer Mayer	School Specialty Publishing	16	13-10-15	3	
614	J4	N-O Spells No!	Scholastic Hello Reader Level 2	Teddy Slater	Scholastic	32	13-10-14	2	
613	J1	Good Night, Gorilla		Peggy Rathmann	Putnam Publishing Group	34	13-10-14	4	
612	J2	No One Can Play	Little Critter First Readers Level 1	Mercer Mayer	School Specialty Publishing	24	13-10-14	2	
611	J3	Ruby's Tea for Two	Max and Ruby 시리즈	Rosemary Wells	Viking	14	13-10-14	4	
610	J1	Things I Like		Anthony Browne	Walker Books	20	13-10-14	3	
609	J1	Good Egg		Barney Saltzberg	Workman	18	13-10-14	3	
608	J2	My Trip to the Zoo	Little Critter First Readers Level 1	Mercer Mayer	McGraw-Hill	24	13-10-14	2	
607	J3	Arthur's Birthday Surprise	Arthur Starter 시리즈	Marc Brown	Little, Brown	24	13-10-13	1	
606	J3	D.W.'s Perfect Present	Arthur Starter 시리즈	Marc Brown	Little, Brown	24	13-10-13	1	

〈잠수네 책벌레〉 화면

잠수네 책나무

'우리 아이에게 꼭 맞는 한글책, 영어책, DVD 찾기'에 도움을 주기 위해 만든 프로그램입니다. 〈잠수네 책벌레〉에 입력된 책 중 읽은 아이 수와 평점을 참조해서 등록한 책과 DVD 정보가 들어 있습니다.

- 〈잠수네 책나무〉에 등록된 책: 한글책 약 2만 7천 권, 영어책 약 2만 6천 권, DVD 약 1,500편

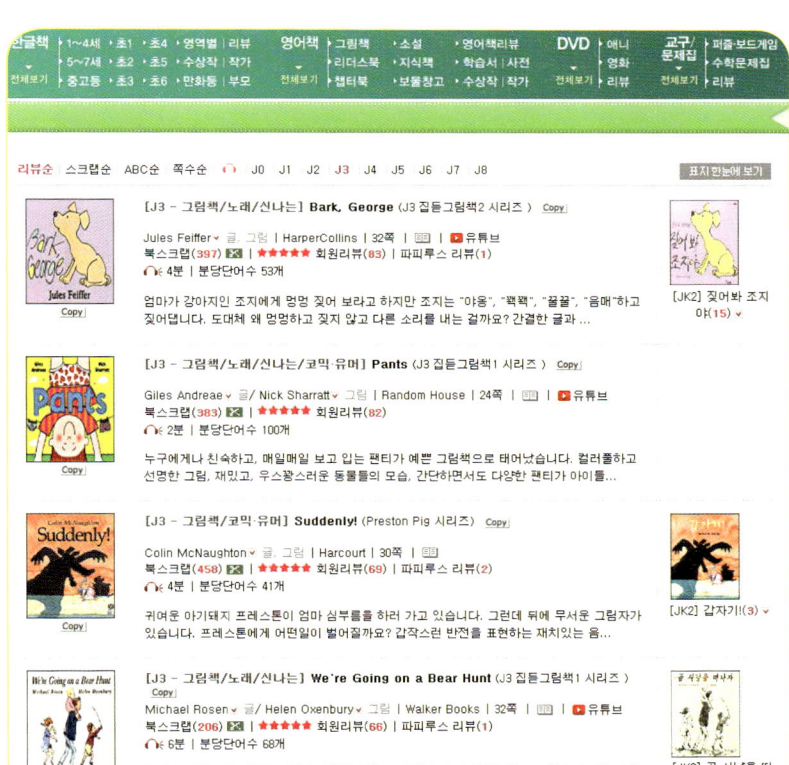

〈잠수네 영어책나무〉 화면

잠수네 영어교재 단계 안내

잠수네 영어교재 단계는 영어 수준을 고려해서 나누었지만 절대적인 것은 아니며 약간씩 수정될 수 있습니다.

구분	J1	J2	J3	J4	J5	J6	J7	J8	J9	J10
그림책	■	■	■	■	■	■	■	■		
리더스북		■	■	■	■	■	■			
그림책 같은 리더스북		■	■	■	■	■				
챕터북				■	■	■	■			
소설					■	■	■	■	■	■
지식책	■	■	■	■	■	■	■	■	■	■

영어책 종류별 잠수네 영어책 단계 분포

잠수네 DVD단계

잠수네 DVD단계는 대화 속도와 정서를 기준으로 정했습니다. 영어책 단계와 구분하기 위해 JD1~JD9로 표기했습니다.

구분	JD1	JD2	JD3	JD4	JD5	JD6	JD7	JD8	JD9
그림책 DVD	■	■	■	■					
TV애니메이션		■	■	■	■				
애니메이션			■	■	■	■	■	■	
TV드라마						■	■	■	■
영화						■	■	■	■

잠수네 DVD 단계

잠수네 한글책 단계

잠수네 한글책 단계는 연령과 학년을 기준으로 나누었으며, JK단계로 표시했습니다.

구분	JK1	JK2	JK3	JK4	JK5	JK6	JK7	JK8	JK9	JK10
나이/학년	1~4세	5~7세	초1	초2	초3	초4	초5	초6	중1~중3	중3~고3

잠수네 한글책 단계

QR 코드

〈DVD+영어책+한글책〉 한 축에 꿰기 면에는 유튜브에서 샘플 동영상을 볼 수 있도록 QR 코드를 넣었습니다. 스마트폰에 바코드 인식 앱을 다운받아 QR 코드를 찍으면 동영상을 바로 볼 수 있습니다. 잠수네 회원은 〈책나무 앱〉〈책벌레 앱〉으로 바코드를 찍으세요. QR 코드를 바로 인식합니다.

단계별 흘려듣기 베스트 — JD1

[JD1] The Very Hungry Caterpillar and Other Stories
배고픈 애벌레

[JD1] The Snowman
스노우맨

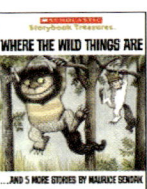
[JD1] Where the Wild Things Are … and 5 More Stories
괴물들이 사는 나라

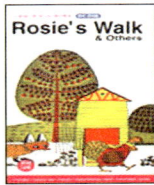
[JD1] Rosie's Walk & Others
로지의 산책

[JD1] The Rainbow Fish and Dazzle the Dinosaur
무지개 물고기와 아기 공룡 디노

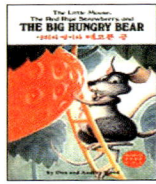
[JD1] The Little Mouse, the Red Ripe Strawberry, and the Big Hungry Bear
생쥐와 딸기와 배고픈 큰 곰

[JD1] Chicka Chicka Boom Boom and Lots More Learning Fun!

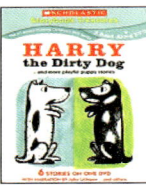
[JD1] Harry the Dirty Dog
개구쟁이 해리

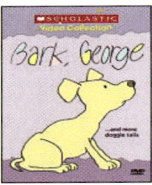
[JD1] Bark, George

[JD1] Scholastic Treasury of 100 Storybook Classics
스칼라스틱 그림책 DVD

[JD1] The Snowy day & Others
눈 오는 날

[JD1] Goodnight Moon & Other Sleepytime Tales

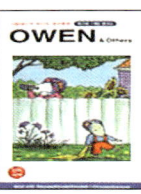
[JD1] Owen & Others
내 사랑 뿌뿌

[JD1] Pete's a Pizza … and More William Steig Stories

[JD1] Chicka Chicka 123 … and more counting fun!

[JD1] Click, Clack, Moo: Cows that Type … and More Amusing Animal Tales

[JD1] The Three Robbers & Others
세 강도

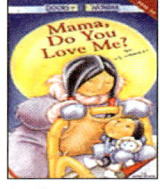
[JD1] Mama, Do you love me?
엄마, 나를 사랑하세요?

[JD1] Raymond Briggs' The Bear
레이몬드 브리스의 곰

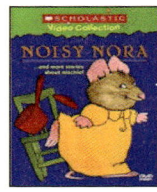
[JD1] Noisy Nora … and More Stories About Mischief

[JD1] How Do Dinosaurs Say Goodnight? ··· and more classic dinosaur tales

[JD1] Goldilocks and the Three Bears & Others

[JD1] I Stink! ··· and more stories on wheels

[JD1] Charlie Needs a Cloak & Others
찰리에겐 망토가 필요해요

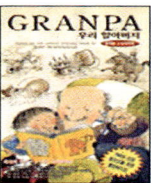
[JD1] Granpa
우리 할아버지

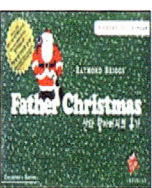
[JD1] Father Christmas
산타 할아버지의 휴가

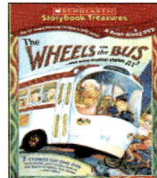
[JD1] The Wheels on the Bus ··· and More Musical Stories

[JD1] Make Way for Ducklings ··· and More Delightful Duck Stories

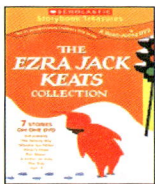
[JD1] The Ezra Jack Keats Collection

[JD1] Officer Buckle and Gloria & Others
버클 경장과 글로리아

단계별 흘려듣기 베스트 — JD2

[JD2] Winnie the Witch
마녀 위니

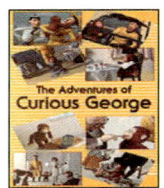
[JD2] The Adventures of Curious George (클레이 애니메이션)
호기심 많은 원숭이 조지

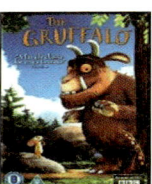
[JD2] The Gruffalo

[JD2] Knuffle Bunny

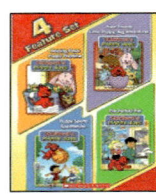
[JD2] Clifford's Puppy Days 시리즈
클리포드 퍼피 데이

[JD2] Caillou 시리즈
까이유

[JD2] Dora the Explorer 시리즈
도라도라 영어나라

[JD2] Max & Ruby 시리즈
토끼네 집으로 오세요

[JD2] Timothy Goes To School 시리즈
티모시네 유치원

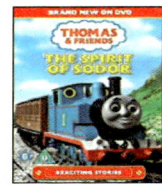
[JD2] Thomas & Friends 시리즈
토마스와 친구들

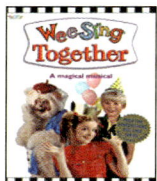
[JD2] Wee Sing 시리즈
위싱

[JD2] Maisy 시리즈
메이지

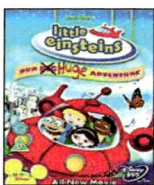
[JD2] Little Einsteins 시리즈
리틀 아인슈타인

[JD2] Barney & Friends 시리즈
바니와 친구들

[JD2] Bob the Builder 시리즈
뚝딱뚝딱 밥 아저씨

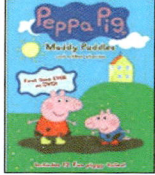
[JD2] Peppa Pig 시리즈
꿀꿀 페파는 즐거워

[JD2] Sesame Street 시리즈
세서미 스트리트

[JD2] Noddy 시리즈
노디야 놀자

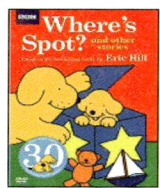
[JD2] Spot 시리즈
스팟

[JD2] Kipper 시리즈
키퍼

[JD2] BaBar: King of the Elephants 시리즈
코끼리왕 바바

[JD2] Blue's Clues 시리즈
블루스 클루스

[JD2] Wonder Pets 시리즈
원더 펫

[JD2] Wibbly Pig 시리즈

[JD2] Peep and the Big Wide World 시리즈

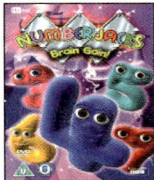  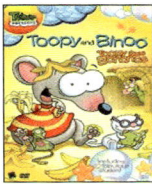  

[JD2] Numberjacks 시리즈
넘버잭스

[JD2] Baby Genius 시리즈

[JD2] Toopy and Binoo 시리즈
투피와 비누

[JD2] Meg and Mog 시리즈
메그와 모그

[JD2] Chloe's Closet 시리즈
클로이의 요술옷장

단계별 흘려듣기 베스트 — JD3

[JD3] Dr. Seuss 시리즈

[JD3] The Paperbag Princess
종이봉지 공주

[JD3] Five Lionni Classics: The Animal Fables of Leo Lionni
레오 리오니의 동물우화

[JD3] Berenstain Bears 시리즈
우리는 곰돌이 가족

[JD3] Little Bear 시리즈
리틀 베어

[JD3] The Magic Key 시리즈
매직 키

[JD3] Charlie and Lola 시리즈
찰리와 롤라

[JD3] Clifford 시리즈
클리포드

[JD3] Super WHY 시리즈
슈퍼 와이

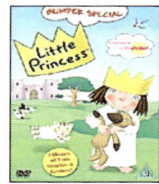
[JD3] Little Princess 시리즈
리틀 프린세스

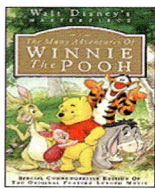
[JD3] Winnie the Pooh 시리즈
곰돌이 푸

[JD3] Go Diego Go! 시리즈
고 디에고 고!

[JD3] Between the Lions 시리즈
비트윈 더 라이온스

[JD3] Olivia 시리즈
올리비아

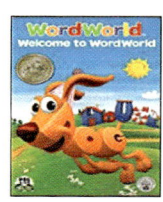
[JD3] WordWorld 시리즈
워드월드

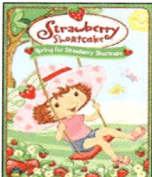
[JD3] Strawberry Shortcake 시리즈
스트로베리 숏케이크

[JD3] Madeline TV 시리즈

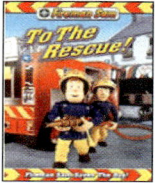
[JD3] Fireman Sam 시리즈

[JD3] Franklin 시리즈
꼬마 거북 프랭클린

[JD3] Dragon Tales 시리즈
용용나라

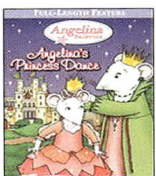 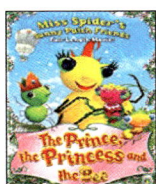   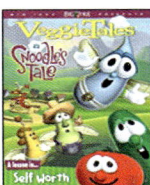

[JD3] Angelina Ballerina TV 시리즈
안젤리나 발레리나

[JD3] Miss Spider's Sunny Patch Friends 시리즈
미스 스파이더와 개구쟁이들

[JD3] Backyardigans 시리즈
꾸러기 상상여행

[JD3] Handy Manny 시리즈
만능수리공 매니

[JD3] Veggie Tales 시리즈
야채극장 베지테일

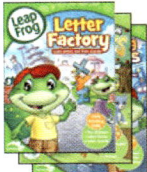 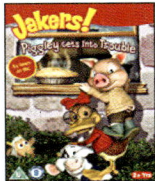 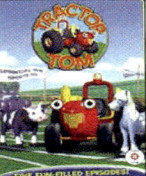  

[JD3] LeapFrog: Word 시리즈
립프로그

[JD3] Jakers! 시리즈
꼬마돼지 피글리의 모험

[JD3] Tractor Tom 시리즈
빨간 트랙터 통통

[JD3] Moomin 시리즈
무민

[JD3] Richard Scarry 시리즈

단계별 흘려듣기 베스트 — JD4

[JD4] Barbie 시리즈
바비

[JD4] Arthur 시리즈
아서

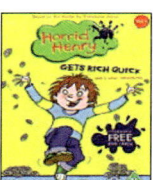
[JD4] Horrid Henry 시리즈
호리드 헨리

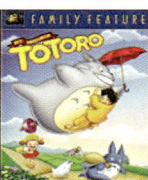
[JD4] My Neighbor Totoro
이웃집 토토로

[JD4] Pippi Longstocking TV 시리즈
말괄량이 삐삐

[JD4] Curious George TV 시리즈
호기심 많은 조지

[JD4] Pinocchio
피노키오

[JD4] Snow White and the Seven Dwarfs 백설공주와 일곱 난쟁이

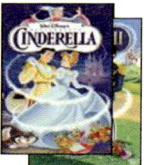
[JD4] Cinderella 시리즈
신데렐라

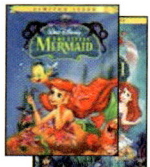
[JD4] The Little Mermaid 시리즈
인어공주

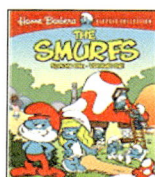
[JD4] Smurfs 시리즈
개구쟁이 스머프

[JD4] Eloise TV 시리즈
엘로이즈

[JD4] Sleeping Beauty
잠자는 숲속의 공주

[JD4] Mr. Men and Little Miss 시리즈
EQ의 천재들

[JD4] The Land Before Time 시리즈
공룡시대

[JD4] Bigfoot Presents Meteor and the Mighty Monster Trucks 시리즈
몬스터 트럭 메테오

[JD4] Sonic 시리즈
소닉

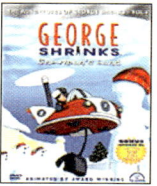
[JD4] George Shrinks 시리즈
조지가 줄었어요

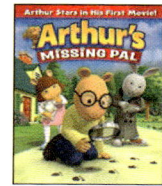
[JD4] Arthur's Missing Pal

[JD4] Mona the Vampire 시리즈
뱀파이어 소녀 모나

[JD4] The Cat in the Hat 시리즈
닥터수스의 캣 인 더 햇

[JD4] Paddington Bear 시리즈
패딩턴 베어

[JD4] Goof Troop 시리즈
구피와 친구들

[JD4] Balto 시리즈
발토

[JD4] Hello Kitty 시리즈
헬로 키티

[JD4] A Bunch of Munsch
Robert Munsch DVD 콜렉션

[JD4] Cyberchase 시리즈
신나는 사이버 수학세상

[JD4] The Dog of Flanders 시리즈
플란더스의 개

[JD4] Jake and the Neverland Pirates 시리즈
제이크와 네버랜드 해적들

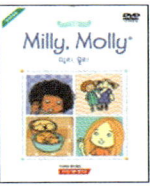
[JD4] Milly, Molly 시리즈
밀리, 몰리

[JD4] My Little Pony 시리즈
마이 리틀 포니

[JD4] The Adventures of Tom Sawyer 시리즈
톰 소여의 모험

[JD4] Martha Speaks 시리즈

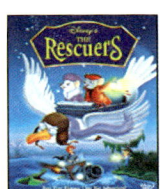
[JD4] The Rescuers
버나드와 비앙카의 구출 대모험

[JD4] Animated Tales of the World 시리즈
애니메이션 세계전래동화

[JD4] Fox and the Hound 시리즈
토드와 코퍼

[JD4] Lilo & Stitch 시리즈
릴로와 스티치

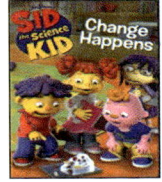
[JD4] Sid the Science Kid 시리즈
꼬마 과학자 시드

[JD4] Curious George
큐어리어스 조지

[JD4] Laura's Star
로라의 별님

단계별 흘려듣기 베스트 JD5

[JD5] Toy Story 시리즈
토이 스토리

[JD5] Shrek 시리즈
슈렉

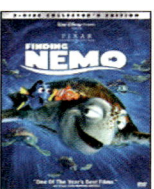
[JD5] Finding Nemo
니모를 찾아서

[JD5] Ice Age 시리즈
아이스 에이지

[JD5] Kung Fu Panda 시리즈
쿵푸 팬더

[JD5] SpongeBob 시리즈
스폰지 밥

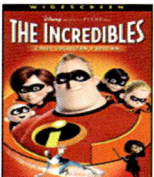
[JD5] The Incredibles
인크레더블

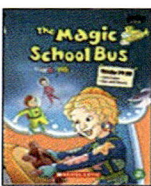
[JD5] Magic School Bus 시리즈
신기한 스쿨버스

[JD5] The Lion King 시리즈
라이온 킹

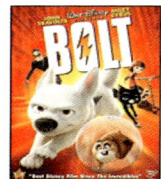
[JD5] Bolt
볼트

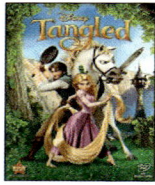
[JD5] Tangled
라푼젤

[JD5] Bug's Life
벅스 라이프

[JD5] Bee Movie
꿀벌 대소동

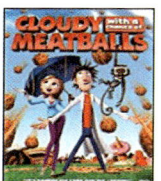
[JD5] Cloudy With A Chance Of Meatballs
하늘에서 음식이 내린다면

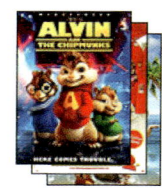
[JD5] Alvin And The Chipmunks 시리즈
앨빈과 슈퍼밴드

[JD5] Up
업

[JD5] Cars 시리즈
카

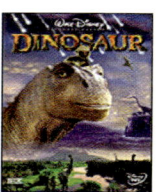
[JD5] Dinosaur
다이노소어

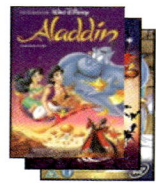
[JD5] Aladdin 시리즈
알라딘

[JD5] Beauty and the Beast 시리즈
미녀와 야수

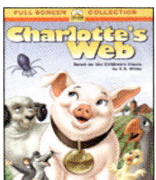
[JD5] Charlotte's Web 샬롯의 거미줄

[JD5] Madagascar 시리즈
마다가스카

[JD5] The Polar Express
폴라 익스프레스

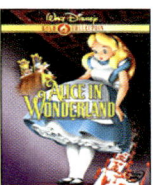
[JD5] Alice in Wonderland
이상한 나라의 앨리스

[JD5] Antz
개미

[JD5] Avatar: The Last Airbender 시리즈
아바타: 아앙의 전설

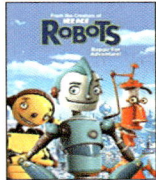
[JD5] Robots
로봇

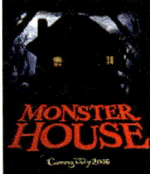
[JD5] Monster House
몬스터 하우스

[JD5] Tarzan 시리즈
타잔

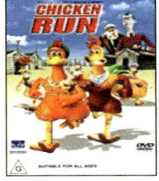
[JD5] Chicken Run
치킨 런

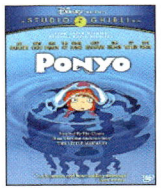
[JD5] Ponyo
벼랑 위의 포뇨

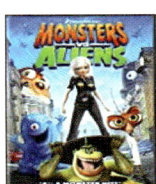
[JD5] Monsters vs. Aliens
몬스터 vs 에일리언

[JD5] Shark Tale
샤크

[JD5] Chicken Little
치킨 리틀

[JD5] Ben 10: Alien Force 시리즈
벤 10

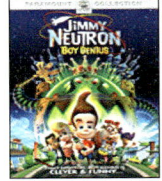
[JD5] Jimmy Neutron
천재 소년 지미 뉴트론

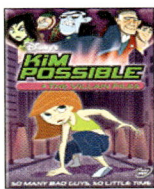
[JD5] Kim Possible TV 시리즈
킴 파서블

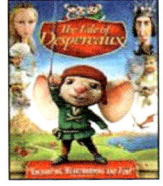
[JD5] The Tale Of Despereaux
작은 영웅 데스페로

[JD5] Lego Hero Factory 시리즈
레고 히어로 팩토리

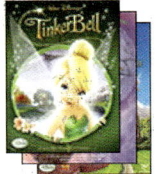
[JD5] Tinkerbell 시리즈
팅커벨

단계별 흘려듣기 베스트 — JD5

[JD5] Horton Hears a Who!
호튼

[JD5] Geronimo Stilton 시리즈
제로니모의 모험

[JD5] Astro Boy
아스트로 보이: 아톰의 귀환

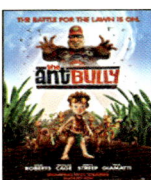
[JD5] The Ant Bully
앤트 불리

[JD5] Over The Hedge
헷지

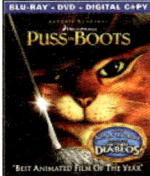
[JD5] Puss in Boots
장화 신은 고양이

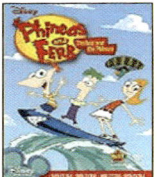
[JD5] Phineas and Ferb 시리즈
피니와 퍼브

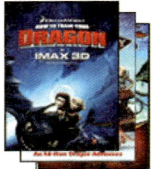
[JD5] How to Train Your Dragon 시리즈
드래곤 길들이기

[JD5] The Iron Giant
아이언 자이언트

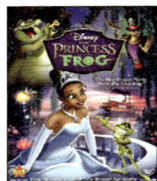
[JD5] The Princess And The Frog
공주와 개구리

[JD5] The Penguins of Madagascar 시리즈
마다가스카의 펭귄

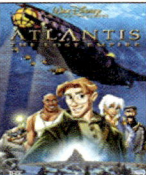
[JD5] Atlantis
아틀란티스

[JD5] Megamind
메가마인드

[JD5] Rio
리오

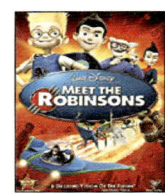
[JD5] Meet The Robinsons
로빈슨 가족

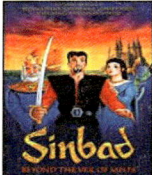
[JD5] Sinbad
신바드

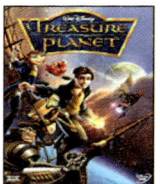
[JD5] Treasure Planet 보물성

[JD5] Rugrats 시리즈
러그래츠

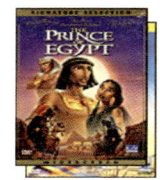
[JD5] The Prince of Egypt 시리즈
이집트 왕자

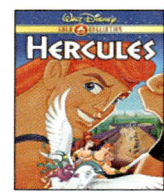
[JD5] Hercules
헤라클레스

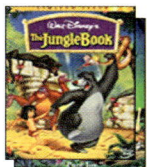
[JD5] The Jungle
Book 시리즈
정글북

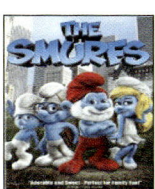
[JD5] The Smurfs
개구쟁이 스머프

[JD5] Kim Possible
시리즈
킴 파서블

[JD5] Brave
메리다와 마법의 숲

[JD5] Buzz Lightyear
of Star Command
우주전사 버즈

[JD5] Powerpuff Girls
시리즈
파워퍼프 걸

[JD5] Garfield and
Friends 시리즈
가필드

[JD5] Fairly Odd
Parents 시리즈
요절복통 수호천사

[JD5] The Wild
와일드

[JD5] The Tigger
Movie
티거 무비

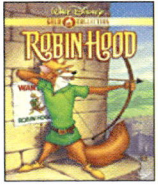
[JD5] Robin Hood
로빈 후드

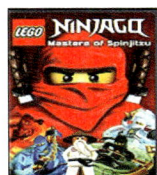
[JD5] Lego Ninjago:
Masters of Spinjitzu
레고 닌자고

[JD5] Scooby-Doo
TV 시리즈
반가워 스쿠비두

[JD5] Inspector
Gadget 시리즈
돌아온 형사 가제트

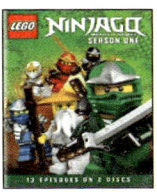
[JD5] Lego Ninjago:
Masters of Spinjitzu
TV 시리즈
레고 닌자고

[JD5] G-Force
지포스

[JD5] Flushed Away
플러쉬

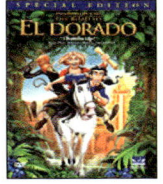
[JD5] The Road
to El Dorado
엘도라도

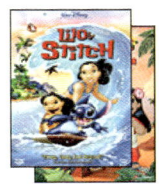
[JD5] Lilo & Stitch
시리즈
릴로 & 스티치

[JD5] Fantastic
Mr. Fox
판타스틱 Mr. Fox

단계별 흘려듣기 베스트 JD6

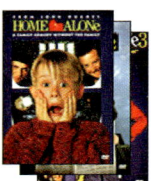
[JD6] Home Alone
시리즈
나 홀로 집에

[JD6] Ratatouille
라따뚜이

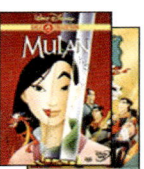
[JD6] Mulan 시리즈
뮬란

[JD6] The Sound
of Music
사운드 오브 뮤직

[JD6] Matilda
마틸다

[JD6] Spirited Away
센과 치히로의
행방불명

[JD6] Charlotte's
Web
샬롯의 거미줄

[JD6] Stuart Little
시리즈
스튜어트 리틀

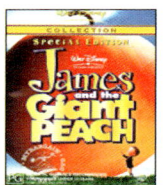
[JD6] James and the
Giant Peach
제임스와
거대한 복숭아

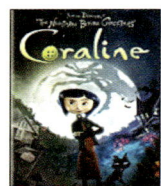
[JD6] Coraline
코렐라인: 비밀의 문

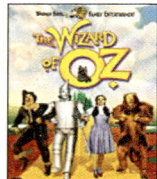
[JD6] The Wizard
of Oz
오즈의 마법사

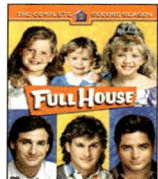
[JD6] Full House
시리즈
풀하우스

[JD6] E. T.
이티

[JD6] Garfield
시리즈
가필드

[JD6] Despicable Me
슈퍼배드

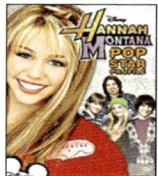
[JD6] Hannah
Montana 시리즈
한나 몬타나

[JD6] Charlie And
The Chocolate
Factory
찰리와 초콜릿 공장

[JD6] Night At The
Museum 시리즈
박물관이 살아 있다

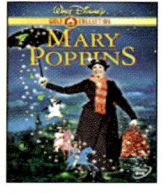
[JD6] Mary Poppins
메리 포핀스

[JD6] Nanny Mcphee
시리즈
내니 맥피

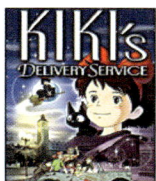
[JD6] Kiki's Delivery Service
마녀 배달부 키키

[JD6] Arthur and the Invisibles
아더와 미니모이

[JD6] Laputa: Castle in the Sky
천공의 성 라퓨타

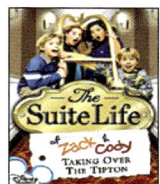
[JD6] The Suite Life of Zack and Cody 시리즈
잭과 코디의 우리 집은 스위트룸

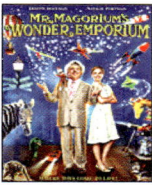
[JD6] Mr. Magorium's Wonder Emporium
마고리엄의 장난감 백화점

[JD6] 101 Dalmatians
101마리 달마시안

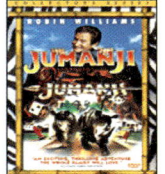
[JD6] Jumanji
쥬만지

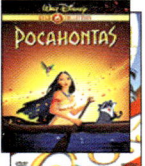
[JD6] Pocahontas 시리즈
포카혼타스

[JD6] Pippi Longstocking 시리즈
말괄량이 삐삐

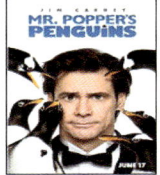
[JD6] Mr. Popper's Penguins
파퍼씨네 펭귄들

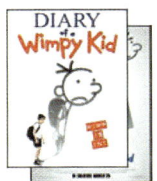
[JD6] Diary Of A Wimpy Kid 시리즈
윔피 키드

[JD6] The Nightmare Before Christmas
크리스마스의 악몽

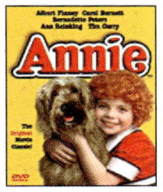
[JD6] Annie
애니

[JD6] Surf's Up
서핑 업

[JD6] Honey, I Shrunk The Kids
애들이 줄었어요

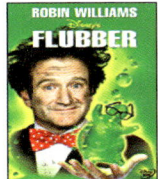
[JD6] Flubber
플러버

[JD6] Spy Kids 시리즈
스파이 키드

[JD6] Enchanted
마법에 걸린 사랑

[JD6] Star Wars: The Clone Wars
스타워즈 클론전쟁

[JD6] The Parent Trap
페어런트 트랩

단계별 흘려듣기 베스트 JD6

[JD6] Anne
of Green Gables
시리즈
빨강머리 앤

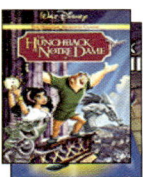
[JD6] The
Hunchback Of Notre
Dame 시리즈
노트르담의 꼽추

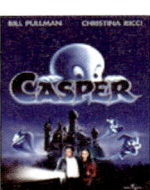
[JD6] Casper
꼬마 유령 캐스퍼

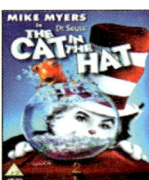
[JD6] The Cat
In The Hat
닥터 수스의
캣 인 더 햇

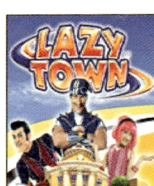
[JD6] Lazy Town
시리즈
강철수염과
게으른 동네

[JD6] Fly Away
Home
아름다운 비행

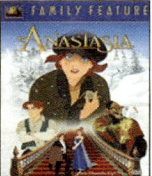
[JD6] Anastasia
아나스타샤

[JD6] Adventures of
Tintin 시리즈
땡땡의 모험

[JD6] Ella Enchanted
엘라 인첸티드

[JD6] Hannah
Montana 무비 시리즈
한나 몬타나

[JD6] Zathura
자투라

[JD6] Rango
랭고

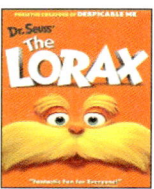
[JD6] The Lorax
로렉스

[JD6] Mirror, Mirror
백설공주

[JD6] Sky High
스카이 하이

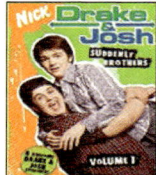
[JD6] Drake & Josh
드레이크 앤 조쉬

[JD6] Miracle
on 34th Street
34번가의 기적

[JD6] Osmosis Jones
오스모시스 존스

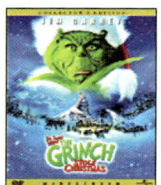
[JD6] How the Grinch
Stole Christmas
그린치

[JD6] Beethoven
시리즈
베토벤

[JD6] Shiloh
샤일로

[JD6] Where The Wild Things Are
괴물들이 사는 나라

[JD6] Scooby-Doo 시리즈
스쿠비 두

[JD6] Eloise 시리즈
엘로이즈

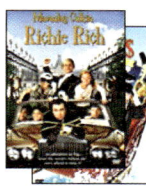
[JD6] Richie Rich 시리즈
리치 리치

[JD6] Batteries Not Included
8번가의 기적

[JD6] Buddies 시리즈
버디스

[JD6] The Way Things Work 시리즈
교과서 속의 기계 원리들

[JD6] Hotel Transylvania
몬스터 호텔

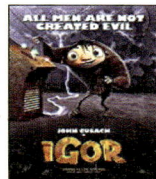
[JD6] IGOR
이고르

[JD6] Ned's Declassified 시리즈
네드의 학교에서 살아남기

[JD6] How to Eat Fried Worms
구운 벌레 먹는 법

[JD6] Justice League 시리즈
저스티스 리그

[JD6] Gnomeo & Juliet
노미오와 줄리엣

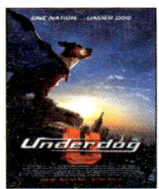
[JD6] Underdog
언더독

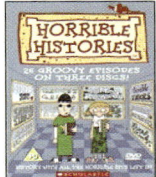
[JD6] Horrible Histories 시리즈
앗, 이렇게 생생한 역사가!

[JD6] Because of Winn-Dixie
비커즈 오브 윈-딕시

[JD6] Hotel For Dogs
강아지 호텔

[JD6] Everybody Hates Chris
왕따천사 크리스

[JD6] Chitty Chitty Bang Bang
치티치티 뱅뱅

단계별 흘려듣기 베스트 — JD7

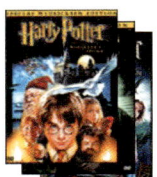
[JD7] Harry Potter 시리즈
해리포터

[JD7] Chronicles Of Narnia 시리즈
나니아 연대기

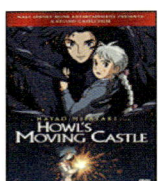
[JD7/중등 이상] Howl's Moving Castle
하울의 움직이는 성

[JD7] Hoodwinked 시리즈
빨간 모자의 진실

[JD7] High School Musical 시리즈
하이스쿨 뮤지컬

[JD7] Spider-Man 시리즈
스파이더맨

[JD7] Corpse Bride
유령신부

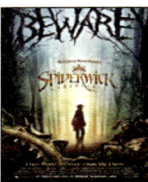
[JD7] The Spiderwick Chronicles
스파이더위크 가의 비밀

[JD7] Percy Jackson & the Olympians: The Lightning Thief
퍼시 잭슨과 번개 도둑

[JD7] Pirates of the Caribbean 시리즈
캐리비언의 해적

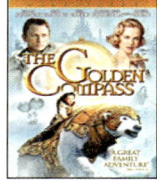
[JD7] The Golden Compass
황금나침반

[JD7] Transformer 시리즈
트랜스포머

[JD7/중등 이상] The Cat Returns
고양이의 보은

[JD7] Bridge to Terabithia
비밀의 숲 테라비시아

[JD7/중등 이상] The Princess Diaries 시리즈
프린세스 다이어리

[JD7] Indiana Jones 시리즈
인디애나 존스

[JD7] Wizards of Waverly Place 시리즈
우리 가족 마법사

[JD7] Gulliver's Travels
걸리버 여행기

[JD7] The Day After Tomorrow
투모로우

[JD7] Merlin 시리즈
마법사 멀린

[JD7] iCarly 시리즈
아이칼리

[JD7] Mrs. Doubtfire
미세스 다웃파이어

[JD7] Back to the Future 시리즈
백 투더 퓨처

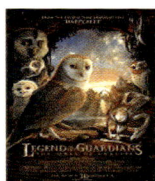
[JD7] Legend of the Guardians: The Owls of Ga'Hoole
가디언의 전설

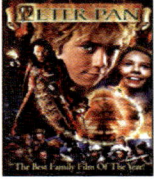
[JD7] Peter Pan
피터 팬

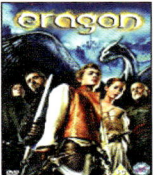
[JD7] Eragon
에라곤

[JD7] The Last Airbender
라스트 에어벤더

[JD7] The School of Rock
스쿨 오브 락

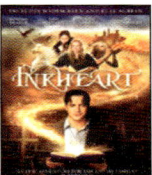
[JD7] Inkheart
잉크하트: 어둠의 부활

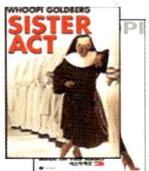
[JD7] Sister Act 시리즈
시스터 액트

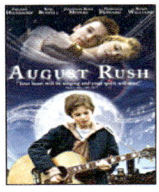
[JD7] August Rush
어거스트 러쉬

[JD7/중등 이상] I am Sam
아이 엠 샘

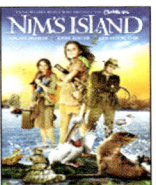
[JD7] Nim's Island
님스 아일랜드

[JD7/중등 이상] Sabrina, the Teenage Witch 시리즈
미녀 마법사 사브리나

[JD7] Free Willy 시리즈
프리 윌리

[JD7] Superman 시리즈
슈퍼맨

[JD7] The Secret Garden
비밀의 화원

[JD7] The Water Horse: Legend Of The Deep
워터호스

[JD7] The Sorcerer's Apprentice
마법사의 제자

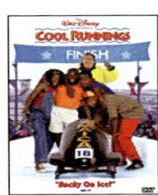
[JD7] Cool Runnings
쿨 러닝

● 잠수네 베스트 교재

단계별 흘려듣기 베스트 — JD7

[JD7] Fantastic Four
판타스틱 4

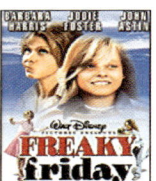
[JD7] Freaky Friday
프리키 프라이데이

[JD7] Wizards of Waverly Place: Wizard School
웨벌리 플레이스의 마법사

[JD7] Camp Rock
캠프 락

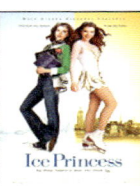
[JD7] Ice Princess
아이스 프린세스

[JD7] A Little Princess
소공녀

[JD7] Journey 시리즈
잃어버린 세계를 찾아서

[JD7] The Karate Kid
베스트 키드

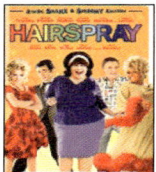
[JD7] Hairspray
헤어스프레이

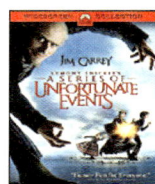
[JD7] Lemony Snicket's A series of Unfortunate Events
레모니 스니켓의 위험한 대결

[JD7] Lizzie McGuire TV 시리즈
리지 맥과이어

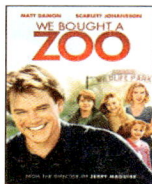
[JD7] We Bought a Zoo
우리는 동물원을 샀다

[JD7] Doctor Dolittle
닥터 두리틀

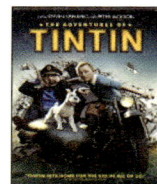
[JD7] TinTin: The Secret of the Unicorn
틴틴: 유니콘호의 비밀

[JD7] My Girl 시리즈
마이 걸

[JD7] Jack Frost
잭 프로스트

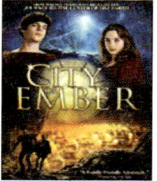
[JD7] City of Ember
시티 오브 엠버

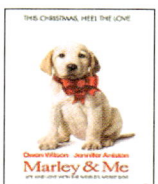
[JD7] Marley & Me
말리와 나

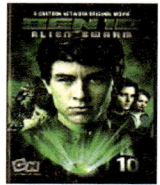
[JD7] Ben 10: Alien Swarm
벤 10

[JD7] Inspector Gadget 시리즈
형사 가제트

[JD7] Hook
후크

[JD7] Ramona And Beezus
라모너 앤 비저스

[JD7] Hugo
휴고

[JD7] Good Luck Charlie 시리즈
찰리야 부탁해

[JD7] Little House On The Prairie
초원의 집

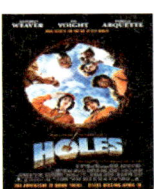
[JD7] Holes
홀스

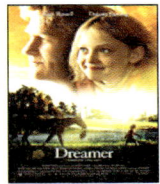
[JD7] Dreamer: Inspired By A True Story
드리머

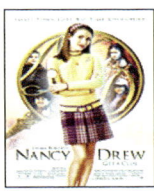
[JD7] Nancy Drew
낸시 드류

[JD7] Robin Hood 시리즈: 영국 BBC
로빈 후드

[JD7/중등 이상] Cinderella Story 시리즈
신데렐라 스토리

단계별 흘려듣기 베스트 — JD8

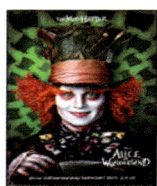
[JD8] Alice In Wonderland
이상한 나라의 앨리스

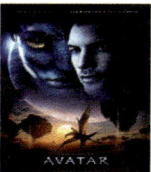
[JD8] Avata
아바타

[JD8] Iron Man 시리즈
아이언 맨

[JD8/중등 이상] The Jurassic Park 시리즈
쥬라기 공원

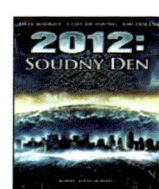
[JD8/중등 이상] 2012

[JD8] Anne of Green Gables TV 시리즈: 영국 BBC
빨강머리 앤

[JD8/중등 이상] A Christmas Carol
크리스마스 캐럴

[JD8/중등 이상] X-Men 시리즈
엑스맨

[JD8/중등 이상] I, Robot
아이, 로봇

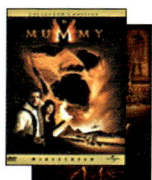
[JD8/중등 이상] The Mummy 시리즈
미이라

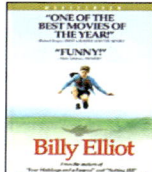
[JD8/중등 이상] Billy Elliot
빌리 엘리어트

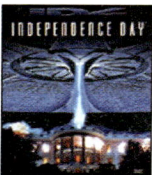
[JD8/중등 이상] Independence Day
인디펜던스 데이

[JD8/중등 이상] Little Women
작은 아씨들

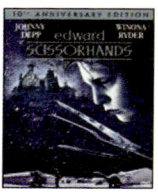
[JD8/중등 이상] Edward Scissorhands
가위손

[JD8] The Avengers
어벤져스

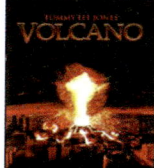
[JD8/중등 이상] Volcano
볼케이노

[JD8/중등 이상] Life Is Beautiful
인생은 아름다워

[JD8/중등 이상] Deep Impact
딥 임팩트

[JD8/중등 이상] The Lizzie McGuire Movie
리지 맥과이어

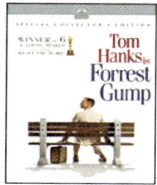
[JD8/중등 이상] Forrest Gump
포레스트 검프

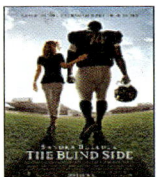    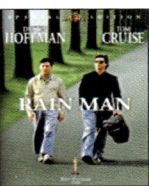

| [JD8/중등 이상]
The Blind Side
블라인드 사이드 | [JD8/중등 이상] The Devil Wears Prada
악마는 프라다를 입는다 | [JD8/중등 이상]
Real Steel
리얼 스틸 | [JD8/중등 이상]
Doctor Who 시리즈:
영국 BBC
닥터 후 | [JD8/중등 이상]
Rain Man
레인 맨 |

  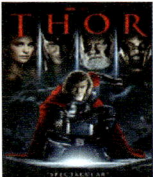 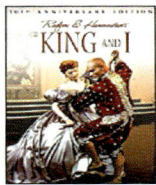 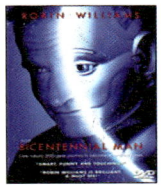

| [JD8/중등 이상] Big
빅 | [JD8/중등 이상]
Gilmore Girls 시리즈
길모어 걸스 | [JD8] Thor
토르: 천둥의 신 | [JD8/중등 이상]
The King and I
왕과 나 | [JD8/중등 이상]
Bicentennial Man
바이센터니얼 맨 |

 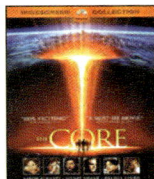   

| [JD8/중등 이상]
The Boy In The Striped Pajamas
줄무늬 파자마를 입은 소년 | [JD8/중등 이상]
The Core
코어 | [JD8/중등 이상]
The Cure
굿바이 마이 프랜드 | [JD8/중등 이상]
The Hobbit: An Unexpected Journey
호빗: 뜻밖의 여정 | [JD8/중등 이상]
Pay It Forward
아름다운 세상을 위하여 |

  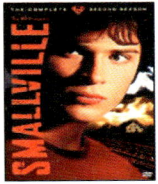  

| [JD8/중등 이상]
The Pursuit Of Happyness
행복을 찾아서 | [JD8] Around The World In Eighty Days
80일간의 세계일주 | [JD8/중등 이상]
Smallville 시리즈
스몰빌 | [JD8/중등 이상]
Glee 시리즈
글리 | [JD8/중등 이상]
Life of Pi
라이프 오브 파이 |

단계별 흘려듣기 베스트 — JD9

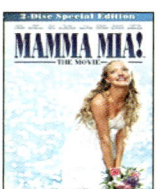
[JD9/중등 이상]
Mamma Mia!
맘마미아

[JD9/중등 이상]
The Lord of the Rings 시리즈
반지의 제왕

[JD9/중등 이상]
Star Wars 시리즈
스타워즈

[JD9/중등 이상]
Mission Impossible 시리즈
미션 임파서블

[JD9/중등 이상]
Twilight 시리즈
트와일라잇

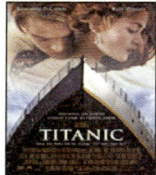
[JD9/중등 이상]
Titanic
타이타닉

[JD9/중등 이상]
Batman 시리즈
배트맨

[JD9/중등 이상]
The Matrix 시리즈
매트릭스

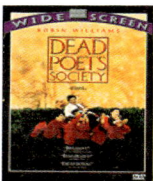
[JD9/중등 이상]
Dead Poets Society
죽은 시인의 사회

[JD9/중등 이상]
The Phantom of the Opera
오페라의 유령

[JD9/중등 이상]
The Shawshank Redemption
쇼생크 탈출

[JD9/중등 이상]
Legally Blonde
금발이 너무해

[JD9/중등 이상]
Roman Holiday
로마의 휴일

[JD9/중등 이상]
Les Miserables
레 미제라블

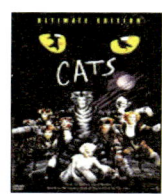
[JD9/중등 이상]
Cats
캣츠

[JD9/중등 이상]
Gone with the Wind
바람과 함께 사라지다

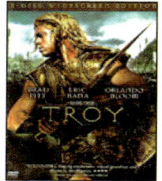
[JD9/중등 이상]
Troy
트로이

[JD9/중등 이상]
Notting Hill
노팅힐

[JD9/중등 이상]
Pride and Prejudice 시리즈: 영국 BBC
오만과 편견

[JD9/중등 이상]
The Island
아일랜드

[JD9/중등 이상]
Jane Eyre 시리즈:
영국 BBC
제인 에어

[JD9/중등 이상]
Pride & Prejudice
오만과 편견

[JD9/중등 이상]
Schindler's List
쉰들러 리스트

[JD9/중등 이상]
Saving Private Ryan
라이언 일병 구하기

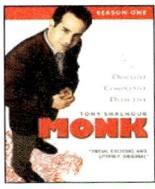
[JD9/중등 이상]
Monk 시리즈
명탐정 몽크

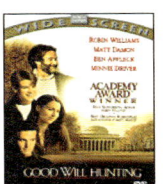
[JD9/중등 이상]
Good Will Hunting
굿 윌 헌팅

[JD9/중등 이상]
Sherlock 시리즈:
영국 BBC
셜록

[JD9/중등 이상]
Amadeus
아마데우스

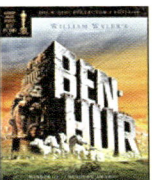
[JD9/중등 이상]
Ben-Hur
벤허

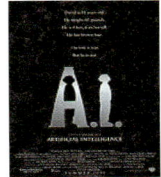
[JD9/중등 이상]
A.I.
에이 아이

[JD9/중등 이상]
Minority Report
마이너리티 리포트

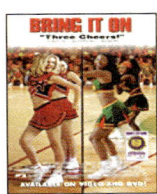
[JD9/중등 이상]
Bring It On
브링 잇 온

[JD9/중등 이상]
You've Got Mail
유브 갓 메일

[JD9/중등 이상]
Jane Eyre
제인 에어

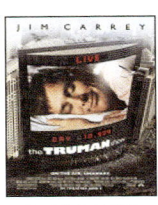
[JD9/중등 이상]
The Truman Show
트루먼쇼

[JD9/중등 이상]
North and South
시리즈: 영국 BBC
남과 북

[JD9/중등 이상]
Modern Family
시리즈
모던 패밀리

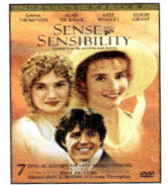
[JD9/중등 이상]
Sense And Sensibility
센스 & 센서빌리티

[JD9/중등 이상]
The King's Speech
킹스 스피치

[JD9/중등 이상]
Once Upon a Time
시리즈
원스 어폰 어 타임

주제별 흘려듣기 베스트 — 코믹

[JD3] Backyardigans 시리즈
꾸러기 상상여행

[JD4] Horrid Henry 시리즈
호리드 헨리

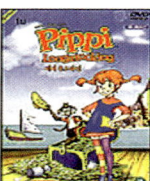
[JD4] Pippi Longstocking TV 시리즈
말괄량이 삐삐

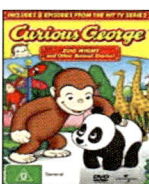
[JD4] Curious George TV 시리즈
호기심 많은 조지

[JD4] Mr. Men and Little Miss 시리즈
EQ의 천재들

[JD4] The Cat in the Hat 시리즈
닥터수스의 캣 인 더 햇

[JD5] The Penguins of Madagascar 시리즈
마다가스카의 펭귄

[JD5] Wayside School 시리즈

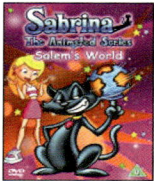
[JD5] The Very Best Of Sabrina 시리즈
사브리나

[JD5] Fairly Odd Parents 시리즈
요절통통 수호천사

[JD5] SpongeBob 시리즈
스폰지 밥

[JD5] Shrek 시리즈
슈렉

[JD5] Cloudy With A Chance Of Meatballs
하늘에서 음식이 내린다면

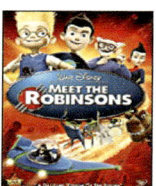
[JD5] Meet The Robinsons
로빈슨 가족

[JD5] Lilo & Stitch 시리즈
릴로 & 스티치

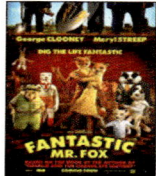
[JD5] Fantastic Mr. Fox
판타스틱 Mr. Fox

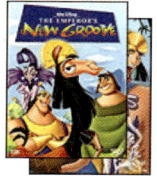
[JD5] The Emperor's New Groove 시리즈
쿠스코? 쿠스코!

[JD5] The SpongeBob Squarepants Movie
보글보글 스폰지 밥

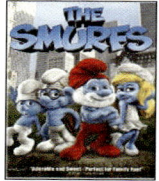
[JD5] The Smurfs
개구쟁이 스머프

[JD5] Cars Toon: Mater's Tall Tales
카툰: 메이터의 놀라운 이야기

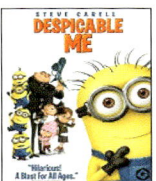
[JD6] Despicable Me
슈퍼배드

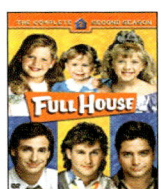
[JD6] Full House
시리즈
풀하우스

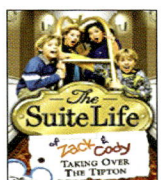
[JD6] The Suite Life
of Zack and Cody
시리즈
잭과 코디의
우리 집은 스위트룸

[JD6] Lazy Town
시리즈
강철수염과
게으른 동네

[JD6] Matilda
마틸다

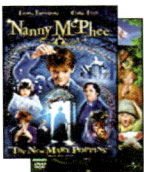
[JD6] Nanny Mcphee
시리즈
내니 맥피

[JD6] Mr. Magorium's
Wonder Emporium
마고리엄의
장난감 백화점

[JD6] Pippi
Longstocking 시리즈
말괄량이 삐삐

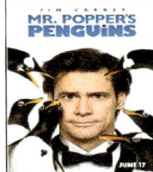
[JD6] Mr. Popper's
Penguins
파퍼씨네 펭귄들

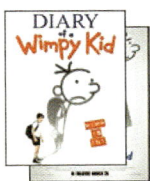
[JD6] Diary Of A
Wimpy Kid 시리즈
윔피 키드

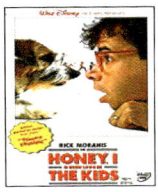
[JD6] Honey,
I Shrunk The Kids
애들이 줄었어요

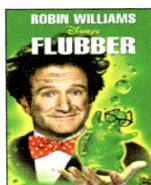
[JD6] Flubber
플러버

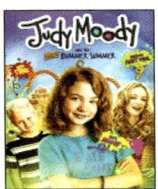
[JD6] Judy Moody and
the NOT Bummer
톡톡 개성파 주디 무디

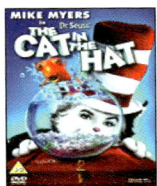
[JD6] The Cat
In The Hat
닥터 수스의
캣 인 더 햇

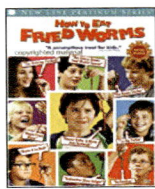
[JD6] How to Eat
Fried Worms
구운 벌레 먹는 법

[JD6] Everybody
Hates Chris
왕따천사 크리스

[JD6] Horrid Henry:
The Movie
호리드 헨리 더 무비

[JD7] Hoodwinked
시리즈
빨간 모자의 진실

[JD7] Wizards of
Waverly Place 시리즈
우리 가족 마법사

[JD7] Ramona
And Beezus
라모너 앤 비저스

주제별 흘려듣기 베스트 — 탐정 · 모험

[JD2] Dora the Explorer 시리즈
도라도라 영어나라

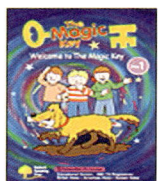
[JD3] The Magic Key 시리즈
매직 키

[JD3] Go Diego Go! 시리즈
고 디에고 고!

[JD3] Dragon Tales 시리즈
용용나라

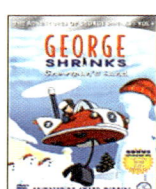
[JD4] George Shrinks 시리즈
조지가 줄었어요

[JD4] Jake and the Neverland Pirates 시리즈
제이크와 네버랜드 해적들

[JD4] Bigfoot Presents Meteor and the Mighty Monster Trucks 시리즈
몬스터 트럭 메테오

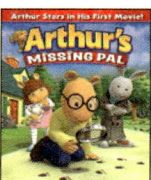
[JD4] Arthur's Missing Pal

[JD5] Phineas and Ferb 시리즈
피니와 퍼브

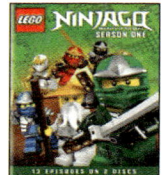
[JD5] Lego Ninjago: Masters of Spinjitzu TV시리즈
레고 닌자고

[JD5] Inspector Gadget 시리즈
돌아온 형사 가제트

[JD5] Time Warp Trio 시리즈

[JD5] American dragon, Jake Long 시리즈
아메리칸 드래곤 제이크롱

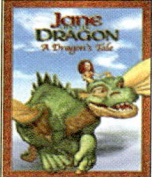
[JD5] Jane and The Dragon
제인 앤드 드래곤

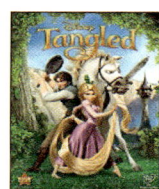
[JD5] Tangled
라푼젤

[JD5] Monster House
몬스터 하우스

[JD5] Tarzan 시리즈
타잔

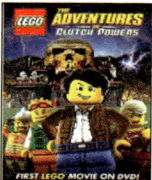
[JD5] Lego: The Adventures Of Clutch Powers
레고: 클러치 파워의 모험

[JD5] The Ant Bully
앤트 불리

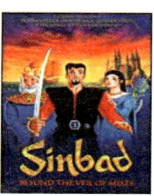
[JD5] Sinbad
신밧드

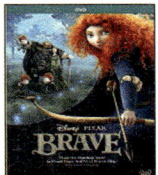
[JD5] Brave
메리다와 마법의 숲

[JD5] G-Force
지포스

[JD5] The Road
to El Dorado
엘도라도

[JD5] Phineas & Ferb
the Movie: Across
the 2nd Dimension
피니와 퍼브

[JD5] Puss in Boots
장화 신은 고양이

[JD6] Mulan 시리즈
뮬란

[JD6] Adventures
of Tintin 시리즈
땡땡의 모험

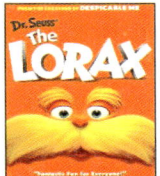
[JD6] The Lorax
로렉스

[JD6] Night At
The Museum 시리즈
박물관이 살아 있다

[JD6] Jumanji
쥬만지

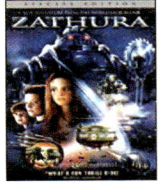
[JD6] Zathura
자투라

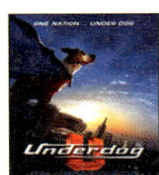
[JD6] Underdog
언더독

[JD7] Pirates of the
Caribbean 시리즈
캐리비언의 해적

[JD7] Indiana Jones
시리즈
인디애나 존스

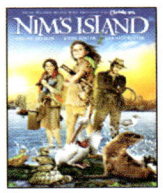
[JD7] Nim's Island
님스 아일랜드

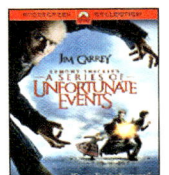
[JD7] Lemony
Snicket's A series
of Unfortunate Events
레모니 스니켓의
위험한 대결

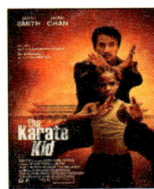
[JD7] The Karate Kid
베스트 키드

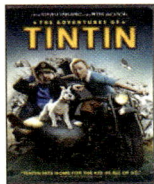
[JD7] TinTin: The
Secret of the Unicorn
틴틴: 유니콘호의
비밀

[JD7] Hook
후크

[JD7] Nancy Drew
낸시 드류

주제별 흘려듣기 베스트 — 감동

  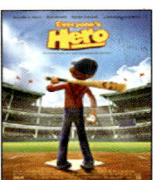 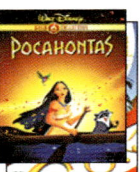 

[JD5] Up
업

[JD5] The Polar Express
폴라 익스프레스

[JD5] Everyone's Hero
에브리원 히어로

[JD6] Pocahontas 시리즈
포카혼타스

[JD6] The Parent Trap
페어런트 트랩

 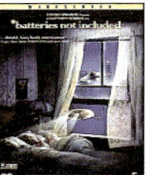  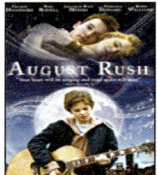 

[JD6] Curly Sue
내 사랑 컬리 수

[JD6] Batteries Not Included
8번가의 기적

[JD7] Bridge to Terabithia
비밀의 숲 테라비시아

[JD7] August Rush
어거스트 러쉬

[JD7] Mrs. Doubtfire
미세스 다웃 파이어

  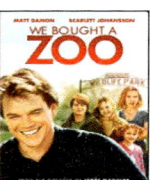  

[JD7/중등 이상] I am Sam
아이 엠 샘

[JD7] Freaky Friday
프리키 프라이데이

[JD7] We Bought a Zoo
우리는 동물원을 샀다

[JD7] Jack Frost
잭 프로스트

[JD7] Vitus
비투스

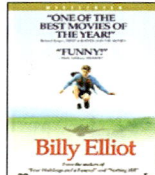  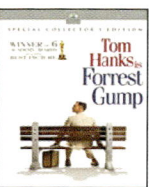  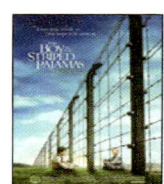

[JD8/중등 이상] Billy Elliot
빌리 엘리어트

[JD8/중등 이상] Life Is Beautiful
인생은 아름다워

[JD8/중등 이상] Forrest Gump
포레스트 검프

[JD8/중등 이상] Rain Man
레인 맨

[JD8/중등 이상] The Boy In The Striped Pajamas
줄무늬 파자마를 입은 소년

[JD8/중등 이상]
The Cure
굿바이 마이 프렌드

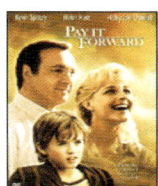
[JD8/중등 이상]
Pay It Forward
아름다운 세상을
위하여

[JD8/중등 이상]
The Pursuit
Of Happyness
행복을 찾아서

[JD8/중등 이상]
Tuck Everlasting
터크 에버래스팅

[JD8/중등 이상]
The Terminal
터미널

[JD8/중등 이상]
The Kite Runner
연을 쫓는 아이

[JD8/중등 이상]
Music And Lyrics
그 여자 작사
그 남자 작곡

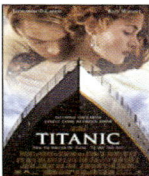
[JD9/중등 이상]
Titanic
타이타닉

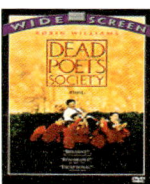
[JD9/중등 이상]
Dead Poets Society
죽은 시인의 사회

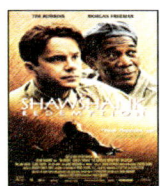
[JD9/중등 이상]
The Shawshank
Redemption
쇼생크 탈출

[JD9/중등 이상]
The Curious Case
Of Benjamin Button
벤자민 버튼의 시간은
거꾸로 간다

[JD9/중등 이상]
Notting Hill
노팅힐

[JD9/중등 이상]
Good Will Hunting
굿 윌 헌팅

[JD9/중등 이상]
Amadeus
아마데우스

[JD9/중등 이상]
Ghost
사랑과 영혼

[JD9/중등 이상]
You've Got Mail
유브 갓 메일

[JD9/중등 이상]
Sabrina
사브리나

[JD9/중등 이상]
Lorenzo's Oil
로렌조 오일

[JD9/중등 이상]
A Few Good Men
어 퓨 굿 맨

[JD9/중등 이상]
The Truman Show
트루먼 쇼

주제별 흘려듣기 베스트 — SF·판타지

 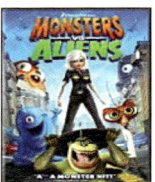 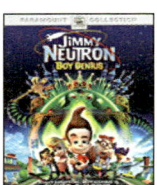 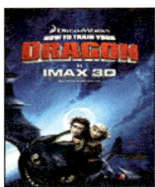 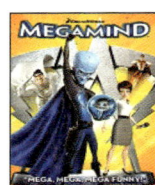

[JD5] Avatar: The Last Airbender 시리즈
아바타: 아앙의 전설

[JD5] Monsters vs. Aliens
몬스터 vs 에일리언

[JD5] Jimmy Neutron 천재 소년
지미 뉴트론

[JD5] How to Train Your Dragon
드래곤 길들이기 1

[JD5] Megamind
메가마인드

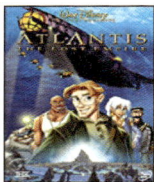 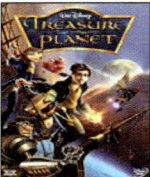 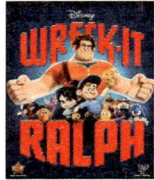 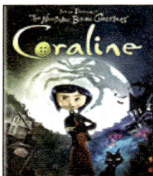 

[JD5] Atlantis
아틀란티스

[JD5] Treasure Planet
보물성

[JD5] Wreck-It Ralph
주먹왕 랄프

[JD6] Coraline
코렐라인: 비밀의 문

[JD6] E. T.
이티

    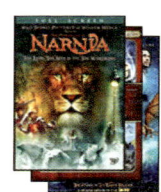

[JD6] Spy Kids 시리즈
스파이 키드

[JD7] Merlin 시리즈
마법사 멀린

[JD7] Corpse Bride
유령신부

[JD7] Harry Potter 시리즈
해리포터

[JD7] Chronicles Of Narnia 시리즈
나니아 연대기

  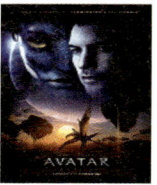  

[JD7] The Spiderwick Chronicles
스파이더위크가의 비밀

[JD7] Percy Jackson & the Olympians: The Lightning Thief
퍼시 잭슨과 번개 도둑

[JD8] Avatar
아바타

[JD9] Star Wars 시리즈
스타워즈

[JD9/중등 이상] The Lord of the Rings 시리즈
반지의 제왕

슈퍼 히어로

[JD5] Ben 10:
Alien Force 시리즈
벤 10

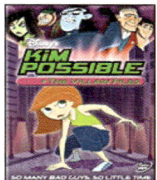
[JD5] Kim Possible
TV 시리즈
킴 파서블

[JD5] Powerpuff Girls
시리즈
파워퍼프 걸

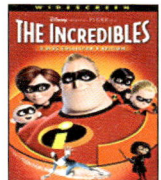
[JD5] The Incredibles
인크레더블

[JD6] Next Avengers
시리즈
넥스트 어벤저스

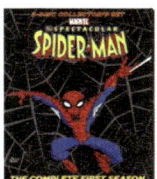
[JD6] Spectacular
Spider-Man 시리즈
스파이더맨

[JD6] Justice
League 시리즈
저스티스 리그

[JD6] Sky High
스카이 하이

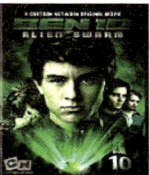
[JD7] Ben 10:
Alien Swarm
벤 10

[JD7] Superhero
Movie
슈퍼히어로

[JD7] Fantastic Four
판타스틱 4

[JD7] Spider-Man
시리즈
스파이더맨

[JD7] Superman
시리즈
슈퍼맨

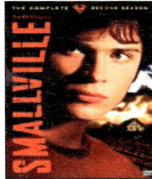
[JD8/중등 이상]
Smallville 시리즈
스몰빌

[JD8/중등 이상]
The League of
Extraordinary
Gentlemen
젠틀맨 리그

[JD8/중등 이상]
X-Men 시리즈
엑스맨

[JD8] The Avengers
어벤저스

[JD8] Iron Man
시리즈
아이언 맨

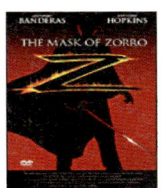
[JD9/중등 이상]
The Mask of Zorro
마스크 오브 조로

[JD9/중등 이상]
Batman 시리즈
배트맨

주제별 흘려듣기 베스트 — 공주

[JD3] Little Princess 시리즈
리틀 프린세스

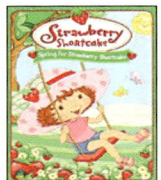
[JD3] Strawberry Shortcake 시리즈
스트로베리 숏케이크

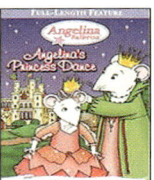
[JD3] Angelina Ballerina TV 시리즈

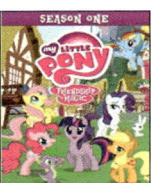
[JD4] My Little Pony 시리즈
마이 리틀 포니

[JD4] Sofia the First 시리즈
소피아 공주

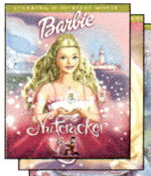
[JD4] Barbie 시리즈
바비

[JD4] Snow White and the Seven Dwarfs
백설공주와 일곱 난쟁이

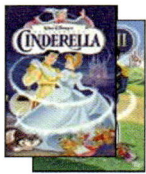
[JD4] Cinderella 시리즈
신데렐라

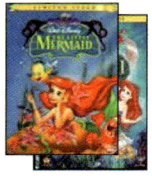
[JD4] The Little Mermaid 시리즈
인어공주

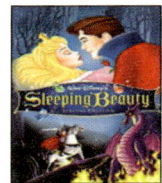
[JD4] Sleeping Beauty
잠자는 숲속의 공주

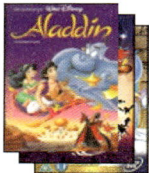
[JD5] Aladdin 시리즈
알라딘

[JD5] Tinkerbell 시리즈
팅커벨

[JD5] The Princess And The Frog
공주와 개구리

[JD6] Bratz 시리즈
브라츠

[JD6] Enchanted
마법에 걸린 사랑

[JD6] Ella Enchanted
엘라 인첸티드

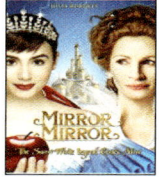
[JD6] Mirror, Mirror
백설공주

[JD6] Princess Protection Program
프린세스 구출 대작전

[JD7/중등 이상] The Princess Diaries 시리즈
프린세스 다이어리

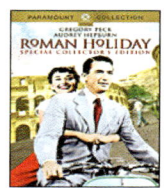
[JD9/중등 이상] Roman Holiday
로마의 휴일

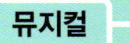 뮤지컬

[JD6] The Sound of Music
사운드 오브 뮤직

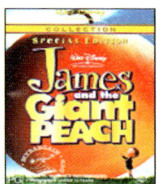
[JD6] James and the Giant Peach
제임스와 거대한 복숭아

[JD6] The Wizard of Oz
오즈의 마법사

[JD6] Willy Wonka and the Chocolate Factory 시리즈
초콜릿천국

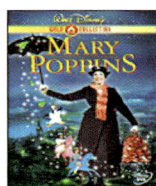
[JD6] Mary Poppins
메리 포핀스

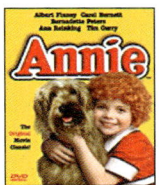
[JD6] Annie
애니

[JD6] Hannah Montana 무비 시리즈
한나 몬타나

[JD6] Chitty Chitty Bang Bang
치티 치티 뱅뱅

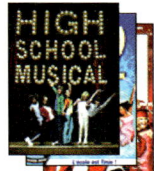
[JD7] High School Musical 시리즈
하이스쿨 뮤지컬

[JD7] Sister Act 시리즈
시스터 액트

[JD7] Camp Rock
캠프 락

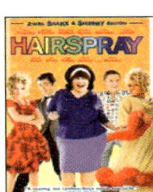
[JD7] Hairspray
헤어스프레이

[JD7/중등 이상] Lemonade Mouth
레모네이드 마우스

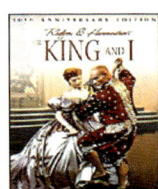
[JD8/중등 이상] The King and I
왕과 나

[JD8/중등 이상] Seven Brides For Seven Brothers
7인의 신부

[JD8] Fame
페임

[JD9/중등 이상] Mamma Mia!
맘마미아

[JD9/중등 이상] The Phantom of the Opera
오페라의 유령

[JD9/중등 이상] Les Miserables
레 미제라블

[JD9/중등 이상] Cats
캣츠

주제별 흘려듣기 베스트 — 유령·몬스터

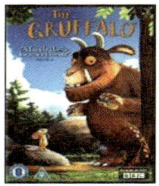
[JD2] The Gruffalo

[JD5] Shrek 시리즈
슈렉

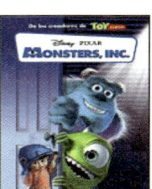
[JD5] Monsters, Inc.
몬스터 주식회사

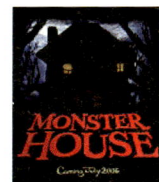
[JD5] Monster House
몬스터 하우스

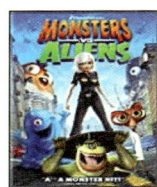
[JD5] Monsters vs. Aliens
몬스터 vs 에일리언

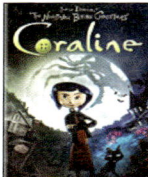
[JD6] Coraline
코렐라인: 비밀의 문

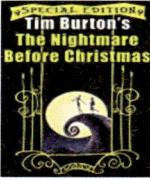
[JD6] The NightMare Before Christmas
크리스마스의 악몽

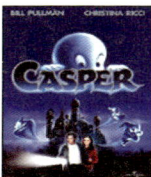
[JD6] Casper
꼬마 유령 캐스퍼

[JD6] How the Grinch Stole Christmas
그린치

[JD6] Where The Wild Things Are
괴물들이 사는 나라

[JD6] Hotel Transylvania
몬스터 호텔

[JD6] Paranorman
파라노만

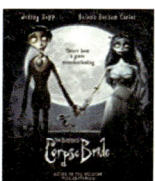
[JD7] Corpse Bride
유령신부

[JD7] Pirates of the Caribbean 시리즈
캐리비언의 해적

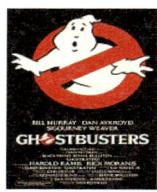
[JD7] Ghostbusters
고스트 버스터즈

[JD7] Frankenweenie
프랑켄위니

[JD8/중등 이상] A Christmas Carol
크리스마스 캐럴

[JD9/중등 이상] The Phantom of the Opera
오페라의 유령

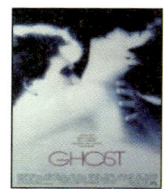
[JD9/중등 이상] Ghost
사랑과 영혼

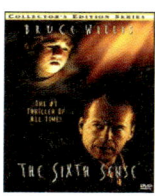
[JD9/중등 이상] The Sixth Sense
식스 센스

로봇

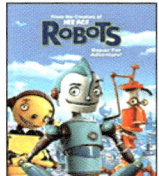
[JD5] Robots
로봇

[JD5] Astro Boy
아스트로 보이:
아톰의 귀환

[JD5] The Iron Giant
아이언 자이언트

[JD5] Buzz Lightyear
of Star Command
우주전사 버즈

[JD5] Bionicle 시리즈
바이오니클

[JD6] Short Circuit
조니5 파괴작전

[JD7] Transformer
시리즈
트랜스포머

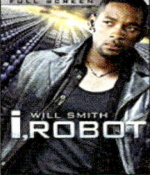
[JD8/중등 이상]
I, Robot
아이, 로봇

[JD8/중등 이상]
Real Steel
리얼 스틸

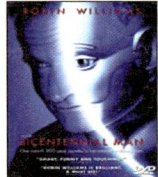
[JD8/중등 이상]
Bicentennial Man
바이센터니얼 맨

주제별 흘려듣기 베스트 — 스포츠

[JD6] Space Jam
스페이스 잼

[JD7] Cool Runnings
쿨 러닝

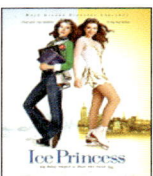
[JD7] Ice Princess
아이스 프린세스

[JD7] Dreamer:
Inspired By
A True Story
드리머

[JD7] 17 Again
17 어게인

[JD7/중등 이상]
She's The Man
쉬즈 더 맨

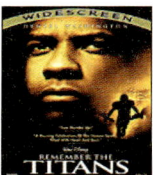
[JD7] Remember
the Titans
리멤버 타이탄

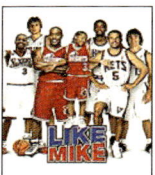
[JD7] Like Mike
라이크 마이크

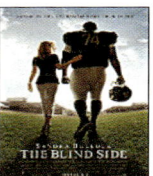
[JD8/중등 이상]
The Blind Side
블라인드 사이드

[JD8/중등 이상]
Goal! 시리즈
골

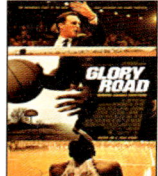
[JD8/중등 이상]
Glory Road
글로리 로드

[JD8/중등 이상]
Rocky
록키

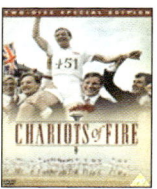
[JD8/중등 이상]
Chariots of Fire
불의 전차

[JD8/중등 이상]
The Rookie
루키

[JD8/중등 이상]
Bend It Like
Beckham
슈팅 라이크 베컴

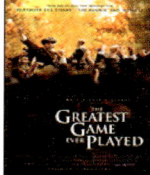
[JD8/중등 이상]
The Greatest Game
Ever Played
지상 최고의 게임

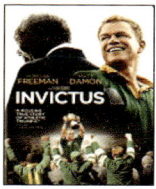
[JD8/중등 이상]
Invictus
우리가 꿈꾸는 기적:
인빅터스

[JD8/중등 이상]
The Game Plan
게임 플랜

[JD9/중등 이상]
Major League 시리즈
메이저 리그

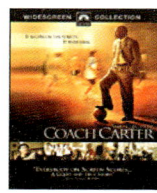
[JD9/중등 이상]
Coach Carter
코치 카터

재난 / 크리스마스 · 산타

● 재난

 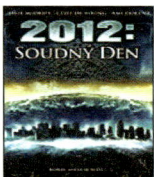 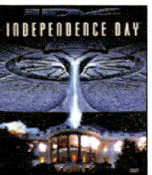 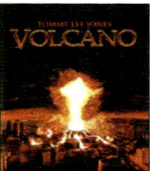 

[JD7] The Day After Tomorrow
투모로우

[JD8/중등 이상] 2012

[JD8/중등 이상] Independence Day
인디펜던스 데이

[JD8/중등 이상] Volcano
볼케이노

[JD8/중등 이상] Deep Impact
딥 임팩트

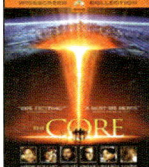  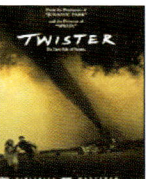 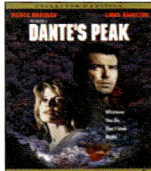 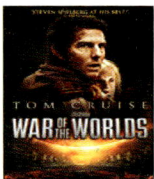

[JD8/중등 이상] The Core
코어

[JD8/중등 이상] Poseidon
포세이돈

[JD8/중등 이상] Twister
트위스터

[JD8/중등 이상] Dante's Peak
단테스 피크

[JD8/중등 이상] The War Of The Worlds
우주전쟁

● 크리스마스 · 산타

  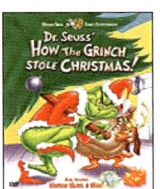  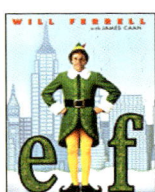

[JD5] The Polar Express
폴라 익스프레스

[JD5] Arthur Christmas
아서 크리스마스

[JD5] How the Grinch Stole Christmas
그린치는 어떻게 크리스마스를 훔쳤는가!

[JD6] The NightMare Before Christmas
크리스마스의 악몽

[JD6] Elf
엘프

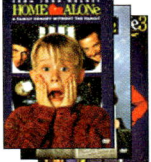  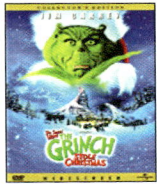 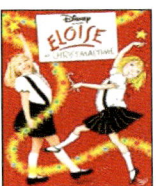 

[JD6] Home Alone 시리즈
나 홀로 집에

[JD6] Miracle on 34th Street
34번가의 기적

[JD6] How the Grinch Stole Christmas
그린치

[JD6] Eloise At Christmastime
엘로이즈의 크리스마스 소동

[JD8/중등 이상] A Christmas Carol
크리스마스 캐럴

주제별 흘려듣기 베스트 — 전쟁·역사

[JD8/중등 이상]
War Horse
워 호스

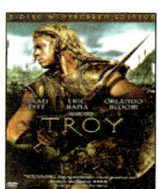
[JD9/중등 이상]
Troy
트로이

[JD9/중등 이상]
Robin Hood:
Prince of Thieves
로빈 후드

[JD9/중등 이상]
Gladiator
글래디에이터

[JD9/중등 이상]
Schindler's List
쉰들러 리스트

[JD9/중등 이상]
Saving Private Ryan
라이언 일병 구하기

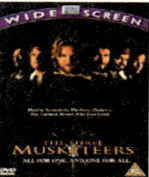
[JD9/중등 이상]
The Three
Musketeers
삼총사

[JD9/중등 이상]
The Mission
미션

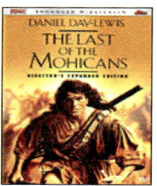
[JD9/중등 이상]
Last of the Mohicans
라스트 모히칸

[JD9/중등 이상]
First Knight
카멜롯의 전설

[JD9/중등 이상]
Pearl Harbor
진주만

[JD9/중등 이상]
Top Gun
탑건

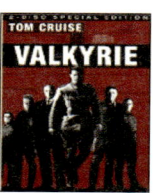
[JD9/중등 이상]
Valkyrie
발키리

[JD9/중등 이상]
Platoon
플래툰

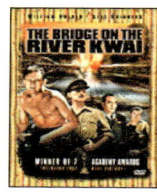
[JD9/중등 이상]
The Bridge On The
River Kwai
콰이 강의 다리

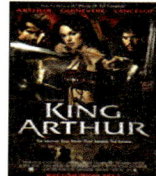
[JD9/중등 이상]
King Arthur and
His Knights of the
Round Table
킹 아서

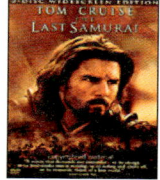
[JD9/중등 이상]
The Last Samurai
라스트 사무라이

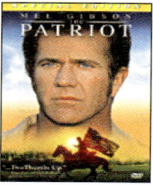
[JD9/중등 이상]
The Patriot
패트리어트

[JD9/중등 이상]
Empire of the Sun
태양의 제국

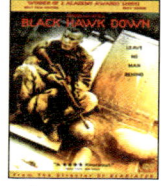
[JD9/중등 이상]
Black Hawk Down
블랙 호크다운

명작

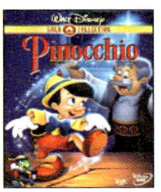
[JD4] Pinocchio
피노키오

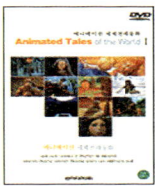
[JD4] Animated Tales of the World 시리즈
애니메이션 세계전래동화

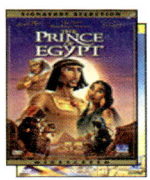
[JD5] The Prince of Egypt 시리즈
이집트 왕자

[JD5] Beauty and the Beast 시리즈
미녀와 야수

[JD5] Alice in Wonderland
이상한 나라의 앨리스

[JD5] Robin Hood
로빈 후드

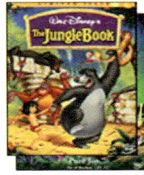
[JD5] The Jungle Book 시리즈
정글북

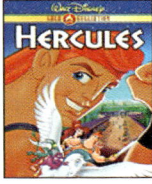
[JD5] Hercules
헤라클레스

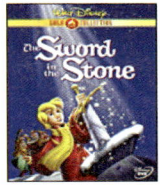
[JD5] The Sword in the Stone
아서 왕의 검

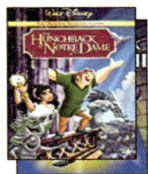
[JD6] The Hunchback Of Notre Dame 시리즈
노트르담의 꼽추

[JD7] Little House On The Prairie
초원의 집

[JD7] The Secret Garden
비밀의 화원

[JD7] A Little Princess
소공녀

[JD8/중등 이상] Little Women
작은 아씨들

[JD8/중등 이상] Anne of Green Gables TV 시리즈: 영국 BBC
빨강머리 앤

[JD9/중등 이상] Pride and Prejudice 시리즈: 영국 BBC
오만과 편견

[JD9/중등 이상] The Ten Commandments
십계

[JD9/중등 이상] Jane Eyre 시리즈: 영국 BBC
제인 에어

[JD9/중등 이상] William Shakespeare's Romeo & Juliet
로미오와 줄리엣

[JD9/중등 이상] Ben-Hur
벤허

잠수네 베스트 교재

주제별 흘려듣기 베스트 — 미국드라마

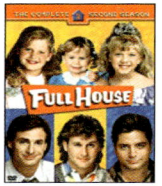
[JD6] Full House 시리즈
풀하우스

[JD6] Hannah Montana 시리즈
한나 몬타나

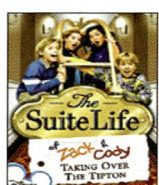
[JD6] The Suite Life of Zack and Cody 시리즈
잭과 코디의 우리집은 스위트룸

[JD6] Lazy Town 시리즈
강철수염과 게으른 동네

[JD6] Ned's Declassified 시리즈
네드의 학교에서 살아남기

[JD6] Zack Files 시리즈
잭 파일

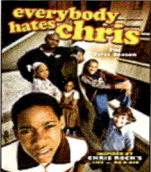
[JD6] Everybody Hates Chris
왕따천사 크리스

[JD6] Cory in the House 시리즈
코리 인 더 하우스

[JD6] Austin & Ally 시리즈
오스틴 & 앨리

[JD6/중등이상] Drake & Josh
드레이크 앤 조쉬

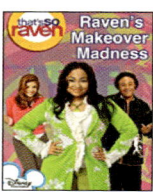
[JD6] That's So Raven 시리즈

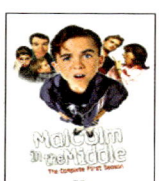
[JD6] Malcolm In The Middle 시리즈
말콤네 좀 말려줘

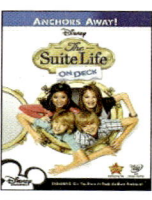
[JD6] The Suite Life on Deck 시리즈

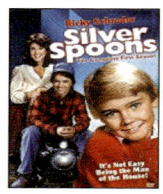
[JD6] Silver Spoons 시리즈
아빠는 멋쟁이

[JD6] Shake It Up 시리즈
우리는 댄스소녀

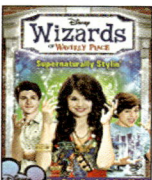
[JD7] Wizards of Waverly Place 시리즈
우리 가족 마법사

[JD7] iCarly 시리즈
아이칼리

[JD7] Little House On The Prairie
초원의 집

[JD7] Young Indiana Jones 시리즈
영 인디애나 존스

[JD7] Good Luck Charlie 시리즈
찰리야 부탁해

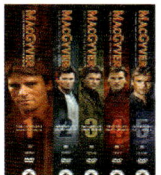
[JD7] Macgyver 시리즈
맥가이버

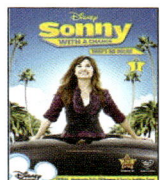
[JD7] Sonny With A Chance 시리즈

[JD7] Phil of the Future 시리즈
필 어브 더 퓨처

[JD7] The Hardy Boys & Nancy Drew Mysteries 시리즈
용감한 형제

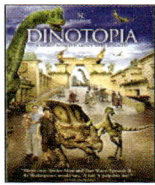
[JD7] Dinotopia 시리즈
다이노피아

[JD7] No-Ordinary Family 시리즈
판타스틱 패밀리

[JD7] The Cosby Show 시리즈

[JD7] Big Time Rush 시리즈
빅 타임 러쉬

[JD7] Sam & Cat 시리즈

[JD7/중등 이상] Sabrina, the Teenage Witch 시리즈
미녀 마법사 사브리나

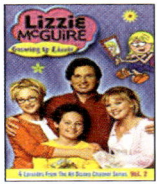
[JD7/중등 이상] Lizzie McGuire TV 시리즈
리지 맥과이어

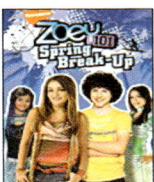
[JD7/중등 이상] Zoey 101 시리즈
조이 101

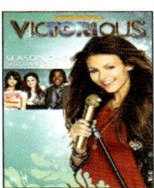
[JD7/중등 이상] Victorious 시리즈
빅토리어스

[JD7/중등 이상] The Middle 시리즈
헤크 패밀리

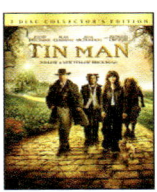
[JD8] Tin Man 시리즈
틴 맨

[JD8/중등 이상] Gilmore Girls 시리즈
길모어 걸스

[JD8/중등 이상] Glee 시리즈
글리

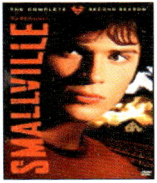
[JD8/중등 이상] Smallville 시리즈
스몰빌

[JD8/중등 이상] Neverland 시리즈
네버랜드

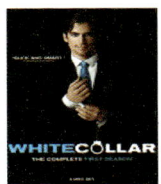
[JD8/중등 이상] White Collar 시리즈
화이트 칼라

주제별 흘려듣기 베스트 — 미국드라마

[JD8/중등 이상]
Suburgatory 시리즈
서버가토리

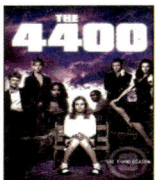
[JD8/중등 이상]
The 4400 시리즈

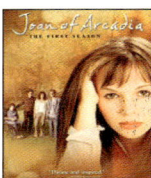
[JD8/중등 이상]
Joan of Arcadia 시리즈
조안 오브 아카디아

[JD8/중등 이상]
The Lost Room 시리즈
로스트 룸

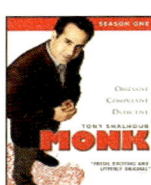
[JD9/중등 이상]
Monk 시리즈
명탐정 몽크

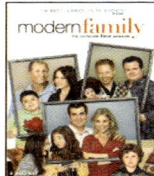
[JD9/중등 이상]
Modern Family 시리즈
모던 패밀리

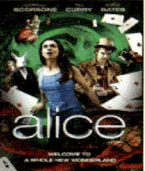
[JD9/중등 이상]
Alice 시리즈
앨리스

[JD9/중등 이상]
Once Upon a Time 시리즈
원스 어폰 어 타임

[JD9/중등 이상]
That '70s Show 시리즈
70년대 쇼

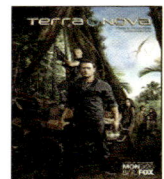
[JD9/중등 이상]
Terra Nova 시리즈
테라 노바: 생존의 시대

[JD9/중등 이상]
Big Bang Theory 시리즈
빅뱅이론

[JD9/중등 이상]
Royal Pains 시리즈
로얄 페인즈

[JD9/중등 이상]
Alphas 시리즈
알파스

[JD9/중등 이상]
Pretty Little Liars 시리즈
프리티 리틀 라이어스

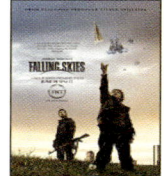
[JD9/중등 이상]
Falling Skies 시리즈
폴링 스카이즈

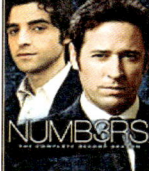
[JD9/중등 이상]
Numb3rs 시리즈
넘버스

[JD9/중등 이상]
Sanctuary 시리즈
생츄어리

[JD9/중등 이상]
Suits 시리즈
수트

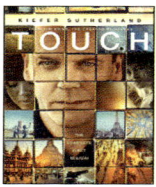
[JD9/중등 이상]
Touch 시리즈
터치

[JD9/중등 이상]
Elementary 시리즈
엘리멘터리

BBC 영국드라마

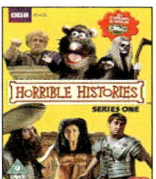
[JD6] Horrible Histories 시리즈

[JD7] Merlin 시리즈
마법사 멀린

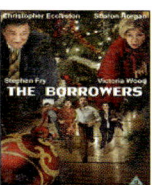
[JD7] The Borrowers 시리즈

[JD7/중등 이상] Robin Hood 시리즈
로빈 후드

[JD8/중등 이상] Anne of Green Gables TV 시리즈
빨강머리 앤

[JD8/중등 이상] Doctor Who 시리즈
닥터 후

[JD8/중등 이상] Emma 시리즈
엠마

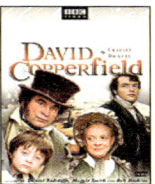
[JD8/중등 이상] David Copperfield 시리즈
데이비드 코퍼필드

[JD8/중등 이상] Sense and Sensibility 시리즈
센스 앤 샌스빌리티

[JD8/중등 이상] Northanger Abbey 시리즈
노생거 사원

[JD8/중등 이상] Lost Prince 시리즈

[JD8/중등 이상] Little Dorrit 시리즈
리틀 도릿

[JD8/중등 이상] Britannia High 시리즈
브리타니아 하이

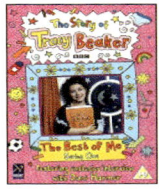
[JD8/중등 이상] Tracy Beaker 시리즈

[JD8/중등 이상] The Sarah Jane Adventures 시리즈
사라 제인 어드벤처

[JD9/중등 이상] Pride and Prejudice 시리즈
오만과 편견

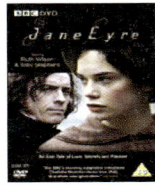
[JD9/중등 이상] Jane Eyre 시리즈
제인 에어

[JD9/중등 이상] Sherlock 시리즈
셜록

[JD9/중등 이상] North and South 시리즈
남과 북

[JD9/중등 이상] Daniel Deronda 시리즈
다니엘 데론다

주제별 흘려듣기 베스트 — 일본애니메이션 / 학습

● 일본 애니메이션

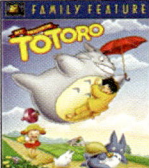 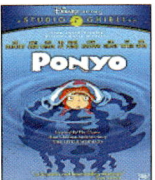 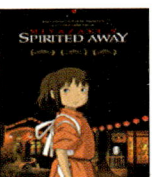 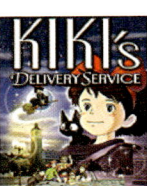 

[JD4] My Neighbor Totoro
이웃집 토토로

[JD5] Ponyo
벼랑 위의 포뇨

[JD6] Spirited Away
센과 치히로의 행방불명

[JD6] Kiki's Delivery Service
마녀 배달부 키키

[JD6] Laputa: Castle in the Sky
천공의 성 라퓨타

  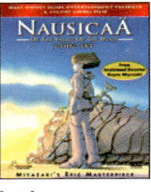 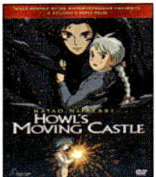 

[JD6] The Borrowers
마루 밑 아리에티

[JD6] Summer Days With Coo
갓파 쿠와 여름방학을

[JD7] Nausicaa of the Valley of the Wind
바람계곡의 나우시카

[JD7/중등 이상] Howl's Moving Castle
하울의 움직이는 성

[JD7/중등 이상] The Cat Returns
고양이의 보은

● 학습

[JD2] Little Einsteins 시리즈
리틀 아인슈타인

[JD2] Sesame Street 시리즈
세서미 스트리트

[JD2] Baby Genius 시리즈

[JD3] Super WHY 시리즈
슈퍼 와이

[JD3] Between the Lions 시리즈
비트윈 더 라이온스

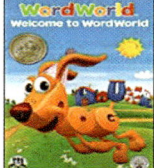   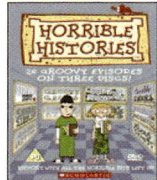 

[JD3] WordWorld 시리즈
워드월드

[JD3] LeapFrog: Word 시리즈
립프로그

[JD5] Little Amadeus 시리즈
리틀 아마데우스

[JD6] Horrible Histories 시리즈
앗, 이렇게 생생한 역사가!

[JD8/중등 이상] The Time Compass 시리즈
EBS 돌려라! 시간나침반

과학 / 수학

● 과학

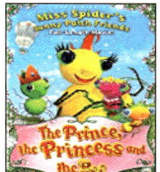
[JD3] Miss Spider's
Sunny Patch Friends
시리즈
미스 스파이더와
개구쟁이들

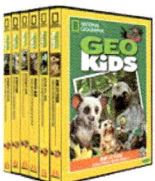
[JD3] National
Geographic: Geo
Kids 시리즈
내셔널 지오그래픽:
지오키드

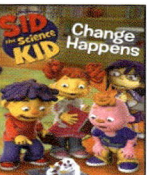
[JD4] Sid the Science
Kid 시리즈
꼬마 과학자 시드

[JD5] Magic School
Bus 시리즈
신기한 스쿨버스

[JD6] The Way
Things Work 시리즈
교과서 속의
기계 원리들

[JD6] Bill Nye the
Science Guy 시리즈
빌 아저씨의
과학이야기

[JD6] Prehistoric
Park: 영국 BBC
공룡구출 대작전

[JD7] Back to the
Future 시리즈
백 투 더 퓨처

[JD8/중등 이상]
Contact
콘택트

[JD8/중등 이상]
October Sky
옥토버 스카이

● 수학

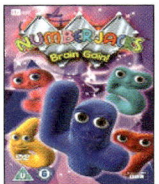
[JD2] Numberjacks
시리즈
넘버잭스

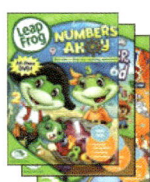
[JD3] LeapFrog:
Math 시리즈
립프로그 수학

[JD3] Team
Umizoomi 시리즈
우미주미

[JD4] Cyberchase
시리즈
신나는 사이버
수학세상

[JD8/중등 이상]
Flatland: The Movie
플랫랜드: 더 무비

[JD9/중등 이상]
Good Will Hunting
굿 윌 헌팅

[JD9/중등 이상]
A Beautiful Mind
뷰티플 마인드

[JD9/중등 이상]
21

주제별 흘려듣기 베스트 — 동물

● 강아지

[JD3] Clifford 시리즈
클리포드

[JD4] Balto 시리즈
발토

[JD4] The Dog of Flanders 시리즈
플란더스의 개

[JD5] Bolt
볼트

[JD5] 101 Dalmatians 시리즈
101마리 달마시안

[JD5] Scooby-Doo TV 시리즈
반가워 스쿠비두

[JD6] Beethoven 시리즈
베토벤

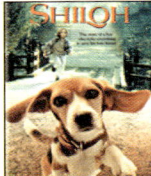
[JD6] Shiloh
샤일로

[JD6] Space Buddies
스페이스 버디즈

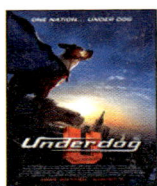
[JD6] Underdog
언더독

[JD6] Snow Buddies
스노우 버디즈

[JD6] Hotel For Dogs
강아지 호텔

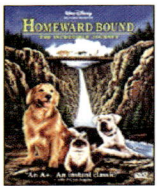
[JD6] Homeward Bound
머나먼 여정

[JD6] Lassie
래시

[JD7] Marley & Me
말리와 나

[JD7] Snow Dogs
스노우 독스

[JD7] My Dog Skip
마이 독 스킵

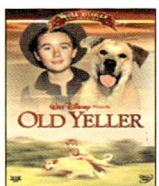
[JD7] Old Yeller
올드 옐러

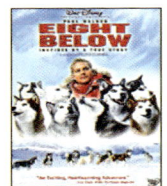
[JD8] Eight Below
에이트 빌로우

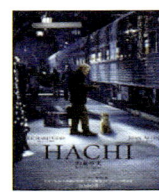
[JD8] Hachiko: A Dog's Story
하치 이야기

● 공룡

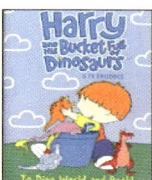    

| [JD2] Harry and his Bucket Full of Dinosaurs 시리즈
해리와 공룡 친구들 | [JD4] The Land Before Time 시리즈
공룡시대 | [JD4] Dinosaur Train 시리즈
아기공룡 버디 | [JD5] Ice Age 3: Dawn Of The Dinosaurs
아이스 에이지 3: 공룡시대 | [JD5] Dinosaur
다이노소어 |

   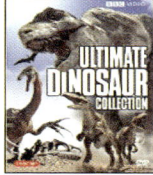 

[JD6] Dino Squad 시리즈
다이노 스쿼드

[JD6] Prehistoric Park BBC
공룡 구출 대작전

[JD7] Land Of The Lost
로스트 랜드: 공룡 왕국

[JD7] Ultimate Dinosaur Collection
BBC 공룡 대탐험

[JD8/중등 이상] The Jurassic Park 시리즈
쥬라기 공원

● 곰

 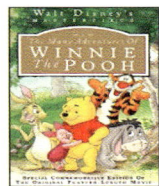   

[JD3] Little Bear 시리즈
리틀 베어

[JD3] Many Adventures of Winnie the Pooh
곰돌이 푸 오리지널 클래식

[JD4] Paddington Bear 시리즈
패딩턴 베어

[JD5] Brother Bear 시리즈
브라더 베어

[JD5] Kung Fu Panda 시리즈
쿵푸 팬더

[JD5] Winnie The Pooh
곰돌이 푸

[JD5] Open Season 시리즈
부그와 앨리엇

[JD6] Yogi Bear
요기 베어

[JD6] Grizzly Falls
빅 베어

[JD7] The Bear
베어

주제별 흘려듣기 베스트 — 동물

● 고양이

[JD2] Winnie the Witch
마녀 위니

[JD3] Richard Scarry 시리즈

[JD4] The Cat in the Hat 시리즈
닥터수스의 캣 인 더 햇

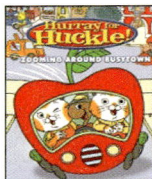
[JD4] Hurray for Huckle! 시리즈
리처드 스캐리의 고양이 탐정 허클

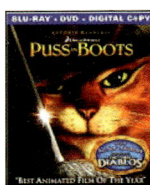
[JD5] Puss in Boots
장화 신은 고양이

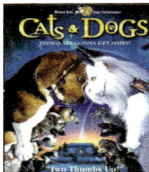
[JD5] Cats & Dogs
캣츠 앤 독스

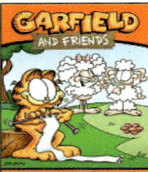
[JD5] Garfield and Friends 시리즈
가필드

[JD5] Garfield's Pet Force
가필드: 펫 포스

[JD5] Garfield's Fun Fest
가필드: 마법의 샘물

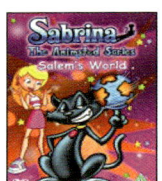
[JD5] The Very Best Of Sabrina 시리즈
사브리나

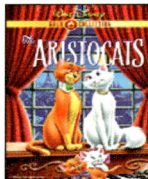
[JD5] The Aristocats
아리스토캣츠

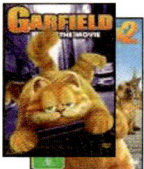
[JD6] Garfield 시리즈
가필드

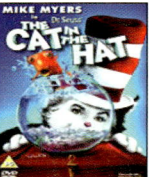
[JD6] The Cat In The Hat
닥터 수스의 캣 인 더 햇

[JD7] The Cat Returns
고양이의 보은

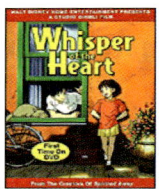
[JD7] Whisper Of The Heart
귀를 기울이면

● 펭귄

[JD5] Happy Feet
해피 피트

[JD5] The Penguins of Madagascar 시리즈
마다가스카의 펭귄

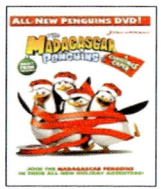
[JD5] The Penguins Of Madagascar in a Christmas Caper

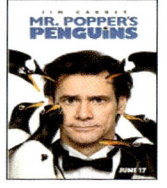
[JD6] Mr. Popper's Penguins
파퍼씨네 펭귄들

[JD6] Surf's Up
서핑 업

● 돼지

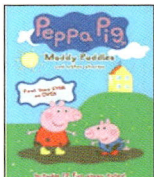
[JD2] Peppa Pig
시리즈
꿀꿀 페파는 즐거워

[JD2] Wibbly Pig
시리즈

[JD3] Olivia 시리즈
올리비아

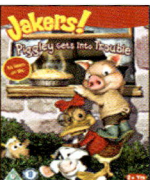
[JD3] Jakers! 시리즈
꼬마돼지
피글리의 모험

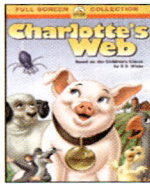
[JD5] Charlotte's
Web
샬롯의 거미줄(애니)

[JD6] Charlotte's
Web
샬롯의 거미줄(영화)

[JD6] Babe
꼬마돼지 베이브

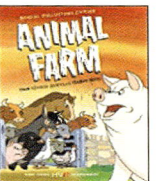
[JD6/중등 이상]
Animal Farm
동물 농장

[JD8/중등 이상]
Animal Farm
동물 농장

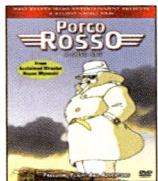
[JD9/중등 이상]
Porco Rosso
붉은 돼지

● 사자 · 호랑이

[JD3] Between the
Lions 시리즈
비트윈 더 라이온

[JD5] Ice Age 시리즈
아이스 에이지

[JD5] The Lion King
시리즈
라이온 킹

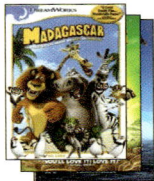
[JD5] Madagascar
마다가스카

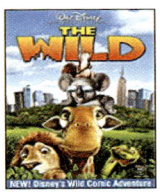
[JD5] The Wild
와일드

[JD5] The Tigger
Movie
티거 무비

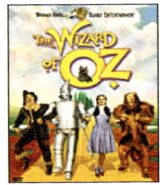
[JD6] The Wizard
of Oz
오즈의 마법사

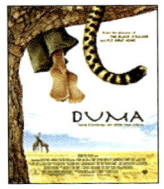
[JD6] Duma
듀마

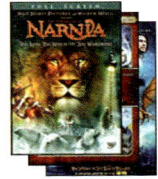
[JD7] Chronicles
Of Narnia 시리즈
나니아 연대기

[JD8/중등 이상]
Life of Pi
라이프 오브 파이

주제별 흘려듣기 베스트 — 동물

● 쥐

[JD2] Maisy 시리즈
메이지

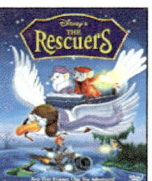
[JD4] The Rescuers
버나드와 비앙카의
구출 대모험

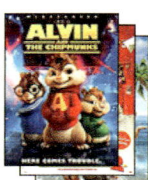
[JD5] Alvin And The
Chipmunks 시리즈
앨빈과 슈퍼밴드

[JD5] The Tale
Of Despereaux
작은 영웅 데스페로

[JD5] Geronimo
Stilton 시리즈
제로니모의 모험

[JD5] G-Force
지포스

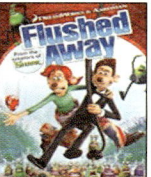
[JD5] Flushed Away
플러쉬

[JD5] Rescuers
Down Under
코디와 생쥐구조대

[JD6] Ratatouille
라따뚜이

[JD6] Stuart Little
시리즈
스튜어트 리틀

● 물고기 · 고래 · 상어

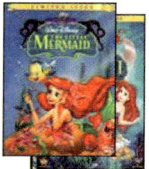
[JD4] The Little
Mermaid 시리즈
인어공주

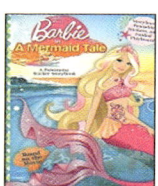
[JD4] Barbie in a
Mermaid Tale
바비의 인어공주

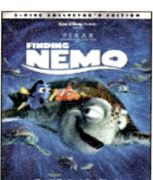
[JD5] Finding Nemo
니모를 찾아서

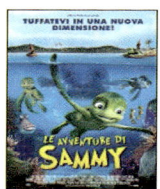
[JD5] Sammy's
Adventures:
The Secret Passage
새미의 어드벤처

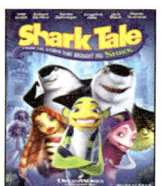
[JD5] Shark Tale
샤크

[JD5] Pi's Story
시리즈
파이 스토리

[JD5] Help I'm A Fish
어머! 물고기가 됐어요

[JD7] Free Willy
시리즈
프리 윌리

[JD7] Dolphin Tale
돌핀 테일

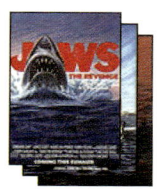
[JD8/중등 이상]
Jaws 시리즈
죠스

● 새

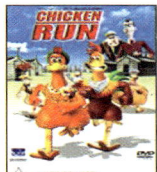  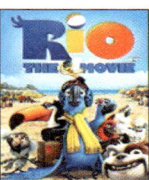 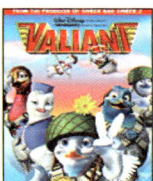 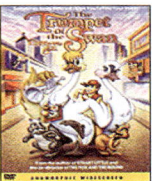

[JD5] Chicken Run
치킨 런

[JD5] Chicken Little
치킨 리틀

[JD5] Rio
리오

[JD5] Valiant
발리언트

[JD5] Trumpet of the Swan
트럼펫을 부는 백조

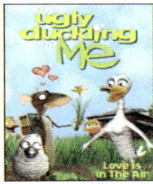 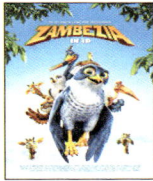   

[JD5] The Ugly Duckling And Me!
미운 오리 새끼와 랫소의 모험

[JD5] Zambezia
잠베지아: 신비한 나무섬의 비밀

[JD6] Fly Away Home
아름다운 비행

[JD7] Legend of Guardians
가디언의 전설

[JD7] Hoot
훗

● 벌레

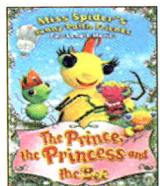    

[JD3] Miss Spider's Sunny Patch Friends 시리즈
미스 스파이더와 개구쟁이들

[JD5] Bug's Life
벅스 라이프

[JD5] Bee Movie
꿀벌 대소동

[JD5] The Ant Bully
앤트 불리

[JD5] Antz
개미

  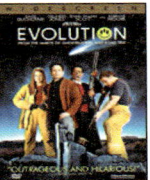 

[JD5] Fly Me To The Moon
플라이 미 투 더 문

[JD6] How to Eat Fried Worms
구운 벌레 먹는 법

[JD7] Evolution
에볼루션

[JD8/중등 이상]
Joe's Apartment
조의 아파트

주제별 흘려듣기 베스트 — 동물

● 코끼리

   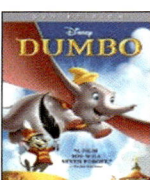

[JD2] BaBar: King of the Elephants 시리즈
코끼리왕 바바

[JD3] Large Family 시리즈

[JD5] Horton Hears a Who!
호튼

[JD5] Dumbo
덤보

● 말

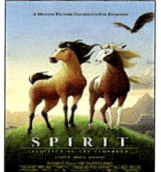 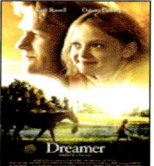  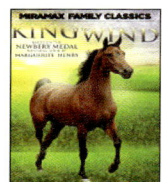 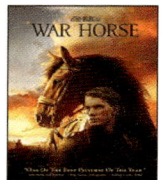

[JD5] Spirit: Stallion of the Cimarron
스피릿

[JD7] Dreamer: Inspired By A True Story
드리머

[JD7] Black Beauty
블랙 뷰티

[JD7] King of the Wind
바람의 왕

[JD8/중등 이상] War Horse
워 호스

● 원숭이

[JD4] Curious George TV 시리즈
호기심 많은 조지

[JD4] Curious George 시리즈
큐어리어스 조지

[JD5] Tarzan 시리즈
타잔

[JD5] Space Chimps 시리즈
스페이스 침스

[JD9/중등 이상] Planet of the Apes 시리즈
혹성탈출

● 여우 · 늑대

 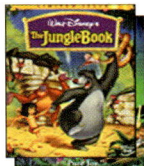  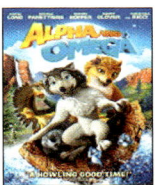 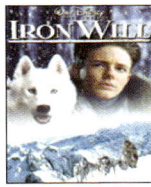

[JD4] Fox and the Hound 시리즈
토드와 코퍼

[JD5] The Jungle Book 시리즈
정글북

[JD5] Fantastic Mr. Fox
판타스틱 Mr. Fox

[JD5] Alpha and Omega
알파와 오메가

[JD7] Iron Will
늑대개

● 토끼 · 거북이

 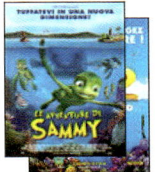   

[JD2] Wonder Pets 시리즈
원더펫

[JD5] Sammy's Adventure 시리즈
새미의 어드벤처

[JD5] Hop
바니 버디

[JD5] Tortoise vs. Hare
토끼와 거북이

[JD6] Teenage Mutant Ninja Turtles 시리즈
닌자 거북이

● 소 · 너구리 · 표범

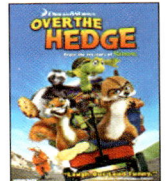 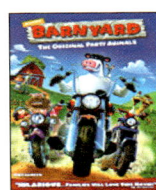 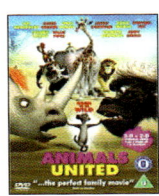 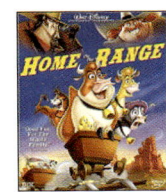 

[JD5] Over The Hedge
헷지

[JD5] Barnyard
신나는 동물 농장

[JD5] Animals United
빌리와 용감한 녀석들

[JD5] Home on the Range
카우 삼총사

[JD7] Rascal

단계별 집중듣기 & 읽기 베스트 J1

● 그림책

[J1] Piggies
꼬마 돼지

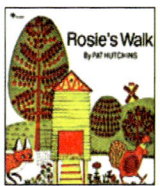
[J1] Rosie's Walk
로지의 산책

[J1] Rain
비

[J1] Freight Train
화물 열차

[J1] No, David!
안 돼, 데이빗!

[J1] Color Zoo
알록달록 동물원

[J1] Have You Seen My Duckling?
아기 오리는 어디로 갔을까요?

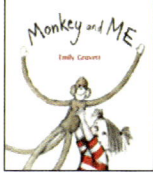
[J1] Monkey and Me
원숭이랑 나랑

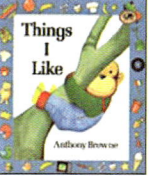
[J1] Things I Like
내가 좋아하는 것

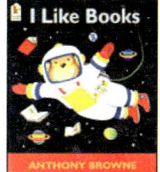
[J1] I Like Books
나는 책이 좋아요

[J1] Yo! Yes?
친구는 좋아!

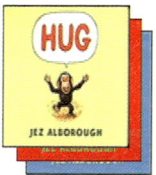
[J1] Jez Alborough: Little Chimp 그림책 시리즈 (3권)
제즈 앨버로우

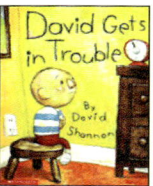
[J1] David Gets in Trouble
말썽꾸러기 데이빗

[J1] Hurry! Hurry!
서둘러요! 서둘러

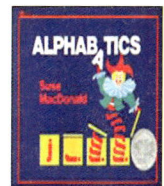
[J1] Alphabatics
알파벳은 요술쟁이

[J1] Tuesday
이상한 화요일

[J1] 1 Hunter
사냥꾼 하나

[J1] First the Egg
무엇이 무엇이 먼저일까?

[J1] I Spy 시리즈 (6권)
명화와 함께하는 숨은그림찾기

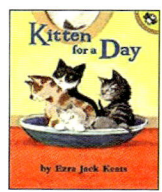
[J1] Kitten for a Day
고양이놀이 할래?

[J1] Diaper David 보드북 시리즈 (3권)
데이빗 보드북

[J1] Which Would You Rather be?
너는 뭐가 되고 싶어?

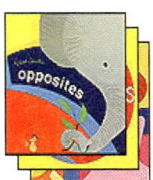
[J1] Robert Crowther 플랩북 시리즈 (3권)
로버트 크라우서 플랩북

[J1] Good Boy, Fergus!
안 돼, 퍼거스!

[J1] Museum ABC
미술관 ABC

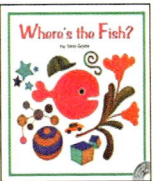
[J1] Where's the Fish?
금붕어가 달아나네

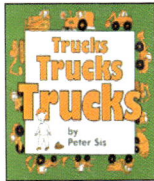
[J1] Trucks Trucks Trucks
일하는 자동차 출동!

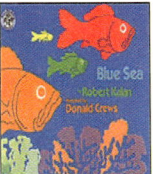
[J1] Blue Sea 🎧

[J1] Hooray for Fish! 🎧

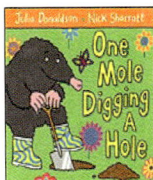
[J1] One Mole Digging a Hole 🎧

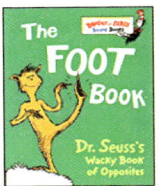
[J1] The Foot Book 🎧

[J1] On Market Street 🎧

[J1] Tomorrow's Alphabet

[J1] School Bus 🎧

[J1] Count! 🎧

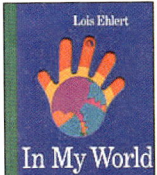
[J1] In My World 🎧

[J1] Have You Seen My Cat? 🎧

[J1] Orange Pear Apple Bear 🎧

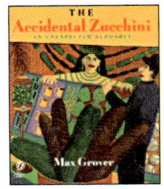
[J1] The Accidental Zucchini: An Unexpected Alphabet 🎧

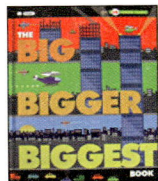
[J1] Big, Bigger, Biggest 🎧

● 잠수네 베스트 교재

단계별 집중듣기 & 읽기 베스트 — J1

● 그림책

[J1] One to Ten and Back Again 🎧

[J1] Big Fat Hen 🎧

[J1] Charlie and Lola 보드북 시리즈 (7권)

[J1] Good Night, Gorilla 🎧

[J1] 10 Minutes Till Bedtime

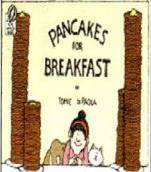
[J1] Pancakes for Breakfast

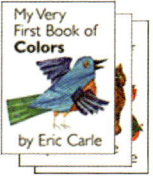
[J1] Eric Carle: My Very First Library 시리즈 (8권)

[J1] Susan Laughs

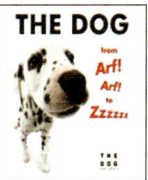
[J1] The Dog from Arf! Arf! to Zzzzzz

[J1] Chick: A Pop-up Book

[J1] Fuzzy Yellow Ducklings

[J1] Sandra Boynton 보드북 시리즈 (13권)

[J1] It's Christmas, David!

[J1] Z Is for Moose

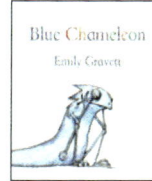
[J1] Blue Chameleon

[J1] Wow! School!

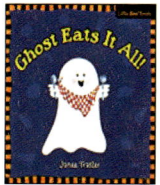
[J1] Ghost Eats It All

[J1] A is for Salad

[J1] Green

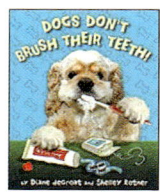
[J1] Dogs Don't Brush Their Teeth!

● 리더스북

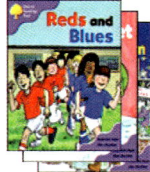    

[J1] Oxford Reading Tree 시리즈: Stage 1+ (49권)
[J1] Learn to Read 시리즈: Level 1 (49권)
[J1] Step into Reading 시리즈: Step 1 (50권)
[J1] Sight Word Readers 시리즈 (25권)
[J1] Floppy's Phonics 시리즈: Stage 1~2 (24권)

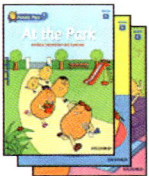 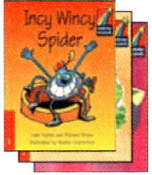   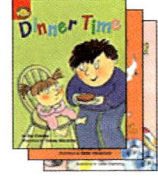

[J1] Potato Pals 시리즈: 세트1, 2 (12권)
[J1] Cambridge Storybooks 시리즈: Level 1 (18권)
[J1] Project X 시리즈: Band 1 (10권)
[J1] Brand New Readers 시리즈 (59권)
[J1] Sunshine Readers 시리즈: Level 1 (12권)

단계별 집중듣기 & 읽기 베스트 — J2

● 그림책

[J2] Five Little Monkeys Jumping on the Bed 🎧
꼬마 원숭이 다섯 마리가 침대에서 팔짝팔짝

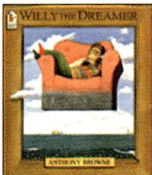
[J2] Willy the Dreamer 🎧
꿈꾸는 윌리

[J2] Brown Bear, Brown Bear, What Do You See? 🎧
갈색 곰아, 갈색 곰아, 무엇을 보고 있니?

[J2] Today is Monday 🎧
오늘은 월요일

[J2] Monster, Monster 🎧
괴물이다, 괴물!

[J2] My Friends 🎧
모두가 가르쳐 주었어요

[J2] It Looked Like Spilt Milk 🎧
쏟아진 우유 같아요

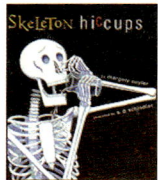
[J2] Skeleton Hiccups
해골이 딸꾹

[J2] Dear Zoo 🎧
친구를 보내 주세요!

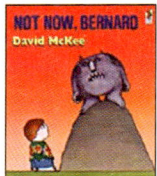
[J2] Not Now, Bernard 🎧
지금은 안 돼, 버나드

[J2] Hop on Pop 🎧

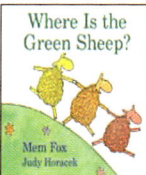
[J2] Where is the Green Sheep? 🎧
초록 양은 어디 갔을까?

[J2] Lunch 🎧

[J2] Colour Me Happy! 🎧

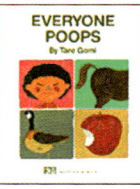
[J2] Everyone Poops 🎧
누구나 눈다

[J2] Dinosaur Roar! 🎧
공룡들이 으르렁

[J2] I'm the Biggest Thing in the Ocean 🎧
내가 세상에서 제일 커

[J2] Bugs! Bugs! Bugs! 🎧
또르르 팔랑팔랑 귀여운 곤충들!

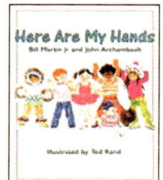
[J2] Here are My Hands 🎧
손, 손, 내 손은

[J2] Not a Box 🎧
이건 상자가 아니야

[J2] Barnyard Banter

[J2] Five Little Men in a Flying Saucer

[J2] Far Far Away!

[J2] Nancy Shaw: Sheep 그림책 시리즈 (7권)

[J2] Coco Can't Wait!

[J2] Yes Day!

[J2] See You Later, Alligator!

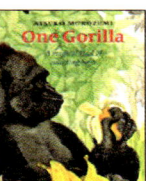
[J2] One Gorilla

[J2] Jamberry

[J2] Cows in the Kitchen

[J2] Brush Your Teeth Please

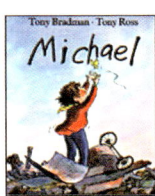
[J2] Michael

[J2] Five Little Ducks

[J2] Snail, Where are You?

[J2] Good-Night, Owl!

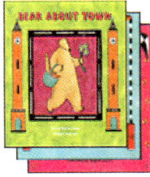
[J2] Stella Blackstone: Bear 시리즈 (8권)

[J2] Click, Clack, Quackity-Quack

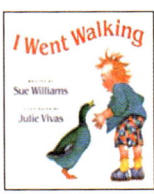
[J2] I Went Walking

[J2] Ten Fat Sausages

[J2] The Other Day I Met a Bear

단계별 집중듣기 & 읽기 베스트 — J2

● 그림책

[J2] In the Small, Small Pond 🎧
조그맣고 조그만 연못에서

[J2] Inside Mouse, Outside Mouse 🎧
안에서 안녕 밖에서 안녕

[J2] All the World 🎧
온 세상을 노래해

[J2] Spring is Here 🎧
송아지의 봄

[J2] David Goes to School
유치원에 간 데이빗

    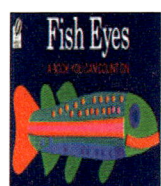

[J2] The Happy Day 🎧
코를 킁킁

[J2] Dinosaurs, Dinosaurs
옛날에 공룡들이 있었어

[J2] The House in the Night
한밤에 우리 집은

[J2] Dogs 🎧
네가 좋아

[J2] Fish Eyes 🎧
알록달록 물고기

   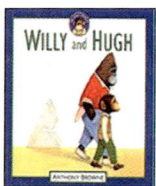 

[J2] I Can Be Anything 🎧
나는 무엇이든 될 수 있어!

[J2] Peas!
콩콩콩

[J2] Karen Katz: Lift-the-Flap 보드북 시리즈 (16권)
캐런카츠 들춰보기 아기 그림책 시리즈

[J2] Willy and Hugh
윌리와 휴

[J2] I Want to Be an Astronaut 🎧
우주 비행사가 되고 싶어요

  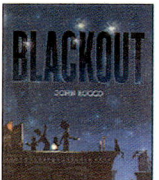  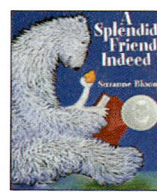

[J2] Cat's Colors
야옹이가 제일 좋아하는 색깔은?

[J2] What's Wrong with My Hair?
머리가 요랬다 조랬다!

[J2] Blackout
앗, 깜깜해

[J2] I Love You Through and Through 🎧
사랑해 사랑해 사랑해

[J2] A Splendid Friend, Indeed
넌 정말 멋진 친구야!

  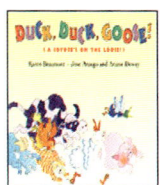  

[J2] Todd Parr: Book 시리즈 (13권) 토드 파 그림책 시리즈

[J2] The Crocodile and the Dentist 악어도 깜짝, 치과 의사도 깜짝!

[J2] Duck, Duck, Goose! 빨간눈 도깨비가 나타났다!

[J2] The Loud Book! 시끄러운 그림책

[J2] I Wish I were a Dog 개가 되고 싶어

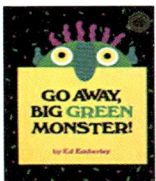    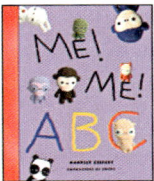

[J2] Go Away, Big Green Monster!

[J2] Dinnertime!

[J2] Snow

[J2] Who Stole the Cookies from the Cookie Jar?

[J2] Me! Me! ABC

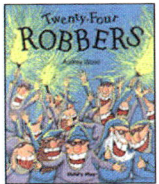  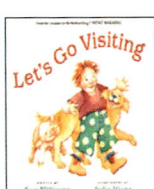  

[J2] Twenty-four Robbers

[J2] If I Had a Dragon

[J2] Let's Go Visiting

[J2] What's the Time, Mr. Wolf?

[J2] Walking Through the Jungle

 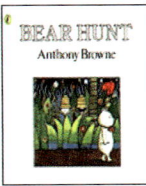 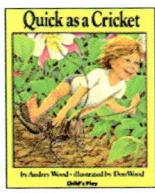  

[J2] Can You Keep a Secret?

[J2] Bear Hunt

[J2] Quick as a Cricket

[J2] The Chick and the Duckling

[J2] Nick and Sue 시리즈 (3권)

단계별 집중듣기 & 읽기 베스트 J2

● 리더스북

[J2] Ready to Read 시리즈: Eloise (16권)

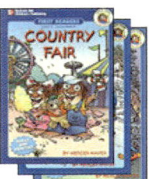
[J2] Little Critter First Readers 시리즈: Level 1 (10권)

[J2] I Can Read Book 시리즈: Biscuit (17권)

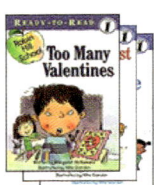
[J2] Ready to Read 시리즈: Robin Hill School (26권)

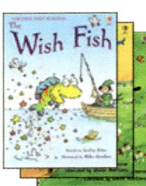
[J2] Usborne First Reading 시리즈: Level 1~2 (41권)

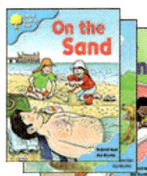
[J2] Oxford Reading Tree 시리즈: Stage 3 (38권)

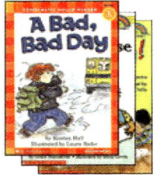
[J2] Scholastic Reader 시리즈: Level 1 (71권)

[J2] Wishy Washy Readers 시리즈 (36권)

[J2] Clifford Phonics Fun 시리즈 (74권)

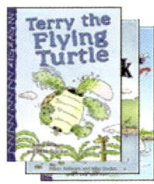
[J2] Zig Zag 시리즈 (22권)

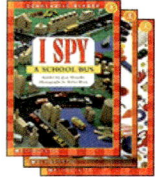
[J2] Scholastic Reader 시리즈: I Spy (17권)

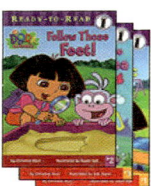
[J2] Ready to Read 시리즈: Dora (24권)

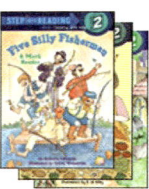
[J2] Step into Reading 시리즈: Step 2 (75권)

[J2] Learn to Read 시리즈: Level 2 (48권)

[J2] Floppy's Phonics 시리즈: Stage 3~4 (24권)

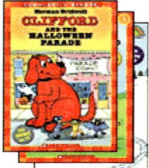
[J2] Scholastic Reader 시리즈: Clifford (9권)

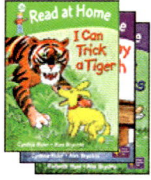
[J2] Read at Home 시리즈: Level 1~2 (12권)

[J2] Curious George Phonics 시리즈 (13권)

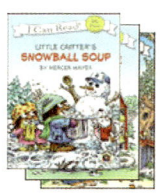
[J2] I Can Read Book 시리즈: Little Critter (13권)

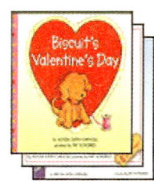
[J2]-그림책 같은 리더스북] Biscuit 시리즈 (36권)

● 그림책

 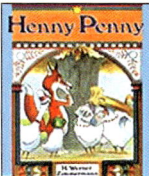 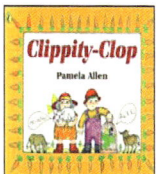 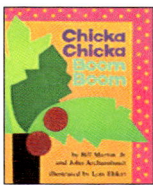 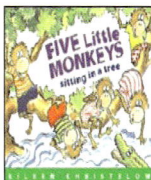

[J3] Go Away Mr Wolf! 　　[J3] Henny Penny 　　[J3] Clippity-Clop 　　[J3] Chicka Chicka Boom Boom 　　[J3] Five Little Monkeys Sitting in a Tree

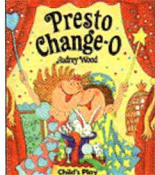 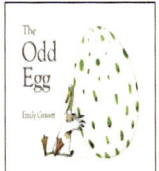 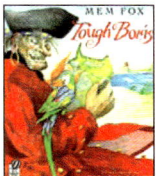  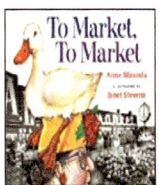

[J3] Presto Change-O 　　[J3] The Odd Egg 　　[J3] Tough Boris 　　[J3] The Carrot Seed 　　[J3] To Market, to Market

 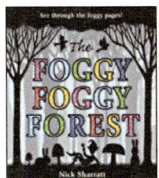  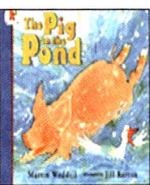 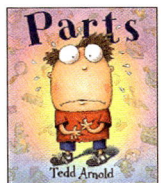

[J3] Dr. Seuss's ABC 　　[J3] The Foggy, Foggy Forest 　　[J3] The Wheels on the Bus 　　[J3] The Pig in the Pond 　　[J3] Parts

  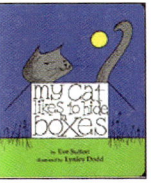  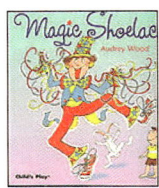

[J3] Meg and Mog 시리즈 (16권) 　　[J3] Knuffle Bunny: A Cautionary Tale 　　[J3] My Cat Likes to Hide in Boxes 　　[J3] Egg Drop 　　[J3] Magic Shoelaces

단계별 집중듣기 & 읽기 베스트 J3

● 그림책

  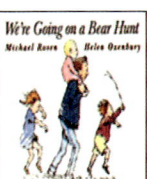 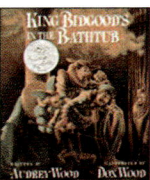 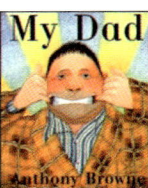

[J3] Bark, George 🎧 짖어봐 조지야
[J3] Suddenly! 🎧 갑자기!
[J3] We're Going on a Bear Hunt 곰 사냥을 떠나자
[J3] King Bidgood's in the Bathtub 🎧 그런데 임금님이 꿈쩍도 안 해요!
[J3] My Dad 🎧 우리 아빠가 최고야

  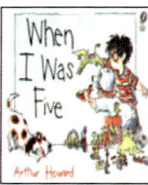  

[J3] Inside Mary Elizabeth's House 🎧 메리네 집에 사는 괴물
[J3] When Sophie Gets Angry – Really Really Angry … 🎧 쏘피가 화나면 – 정말, 정말 화나면…
[J3] When I was Five 🎧 내가 다섯 살 때는
[J3] Aaaarrgghh, Spider! 🎧 으아아악, 거미다!
[J3] Knuffle Bunny Too 🎧 내 토끼 어딨어?

   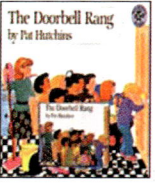 

[J3] The Stray Dog 🎧 떠돌이 개
[J3] The Secret Birthday Message 🎧 수수께끼 생일 편지
[J3] Goodnight Moon 🎧 잘 자요, 달님
[J3] The Doorbell Rang 🎧 자꾸자꾸 초인종이 울리네
[J3] My Mum 🎧 우리 엄마

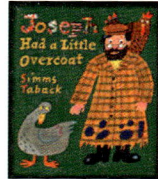    

[J3] Joseph Had a Little Overcoat 🎧 요셉의 작고 낡은 오버코트가…?
[J3] Mouse Paint 🎧 퐁당퐁당 물감놀이
[J3] Pete's a Pizza 🎧 아빠랑 함께 피자 놀이를
[J3] Merry Christmas, Big Hungry Bear! 🎧 배고픈 큰 곰아, 메리 크리스마스!
[J3] Pigeon 시리즈 (7권) 모 윌렘스의 비둘기 그림책 시리즈

[J3] George Shrinks
조지가 줄었어요

[J3] Leo the Late Bloomer 🎧
레오가 해냈어요

[J3] Animals should Definitely Not Wear Clothing 🎧
동물들은 왜 옷을 입지 않아요?

[J3] The Story of the Little Mole Who Knew It was None of His Business 🎧
누가 내 머리에 똥 쌌어?

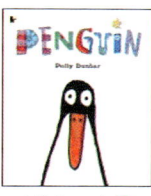
[J3] Penguin 🎧
친구가 되어 줘!

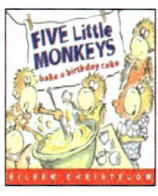
[J3] Five Little Monkeys Bake a Birthday Cake 🎧
쉿! 엄마 깨우지 마!

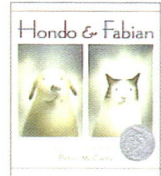
[J3] Hondo & Fabian
누가 더 즐거웠을까?

[J3] Little Blue and Little Yellow 🎧
파랑이와 노랑이

[J3] 10 Things I Can Do to Help My World
고사리손 환경책

[J3] Spoon 🎧
숟가락

[J3] Shark in the Park 🎧
큰일났다 상어다!

[J3] Art & Max
아트 & 맥스

[J3] Silly Suzy Goose 🎧
똑같은 건 싫어!

[J3] My Friend Rabbit
내 친구 깡충이

[J3] I Want My Hat Back
내 모자 어디 갔을까?

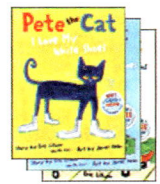
[J3] Pete the Cat 시리즈 (4권)
고양이 피터

[J3] Little Cloud 🎧
요술쟁이 작은 구름

[J3] There was an Old Lady Who Swallowed a Fly 🎧
옛날 옛날에 파리 한 마리를 꿀꺽 삼킨 할머니가 살았는데요

[J3] It's a Book
그래, 책이야!

[J3] Fancy Nancy 그림책 시리즈 (12권) 🎧
멋쟁이 낸시

단계별 집중듣기 & 읽기 베스트 J3

● 그림책

[J3] One Monday Morning
월요일 아침에

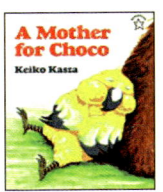
[J3] A Mother for Choco
초코 엄마 좀 찾아주세요!

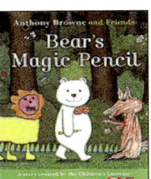
[J3] Bear's Magic Pencil
앤서니 브라운의 마술 연필

[J3] In the Attic
비밀의 다락방

[J3] Old Bear
올드 베어

[J3] The Fly
파리의 휴가

[J3] Dirty Bertie 🎧
코딱지 대장 버티

[J3] No!
안 돼!

[J3] I Stink! 🎧
냄새차가 나가신다!

[J3] Father Christmas
산타 할아버지

[J3] Pants 🎧

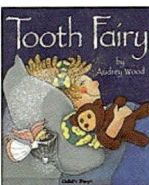
[J3] Tooth Fairy 🎧

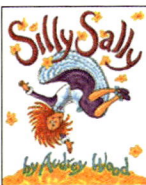
[J3] Silly Sally 🎧

[J3] I am the Music Man 🎧

[J3] Don't Do That! 🎧

[J3] Handa's Surprise 🎧

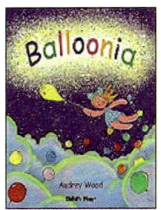
[J3] Balloonia 🎧

[J3] A Dark, Dark Tale 🎧

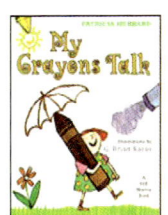
[J3] My Crayons Talk 🎧

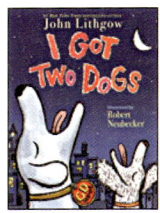
[J3] I Got Two Dogs 🎧

● 그림책 같은 리더스북

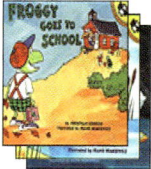 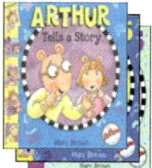   

[J3] Froggy 시리즈 (25권) 　　[J3] Arthur Starter 시리즈 (16권) 　　[J3] Little Critter 시리즈 (86권) 　　[J3] Little Princess 시리즈 (21권) 　　[J3] D.W. 시리즈 (Arthur) (9권)

 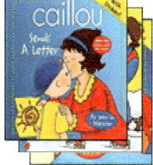  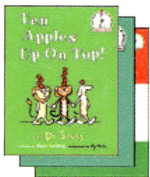 

[J3] Clifford 시리즈 (50권) 　　[J3] Caillou 시리즈 (33권) 　　[J3] Dinofours 시리즈 (25권) 　　[J3] Beginner Books 시리즈 (35권) 　　[J3] I Can Read Book 시리즈: Danny the Dinosaur (4권)

 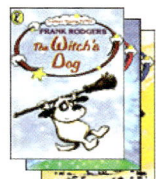  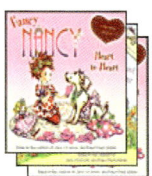 

[J3] Fly Guy 시리즈 (13권) 　　[J3] Witch's Dog 시리즈 (9권) 　　[J3] Poppleton 시리즈 (8권) 　　[J3] Fancy Nancy 시리즈 (12권) 　　[J3] Mr. and Mrs. Green 시리즈 (4권)

● 챕터북

 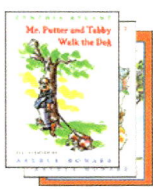   

[J3] Rockets 시리즈 (32권) 　　[J3] Mr. Putter & Tabby 시리즈 (21권) 　　[J3] Spooky Tales 시리즈 (10권) 　　[J3] Dodsworth Adventure 시리즈 (4권) 　　[J3] Andy Griffiths: Humor 시리즈 (2권)

● 잠수네 베스트 교재

단계별 집중듣기 & 읽기 베스트 — J3

● 리더스북

[J3] Oxford Reading Tree 시리즈: Stage 5 (30권)

[J3] Ready to Read 시리즈: Henry and Mudge (32권)

[J3] Little Critter First Readers 시리즈: Level 2 (10권)

[J3] Step into Reading 시리즈: Arthur (20권)

[J3] Usborne First Reading 시리즈: Level 3~4 (35권)

[J3] I Can Read Book 시리즈: Fancy Nancy (18권)

[J3] Clifford Big Red Reader 시리즈 (19권)

[J3] Usborne First Experiences 시리즈 (10권)

[J3] Scholastic Reader 시리즈: Level 2 (37권)

[J3] Magic Reader 시리즈 (36권)

[J3] Poppy and Max 시리즈 (8권)

[J3] Ready to Read 시리즈: Spongebob Squarepants (20권)

[J3] Curious George TV Readers 시리즈 (13권)

[J3] Step into Reading 시리즈: Barbie (36권)

[J3] Banana 시리즈: Green (12권)

[J3] Disney Fun to Read 시리즈: Level 1 (23권)

[J3] Iris and Walter 시리즈 (10권)

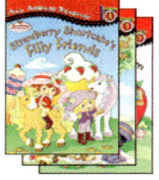
[J3] All Aboard Reading 시리즈: Strawberry Shortcake (12권)

[J3] Ready to Read 시리즈: Annie and Snowball (11권)

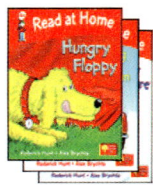
[J3] Read at Home 시리즈: Level 3~5 (18권)

● 지식책

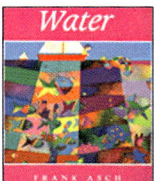
[J3] Water 🎧
물 이야기

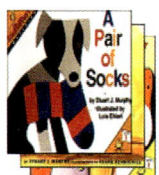
[J3] MathStart 시리즈:
Level 1 (21권) 🎧

[J3] Investigate
시리즈: Materials,
Life Cycles (12권) 🎧

[J3] Cool 시리즈 (4권)

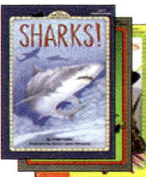
[J3] All Aboard
Reading 시리즈:
과학 (8권) 🎧

[J3] Time For Kids
Science Scoops:
Level 1 (4권)

[J3] Harbor

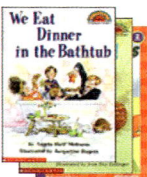
[J3] Scholastic
Reader 시리즈: 과학
(11권) 🎧

[J3] Touch the Art 시
리즈 (7권)

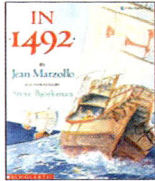
[J3] In 1492

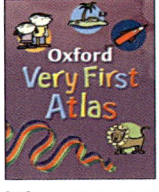
[J3] Oxford Very First
Atlas

[J3] Food Chain

[J3] Magic School
Bus: Liz 시리즈 (6권)
신기한 스쿨버스
베이비 시리즈

[J3] English
Explorers 시리즈:
Science Level 1
(24권) 🎧

[J3] Monet's
Impressions

[J4] Lois Lenski: Little
시리즈 (3권)

[J3] Elephants Swim
코끼리가 수영을 해요

[J3] One More
Bunny: Adding from
One to Ten

[J3] Time to Discover
시리즈 (48권) 🎧

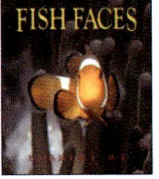
[J3] Fish Faces

단계별 집중듣기 & 읽기 베스트   J4

● 그림책

[J4] Winnie the Witch 시리즈 (17권) 🎧
마녀 위니 그림책 시리즈

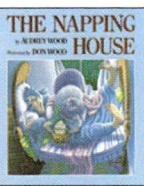
[J4] The Napping House 🎧
낮잠 자는 집

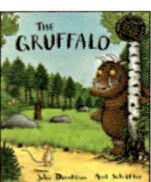
[J4] The Gruffalo 🎧
괴물 그루팔로

[J4] PiggyBook 🎧
돼지책

[J4] The Little Mouse, the Red Ripe Strawberry, and the Big Hungry Bear 🎧
생쥐와 딸기와 배고픈 큰 곰

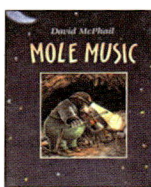
[J4] Mole Music 🎧
세상을 바꾼 두더지

[J4] PaPa, Please Get the Moon for Me 🎧
아빠, 달님을 따 주세요

[J4] Little Beaver and the Echo 🎧
꼬마 비버와 메아리

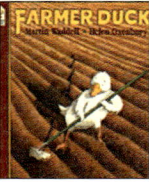
[J4] Farmer Duck 🎧
옛날에 오리 한 마리가 살았는데

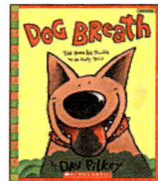
[J4] Dog Breath 🎧
입냄새 나는 개

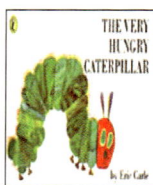
[J4] The Very Hungry Caterpillar 🎧
배고픈 애벌레

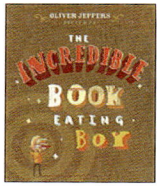
[J4] The Incredible Book Eating Boy 🎧
와작와작 꿀꺽 책 먹는 아이

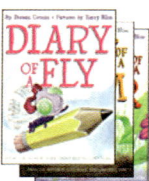
[J4] Diary of a 시리즈 (3권) 🎧
앗! 신기한 벌레 친구들 시리즈

[J4] Mr. Gumpy's Outing 🎧
검피 아저씨의 뱃놀이

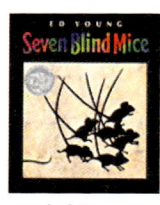
[J4] Seven Blind Mice 🎧
일곱 마리 눈먼 생쥐

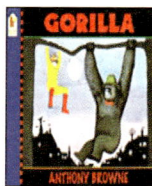
[J4] Gorilla 🎧
고릴라

[J4] Caps for Sale 🎧
모자 사세요!

[J4] Little Beauty 🎧
우리는 친구

[J4] Who Sank the Boat? 🎧
누구 때문일까?

[J4] Click, Clack, Moo: Cows That Type 🎧
탁탁 톡톡 음매~ 젖소가 편지를 쓴대

[J4] The Gruffalo's Child 🎧
용감한 꼬마 그루팔로

[J4] Martha Speaks 그림책 시리즈 (6권) 🎧

[J4] Don't Laugh at Me 🎧

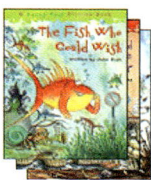
[J4] Korky Paul 그림책 시리즈 (10권)

[J4] If You Give … 시리즈 (9권) 🎧
생쥐하고 영화 보러 간다면 외

[J4] Knock Knock Who's There? 🎧
똑똑똑! 누구세요?

[J4] The Three Robbers 🎧
세 강도

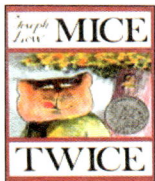
[J4] Mice Twice
생쥐를 초대합니다

[J4] What Do You Say, Dear?

[J4] My Rotten Redheaded Older Brother 🎧
빨간 머리 우리 오빠

[J4] Duck! Rabbit!
오리야? 토끼야?

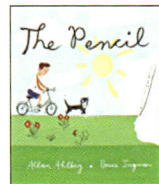
[J4] The Pencil
연필 하나

[J4] The Great Paper Caper 🎧
나무 도둑

[J4] Russell the Sheep 시리즈 (4권) 🎧

[J4] Madeline 시리즈 (11권) 🎧
마들린느 시리즈

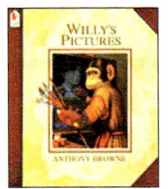
[J4] Willy's Pictures 🎧
미술관에 간 윌리

[J4] Mouse and Mole 시리즈 (7권)

[J4] The Way Back Home 🎧

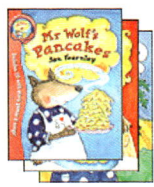
[J4] Jan Fearnley: Mr. Wolf 시리즈 (3권) 🎧
울프 아저씨

[J4] Missing Piece 시리즈 (2권)
어디로 갔을까, 나의 한쪽은 외

단계별 집중듣기 & 읽기 베스트 J4

● 그림책

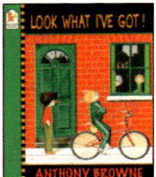
[J4] Look What I've Got! 🎧
너도 갖고 싶니?

[J4] The Empty Pot 🎧
빈 화분

[J4] Bringing Down the Moon 🎧
달 따고 싶어

[J4] The Paper Bag Princess 🎧
종이봉지 공주

[J4] Mr. Rabbit and the Lovely Present 🎧
토끼 아저씨와 멋진 생일 선물

[J4] In the Night Kitchen 🎧
깊은 밤 부엌에서

[J4] The Giving Tree 🎧
아낌없이 주는 나무

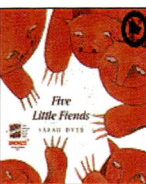
[J4] Five Little Fiends 🎧
세상을 훔쳐간 꼬마 도깨비들

[J4] George and Martha 시리즈 (12권) 🎧
조지와 마사

[J4] Percy the Park Keeper 시리즈 (11권) 🎧
공원지기 퍼시 아저씨

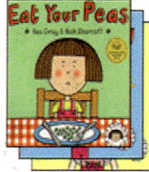
[J4] Daisy 그림책 시리즈 (10권) 🎧
데이지 시리즈

[J4] Where's My Teddy? 🎧
내 곰인형 어디 있어?

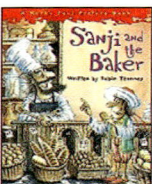
[J4] Sanji and the Baker 🎧
샌지와 빵집 주인

[J4] Trickster Tale 시리즈 (6권) 🎧
열린어린이 옛이야기 그림책 시리즈

[J4] Kitten's First Full Moon 🎧
달을 먹은 아기 고양이

[J4] Stone Soup 🎧
돌멩이 수프

[J4] Tops & Bottoms 🎧
위에 있는 것과 아래 있는 것

[J4] The Three Pigs 🎧
아기돼지 세 마리

[J4] The Adventures of the Dish and the Spoon 🎧
두근두근 아슬아슬 디시와 스푼의 모험 이야기

[J4] The Heart and the Bottle 🎧
마음이 아플까봐

[J4] Olivia 시리즈
(8권) 🎧
올리비아
그림책 시리즈

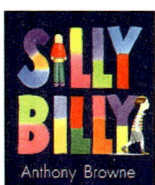
[J4] Silly Billy 🎧
겁쟁이 빌리

[J4] Into the Forest 🎧
숲 속으로

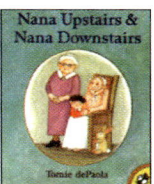
[J4] Nana Upstairs &
Nana Downstairs 🎧
위층 할머니,
아래층 할머니

[J4] Mog the
Forgetful Cat 🎧

[J4] Zen Shorts 🎧
달을 줄 걸 그랬어

[J4] Lost and
Found 🎧
다시 만난 내 친구

[J4] Giggle, Giggle,
Quack 🎧
오리를 조심하세요!

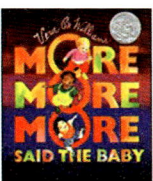
[J4] More More More
Said the Baby 🎧
또, 또, 또 해주세요

[J4] The Runaway
Bunny 🎧
엄마, 난 도망갈 거야

[J4] A Tree is Nice 🎧
나무는 좋다

[J4] Guess How
Much I Love You 🎧
내가 아빠를 얼마나
사랑하는지 아세요?

[J4] The Kissing
Hand 🎧
뽀뽀손

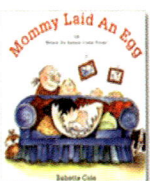
[J4] Mommy Laid
an Egg 🎧
엄마가
알을 낳았대요!

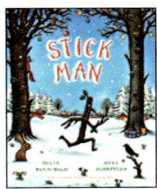
[J4] Stick Man 🎧
막대기 아빠

[J4] Grandpa
Green 🎧
할아버지의
이야기 나무

[J4] The Snowy
Day 🎧
눈 오는 날

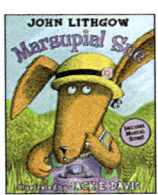
[J4] Marsupial Sue 🎧
캥거루답게 살아 봐

[J4] Where the Wild
Things are 🎧
괴물들이 사는 나라

[J4] Imogene's
Antlers 🎧
머리에 뿔이 났어요

단계별 집중듣기 & 읽기 베스트 J4

● 그림책

[J4] Big Sister and Little Sister 🎧
우리 언니

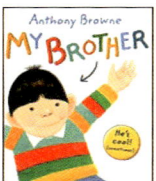
[J4] My Brother 🎧
우리 형

[J4] Ish 🎧
느끼는 대로

[J4] Library Lion 🎧
도서관에 간 사자

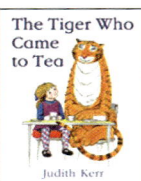
[J4] The Tiger Who Came to Tea 🎧
간식을 먹으러 온 호랑이

[J4] Millie's Marvellous Hat
밀리의 특별한 모자

[J4] A Weekend with Wendell 🎧
웬델과 주말을 보낸다고요?

[J4] Miss Nelson is Missing! 🎧
선생님을 찾습니다

[J4] Martha Doesn't Say Sorry! 🎧
미안하다고 안 할래!

[J4] Harry the Dirty Dog 시리즈 (4권) 🎧
개구쟁이 해리

[J4] Curious George 그림책 시리즈 (9권) 🎧
개구쟁이 꼬마 원숭이 조지

[J4] Owl Babies 🎧

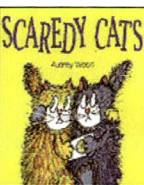
[J4] Scaredy Cats 🎧

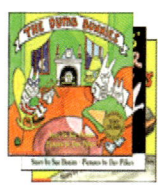
[J4] Dumb Bunnies 시리즈 (4권)

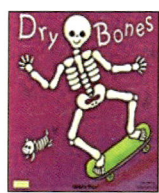
[J4] Dry Bones 🎧

[J4] Green Eggs and Ham 🎧

[J4] The Princess and the Dragon 🎧

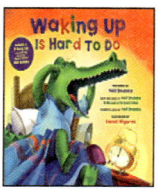
[J4] Waking Up is Hard to Do 🎧

[J4] The Mixed-Up Chameleon 🎧

[J4] John Denver's Sunshine On My Shoulders 🎧

● 그림책 같은 리더스북

[J4] Arthur Adventure 시리즈 (32권)

[J4] Mr. Men 시리즈 (76권)

[J4] Robert Munsch 시리즈 (46권)

[J4] Dav Pilkey: Dragon Tales 시리즈 (5권)
대브 필키의 아기 공룡

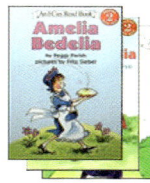
[J4] I Can Read Book 시리즈: Amelia Bedelia (29권)

[J4] Curious George 시리즈 (45권)

[J4] Black Lagoon 시리즈 (24권)

[J4] Little Princess TV 시리즈 (14권)

[J4] Lady Who Swallowed 시리즈 (9권)

[J4] Charlie and Lola 시리즈 (33권)
찰리와 롤라

[J4] I Can Read Book 시리즈: Frog and Toad (4권)
개구리와 두꺼비

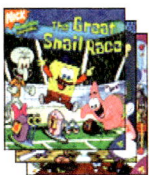
[J4] SpongeBob TV 시리즈 (24권)

[J4] I Can Read Book 시리즈: Little Bear (6권)
꼬마 곰

[J4] Berenstain Bears: Living Lights 시리즈 (25권)

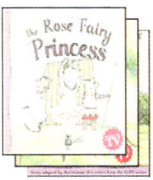
[J4] Angelina Ballerina 시리즈 (20권)

[J4] Read-Along Storybook 시리즈 (31권)

[J4] Curious George TV 시리즈 (10권)

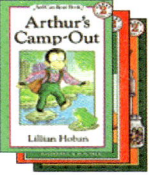
[J4] I Can Read Book 시리즈: Arthur (12권)

[J4] Eloise 리더스북 시리즈 (3권)

[J4] Olivia TV 시리즈 (23권)
올리비아

단계별 집중듣기 & 읽기 베스트 — J4

● 리더스북

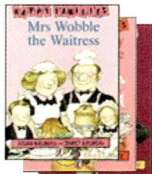 [J4] Happy Families 시리즈 (20권)

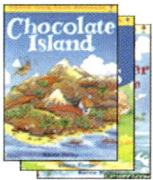 [J4] Usborne Young Puzzle Adventures 시리즈 (10권)

 [J4] Oxford Reading Tree 시리즈: Stage 8~9 (24권)

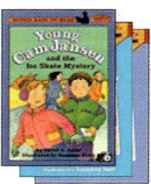 [J4] Young Cam Jansen 시리즈 (18권)

 [J4] I Can Read Book 시리즈: Spider-Man (10권)

 [J4] Banana 시리즈: Blue (36권)

 [J4] Scholastic Reader 시리즈: Magic School Bus (20권)

 [J4] Postcards from Buster 시리즈: Level 1~2 (8권)

 [J4] LEGO Ninjago Reader 시리즈 (5권)

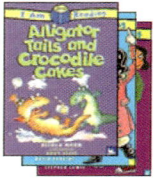 [J4] I am Reading 시리즈 (38권)

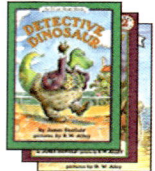 [J4] I Can Read Book 시리즈: Detective Dinosaur (3권)

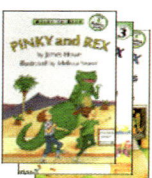 [J4] Ready to Read 시리즈: Pinky and Rex (12권)

 [J4] Disney Fun to Read 시리즈: Level 3 (10권)

 [J4] Scholastic Reader 시리즈: Invisible Inc. (6권)

 [J4] I Can Read Book 시리즈: Level 2 (66권)

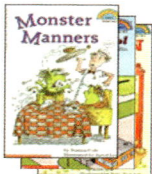 [J4] Scholastic Reader 시리즈: Level 3 (44권)

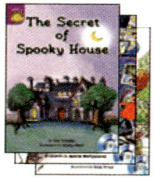 [J4] Sunshine Readers 시리즈: Level 5 (12권)

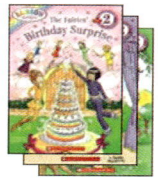 [J4] Scholastic Reader 시리즈: Rainbow Magic (6권)

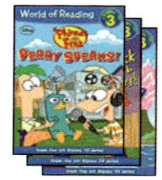 [J4] World of Reading 시리즈: Phineas and Ferb (4권)

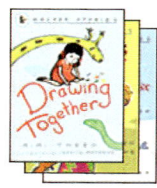 [J4] Easy Stories 시리즈 (13권)

● 챕터북

[J4] Magic Tree House 시리즈 (48권) 🎧
마법의 시간여행

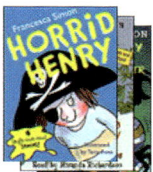
[J4] Horrid Henry 시리즈 (27권) 🎧
호기심 대장 헨리

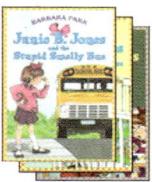
[J4] Junie B. Jones 시리즈 (30권) 🎧

[J4] Nate the Great 시리즈 (26권) 🎧
위대한 탐정 네이트

[J4] Zack Files 시리즈 🎧
잭의 미스터리 파일

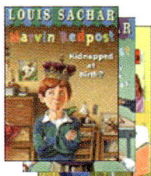
[J4] Marvin Redpost 시리즈 (8권) 🎧

[J4] Wayside School 시리즈 (3권) 🎧
웨이사이드 학교

[J4] Usborne Young Reading 시리즈: Level 1 (59권) 🎧

[J4] Ricky Ricotta's Mighty Robot 시리즈 (8권) 🎧
지구를 지켜라! 초강력 로봇

[J4] Seriously Silly Colour 시리즈 (8권) 🎧

[J4] Horrid Henry Early Reader 시리즈 (21권) 🎧

[J4] Cam Jansen 시리즈 (33권) 🎧
도둑맞은 다이아몬드

[J4] Arthur 챕터북 시리즈 (33권) 🎧

[J4] Mercy Watson 시리즈 (6권) 🎧
우리의 영웅 머시

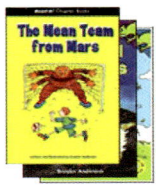
[J4] Chameleons 시리즈 (20권) 🎧

[J4] Big Nate 시리즈 (8권) 🎧

[J4] Katie Kazoo 시리즈 (35권) 🎧

[J4] Horrible Harry 시리즈 (26권) 🎧

[J4] Ivy + Bean 시리즈 (9권) 🎧
아이비랑 빈이 만났을 때

[J4] Stink 시리즈 (8권) 🎧

단계별 집중듣기 & 읽기 베스트 J4

● 소설

  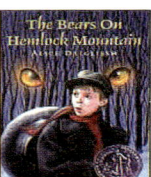  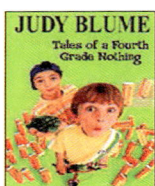

[J4] The Magic Finger 🎧
요술 손가락

[J4] Freckle Juice 🎧
주근깨 주스

[J4] The Bears on Hemlock Mountain 🎧
헴록 산의 곰

[J4] Pain and the Great One 시리즈 (4권) 🎧

[J4] Tales of a Fourth Grade Nothing 🎧
별볼일 없는 4학년

 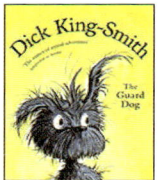   

[J4] Mark Spark in the Dark 🎧

[J4] The Guard Dog 🎧

[J4] Blue Cheese Breath and Stinky Feet
작전 1호

[J4] The Seven Treasure Hunts
토요일의 보물찾기

[J4] Molly's Pilgrim

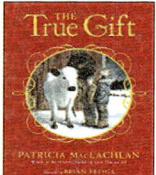 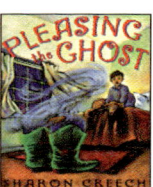 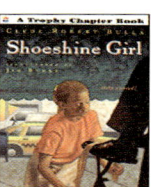  

[J4] The True Gift: A Christmas Story 🎧

[J4] Pleasing the Ghost

[J4] Shoeshine Girl

[J4] Keep the Lights Burning, Abbie

Jenny's Cat Club 시리즈

 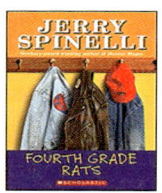 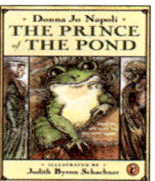  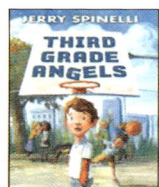

[J4] Jill Tomlinson: Who 시리즈 🎧

[J4] Fourth Grade Rats

[J4] The Prince of the Pond 🎧

[J4] Please Write in This Book

[J4] Third Grade Angels 🎧

● 지식책

[J4] Let's Read and Find Out 시리즈: Level 1 (54권)

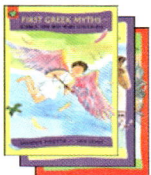
[J4] First Greek Myths 시리즈 (9권)

[J4] Rookie Biographies 시리즈 (48권)

[J4] Ready to Read 시리즈: Childhood of Famous Americans (15권)

[J4] Wayland 영어동화 시리즈 (22권)

[J4] First Discovery 시리즈: Music (10권)
위대한 음악가 시리즈

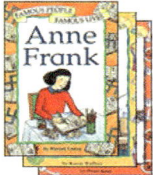
[J4] Famous People Famous Lives 시리즈 (27권)

[J4] Loreen Leedy: 사회 그림책 시리즈 (10권)
로렌의 지식 그림책 시리즈: 사회

[J4] Look-Alikes 시리즈 (6권)

[J4] Bob Raczka's Art Adventures 시리즈 (6권)

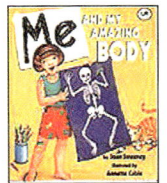
[J5] Me and My Amazing Body
몸

[J4] Vote!

[J4] One Hundred Hungry Ants
배고픈 개미 100마리가 발발발

[J4] Dear Deer: A Book of Homophones

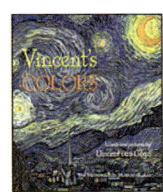
[J4] Vincent's Colors

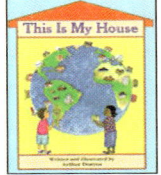
[J4] This is My House

[J4] MathStart 시리즈: Level 3 (20권)

[J4] Gail Gibbons: 스포츠지식책 시리즈 (4권)

[J4] Stars! Stars! Stars!

[J4] Me … Jane
내 친구 제인

단계별 집중듣기 & 읽기 베스트 — J5

● 그림책

 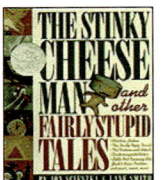 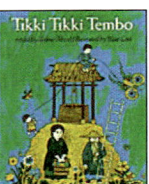 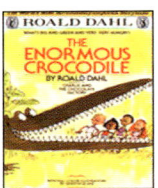 

[J5] Puff, the Magic Dragon 🎧
마법 용 퍼프 이야기

[J5] The Stinky Cheese Man and Other Fairly Stupid Tales 🎧
냄새 고약한 치즈맨과 멍청한 이야기들

[J5] Tikki Tikki Tembo 🎧
티키 티키 템보

[J5] The Enormous Crocodile 🎧
침만 꼴깍꼴깍 삼키다 소시지가 되어버린 악어 이야기

[J5] The Library 🎧
도서관

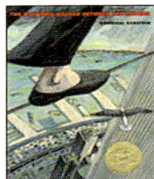   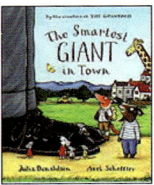 

[J5] The Man Who Walked Between the Towers 🎧
쌍둥이 빌딩 사이를 걸어간 남자

[J5] Dr. Dog 🎧
멍멍 의사 선생님

[J5] A Bad Case of Stripes 🎧
줄무늬가 생겼어요

[J5] The Smartest Giant in Town 🎧
우리 마을 멋진 거인

[J5] Room on the Broom 🎧
빗자루 타고 씽씽씽

    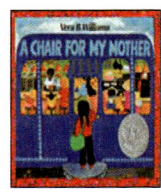

[J5] John Patrick Norman McHennessy, The Boy Who was Always Late 🎧
지각대장 존

[J5] The Elephant and the Bad Baby 🎧
코끼리와 버릇없는 아기

[J5] The Gardener 🎧
리디아의 정원

[J5] Sylvester and the Magic Pebble 🎧
당나귀 실베스터와 요술 조약돌

[J5] A Chair for My Mother 🎧
엄마의 의자

   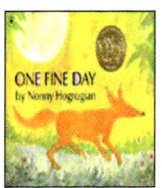 

[J5] Chrysanthemum 🎧
난 내 이름이 참 좋아!

[J5] Harvey Slumfenburger's Christmas Present 🎧
크리스마스 선물

[J5] The True Story of the 3 Little Pigs! 🎧
늑대가 들려주는 아기 돼지 삼형제 이야기

[J5] One Fine Day 🎧
꼬리를 돌려 주세요

[J5] Zin! Zin! Zin! A Violin 🎧
징!징!징! 바이올린

  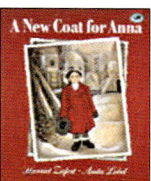 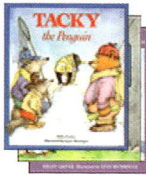 

[J5] Revolting Rhymes 🎧	[J5] The Little House 🎧	[J5] A New Coat for Anna	[J5] Tacky 시리즈 (8권) 🎧	[J5] Library Mouse 시리즈 🎧
백만장자가 된 백설공주	작은 집 이야기	안나의 빨간 외투	꼬마 펭귄 태키	도서관 생쥐

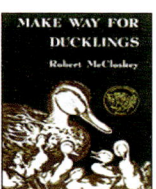   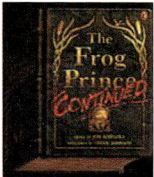 

[J5] Make Way for Ducklings 🎧
아기 오리들한테 길을 비켜 주세요

[J5] The Story about Ping 🎧
띳띳띳 꼴찌 오리 핑 이야기

[J5] Magic School Bus TV 시리즈 (32권) 🎧
신기한 스쿨 버스 키즈 시리즈

[J5] The Frog Prince Continued
개구리 왕자 그 뒷이야기

[J5] Outside Over There
잃어버린 동생을 찾아서

  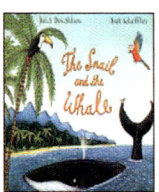  

[J5] A Sick Day for Amos McGee
아모스 할아버지가 아픈 날

[J5] John Denver's Ancient Rhymes A Dolphin Lullaby 🎧
돌고래의 자장가

[J5] The Snail and the Whale 🎧
세상 구경 시켜 줄 고래를 찾습니다

[J5] Voices in the Park 🎧
공원에서 일어난 이야기

[J5] One of Each 🎧
뭐든지 하나씩

 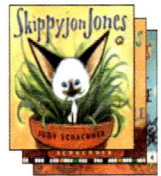  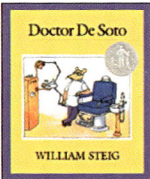 

[J5] The Funny Little Woman 🎧
별나게 웃음 많은 아줌마

[J5] Skippyjon Jones 시리즈 (7권) 🎧
스키피 시리즈

[J5] The Baby Who wouldn't Go to Bed 🎧
난 안 잘 거야

[J5] Doctor De Soto 🎧
치과의사 드소토 선생님

[J5] Brave Irene 🎧
용감한 아이린

단계별 집중듣기 & 읽기 베스트 J5

● 그림책

[J5] Miss Rumphius 🎧
미스 럼피우스

[J5] Hurricane 🎧
허리케인

[J5] Why Mosquitoes Buzz in People's Ears 🎧
모기는 왜 귓가에서 앵앵거릴까?

[J5] The Three Little Wolves and the Big Bad Pig 🎧
아기 늑대 세 마리와 못된 돼지

[J5] Alexander and the Wind-Up Mouse 🎧
새앙쥐와 태엽쥐

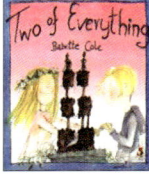
[J5] Two of Everything
따로 따로 행복하게

[J5] Just a Dream
이건 꿈일 뿐이야

[J5] Rumpelstiltskin
룸펠슈틸츠헨

[J5] Little Mouse's Big Book of Fears
겁쟁이 꼬마 생쥐 덜덜이

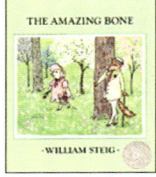
[J5] The Amazing Bone 🎧
멋진 뼈다귀

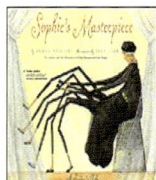
[J5] Sophie's Masterpiece 🎧
소피의 달빛 담요

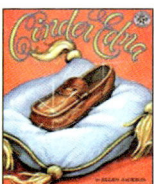
[J5] Cinder Edna
신데룰라

[J5] Me and My Cat? 🎧
나야? 고양이야?

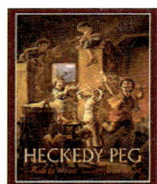
[J5] Heckedy Peg 🎧

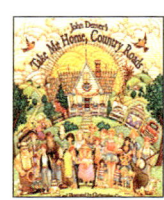
[J5] Take Me Home, Country Roads 🎧

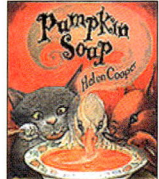
[J5] Pumpkin Soup 🎧

[J5] Traction Man is Here! 🎧

[J5] Without You 🎧

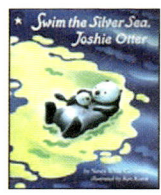
[J5] Swim the Silver Sea, Joshie Otter 🎧

[J5] The Polar Express 🎧

  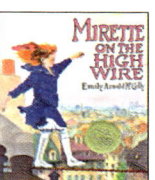 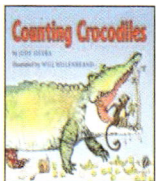 

[J5] The Little Old Lady Who was Not Afraid of Anything 🎧   [J5] Angelina Ballerina 그림책 시리즈 (17권) 🎧   [J5] Mirette on the High Wire 🎧   [J5] Counting Crocodiles 🎧   [J5] Squids will Be Squids 🎧

 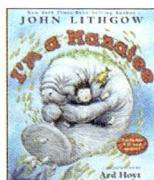   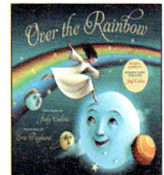

[J5] Jumanji 🎧   [J5] I'm a Manatee 🎧   [J5] Blueberries for Sal 🎧   [J5] The Five Chinese Brothers 🎧   [J5] Over the Rainbow 🎧

 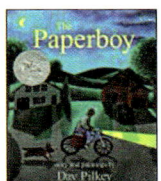   

[J5] Martha Speaks 그림책 시리즈 (6권) 🎧   [J5] The PaperBoy 🎧   [J5] Prince Cinders 🎧   [J5] The Pain and the Great One 🎧   [J5] Corduroy 🎧 꼬마 곰 코듀로이

● 그림책 같은 리더스북

   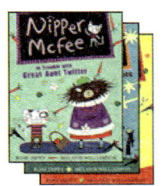

[J5] Berenstain Bears 시리즈 (91권) 🎧   [J5] Princess Poppy 시리즈 (17권) 🎧   [J5] Pippi Longstocking 그림책 시리즈 (3권) 🎧   [J5] Nipper McFee 시리즈 (6권) 🎧

단계별 집중듣기 & 읽기 베스트 J5

● 챕터북

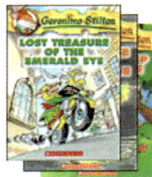
[J5] Geronimo Stilton 시리즈 (55권)
제로니모 스틸턴

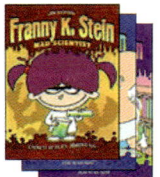
[J5] Franny K. Stein 시리즈 (7권)
엽기 과학자 프래니

[J5] A to Z Mysteries 시리즈 (26권)

[J5] Rainbow Magic 시리즈 (147권)
레인보우 매직

[J5] Tiara Club 시리즈 (54권)
Princess Academy at Silver Towers 시리즈

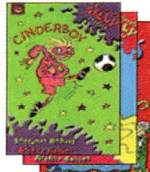
[J5] Seriously Silly Stories 시리즈 (13권)

[J5] Andrew Lost 시리즈 (18권)
로스트! 어린이를 위한 신나는 과학동화

[J5] Secrets of Droon 시리즈 (34권)
드룬의 비밀

[J5] Captain Underpants 시리즈 (12권)
빰빠라밤! 빤스맨

[J5] Encyclopedia Brown 시리즈 (28권)
과학탐정 브라운

[J5] Amber Brown 시리즈 (9권)

[J5] Blast to the Past 시리즈 (8권)

[J5] Ugly Guide 시리즈 (4권)

[J5] Princess Poppy 챕터북 시리즈 (12권)

[J5] Bailey School Kids 시리즈 (51권)

[J5] Nancy Drew and the Clue Crew 시리즈 (32권)

[J5] Shakespeare Story 시리즈 (16권)

[J5] Dirty Bertie 시리즈 (18권)
꼬질이 버티

[J5] Cracked Classics 시리즈 (6권)
우당탕탕 명작여행

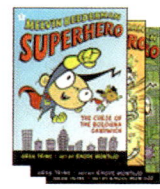
[J5] Melvin Beederman Superhero 시리즈 (8권)

[J5] Charmseekers
시리즈 (13권)

[J5] Spongebob
챕터북 시리즈
(14권)

[J5] Judy Moody
시리즈 (13권)
톡톡 개성파
주디 무디

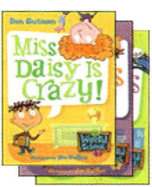
[J5] My Weird School
시리즈 (21권)
괴짜 초딩 스쿨

[J5] Magic Ballerina
시리즈 (24권)

[J5] Time Warp Trio
시리즈 (19권)
시간여행 특공대

[J5] Thea Stilton
시리즈 (16권)

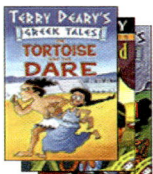
[J5] Terry Deary's
Historical Tales
시리즈 (24권)

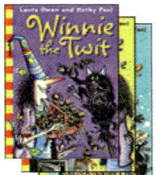
[J5] Winnie the Witch
챕터북 시리즈
(15권)
마녀 위니 동화 시리즈

[J5] Ottoline
시리즈 (3권)
오톨린

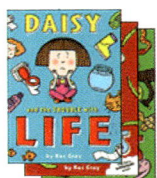
[J5] Daisy and the
Trouble 시리즈 (7권)

[J5] Bunnicula
시리즈 (7권)
버니큘라

[J5] Monster Manor
시리즈 (8권)

[J5] Usborne Puzzle
Adventures
시리즈 (25권)

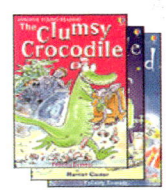
[J5] Usborne Young
Reading 시리즈:
Level 2 (56권)

[J5] Kyla May Miss.
Behaves 시리즈 (4권)

[J5] Magic Kitten
시리즈 (15권)

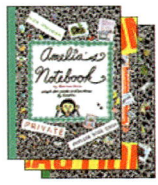
[J5] Amelia's Note
시리즈 (29권)

[J5] Bad Kitty
시리즈 (7권)

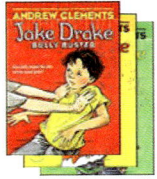
[J5] Jake drake
시리즈 (4권)
잘난척쟁이 경시대회

잠수네 베스트 교재

단계별 집중듣기 & 읽기 베스트 J5

● 소설

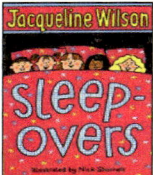
[J5] Sleep-Overs 🎧
잠옷 파티

[J5] Spiderwick Chronicles 시리즈 (6권) 🎧
스파이더위크 가의 비밀

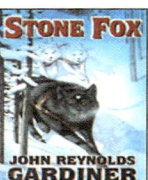
[J5] Stone Fox 🎧
조금만, 조금만 더

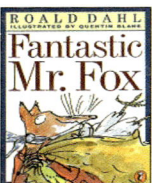
[J5] Fantastic Mr. Fox 🎧
멋진 여우 씨

[J5] Charlotte's Web 🎧
샬롯의 거미줄

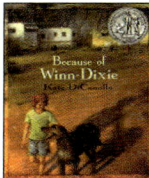
[J5] Because of Winn-Dixie 🎧
내 친구 윈딕시

[J5] The Miraculous Journey of Edward Tulane 🎧
에드워드 툴레인의 신기한 여행

[J5] Chocolate Fever 🎧
걸어다니는 초콜릿

[J5] The Fox Who Ate Books 🎧
책 먹는 여우

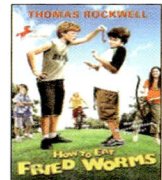
[J5] How to Eat Fried Worms 🎧
지렁이를 먹겠다고?

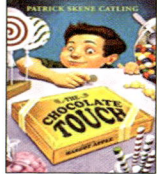
[J5] The Chocolate Touch
초콜릿 터치

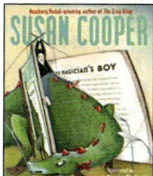
[J5] The Magician's Boy
마술사와 소년

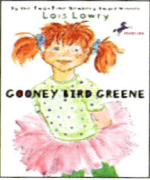
[J5] Gooney Bird Greene 🎧
최고의 이야기꾼 구니버드

[J5] The Whipping Boy 🎧
왕자와 매맞는 아이

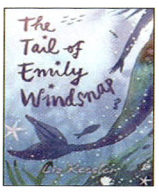
[J5] The Tail of Emily Windsnap 🎧
인어소녀 에밀리

[J5] The Courage of Sarah Noble 🎧
사라는 숲이 두렵지 않아요

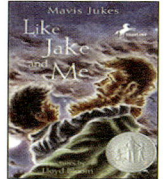
[J5] Like Jake and Me

[J5] The Lemonade War 🎧
레모네이드 전쟁

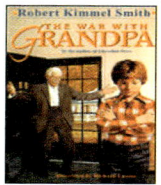
[J5] The War with Grandpa
내 방 찾기 전쟁

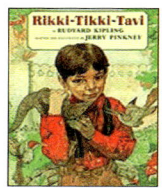
[J5] Rikki-Tikki-Tavi 🎧
독사를 물리친 어린 몽구스

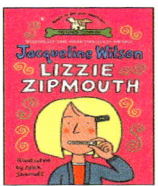
[J5] Lizzie Zipmouth 🎧
리지 입은 지퍼 입

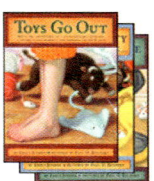
[J5] Toys Go Out 시리즈 (3권) 🎧

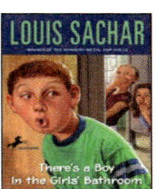
[J5] There's a Boy in the Girls' Bathroom 🎧
못 믿겠다고?

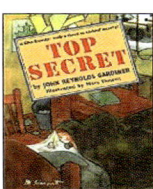
[J5] Top Secret 🎧
광합성 소년

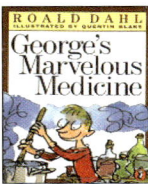
[J5] George's Marvelous Medicine 🎧
조지, 마법의 약을 만들다

[J5] Revolting Rhymes 🎧
백만장자가 된 백설 공주: 로알드 달이 들려주는 패러디 동화

[J5] The Worry Website 🎧
고민의 방: 우리 반 인터넷 사이트

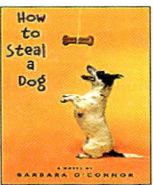
[J5] How to Steal a Dog 🎧
개를 훔치는 완벽한 방법

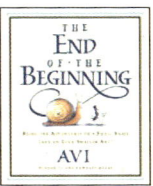
[J5] The End of the Beginning 🎧
달팽이는 왜 길을 떠났을까

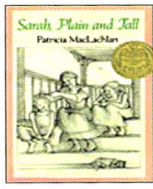
[J5] Sarah, Plain and Tall 🎧
키가 크고 수수한 새라 아줌마

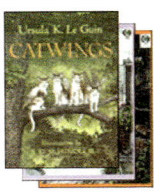
[J5] Catwings 시리즈 (4권) 🎧

[J5] Esio Trot 🎧
아북거, 아북거

[J5] Blubber 🎧

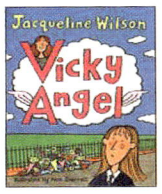
[J5] Vicky Angel 🎧
천사가 된 비키

[J5] The Tiger Rising 🎧
날아오르는 호랑이처럼

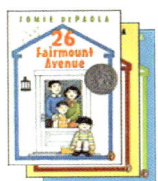
[J5] 26 Fairmount Avenue 시리즈 (7권)

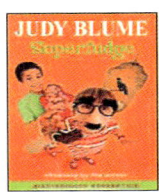
[J5] Superfudge 🎧
못 말리는 내 동생

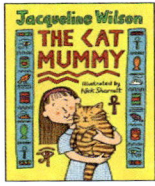
[J5] The Cat Mummy
미라가 된 고양이

[J5] Clementine 시리즈 (6권) 🎧

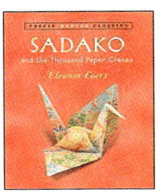
[J5] Sadako and the Thousand Paper Cranes 🎧
사다코와 천 마리 종이학

단계별 집중듣기 & 읽기 베스트 J5

● 지식책

[J5] Math Curse
수학의 저주

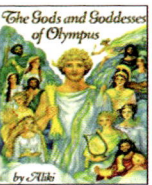
[J5] The Gods and Goddesses of Olympus

[J5] People
온 세상 사람들

[J5] What Do Authors Do?
작가는 어떻게 책을 쓸까?

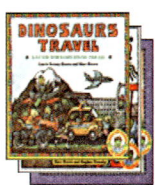
[J5] Dino Life Guides
시리즈 (7권)

[J5] Katie의 명화여행
시리즈 (10권)
케이트의 명화 여행

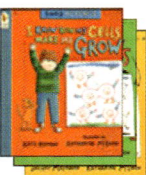
[J5] Sam's Science
시리즈 (4권)
샘의 신나는 과학 시리즈

[J5] The Gas We Pass
왜 방귀가 나올까?

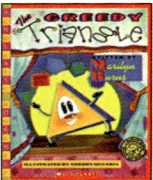
[J5] The Greedy Triangle
성형외과에 간 삼각형

[J5] This is
시리즈 (14권)
This is

[J5] Henry's House
시리즈 (7권)

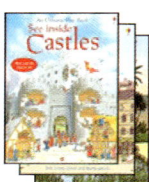
[J5] See Inside
시리즈 (15권)

[J5] The 7 Habits of Happy Kids
성공하는 아이들의 7가지 습관

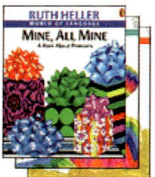
[J5] Ruth Heller: World of Language
시리즈 (7권)

[J5] Anholt's Artists
시리즈 (8권)
내가 만난 미술가 그림책 시리즈

[J5] Robert E. Wells:
과학 그림책
시리즈 (8권)

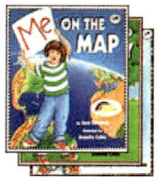
[J5] Me and My 지식
그림책 시리즈 (7권)
나의 과학 시리즈

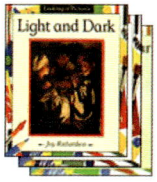
[J5] Looking at Pictures 시리즈 (6권)

[J5] How to Talk
시리즈 (2권)

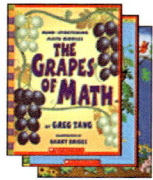
[J5] Greg Tang: Math
시리즈 (7권)

[J5] Scrambled States of America 시리즈 (2권)

[J5] Salvatore Rubbino: Walk 시리즈 (2권)

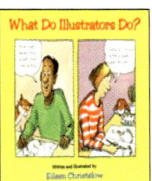
[J5] What Do Illustrators Do?

[J4] Jonah Winter 인물 시리즈 (5권) 프리다 외

[J5] Steven Kellogg: Million 시리즈 (3권)

[J5] The Cloud Book 엉뚱하고 재미있는 구름 이야기

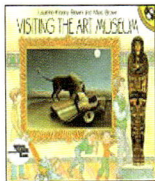
[J5] Visiting the Art Museum

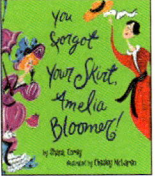
[J5] You Forgot Your Skirt, Amelia Bloomer! 치마를 입어야지, 아멜리아 블루머!

[J5] Dan's Angel 그림 읽는 꼬마 탐정 단이

[J5] Pizza Counting

[J5] Smart About Art 시리즈 (8권)

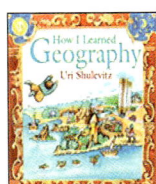
[J5] How I Learned Geography 내가 만난 꿈의 지도

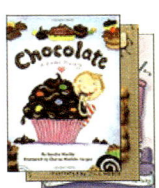
[J5] Smart about History 시리즈 (10권)

[J5] Martin's Big Words: The Life of Dr. Martin Luther King, Jr. 마틴 루터 킹

[J5] The Popcorn Book

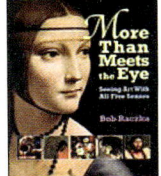
[J5] More Than Meets the Eye: Seeing Art with All Five Senses

[J5] George Washington's Teeth

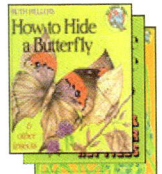
[J5] Ruth Heller: How to Hide 시리즈 (6권)

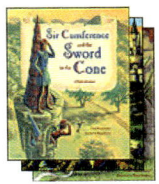
[J5] Math Adventure 시리즈 (19권) 영재수학동화 시리즈

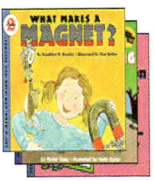
[J5] Let's Read and Find Out 시리즈: Level 2 (73권)

단계별 집중듣기 & 읽기 베스트 J6

● 그림책

[J6] The Spider and the Fly 🎧
거미와 파리

[J6] Cloudy with a Chance of Meatballs 🎧
하늘에서 음식이 내린다면

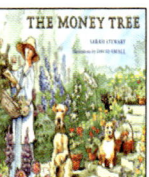
[J6] The Money Tree 🎧
돈이 열리는 나무

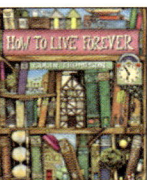
[J6] How to Live Forever
영원히 사는 법

[J6] Snow-White and the Seven Dwarfs
백설공주와 일곱 난쟁이

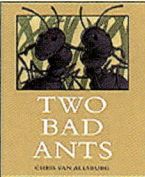
[J6] Two Bad Ants
장난꾸러기 개미 두 마리

[J6] The Real Fairy Storybook 🎧
세상에서 가장 신비로운 요정 이야기

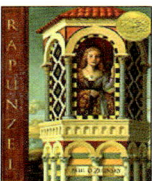
[J6] Rapunzel

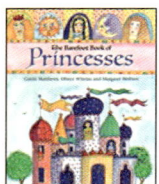
[J6] The Barefoot Book of Princesses 🎧

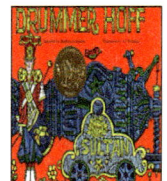
[J6] Drummer Hoff 🎧
둥둥둥, 북치는 병정!

[J6] Snowflake Bentley 🎧

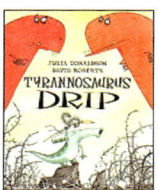
[J6] Tyrannosaurus Drip 🎧

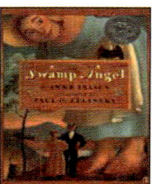
[J6] Swamp Angel 🎧
세상에서 가장 큰 여자아이 안젤리카

[J6] There's a Frog in My Throat!

[J6] There's a Frog in My Throat

[J6] Cinderella Skeleton

[J6] A Grain of Rice

[J6] Runny Babbit 🎧

[J6] Ox-Cart Man
달구지를 끌고

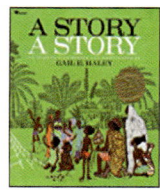
[J6] A Story, a Story 🎧
이야기 이야기

[J6] Fables
아놀드 로벨 우화

[J6] Amos & Boris
아모스와 보리스

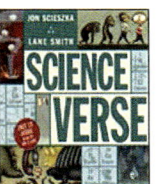
[J6] Science Verse
못 말리는 과학시간

[J6] Adele & Simon in America
아델과 사이먼, 미국에 가다!

[J6] I, Crocodile

[J6] Puss in Boots
장화 신은 고양이

[J6] Dirty Beasts
로알드 달의 무섭고 징그럽고 끔찍한 동물들

[J6] Fly High, Fly Low
날아라 함께!

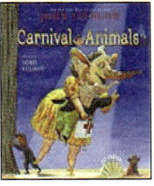
[J6] Carnival of the Animals
동물의 사육제

[J6] The Princess and the Pea
공주님과 완두콩

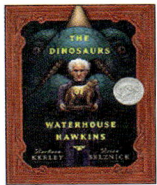
[J6] The Dinosaurs of Waterhouse Hawkins
공룡을 사랑한 할아버지

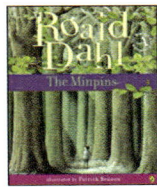
[J6] The Minpins
민핀

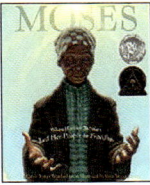
[J6] Moses
모세

[J6] Cactus Hotel
선인장 호텔

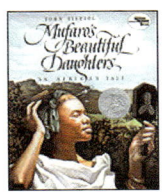
[J6] Mufaro's Beautiful Daughters

[J6] The Journey
한나의 여행

[J6] The Widow's Broom
빗자루의 보은

[J6] The Legend of the Indian Paintbrush
인디언붓꽃의 전설

[J6] Many Moons
아주아주 많은 달

[J6] The Big Snow
큰 눈 내린 숲 속에는

단계별 집중듣기 & 읽기 베스트 J6

● 챕터북

[J6] Jack Stalwart
시리즈 (14권)

[J6] Avatar the Last
Airbender 시리즈
(5권)

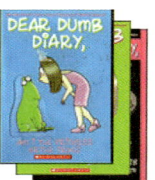
[J6] Dear Dumb
Diary 시리즈 (12권)
주책바가지 내 바보
일기장을 공개합니다

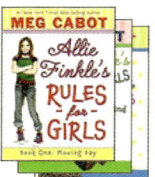
[J6] Rules for Girls
시리즈 (6권)

[J6] Crunchbone
Castle Chronicles
시리즈 (4권)

[J6] Mr Gum
시리즈 (9권)
황당하고 고약하고
어설픈 악당
미스터 검

[J6] Worst Witch
시리즈 (9권)

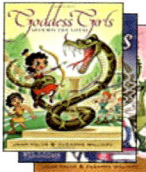
[J6] Goddess Girls
시리즈 (10권)

[J6] Magical Children
시리즈 (6권)

[J6] Araminta
Spookie 시리즈
(5권)

[J6] Gwyneth Rees:
Fairy 시리즈 (6권)

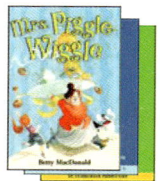
[J6] Mrs. Piggle–Wiggle
시리즈 (5권)
피글위글 아줌마의
말썽쟁이 길들이기

[J6] Joe Sherlock,
Kid Detective
시리즈 (5권)
꼬마탐정 조 셜록

[J6] Spy Dog
시리즈 (8권)
스파이 독

[J6] Nerds 시리즈
(4권)

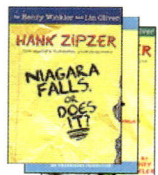
[J6] Hank Zipzer
시리즈 (17권)

[J6] Magic School
Bus Chapter Book
시리즈 (20권)
신기한 스쿨버스 테마
과학동화

[J6] Rumblewick's
Diary 시리즈 (8권)

[J6] Ghosthunters
시리즈 (4권)

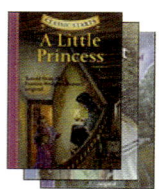
[J6] Classic Starts
시리즈 (49권)

● 소설

 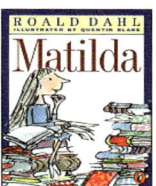 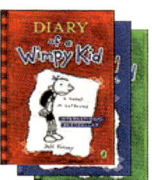 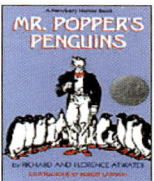 

[J6] Percy Jackson 시리즈 (7권) 🎧
퍼시 잭슨과 올림포스의 신

[J6] Matilda 🎧
마틸다

[J6] Diary of a Wimpy Kid 시리즈 (9권) 🎧
윔피 키드

[J6] Mr. Popper's Penguins 🎧
파퍼 씨네 12마리 펭귄

[J6] Sisters Grimm 시리즈 (9권) 🎧
그림 자매

  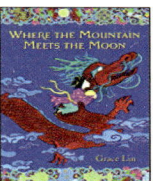  

[J6] 39 Clues 시리즈 (12권) 🎧
39 클루스

[J6] Warriors 시리즈 (24권) 🎧
고양이 전사들

[J6] Where the Mountain Meets the Moon 🎧
산과 달이 만나는 곳

[J6] Ella Enchanted 🎧
마법에 걸린 엘라

[J6] Charlie and the Chocolate Factory 🎧
찰리와 초콜릿 공장

 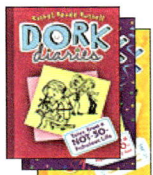  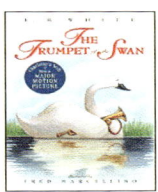 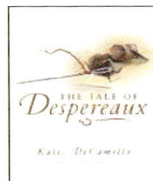

[J6] Coraline 🎧
코랄린

[J6] Dork Diaries 시리즈 (10권) 🎧

[J6] Dragon Rider 🎧

[J6] The Trumpet of the Swan 🎧
트럼펫 부는 백조, 루이

[J6] The Tale of Despereaux 🎧
생쥐 기사 데스페로

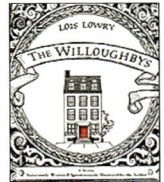   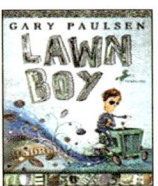 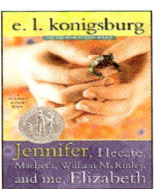

[J6] The Willoughbys 🎧
무자비한 윌러비 가족

[J6] Andrew Clements: School Stories 시리즈 🎧
프린들 주세요 외

[J6] Molly Moon 시리즈 🎧
몰리 문의 놀라운 최면술책

[J6] Lawn Boy 🎧
돈은 이렇게 버는 거야: 13살의 경제학

[J6] Jennifer, Hecate, MacBeth, William McKinley, and Me, Elizabeth 🎧
내 친구가 마녀래요

단계별 집중듣기 & 읽기 베스트　J6

● 소설

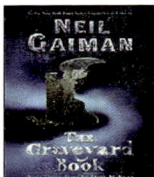
[J6] The Graveyard Book 🎧
그레이브야드 북

[J6] Little House 시리즈 (9권) 🎧
초원의 집

[J6] Project Mulberry 🎧
뽕나무 프로젝트

[J6] Doll People 시리즈 (3권) 🎧
모든 집에는 비밀이 있어

[J6] Shadow Children 시리즈 (7권) 🎧
그림자 아이들

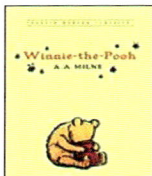
[J6] Winnie-the-Pooh 🎧
곰돌이 푸우는 아무도 못 말려

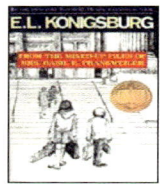
[J6] From the Mixed-up Files of Mrs. Basil E. Frankweiler 🎧
클로디아의 비밀

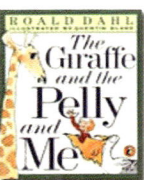
[J6] The Giraffe and the Pelly and Me 🎧
창문닦이 삼총사

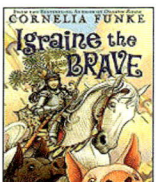
[J6] Igraine the Brave 🎧

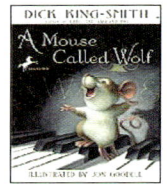
[J6] A Mouse Called Wolf 🎧
생쥐 볼프강 아마데우스

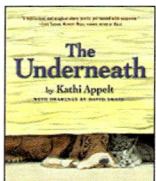
[J6] The Underneath 🎧
마루 밑

[J6] Ramona 시리즈 (8권) 🎧
라모나는 아빠를 사랑해 외

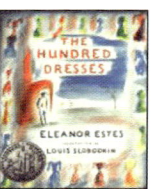
[J6] The Hundred Dresses 🎧
내겐 드레스 백 벌이 있어

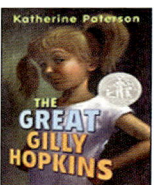
[J6] The Great Gilly Hopkins 🎧
위풍당당 질리 홉킨스

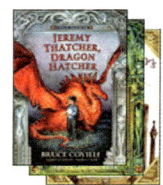
[J6] Magic Shop Books 시리즈 (6권) 🎧

[J6] Tales of the Frog Princess 시리즈 (8권) 🎧
프린세스 엠마 외

[J6] Dear Mr. Henshaw 🎧
헨쇼 선생님께

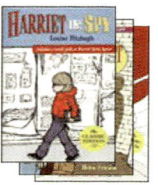
[J6] Harriet the Spy 시리즈 (4권) 🎧
탐정 해리엇

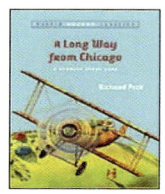
[J6] A Long Way from Chicago 🎧
일곱 번의 여름과 괴짜 할머니

[J6] Ember 시리즈 (4권) 🎧

● 지식책

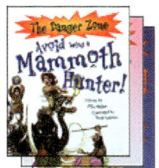    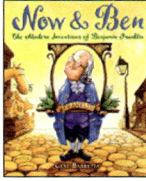

[J6] The Danger Zone 시리즈 (57권) 🎧 [J6] Who Was? 시리즈 (49권) 🎧 [J6] So You Want to Be President? 대통령이 되고 싶다고? [J6] The Secret Knowledge of Grown-Ups [J6] Now & Ben

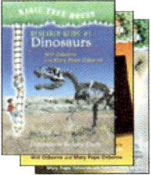   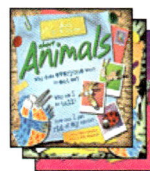 

[J6] Magic Tree House Research Guide(Fact Tracker) 시리즈 (26권) [J6] Getting to Know the World's Greatest Artists 시리즈 (48권) [J6] I Wonder Why 시리즈 (44권) 왜 그런지 정말 궁금해요 [J6] Ask Dr K Fisher 시리즈 (7권) [J6] Starry Messenger 갈릴레오 갈릴레이

   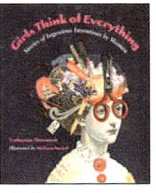

[J6] Ah, Music! 🎧 음악의 모든 것 [J6] Magic School Bus 그림책 시리즈 (12권) 신기한 스쿨버스 [J6] Scholastic 세계문화 A to Z 시리즈 (15권) [J6] Girls Think of Everything: Stories of Ingenious Inventions.. 🎧 여자들은 모든 것을 생각해낸다 [J6] The Sprog Owner's Manual 좋은 꼬맹이 고르기

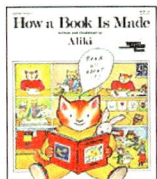  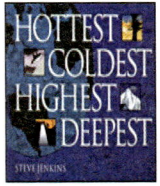  

[J6] How a Book is Made 책은 어떻게 만들까요? [J6] Explosion Zone 시리즈 (5권) 처음 만난 과학자 시리즈 [J6] Hottest, Coldest, Highest, Deepest [J6] Roald Dahl's Revolting Recipes [J6] Open Wide: Tooth School Inside 🎧 입을 크게 벌려라

단계별 집중듣기 & 읽기 베스트 — J7

● 그림책

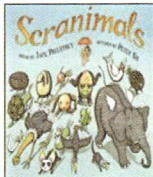
[J7] Scranimals
뒤죽박죽 동물 나라

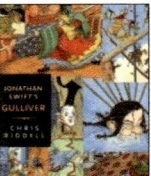
[J7] Gulliver

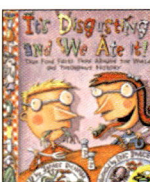
[J7] It's Disgusting and We Ate it!
우웩, 이것도 먹는 거야?

[J7] Tales from Outer Suburbia
먼 곳에서 온 이야기들

[J7] Queen of the Falls

[J7] Marcia Williams: Classic 시리즈 (11권)

[J7] The Mousehole Cat
고양이 폭풍

[J7] The Wall: Growing Up Behind the Iron Curtain
장벽: 철의 장막에서 자유를 꿈꾸다

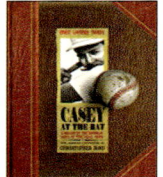
[J7] Casey at the Bat: A Ballad of the Republic Sung in the Year 1888

[J7] Ella's Big Chance: A Jazz-Age Cinderella

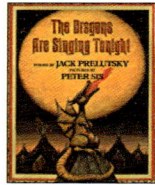
[J7] The Dragons are Singing Tonight

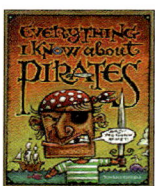
[J7] Everything I Know About Pirates

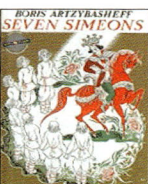
[J7] Seven Simeons

[J7] Monday's Troll

[J7] Beauty and the Beast
미녀와 야수

[J7] Oliver Twist and Other Great Dickens Stories

[J7] Capyboppy

[J7] The Nightmare Before Christmas

[J7] Fungus the Bogeyman

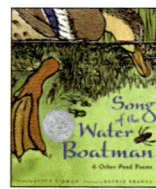
[J7] Song of the Water Boatman and Other Pond Poems

● 소설

[J7] Unfortunate Events 시리즈 (14권) 🎧
레모니 스니켓의 위험한 대결

[J7] Holes 🎧
구덩이

[J7] Harry Potter 시리즈 (8권) 🎧
해리포터

[J7] The Invention of Hugo Cabret 🎧
위고 카브레 시리즈

[J7] Hatchet 🎧
손도끼

  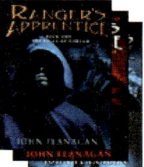  

[J7] Number the Stars 🎧
별을 헤아리며

[J7] George's Secret Key 시리즈 (3권) 🎧
조지의 우주 시리즈

[J7] Ranger's Apprentice 시리즈 (11권) 🎧
레인저스 시리즈

[J7] Savvy 🎧
밉스 가족의 특별한 비밀

[J7] The Phantom Tollbooth 🎧

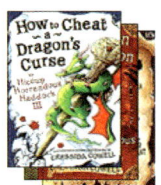   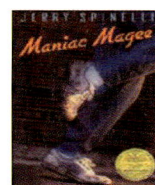 

[J7] How to Train Your Dragon 시리즈 (11권) 🎧
히컵 시리즈

[J7] Benedict Society 시리즈 (5권) 🎧
베네딕트 비밀클럽

[J7] The Giver 🎧
기억 전달자

[J7] Maniac Magee 🎧
하늘을 달리는 아이

[J7] A Single Shard 🎧
사금파리 한 조각

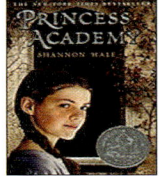   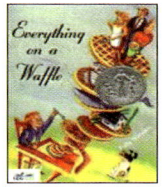 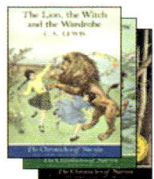

[J7] Princess Academy 🎧
프린세스 아카데미

[J7] Love That Dog 🎧
아주 특별한 시 수업

[J7] Hoot 🎧
후트

[J7] Everything on a Waffle 🎧
빨간 그네를 탄 소녀

[J7] Chronicles of Narnia 시리즈 (7시간) 🎧
나니아 나라 이야기

단계별 집중듣기 & 읽기 베스트 J7

● 소설

[J7] Artemis Fowl
시리즈 (9권)
아르테미스
파울 시리즈

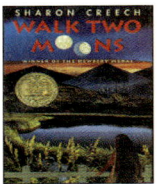
[J7] Walk Two
Moons
두 개의 달 위를 걷다

[J7] The House of
the Scorpion
전갈 아이

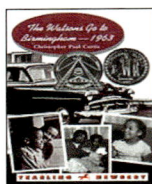
[J7] The Watsons
Go to Birmingham:
1963
왓슨 가족,
버밍햄에 가다

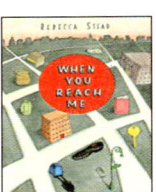
[J7] When You
Reach Me
어느 날 미란다에게
생긴 일

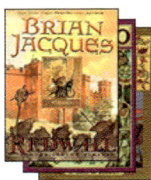
[J7] Redwall
시리즈 (18권)
레드월

[J7] Hunger Games
시리즈 (3권)
헝거 게임

[J7] Shannon Hale:
Princess 시리즈
(4권)
섀넌 헤일의
프린세스

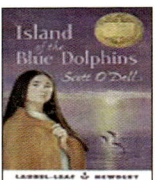
[J7] Island of the
Blue Dolphins
푸른 돌고래 섬

[J7] Mrs. Frisby and
the Rats of Nimh
님의 비밀

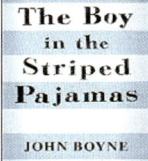
[J7] The Boy in the
Striped Pajamas
줄무늬 파자마를
입은 소년

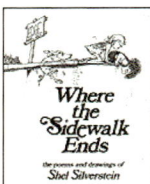
[J7] Where the
Sidewalk Ends
골목길이 끝나는 곳

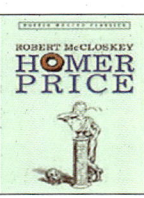
[J7] Homer Price

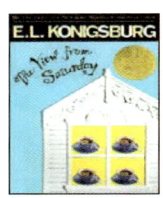
[J7] The View
from Saturday
퀴즈 왕들의 비밀

[J7] Bridge
to Terabithia
비밀의 숲 테라비시아

[J7] Kira-Kira
키라키라

[J7] The Wednesday
Wars
수요일의 전쟁

[J7] Princess Diaries
시리즈 (14권)
프린세스 다이어리

[J7] Shoes 시리즈
(4권)

[J7] Septimus Heap
시리즈 (6권)
셉티무스 힙

[J7] Time Quartet:
A Wrinkle in Time
시리즈 (5권) 🎧
시간의 주름 외

[J7] The Secret
Garden 🎧

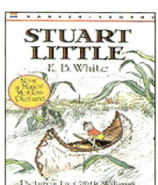
[J7] Stuart Little 🎧
스튜어트 리틀

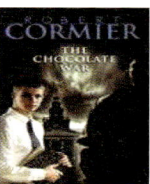
[J7] The Chocolate
War 🎧
초콜릿 전쟁

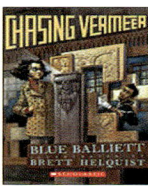
[J7] Chasing
Vermeer 🎧
베르메르 미스터리

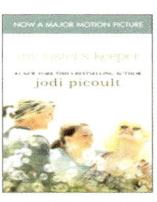
[J7] My Sister's
Keeper 🎧
마이 시스터즈 키퍼

[J7] His Dark
Materials 시리즈
(3권) 🎧
황금나침반

[J7] Inkheart
시리즈 (3권) 🎧
잉크하트

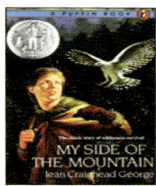
[J7] My Side
of the Mountain 🎧
나의 산에서

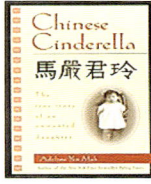
[J7] Chinese
Cinderella: The True
Story of an Unwanted
Daughter 🎧
차이니즈 신데렐라

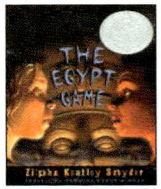
[J7] The Egypt
Game 🎧
이집트 게임

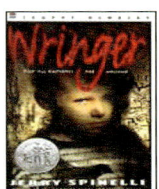
[J7] Wringer 🎧
링어, 목을
비트는 아이

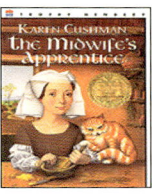
[J7] The Midwife's
Apprentice 🎧
너는 쓸모가 없어

[J7] Just So
Stories 🎧
키플링이 들려주는
열 가지 신비로운
이야기

[J7] The Kite
Runner 🎧
연을 쫓는 아이

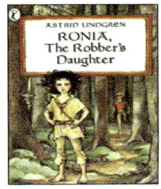
[J7] Ronia, the
Robber's Daughter 🎧
산적의 딸 로냐

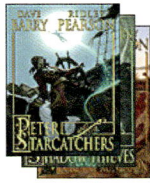
[J7] Starcatchers
시리즈 (5권) 🎧
피터 팬과
마법의 별 외

[J7] Boy: Tales
of Childhood 🎧
로알드 달의 발칙하고
유쾌한 학교

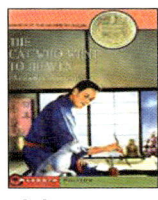
[J7] The Cat Who
Went to Heaven 🎧
하늘로 올라간 고양이

[J7] A Little
Princess 🎧
소공녀

단계별 집중듣기 & 읽기 베스트　J7

● 소설

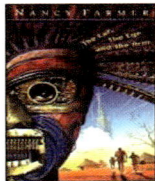

[J7] The Ear, the Eye, and the Arm
사라진 도시 사라진 아이들

[J7] Joyful Noise: Poems for Two Voices 🎧

[J7] Scat
스캣! 🎧

[J7] Lady Grace Mysteries 시리즈 (12권)

[J7] Madame Pamplemousse 시리즈 (3권)

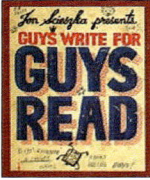

[J7] Guys Write for Guys Read 🎧
남자가 된다는 것

[J7] A Day No Pigs Would Die
돼지가 한 마리도 죽지 않던 날

[J7] Seesaw Girl
널뛰는 아가씨

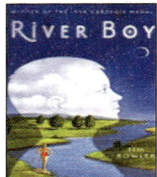

[J7] River Boy 🎧
리버 보이

[J7] A Step from Heaven 🎧
천국에서 한 걸음

[J7] The Real Thief
진짜 도둑

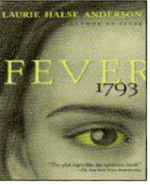

[J7] Fever 1793 🎧
열병의 계절

[J7] Dewey the Library Cat: A True Story 🎧
도서관 고양이 듀이

[J7] Sisterhood of the Traveling Pants 시리즈 (4권) 🎧
청바지 돌려 입기

[J7] Royal Diaries/My Royal Story 시리즈 (25권)
궁중일기 시리즈

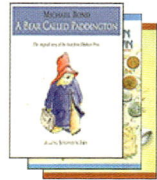

[J7] Paddington Bear 시리즈 (14권)
내 이름은 패딩턴

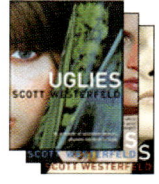

[J7] Uglies 시리즈 (4권) 🎧

[J7] David Lubar: Talents 시리즈 (2권)

[J7] Chaos Walking 시리즈 (3권)

[J7] Flush 🎧
노아, 바다를 지키다

[J7] Surviving the Applewhites 🎧
나비 날다

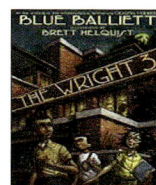
[J7] The Wright 3 🎧
비밀의 집 로비하우스

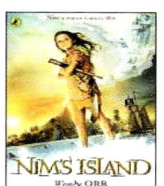
[J7] Nim's Island 🎧
무인도에서 온 e메일

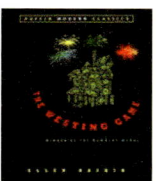
[J7] The Westing Game 🎧
웨스팅 게임

[J7] The Higher Power of Lucky 🎧
행운을 부르는 아이, 럭키

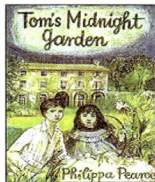
[J7] Tom's Midnight Garden 🎧
한밤중 톰의 정원에서

[J7] The Headless Cupid 🎧
목 없는 큐피드

[J7] The Curious Incident of the Dog in the Night-time 🎧
한밤중에 개에게 일어난 의문의 사건

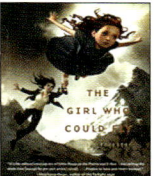
[J7] The Girl Who Could Fly 🎧
하늘을 나는 소녀

[J7] Dead End in Norvelt 🎧

[J7] Edge Chronicles 시리즈 (8권) 🎧
땅끝 연대기

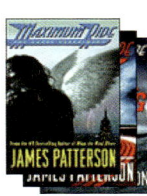
[J7] Maximum Ride 시리즈 (8권) 🎧

[J7] Song of the Lioness 시리즈 (4권) 🎧

[J7] Ender 시리즈 (9권) 🎧

[J7] Howl's Moving Castle 시리즈 (3권) 🎧

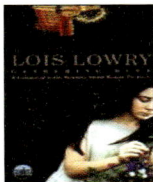
[J7] Gathering Blue 🎧
파랑 채집가

[J7] Thimble Summer 🎧
마법 골무가 가져온 여름 이야기

[J7] Peter Pan in Scarlet 🎧
돌아온 피터팬

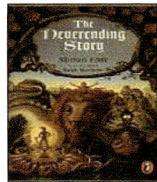
[J7] The Neverending Story 🎧
끝없는 이야기

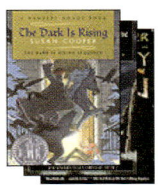
[J7] Dark Is Rising Sequence 시리즈 (5권) 🎧

단계별 집중듣기 & 읽기 베스트 J7

● 지식책

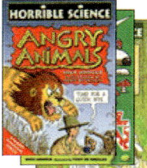
[J7] Horrible Science 시리즈 (35권)
앗, 이렇게 재미있는 과학이!

[J7] Horrible History 시리즈 (56권)
앗, 이렇게 생생한 역사가!

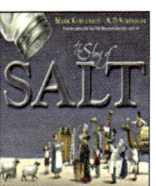
[J7] The Story of Salt
소금 세계사를 바꾸다

[J7] The Cod's Tale
대구 이야기

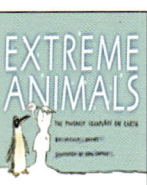
[J7] Extreme Animals: The Toughest Creatures On Earth
지구에서 가장 독한 동물들

[J7] Secrets, Lies, and Algebra
비밀, 거짓말 그리고 수학

[J7] Murderous Maths 시리즈 (14권)
앗, 시리즈: 수학

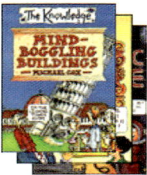
[J7] The Knowledge 시리즈 (15권)

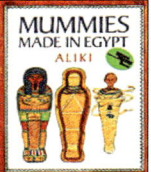
[J7] Mummies Made in Egypt
이집트 미라 이야기

[J7] Volcano: The Eruption and Healing of Mount St. Helens

[J7] Horrible Geography 시리즈 (14권)
앗! 이렇게 재미있는 과학이!

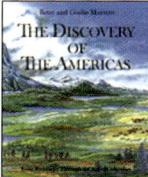
[J7] The Discovery of the Americas

[J7] The Chewy, Gooey, Rumble, Plop Book
냠냠쩝쩝 꾸륵꾸륵 속 보이는 뱃속 탐험

[J7] Sugaring Time

[J7] Poop: A Natural History of the Unmentionable
똥: 차마 입에 담기 힘든 그것에 대한 숨김없는 이야기

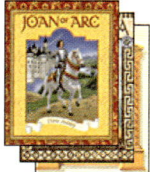
[J7] Diane Stanley 위인 시리즈 (10권)

[J7] Abraham Lincoln
에이브러햄 링컨

[J7] Girls' Book 시리즈 (5권)

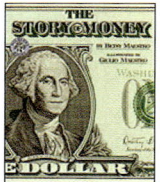
[J7] The Story of Money
재미있는 돈의 역사

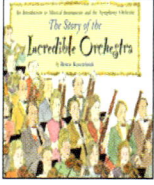
[J7] The Story of the Incredible Orchestra
초등학생을 위한 오케스트라의 모든 것

J8

● 소설

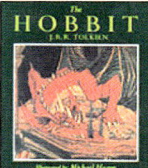  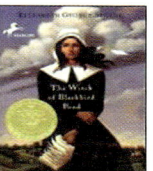  

[J8] The Hobbit 🎧
호비트

[J8] Drums, Girls & Dangerous Pie 🎧
드럼, 소녀 & 위험한 파이

[J8] The Witch of Blackbird Pond 🎧
검정 연못의 마녀

[J8] Peter Pan 🎧
피터 팬

[J8] Anne of Green Gables 시리즈 (8권) 🎧
빨강머리 앤

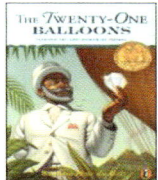    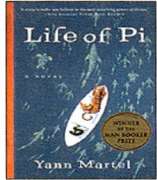

[J8] The Twenty-One Balloons 🎧
21개의 열기구

[J8] Inheritance Cycle: Eragon 시리즈 (4권) 🎧
유산(에라곤)

[J8] Wizard of Oz 시리즈 (14권)
오즈의 마법사

[J8] Alice's Adventures in Wonderland
이상한 나라의 앨리스

[J8] Life of Pi 🎧
파이 이야기

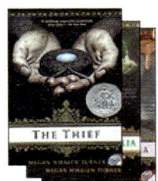  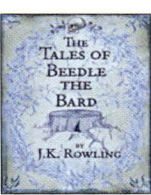  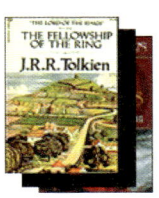

[J8] Queen's Thief 시리즈 (4권)
도둑

[J8] Ties That Bind, Ties That Break 🎧
큰발 중국 아가씨

[J8] The Tales of Beedle the Bard
음유시인 비들 이야기

[J8] Mortal Engines Quartet 시리즈 (4권)

[J8] Lord of the Rings 시리즈 (3권) 🎧
반지의 제왕

 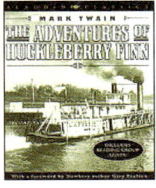  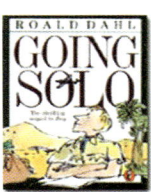 

[J8] The Slave Dancer 🎧
춤추는 노예들

[J8] The Adventures of Huckleberry Finn 🎧
허클베리 핀의 모험

[J8] Criss Cross 🎧
크리스 크로스

[J8] Going Solo 🎧

[J8] Rascal 🎧
꼬마 너구리 라스칼

단계별 집중듣기 & 읽기 베스트 J8

● 소설

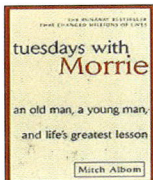 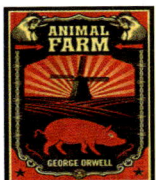 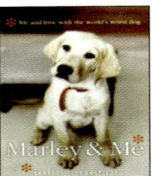  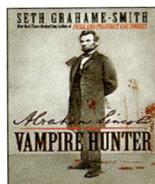

[J8] Tuesdays with Morrie 🎧
모리와 함께한 화요일

[J8] Animal Farm 🎧
동물 농장

[J8] Marley & Me 🎧
말리와 나

[J8] Flowers for Algernon 🎧
앨저넌에게 꽃을

[J8] Abraham Lincoln: Vampire Hunter 🎧

  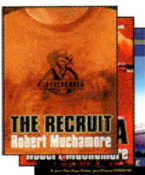 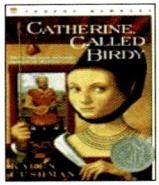 

[J8] Hitchhiker 시리즈 (5권) 🎧
은하수를 여행하는 히치하이커를 위한 안내서

[J8] Gideon Trilogy 시리즈 (3권) 🎧

[J8] Cherub 시리즈 (13권) 🎧

[J8] Catherine, Called Birdy 🎧
소녀, 발칙하다

[J8] Little Women 🎧

 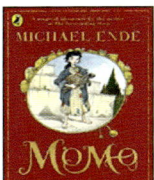  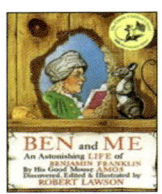 

[J8] Jonathan Livingston Seagull 🎧
갈매기의 꿈

[J8] Momo 🎧
모모

[J8] The Year of Secret Assignments 🎧

[J8] Ben and Me

[J8] Immortals 시리즈 (4권) 🎧

  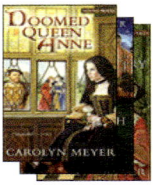  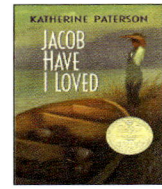

[J8] Gilda Joyce 시리즈 (5권) 🎧

[J8] Harry Potter School Book 시리즈 (2권) 🎧
퀴디치의 역사 외

[J8] Young Royals 시리즈 (7권) 🎧

[J8] Abhorsen 시리즈 (3권) 🎧

[J8] Jacob Have I Loved 🎧
내가 사랑한 야곱

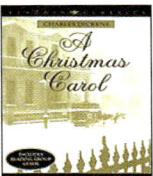
[J8] A Christmas Carol
크리스마스 캐럴

[J8] I, Juan de Pareja
나, 후안 데 파레하

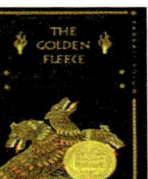
[J8] The Golden Fleece and the Heroes Who Lived Before Achilles

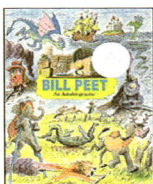
[J8] Bill Peet: An Autobiography

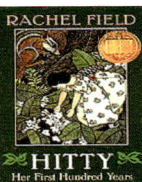
[J8] Hitty: Her First Hundred Years
나무 인형 히티의 백 년 모험

[J8] The White Stag

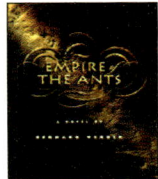
[J8] Empire of the Ants

[J8] Watership Down
워터십 다운의 열한 마리 토끼 시리즈

[J8] Earthsea Cycle 시리즈 (6권)
어스시 전집

[J8] Trickster 시리즈 (2권)

[J8] Star Wars 시리즈 (6권)

[J8] Young Sherlock Holmes 시리즈 (4권)

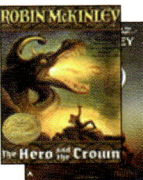
[J8] Hero and the Crown 시리즈 (2권)

[J8] What Katy Did

[J8] The Second Mrs. Gioconda
거짓말쟁이와 모나리자

[J8] Adam of the Road

[J8] Enchantress from the Stars
다른 별에서 온 마녀

[J8] Amos Fortune: Free Man
자유인 아모스

[J8] The Evolution of Calpurnia Tate
열두 살의 특별한 여름

[J8] The Sword in the Stone

잠수네 베스트 교재

단계별 집중듣기 & 읽기 베스트 — J8

● 지식책

[J8] Story of the World 시리즈 (4권) 🎧
교양 있는
우리 아이를 위한
세계 역사 이야기

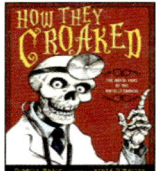
[J8] How They Croaked: The Awful Ends of the Awfully Famous 🎧

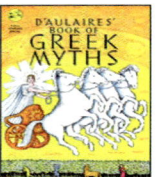
[J8] D'Aulaires' Book of Greek Myths 🎧
그리스 신화

[J8] Bomb: The Race to Build—and Steal—the World's Most Dangerous Weapon 🎧

[J8] Ology 시리즈 (9권)
이집트학 외

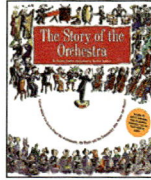
[J8] The Story of the Orchestra 🎧
오케스트라 이야기

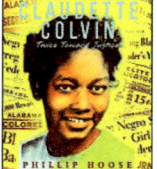
[J8] Claudette Colvin 🎧

[J8] Omnivore's Dilemma 🎧
잡식동물의 딜레마

[J8] Not Your Typical Book About the Environment

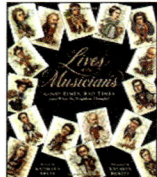
[J8] Lives of the Musicians 🎧

[J8] The Story of Clocks and Calendars 🎧
시계와 달력 이야기

[J8] Anne Frank: The Diary of a Young Girl 🎧
안네의 일기

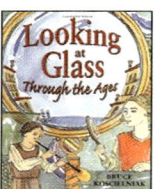
[J8] Looking at Glass Through the Ages

[J8] Journal of Inventions: Leonardo Da Vinci

[J8] King George: What Was His Problem?

[J8] One World, Many Religions: The Ways We Worship

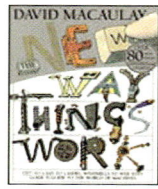
[J8] The New Way Things Work
도구와 기계의 원리

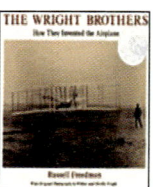
[J8] The Wright Brothers
하늘의 개척자
라이트 형제

[J8] Lincoln: A Photobiography 🎧
대통령이 된
통나무집 소년 링컨

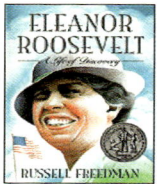
[J8] Eleanor Roosevelt 🎧

● 소설

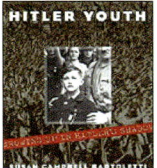
[J9] Hitler Youth: Growing Up in Hitler's Shadow 🎧
히틀러의 아이들

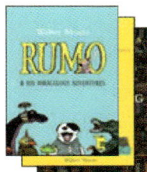
[J9] Zamonia 시리즈 (4권) 🎧

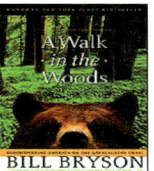
[J9] A Walk in the Woods 🎧
나를 부르는 숲

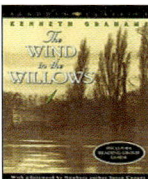
[J9] The Wind in the Willows 🎧
버드나무에 부는 바람

[J9] City of the Beasts 시리즈 (3권)
이사벨 아옌데의 청소년 소설 3부작

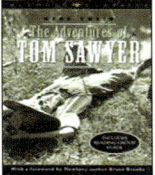
[J9] The Adventures of Tom Sawyer 🎧
톰 소여의 모험

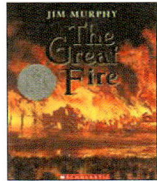
[J9] The Great Fire 🎧

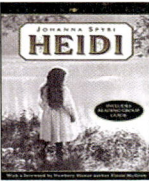
[J9] Heidi 🎧
하이디

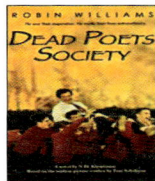
[J9] Dead Poets Society 🎧
죽은 시인의 사회

[J9] No Fear Shakespeare 시리즈 (17권)

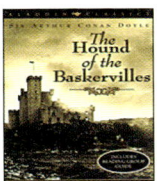
[J9] The Hound of the Baskervilles 🎧
바스커빌 가의 개

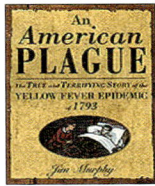
[J9] An American Plague: The True and Terrifying Story of the Yellow Fever Epidemic of 1793 🎧

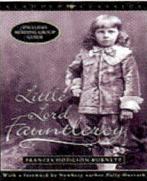
[J9] Little Lord Fauntleroy 🎧
세드릭 이야기

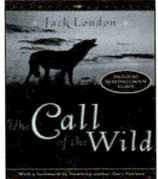
[J9] The Call of the Wild 🎧
야성의 외침

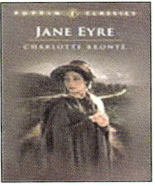
[J9] Jane Eyre 🎧
제인 에어

[J9] The Tale of Troy 🎧
트로이 전쟁

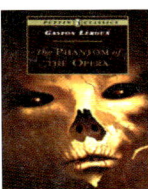
[J9] The Phantom of the Opera 🎧

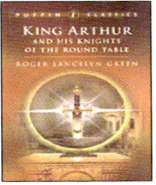
[J9] King Arthur and His Knights of the Round Table
아서 왕과 원탁의 기사들

[J9] Treasure Island
보물섬

[J9] The Adventures of Robin Hood

주제별 집중듣기 & 읽기 베스트 — 노래가 좋은 그림책

● 신나는 노래

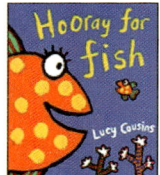 [J1] Hooray for Fish! 🎧

 [J2] Today is Monday 🎧

 [J2] Go Away, Big Green Monster! 🎧

 [J2] From Head to Toe 🎧

 [J2] Dinnertime! 🎧

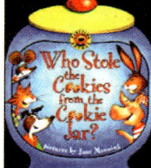 [J2] Who Stole the Cookies from the Cookie Jar? 🎧

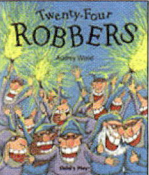 [J2] Twenty-four Robbers 🎧

 [J2] What's the Time, Mr. Wolf? 🎧

 [J2] Monster, Monster 🎧
괴물이다, 괴물!

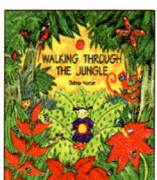 [J2] Walking Through the Jungle 🎧

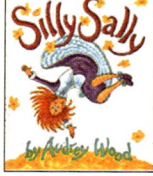 [J3] Silly Sally 🎧

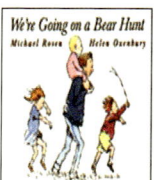 [J3] We're Going on a Bear Hunt 🎧
곰 사냥을 떠나자

 [J3] Pants 🎧

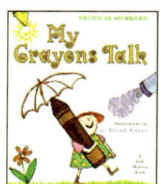 [J3] My Crayons Talk 🎧

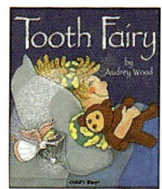 [J3] Tooth Fairy 🎧

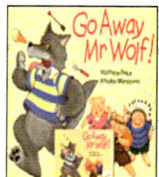 [J3] Go Away Mr Wolf! 🎧

 [J3] Bark, George 🎧
짖어봐 조지야

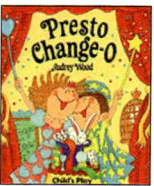 [J3] Presto Change-O 🎧

 [J3] Chicka Chicka Boom Boom 🎧

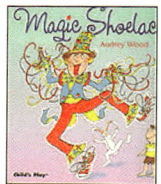 [J3] Magic Shoelaces 🎧

● 정감있는 노래

[J1] Piggies 🎧
꼬마 돼지

[J1] Rosie's Walk 🎧
로지의 산책

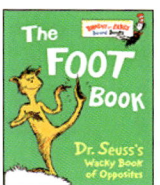
[J1] The Foot Book 🎧

[J1] I Like Books 🎧
나는 책이 좋아요

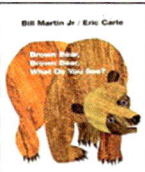
[J2] Brown Bear, Brown Bear, What Do You See? 🎧
갈색 곰아, 갈색 곰아, 무엇을 보고 있니?

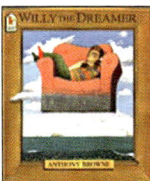
[J2] Willy the Dreamer 🎧
꿈꾸는 윌리

[J2] It Looked Like Spilt Milk 🎧
쏟아진 우유 같아요

[J2] My Friends 🎧
모두가 가르쳐 주었어요

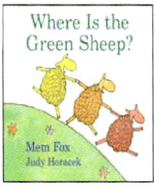
[J2] Where is the Green Sheep? 🎧
초록 양은 어디 갔을까?

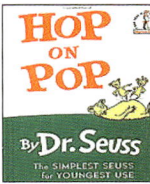
[J2] Hop on Pop 🎧

[J2] If I Had a Dragon 🎧

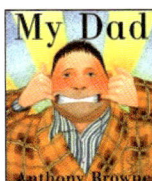
[J3] My Dad 🎧
우리 아빠가 최고야

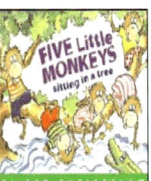
[J3] Five Little Monkeys Sitting in a Tree 🎧

[J3] I am the Music Man 🎧

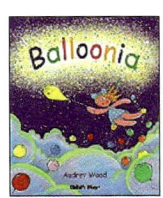
[J3] Balloonia 🎧

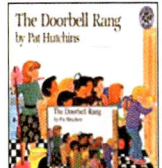
[J3] The Doorbell Rang 🎧
자꾸자꾸 초인종이 울리네

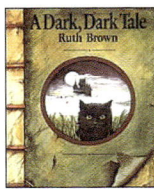
[J3] A Dark, Dark Tale 🎧

[J4] The Little Mouse, the Red Ripe Strawberry, and the Big Hungry Bear 🎧
생쥐와 딸기와 배고픈 큰 곰

[J4] The Gruffalo 🎧
괴물 그루팔로

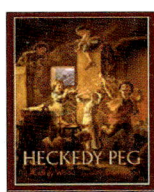
[J5] Heckedy Peg 🎧

주제별 집중듣기 & 읽기 베스트 — 노래가 좋은 그림책

● 잔잔한 노래

   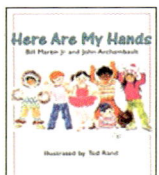 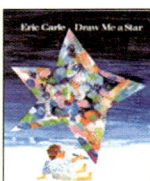

[J1] Rain 🎧
비 1399

[J1] In My World 🎧

[J2] Snow 🎧

[J2] Here are My Hands 🎧
손, 손, 내 손은

[J3] Draw Me a Star 🎧

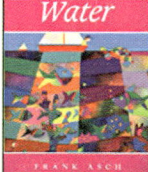    

[J3] Water 🎧
물 이야기

[J3] Whoever You are 🎧
세상의 모든 어린이들

[J4] PaPa, Please Get the Moon for Me 🎧
아빠, 달님을 따 주세요

[J5] Swim the Silver Sea, Joshie Otter 🎧

[J5] Without You 🎧

● 동물·차 소리가 나오는 노래

 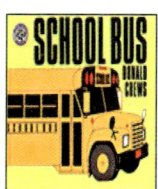   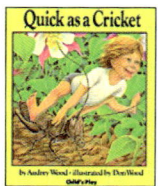

[J1] Freight Train 🎧
화물 열차

[J1] School Bus 🎧

[J1] Color Zoo 🎧
알록달록 동물원

[J2] Dear Zoo 🎧
친구를 보내 주세요!

[J2] Quick as a Cricket 🎧

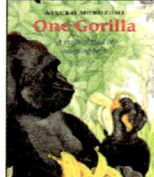 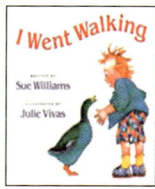  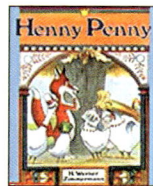 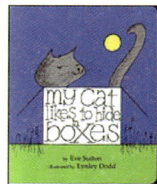

[J2] One Gorilla 🎧

[J2] I Went Walking 🎧

[J3] Polar Bear, Polar Bear, What Do You Hear? 🎧

[J3] Henny Penny 🎧

[J3] My Cat Likes to Hide in Boxes 🎧

● 전래동요 · 마더구즈

[J2] Five Little Monkeys Jumping on the Bed 🎧
꼬마 원숭이 다섯 마리가 침대에서 팔짝팔짝

[J2] Here We Go Round the Mulberry Bush 🎧

[J2] There were Ten in the Bed 🎧

[J3] The Wheels on the Bus 🎧

[J3] Down by the Station 🎧

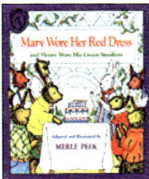
[J3] Mary Wore Her Red Dress and Henry Wore His Green Sneakers 🎧

[J3] There was an Old Lady Who Swallowed a Fly 🎧
옛날 옛날에 파리 한 마리를 꿀꺽 삼킨 할머니가 살았는데요

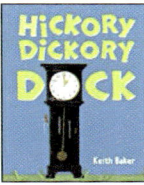
[J3] Hickory Dickory Dock 🎧

[J3] The Ants Go Marching! 🎧

[J3] Old MacDonald Had a Farm 🎧

[J3] Ten Little Monkeys Jumping on the Bed 🎧

[J4] The Twelve Days of Christmas

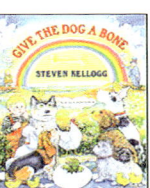
[J4] Give the Dog a Bone 🎧

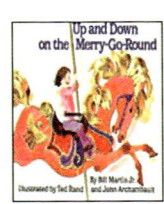
[J4] Up and Down on the Merry-Go-Round 🎧

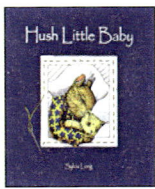
[J4] Hush Little Baby 🎧

[J4] Over in the Meadow 🎧

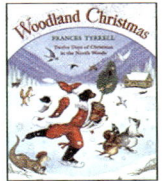
[J4] Woodland Christmas: Twelve Days of Christmas in the North Woods 🎧

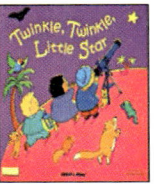
[J4] Twinkle, Twinkle, Little Star 🎧

[J4] Down in the Jungle 🎧

[J5] Sylvia Long's Mother Goose 🎧

주제별 집중듣기 & 읽기 베스트

노래가 좋은 그림책

● 팝송 · 고학년용

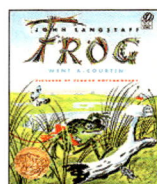   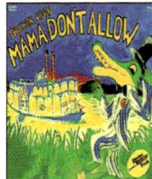 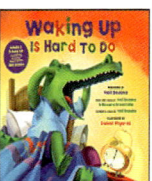

[J3] Frog Went A-Courtin' 🎧   [J4] John Denver's Sunshine On My Shoulders 🎧   [J4] Don't Laugh at Me 🎧   [J4] Mama Don't Allow 🎧   [J4] Waking Up is Hard to Do 🎧

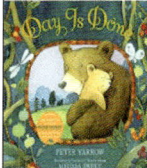  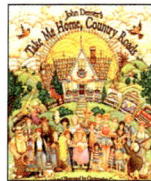 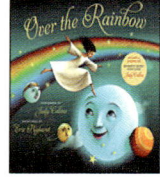 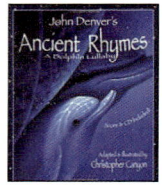

[J4] Day is Done 🎧   [J5] Puff, the Magic Dragon 🎧
마법 용 퍼프 이야기   [J5] Take Me Home, Country Roads 🎧   [J5] Over the Rainbow 🎧   [J5] John Denver's Ancient Rhymes A Dolphin Lullaby 🎧
돌고래의 자장가

> 알파벳 그림책

[J1] Tomorrow's Alphabet

[J1] Museum ABC
미술관 ABC

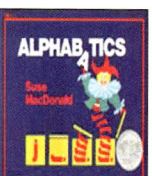
[J1] Alphabatics
알파벳은 요술쟁이

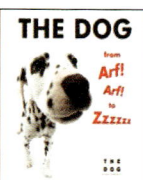
[J1] The Dog from Arf! Arf! to Zzzzzz

[J2] Me! Me! ABC

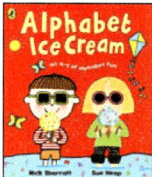
[J2] Alphabet Ice Cream: An a–z of Alphabet Fun

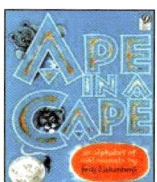
[J2] Ape in a Cape

[J2] Eating the Alphabet

[J2] Click, Clack, Quackity-Quack: An Alphabetical Adventure

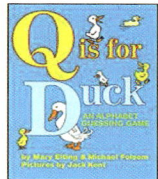
[J2] Q is for Duck: An Alphabet Guessing Game

[J2] Read Anything Good Lately?

[J2] LMNO peas

[J2] Animal Parade: A Wildlife Alphabet

[J3] Chicka Chicka Boom Boom

[J3] Dr. Seuss's ABC

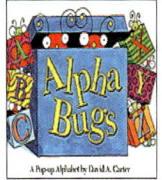
[J3] Alpha Bugs
Bugs 팝업북 시리즈

[J4] Pigs from A to Z

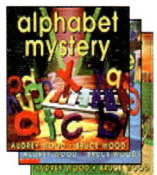
[J4] Audrey Wood: Alphabet 시리즈 (3권)

[J5] The Alphabet Tree
알파벳 나무

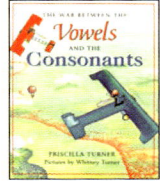
[J5] The War Between the Vowels and the Consonants

주제별 집중듣기 & 읽기 베스트  탈것

[J1-그림책]
Freight Train 🎧
화물열차

[J1-그림책]
School Bus 🎧

[J1-그림책]
Truck 🎧
트럭

[J1-그림책]
Flying

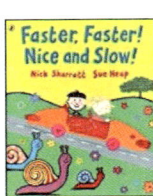
[J2-그림책]
Faster, Faster!
Nice and Slow! 🎧

[J2-그림책] I Want
to Be an Astronaut 🎧
우주 비행사가
되고 싶어요

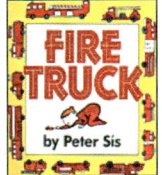
[J2-그림책]
Fire Truck
소방차가 되었어

[J2-그림책] Byron
Barton: 탈것 그림책
시리즈 (7권)
바이런 바튼의 탈것
그림책 시리즈

[J3-그림책]
Roller Coaster

[J3-그림책]
Sail away 🎧

[J3-그림책]
Kate McMullan: Car
시리즈 (4권)
냄새차가 나가신다!

[J3-그림책] Harbor

[J4-그림책]
Amazing Machines
시리즈 (10권) 🎧
달려요 날아요 신기한
탈것 나라 시리즈

[J4-그림책] Benedict
Blathwayt: Little Red
Train 시리즈 (6권)

[J4-그림책]
Choo Choo
말괄량이 기관차 치치

[J4-그림책] Katy and
the Big Snow
케이티와 폭설

[J4-그림책] Lois
Lenski: Little
시리즈 (3권)
로이스 렌스키의 탈것
그림책 시리즈

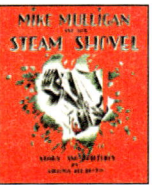
[J5-그림책] Mike
Mulligan and
His Steam Shovel 🎧
마이크 멀리건과
증기 삽차

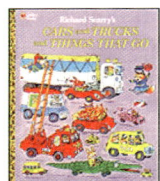
[J5-그림책]
Richard Scarry's
Cars and Trucks and
Things That Go
부릉부릉 자동차가
좋아

[J5-그림책]
The Glorious Flight:
Across the Channel
with Louis Bleriot 🎧
위대한 비행: 루이
블레리오의 영국 해협
횡단 비행

코믹·유머

[J1-그림책] David
그림책 시리즈 (4권)
데이빗 그림책

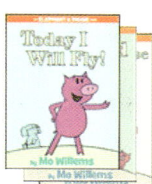
[J2-그림책] Elephant
and Piggie
시리즈 (19권)
코끼리와 꿀꿀이
시리즈

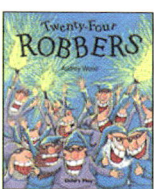
[J2-그림책] Twenty-
four Robbers 🎧

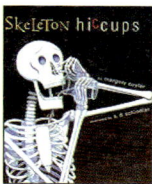
[J2-그림책]
Skeleton Hiccups 🎧
해골이 딸꾹

[J3-그림책]
Pants 🎧

[J3-그림책]
Suddenly! 🎧
갑자기!

[J3-그림책]
King Bidgood's
in the Bathtub 🎧
그런데요 임금님이
꿈쩍도 안 해요!

[J3-그림책]
Don't Do That! 🎧

[J3-챕터북]
Rockets 시리즈
(32권) 🎧

[J4-그림책]
The Napping
House 🎧
낮잠 자는 집

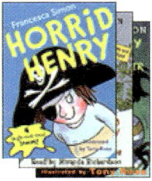
[J4-챕터북] Horrid
Henry 시리즈
(27권) 🎧
호기심 대장
헨리 시리즈

[J4-챕터북] Wayside
School 시리즈
(3권) 🎧
웨이사이드 학교

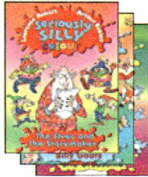
[J4-챕터북]
Seriously Silly Colour
시리즈 (8권) 🎧

[J4-챕터북]
Mercy Watson
시리즈 (6권) 🎧
우리의 영웅 머시 외

[J5-챕터북]
Seriously Silly Stories
시리즈 (13권) 🎧

[J5-챕터북]
Captain Underpants
시리즈 (12권) 🎧
빰빠라빰!
빤스맨 시리즈

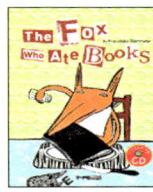
[J5-소설] The Fox
Who Ate Books 🎧
책 먹는 여우

[J6-소설] 작가 Roald
Dahl의 Matilda,
The Magic Finger 🎧
마틸다 외

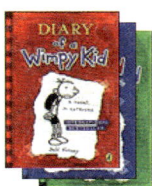
[J6-소설]
Diary of a Wimpy Kid
시리즈 (9권) 🎧
윔피 키드

[J6-소설]
Penny the Pencil
시리즈 (6권) 🎧
요술 연필 페니

주제별 집중듣기 & 읽기 베스트 — 일상·학교

[J3-그림책 같은 리더스북] Froggy 시리즈 (25권) 🎧

[J3-그림책 같은 리더스북] Little Critter 시리즈 (86권) 🎧

[J3-그림책 같은 리더스북] Little Princess 시리즈 (21권) 🎧

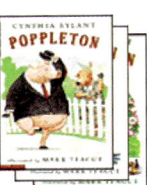
[J3-그림책 같은 리더스북] Poppleton 시리즈 (8권) 🎧

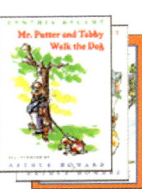
[J3-챕터북] Mr. Putter & Tabby 시리즈 (21권) 🎧

[J4-그림책] George and Martha 시리즈 (12권)

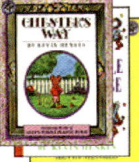
[J4-그림책] Lilly and Her Friends 시리즈 (11권) 🎧
내 사랑 뿌뿌 외

[J4-그림책] Madeline 시리즈 (11권)
마들린느 시리즈

[J4-그림책 같은 리더스북] Arthur Adventure 시리즈 (32권)

[J4-그림책 같은 리더스북] Robert Munsch 시리즈 (46권)

[J4-그림책 같은 리더스북] I Can Read Book 시리즈: Frog and Toad (4권) 🎧
개구리와 두꺼비 시리즈

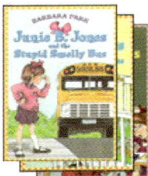
[J4-챕터북] Junie B. Jones 시리즈 (30권) 🎧

[J4-챕터북] Marvin Redpost 시리즈 (8권) 🎧

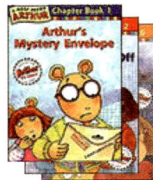
[J4-챕터북] Arthur 챕터북 시리즈 (33권) 🎧

[J4-소설] Pain and the Great One 시리즈 (4권) 🎧
우리는 무적 남매 꼴치와 대장 외

[J5-그림책] Library Mouse 시리즈 (4권) 🎧
도서관 생쥐

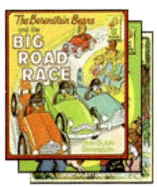
[J5-그림책 같은 리더스북] Berenstain Bears 시리즈 (91권) 🎧

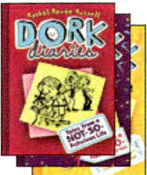
[J6-소설] Dork Diaries 시리즈 (10권) 🎧

[J6-소설] Andrew Clements: School Stories 시리즈 (14권) 🎧
프린들 주세요 외

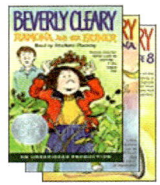
[J6-소설] Ramona 시리즈 (8권) 🎧
라모나는 아빠를 사랑해 외

공주

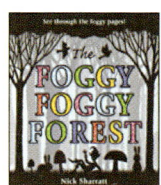  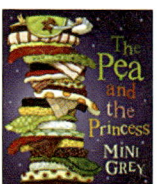 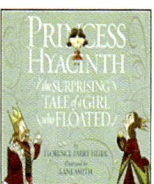 

| [J3-그림책]
The Foggy,
Foggy Forest | [J3-리더스북]
Step into Reading
시리즈: Barbie (37권) | [J4-그림책] The Pea
and the Princess | [J4-그림책]
Princess Hyacinth
하늘을 날고 싶은 공주 | [J4-그림책]
Pinkalicious 그림책
시리즈 (5권)
핑크공주 이야기 |

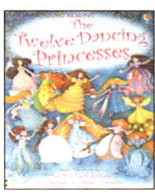  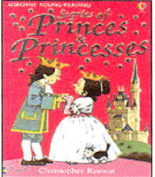 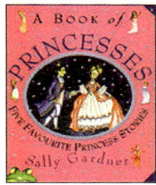 

| [J4-챕터북]
The Twelve Dancing
Princesses | [J4-챕터북]
Perfectly Princess
시리즈 (6권) | [J4-챕터북]
Stories of Princes &
Princesses | [J4-챕터북] A Book
of Princesses
세상에서 가장
아름다운 공주 이야기 | [J5-그림책]
Smartypants
시리즈 (4권) |

   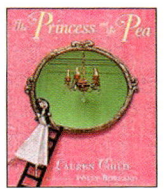 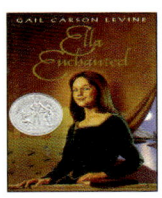

| [J5-그림책 같은
리더스북] Princess
Poppy 시리즈
(17권) | [J5-챕터북] Tiara
Club 시리즈 (54권)
Princess Academy at
Silver Towers 시리즈 | [J5-챕터북]
Charmseekers
시리즈 (13권) | [J6-그림책]
The Princess
and the Pea
공주님과 완두콩 | [J6-소설]
Ella Enchanted
마법에 걸린 엘라 |

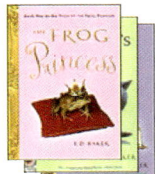 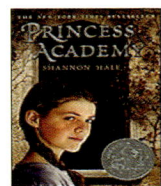   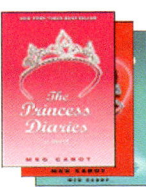

| [J6-소설] Tales of
the Frog Princess
시리즈 (8권)
프린세스 엠마 | [J7-소설]
Princess Academy
프린세스 아카데미 | [J7-소설] Shannon
Hale: Princess
시리즈 (4권)
섀넌 헤일의 프린세스 | [J7-소설] Royal
Diaries/My Royal
Story 시리즈 (25권)
궁중 일기 시리즈 | [J7-소설] Princess
Diaries 시리즈
(14권)
프린세스 다이어리 |

주제별 집중듣기 & 읽기 베스트 — 발레

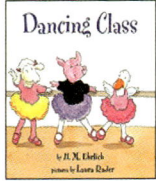
[J2-그림책]
Dancing Class

[J3-그림책]
Ballerina!

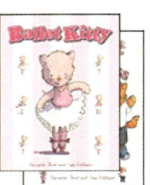
[J3-그림책]
Ballet Kitty
시리즈 (2권)

[J3-그림책] What
Shall We Play? 🎧

[J3-리더스북] All
Aboard Reading
시리즈: Nina Ballerina
(3권)

[J3-리더스북]
All Aboard Reading
시리즈: Angelina
ballerina (4권)

[J4-그림책]
Lili 시리즈 (3권)

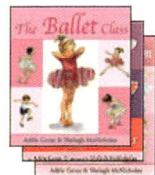
[J4-그림책]
Tutu Tilly
시리즈 (3권)

[J4-그림책]
Dogs Don't Do Ballet
우리 강아지는
발레리나

[J4-그림책] Miss
Lina's Ballerinas
시리즈 (2권)

[J4-그림책]
Belinda 시리즈 (4권)

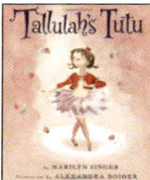
[J4-그림책]
Tallulah's Tutu 🎧

[J5-그림책] Angelina
Ballerina 그림책
시리즈 (17권) 🎧

[J5-그림책]
Ella Bella Ballerina
시리즈 (4권)

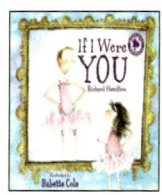
[J5-그림책]
If I Were You
내가 아빠고,
아빠가 나라면

[J5-그림책]
I Dreamed
I was a Ballerina

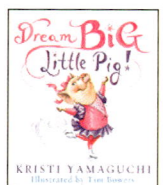
[J5-그림책]
Dream Big, Little Pig!

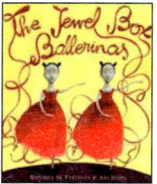
[J5-그림책]
The Jewel Box
Ballerinas

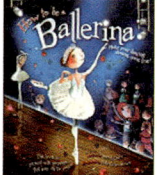
[J5-그림책] How to
Be a Ballerina

[J5-챕터북]
Magic Ballerina
시리즈 (24권) 🎧

요정

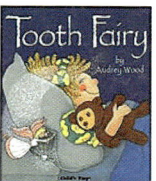
[J3-그림책]
Tooth Fairy 🎧

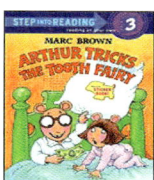
[J3-리더스] Arthur Tricks the Tooth Fairy

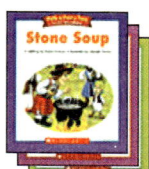
[J3-리더스북]
Folk & Fairy Tale Easy Readers 시리즈 (15권) 🎧

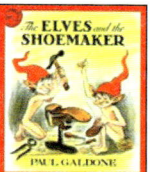
[J4-그림책]
The Elves and the Shoemaker
요정과 구두장이

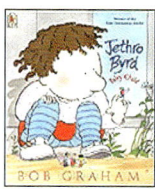
[J4-그림책] Jethro Byrd, Fairy Child

[J4-그림책]
Alice the Fairy 🎧
요정이 될 테야

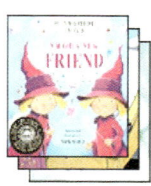
[J4-그림책]
Naughty Fairy 시리즈 (4권)

[J4-그림책]
Lettice 시리즈 (7권)

[J4-그림책] Felicity Wishes 그림책 시리즈 (10권)

[J4-챕터북]
Aladdin & His Magical Lamp 🎧

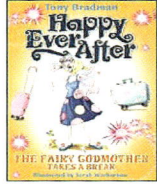
[J4-챕터북]
The Fairy Godmother Takes a Break
요정, 휴가를 떠나다

[J4-챕터북]
Horrid Henry Tricks the Tooth Fairy 🎧
헨리, 이빨요정을 속이다

[J5-챕터북]
Rainbow Magic 시리즈 (147권) 🎧
레인보우 매직 시리즈

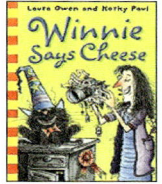
[J5-챕터북] Winnie Says Cheese 🎧
마녀 위니와 이빨 요정

[J5-챕터북]
Candy Fairies 시리즈 (9권)

[J5-소설]
Disney Fairy 시리즈 (3권) 🎧

[J6-그림책] The Real Fairy Storybook 🎧
세상에서 가장 신비로운 요정 이야기

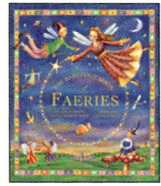
[J6-그림책]
The Barefoot Book of Faeries 🎧

[J6-챕터북]
Gwyneth Rees: Fairy 시리즈 (6권) 🎧

[J6-챕터북]
Fairy House 시리즈 (6권)

주제별 집중듣기 & 읽기 베스트 — 마녀

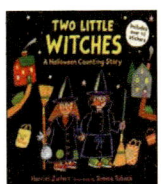
[J2-그림책]
Two Little Witches:
A Halloween
Counting Story

[J3-그림책]
Meg and Mog
시리즈 (16권)

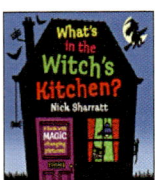
[J3-그림책]
What's in the
Witch's Kitchen?

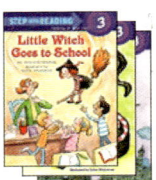
[J3-리더스]
Step into Reading
시리즈: Little Witch
(6권)

[J3-리더스]
Scholastic Reader
시리즈: Wanda Witch
(4권)

[J3-그림책 같은
리더스북] Witch's
Dog 시리즈 (9권)

[J3-그림책 같은
리더스북] Titchy
Witch 시리즈 (8권)

[J4-그림책]
Winnie the Witch
시리즈 (17권) 🎧
마녀 위니 그림책
시리즈

[J4-그림책]
Witch's Children
시리즈 (3권)

[J4-그림책] The
Trouble with Mum
우리 엄마는
못 말리는 마법사

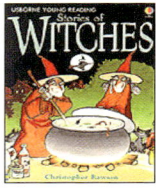
[J4-챕터북]
Stories of Witches 🎧

[J5-그림책]
Strega Nona
시리즈 (9권)

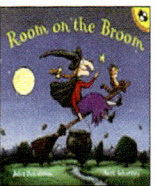
[J5-그림책] Room
on the Broom 🎧
빗자루 타고 씽씽씽

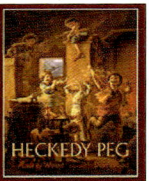
[J5-그림책]
Heckedy Peg 🎧

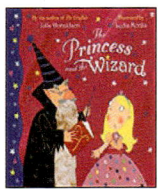
[J5-그림책]
The Princess
and the Wizard 🎧

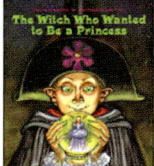
[J5-그림책] The
Witch Who Wanted
to Be a Princess

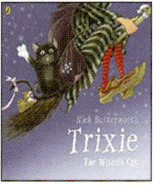
[J5-그림책] Trixie:
The Witch's Cat

[J6-챕터북]
Worst Witch
시리즈 (9권) 🎧

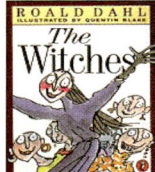
[J6-소설]
The Witches 🎧
마녀를 잡아라

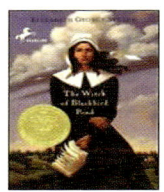
[J8-소설] The Witch
of Blackbird Pond 🎧
검정새 연못의 마녀

판타지

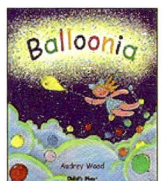
[J3-그림책]
Balloonia 🎧

[J3-그림책]
George Shrinks
조지가 줄었어요

[J4-그림책] In the
Night Kitchen 🎧
깊은 밤 부엌에서

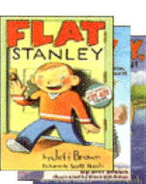
[J4-챕터북] Flat
Stanley 시리즈
(8권) 🎧
스탠리 시리즈

[J4-챕터북] Black
Lagoon Adventures
시리즈 (22권)

[J4] Magic Tree
House 시리즈
(48권) 🎧
마법의 시간 여행

[J4-챕터북] Tashi
시리즈 (20권) 🎧
타시의 신기한 모험

[J5-그림책]
The Polar Express 🎧

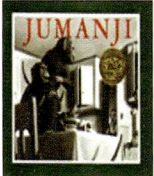
[J5-그림책]
Jumanji 🎧

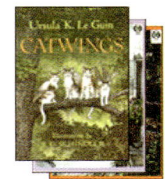
[J5-소설] Catwings
시리즈 (4권) 🎧
날고양이들

[J5-소설] Spiderwick
Chronicles 시리즈
(6권) 🎧
스파이더위크 가의
비밀

[J6-챕터북]
Magical Children
시리즈 (6권) 🎧

[J6-소설]
Percy Jackson
시리즈 (7권) 🎧
퍼시 잭슨과
올림포스의 신

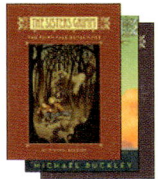
[J6-소설] Sisters
Grimm 시리즈 (9권) 🎧
그림 자매 시리즈

[J6-소설] Warriors
시리즈 (24권) 🎧
고양이 전사들 시리즈

[J6-소설] Molly Moon
시리즈 (6권) 🎧
몰리 문의 놀라운
최면술 책 시리즈

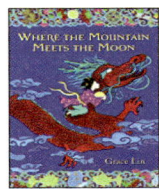
[J6-소설] Where
the Mountain Meets
the Moon 🎧
신과 달이 만나는 곳

[J7-소설]
Harry Potter
시리즈 (8권) 🎧
해리포터

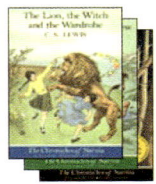
[J7-소설] Chronicles
of Narnia 시리즈
(7권) 🎧
나니아 나라 이야기

[J7-소설] Artemis
Fowl 시리즈 (9권) 🎧
아르테미스 파울

● 잠수네 베스트 교재

주제별 집중듣기 & 읽기 베스트

로봇·슈퍼 히어로

[J3-리더스북] World of Reading 시리즈: The Avengers (4권)

[J3-리더스북] Step into Reading 시리즈: Super Hero (9권)

[J4-리더스북] I Can Read Book 시리즈: Spider-Man (10권)

[J4-리더스북] I Can Read Book 시리즈: Batman (10권)

[J4-리더스북] LEGO Ninjago Reader 시리즈 (5권)

[J4-리더스북] I Can Read Book 시리즈: Superman (5권)

[J4-리더스북] Passport to Reading 시리즈: Super Hero Squad (7권)

[J4-챕터북] Ricky Ricotta's Mighty Robot 시리즈 (8권)
지구를 지켜라! 초강력 로봇 시리즈

[J4-챕터북] Commander Toad 시리즈 (7권)
토드 선장 시리즈

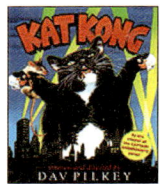
[J5-그림책] Kat Kong

[J5-그림책] Traction Man 시리즈 (3권) 🎧

[J5-챕터북] Animorphs 시리즈 (50권)

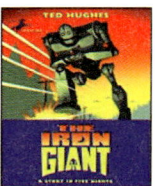
[J5-소설] The Iron Giant
무쇠인간

[J6-챕터북] My Teacher Books 시리즈 (4권)

[J6-소설] Shadow Children 시리즈 (7권)
그림자 아이들

[J6-소설] Ember 시리즈 (4권) 🎧
시티 오브 엠버

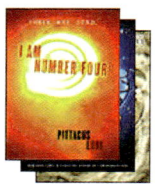
[J6-소설] Lorien Legacies 시리즈 (3권)

[J7-소설] George's Secret Key 시리즈 (3권) 🎧
조지의 우주 시리즈

[J7-소설] Hunger Games 시리즈 (3권) 🎧
헝거 게임

[J7-소설] The House of the Scorpion 🎧
전갈의 아이

탐정·추리

[J3-리더스북] I Can Read Book 시리즈: Big Max (3권)

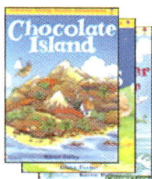
[J4-리더스북] Usborne Young Puzzle Adventures 시리즈 (10권)

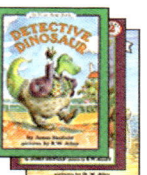
[J4-리더스북] I Can Read Book 시리즈: Detective Dinosaur (3권)

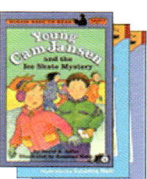
[J4-리더스북] Young Cam Jansen 시리즈 (18권)

[J4-챕터북] Nate the Great 시리즈 (26권)
위대한 탐정 네이트

[J4-챕터북] Cam Jansen 시리즈 (33권)

[J4-챕터북] Olivia Sharp 시리즈 (4권)

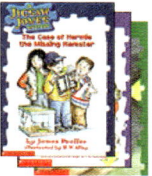
[J4-챕터북] Jigsaw Jones Mystery 시리즈 (32권)

[J5-챕터북] A to Z Mysteries 시리즈 (26권)

[J5-챕터북] Thea Stilton 시리즈 (16권)

[J5-챕터북] Encyclopedia Brown 시리즈 (28권)
과학탐정 브라운 시리즈

[J5-챕터북] Ottoline 시리즈 (3권)
오톨린 시리즈

[J5-챕터북] Nancy Drew and the Clue Crew 시리즈 (32권)

[J5-챕터북] Capital Mysteries 시리즈 (14권)

[J6-챕터북] Jack Stalwart 시리즈 (14권)

[J5-챕터북] Doyle and Fossey, Science Detectives 시리즈 (6권)
과학탐정 도일과 포시

[J6-소설] 39 Clues 시리즈 (12권)
39 클루즈

[J6-소설] Alex Rider 시리즈 (9권)

[J7-소설] The Invention of Hugo Cabret
위고 카브레

[J7-소설] Benedict Society 시리즈 (5권)
베네딕트 비밀클럽

주제별 집중듣기 & 읽기 베스트 — 전래·명작

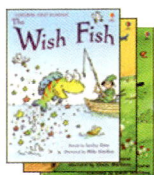
[J2,J3-리더스북] Usborne First Reading 시리즈: Level 1~4 (85권) 🎧

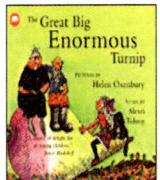
[J3-그림책] The Great Big Enormous Turnip 🎧
커다란 순무

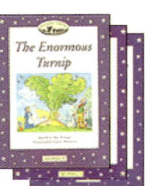
[J3,J4-리더스북] Oxford Classic Tales 시리즈 (25권) 🎧

[J4-그림책] The Empty Pot
빈 화분

[J4-그림책] Trickster Tale 시리즈 (6권)
열린어린이 옛이야기 그림책 시리즈

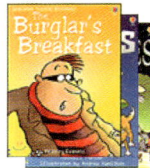
[J4,J5-챕터북] Usborne Young Reading 시리즈: Level 1~3 (165권) 🎧

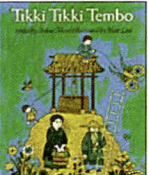
[J5-그림책] Tikki Tikki Tembo 🎧
티키 티키 템보

[J5-그림책] The Five Chinese Brothers 🎧

[J5-그림책] The Story of Little Babaji 🎧

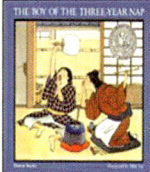
[J5-그림책] The Boy of the Three-Year Nap

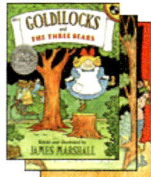
[J5-그림책] James Marshall: 명작 그림책 시리즈 (5권)

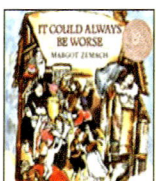
[J5-그림책] It Could Always Be Worse: A Yiddish Folk Tale
우리 집은 너무 좁아

[J5-그림책] The Mitten
털장갑

[J5-그림책] Rumpelstiltskin
룸펠슈틸츠헨

[J5-그림책] Why Mosquitoes Buzz in People's Ears 🎧
모기는 왜 귓가에서 앵앵거릴까?

[J6-그림책] Snow-White and the Seven Dwarfs
백설공주와 일곱 난쟁이

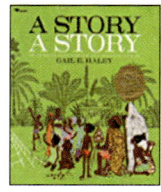
[J6-그림책] A Story, a Story 🎧
이야기 이야기

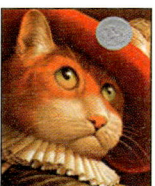
[J6-그림책] Puss in Boots
장화 신은 고양이

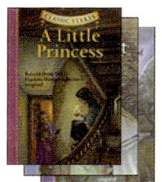
[J6-챕터북] Classic Starts 시리즈 (49권) 🎧

[J7-소설] Walker Illustrated Classics 시리즈 (10권)

명작 패러디

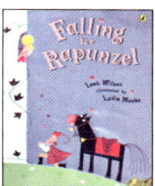
[J3-그림책] Falling for Rapunzel

[J4-그림책] The Three Pigs
아기돼지 세 마리

[J4-그림책] Tops & Bottoms 🎧
위에 있는 것과 아래 있는 것

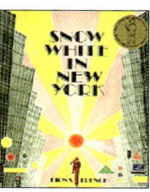
[J4-그림책] Snow White in New York

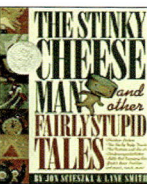
[J4-그림책] The Stinky Cheese Man and Other Fairly Stupid Tales 🎧
냄새 고약한 치즈맨과 멍청한 이야기들

[J5-그림책] The True Story of the 3 Little Pigs! 🎧
늑대가 들려주는 아기 돼지 삼형제 이야기

[J5-그림책] Revolting Rhymes 🎧
백만장자가 된 백설공주

[J5-그림책] The Frog Prince Continued
개구리 왕자 그 뒷이야기

[J5-그림책] Prince Cinders

[J5-그림책] The Three Little Wolves and the Big Bad Pig 🎧
아기 늑대 세 마리와 못된 돼지

[J5-그림책] The Paper Crane 🎧
종이학

[J5-그림책] The Wolf Who Cried Boy 🎧

[J5-그림책] Cinder Edna
신데룰라

[J5-그림책] Steven Kellogg: 명작패러디 시리즈 (4권)

[J5-그림책] Princess Furball

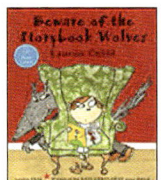
[J5-그림책] Beware of the Storybook Wolves 🎧
쉿! 책 속 늑대를 조심해!

[J5-챕터북] Seriously Silly Stories 시리즈 (13권) 🎧

[J5-챕터북] Cracked Classics 시리즈 (6권) 🎧
우당탕탕 명작여행 시리즈

[J6-그림책] Cinderella Skeleton

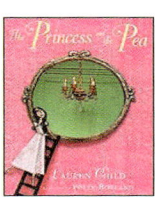
[J6-그림책] The Princess and the Pea
공주님과 완두콩

주제별 집중듣기 & 읽기 베스트 — 크리스마스·산타

[J1-그림책] It's Christmas, David!

[J3-그림책] Father Christmas
산타 할아버지

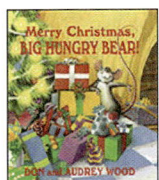
[J3-그림책] Merry Christmas, Big Hungry Bear! 🎧
배고픈 큰 곰아, 메리 크리스마스!

[J3-그림책] Suzy Goose and the Christmas Star 🎧

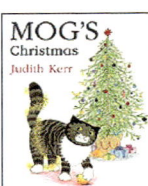
[J3-그림책] Mog's Christmas 🎧

[J3-그림책 같은 리더스북] Merry Christmas, Amelia Bedelia 🎧

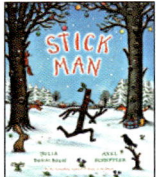
[J4-그림책] Stick Man
막대기 아빠

[J4-그림책] Madeline's Christmas 🎧
마들린의 크리스마스

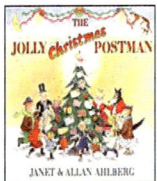
[J4-그림책] The Jolly Christmas Postman
우체부 아저씨와 크리스마스

[J4-그림책] Russell's Christmas Magic 🎧

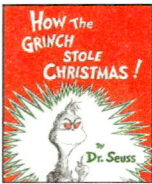
[J4-그림책] How the Grinch Stole Christmas 🎧

[J4-그림책] Father Christmas Goes on Holiday
산타 할아버지의 휴가

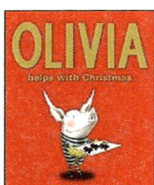
[J4-그림책] Olivia Helps with Christmas 🎧
올리비아 신나는 크리스마스

[J4-그림책] Merry Christmas, Splat 🎧
고양이 스플랫은 큰 선물이 좋아!

[J4-그림책] I'll Be Home for Christmas

[J4-그림책 같은 리더스북] Dragon's Merry Christmas
아기 공룡의 메리 크리스마스!

[J5-그림책] Harvey Slumfenburger's Christmas Present 🎧
크리스마스 선물

[J5-그림책] The Amazing Christmas Extravaganza

[J5-그림책] The Night Before the Night Before Christmas!

[J5-소설] The Christmas Genie

요리

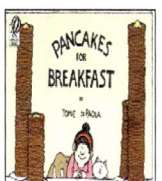
[J1-그림책] Pancakes for Breakfast

[J3-그림책] Peanut Butter and Jelly 🎧

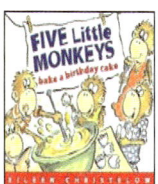
[J3-그림책] Five Little Monkeys Bake a Birthday Cake 🎧
쉿! 엄마 깨우지 마!

[J3-그림책] Two Eggs, Please.

[J3-그림책] Mr. Cookie Baker

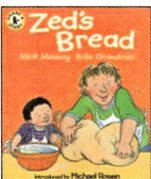
[J3-그림책] Zed's Bread 🎧

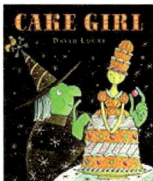
[J3-그림책] Cake Girl

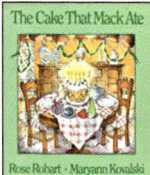
[J3-그림책] The Cake That Mack Ate 🎧

[J4-그림책] Pancakes, Pancakes! 🎧
팬케이크, 팬케이크!

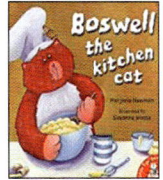
[J4-그림책] Boswell the Kitchen Cat

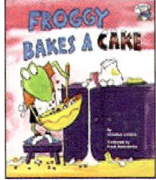
[J4-그림책 같은 리더스북] Froggy Bakes a Cake

[J5-그림책] Marjorie Priceman: How to Make 시리즈

[J5-그림책] Fannie in the Kitchen

[J5-그림책] Walter the Baker 🎧

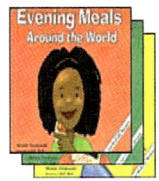
[J5-그림책] Meals 시리즈 (3권)

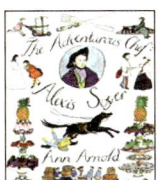
[J5-그림책] The Adventurous Chef: Alexis Soyer
괴짜 요리사 알렉시스

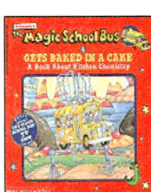
[J5-그림책] Gets Baked in a Cake 🎧
케이크에 먹히다

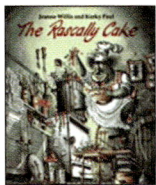
[J5-그림책] The Rascally Cake

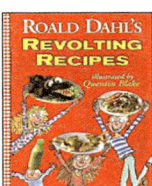
[J6-지식책] Roald Dahl's Revolting Recipes

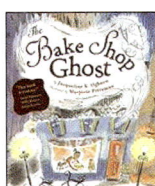
[J6-그림책] The Bake Shop Ghost

주제별 집중듣기 & 읽기 베스트 — 시·라임

[J2-그림책]
All the World 🎧
온 세상을 노래해

[J2-그림책] The House in the Night 🎧
한밤에 우리 집은

[J3-그림책] The Comic Adventures of Old Mother Hubbard and Her Dog 🎧

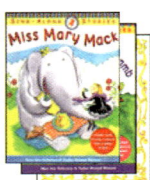
[J3-그림책]
Sing-Along 시리즈 (8권) 🎧

[J4-그림책] Five Little Fiends 🎧
세상을 훔쳐간 꼬마 도깨비들

[J4-그림책]
The Missing Piece
어디로 갔을까, 나의 한쪽은

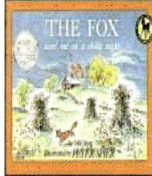
[J4-그림책]
The Fox Went Out on a Chilly Night 🎧
추운 밤에 여우가

[J4-그림책] Stopping by Woods on a Snowy Evening
눈 내리는 저녁 숲가에 멈춰 서서

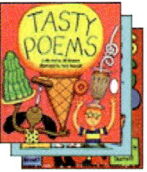
[J4-그림책]
Jill Bennett: Poem 시리즈 (3권)

[J5-그림책] May I Bring a Friend? 🎧
친구를 데려가도 될까요?

[J4-리더스북]
All Aboard Poetry Reader 시리즈 (5권) 🎧

[J5-그림책] The Important Book
중요한 사실

[J5-그림책]
June Crebbin: Poem 시리즈 (2권)

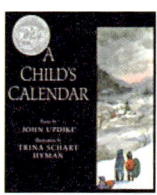
[J6-그림책]
A Child's Calendar
어린이의 열두 달

[J6-그림책] David T. Greenberg: Poem 시리즈 (6권)

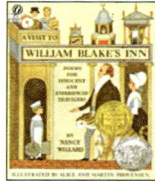
[J6-그림책] A Visit to William Blake's Inn 🎧

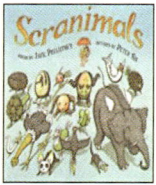
[J7-그림책]
Scranimals 🎧
뒤죽박죽 동물 나라

[J7-소설]
Love That Dog 🎧
아주 특별한 시 수업

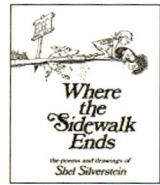
[J7-소설] Where the Sidewalk Ends
골목길이 끝나는 곳

[J7-소설] Joyful Noise: Poems for Two Voices 🎧

공포·유령

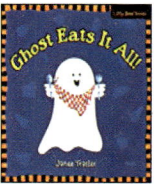
[J1-그림책]
Ghost Eats It All

[J2-그림책 같은 리더스북]
The Spooky Old Tree 🎧

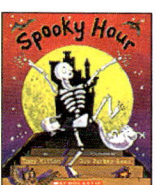
[J3-그림책]
Spooky Hour

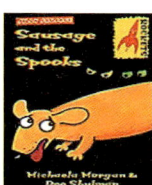
[J3-리더스북]
Sausage and the Spooks 🎧

[J3-그림책 같은 리더스북]
Spooky Riddles

[J3-챕터북]
Spooky Tales 시리즈 (10권) 🎧

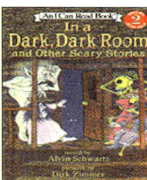
[J4-리더스북]
In a Dark, Dark Room and Other Scary Stories 🎧

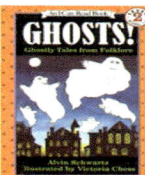
[J4-리더스북]
Ghosts!: Ghostly Tales from Folklore 🎧

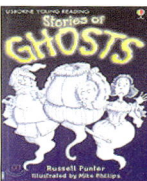
[J4-챕터북]
Stories of Ghosts 🎧

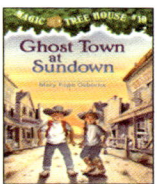
[J4-챕터북] Ghost Town at Sundown 🎧
카우보이 마을의 유령

[J4-챕터북]
Goosebumps 시리즈 (67권)

[J4-챕터북]
Goosebumps Horrorland 🎧 시리즈 (15권)

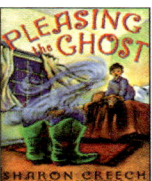
[J4-소설]
Pleasing the Ghost

[J5-그림책]
My Mama Says There Aren't Any Zombies, Ghosts, Vampires, Demons, Monsters, Fiend

[J5-그림책]
The Ghost Library
유령도서관

[J5-챕터북] Creepella Von Cacklefur 시리즈 (4권)

[J6-챕터북]
Araminta Spookie 시리즈 (5권) 🎧

[J6-챕터북]
Ghosthunters 시리즈 (4권) 🎧

[J6-소설] Coraline 🎧
코랄린

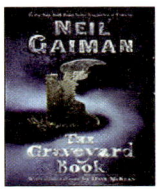
[J6-소설] The Graveyard Book 🎧
그레이브야드 북

주제별 집중듣기 & 읽기 베스트 — 공룡

[J2–그림책] Dinosaur Roar! 🎧
공룡들이 으르렁

[J2–그림책] Dinosaurs, Dinosaurs
옛날에 공룡들이 있었어

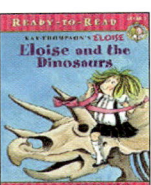
[J2–리더스북] Eloise and the Dinosaurs 🎧

[J3–그림책] How Do Dinosaurs 시리즈 (18권)

[J3–그림책] Dinosaur Encore 🎧

[J3–그림책] Daniel's Dinosaurs 🎧

[J3–그림책같은 리더스북] I Can Read Book 시리즈: Danny the Dinosaur (4권) 🎧

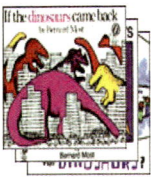
[J4–그림책] Bernard Most: Dinosaurs 시리즈 (5권)

[J4–그림책] Ian Whybrow: Harry 시리즈 (17권) 🎧

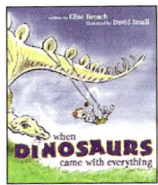
[J4–그림책] When Dinosaurs Came with Everything 🎧
공룡이 공짜!

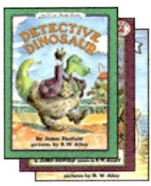
[J4–리더스북] I Can Read Book 시리즈: Detective Dinosaur (3권) 🎧

[J4–그림책같은 리더스북] Dav Pilkey: Dragon Tales 시리즈 (5권)
대브 필키의 아기 공룡 시리즈

[J4–챕터북] The Dinosaur's Packed Lunch
공룡 도시락

[J4–챕터북] Dinosaurs Before Dark 🎧
높이 날아라, 프테라노돈!

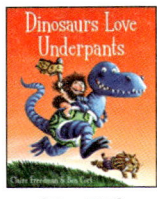
[J5–그림책] Dinosaurs Love Underpants
공룡은 팬티를 좋아해

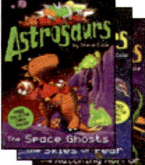
[J5–챕터북] Astrosaurs 시리즈 (22권)

[J5–챕터북] Dinosaur Cove 시리즈 (9권)

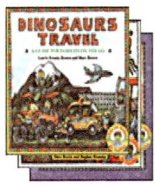
[J5–지식책] Dino Life Guides 시리즈 (7권) 🎧

[J5–지식책] DK Readers 시리즈: 공룡 (4권) 🎧

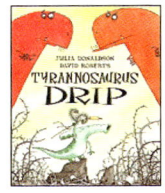
[J6–그림책] Tyrannosaurus Drip 🎧

몬스터

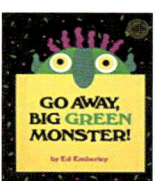
[J2-그림책] Go Away, Big Green Monster! 🎧

[J2-그림책] Monster, Monster 🎧
괴물이다, 괴물!

[J3-그림책] Glad Monster, Sad Monster 🎧

[J3-그림책] Ten Little Dinosaurs 🎧

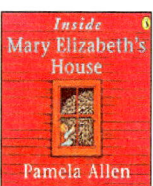
[J3-그림책] Inside Mary Elizabeth's House 🎧
메리네 집에 사는 괴물

[J3-그림책] Mess Monsters 시리즈 (3권)

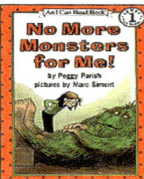
[J3-리더스북] No More Monsters for Me! 🎧

[J3-그림책 같은 리더스북] Monster and Frog 시리즈 (7권)

[J4-그림책] Where the Wild Things are 🎧
괴물들이 사는 나라

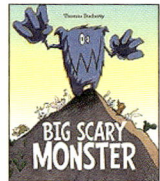
[J4-그림책] Big Scary Monster 🎧
까꿍 괴물

[J4-그림책] Little Monster Did it! 🎧

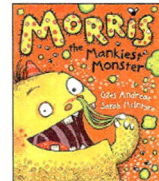
[J4-그림책] Morris the Mankiest Monster

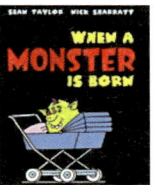
[J4-그림책] When a Monster is Born
괴물이 태어나면…

[J4-그림책] Leonardo, the Terrible Monster 🎧
정말 정말 한심한 괴물, 레오나르도

[J4-그림책 같은 리더스북] The Teacher from the Black Lagoon 🎧
우리 선생님은 괴물

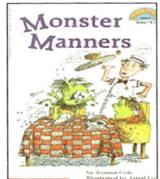
[J4-리더스북] Monster Manners 🎧
괴물 예절 배우기

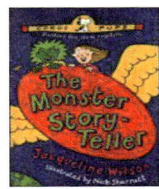
[J4-챕터북] The Monster Story-Teller
꼬마 괴물과 나탈리

[J4-챕터북] The Monster Gang 🎧

[J5-그림책] Gruffalo and Friends 시리즈 (7권) 🎧

[J5-챕터북] Monster Manor 시리즈 (8권) 🎧

주제별 집중듣기 & 읽기 베스트 — 드래곤

[J2-그림책]
If I Had a Dragon 🎧

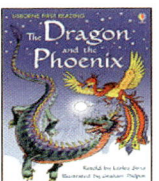
[J2-리더스북]
The Dragon and the Phoenix 🎧

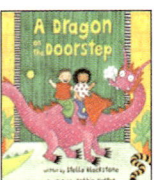
[J3-그림책]
A Dragon on the Doorstep 🎧

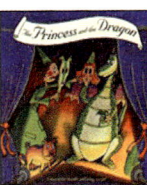
[J4-그림책]
The Princess and the Dragon 🎧

[J4-그림책]
The Knight and the Dragon

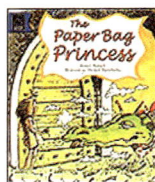
[J4-그림책]
The Paper Bag Princess 🎧
종이봉지 공주

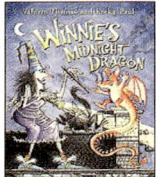
[J4-그림책] Winnie's Midnight Dragon 🎧
마녀 위니와 아기 용

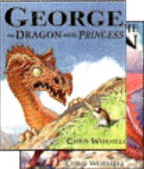
[J4-그림책] George and the Dragon 시리즈 (2권) 🎧

[J4-그림책 같은 리더스북] Jane and the Dragon 시리즈 (2권)

[J4-챕터북] Dragon Slayers' Academy 시리즈 (20권)

[J5-그림책] Puff, the Magic Dragon 🎧
마법 용 퍼프 이야기

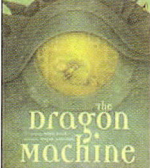
[J5-그림책] The Dragon Machine 🎧
용의 나라

[J5-그림책] M. P. Robertson: Dragon 그림책 시리즈 (4권)

[J6-소설] My Father's Dragon 시리즈 (4권) 🎧
엘머와 아기용

[J6-소설] Dragon Rider 🎧

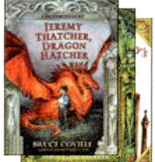
[J6-소설] Magic Shop Books 시리즈 (6권) 🎧

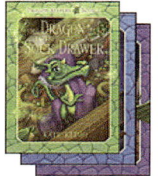
[J6-소설] Dragon Keepers 시리즈 (4권)

[J7-소설] How to Train Your Dragon 시리즈 (11권) 🎧
히컵 시리즈

[J7-소설] Jessica Day George: Dragon 시리즈 (3권)

[J8-지식책] Dragonology
용학

사회·역사

[J2-그림책] Ann Morris 사회 그림책 시리즈 (5권)

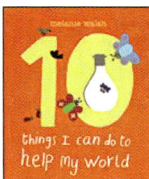
[J3-그림책] 10 Things I Can Do to Help My World 고사리손 환경책

[J3-챕터북] Dodsworth Adventure 시리즈 (4권)

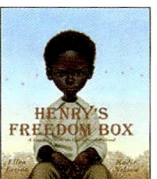
[J4-그림책] Henry's Freedom Box 헨리의 자유 상자

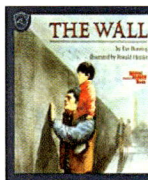
[J4-그림책] The Wall

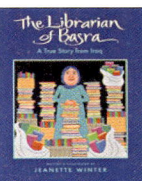
[J4-그림책] The Librarian of Basra: A True Story From Iraq 책을 구한 사서

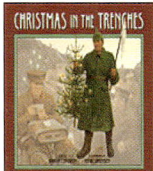
[J4-그림책] Christmas in the Trenches 크리스마스가 가져다준 평화

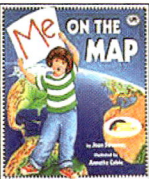
[J4-그림책] Me on the Map

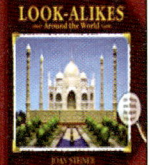
[J4-지식책] Look-Alikes Around the World 난 네가 보여!: 세계여행

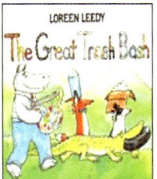
[J4-지식책] The Great Trash Bash 쓰레기 소탕 대작전

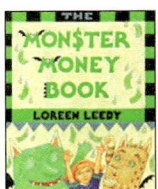
[J4-지식책] The Monster Money Book 괴물 나라 경제 이야기

[J4-지식책] Vote!

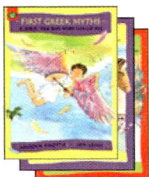
[J4-지식책] First Greek Myths 시리즈 (9권)

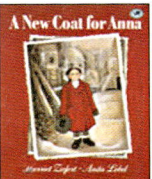
[J5-그림책] A New Coat for Anna 안나의 빨간 외투

[J5-그림책] The Popcorn Book

[J5-그림책] Adele & Simon 아델과 사이먼

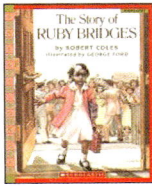
[J5-그림책] The Story of Ruby Bridges

[J5-그림책] Katie in London

[J5-지식책] The Gods and Goddesses of Olympus

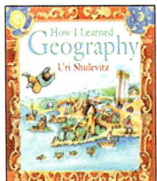
[J5-지식책] How I Learned Geography 내가 만난 꿈의 지도

주제별 집중듣기 & 읽기 베스트 — 사회·역사

[J5-그림책] Stone Age Boy

[J5-그림책] This is 시리즈
여기는 뉴욕입니다 외

[J5-그림책] Salvatore Rubbino: Walk 시리즈 (2권)

[J5-그림책] You Forgot Your Skirt, Amelia Bloomer!
치마를 입어야지, 아멜리아 블루머!

[J5-그림책] Show Way
엄마가 수놓은 길

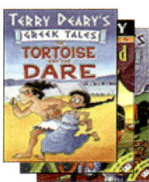
[J5-챕터북] Terry Deary's Historical Tales 시리즈 (24권)

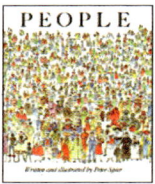
[J5-지식책] People
온 세상 사람들

[J5-지식책] What Do Authors Do?
작가는 어떻게 책을 쓸까?

[J5-지식책] Gail Gibbons: 사회지식책 시리즈 (15권)

[J5-소설] The Whipping Boy 125
왕자와 매맞는 아이

[J5-소설] The Lemonade War
레모네이드 전쟁

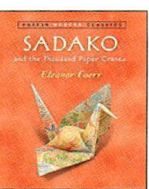
[J5-소설] Sadako and the Thousand Paper Cranes
사다코와 천 마리 종이학

[J6-그림책] The Bunyans

[J6-그림책] Zoe Sophia의 여행일기 시리즈 (2권)

[J6-지식책] So You Want to Be President?
대통령이 되고 싶다고?

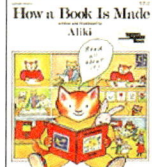
[J6-지식책] How a Book is Made
책은 어떻게 만들까요?

[J6-소설] The Sign of the Beaver
비버족의 표식

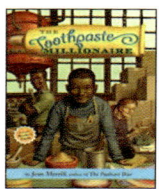
[J6-소설] The Toothpaste Millionaire
치약으로 백만장자 되기

[J6-소설] Dan Gutman: President 시리즈 (2권)

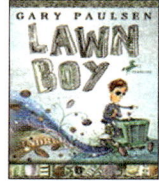
[J6-소설] Lawn Boy
돈은 이렇게 버는 거야: 13살의 경제학

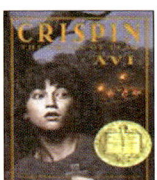
[J6-소설] Crispin:
The Cross of Lead
(Crispin #1) 🎧
크리스핀의 모험

[J6-소설]
Keeping Score 🎧
매기의 야구노트

[J6-소설]
The Matchlock Gun

[J7-그림책] The Wall:
Growing Up Behind
the Iron Curtain
장벽: 철의 장막에서
자유를 꿈꾸다

[J7-지식책]
The Cod's Tale 🎧
대구 이야기: 세계
역사를 바꾼 물고기

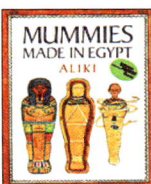
[J7-지식책] Mummies
Made in Egypt
이집트 미라 이야기

[J7-소설] Number
the Stars 🎧
별을 헤아리며

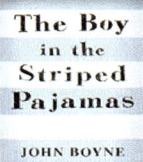
[J7-소설] The Boy
in the Striped
Pajamas 🎧
줄무늬 파자마를
입은 소년

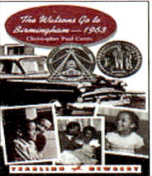
[J7-소설] The
Watsons Go to
Birmingham: 1963 🎧
왓슨 가족,
버밍햄에 가다

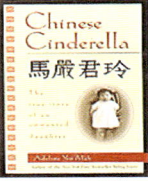
[J7-소설] Chinese
Cinderella: The True
Story of an Unwanted
Daughter
차이니즈 신데렐라

[J7-소설] Dead
End in Norvelt 🎧

[J7-소설]
Fever 1793 🎧
열병의 계절

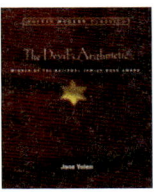
[J7-소설] The Devil's
Arithmetic
악마의 덧셈: 1942년으
로 떠난 시간 여행

[J7-소설]
The Book Thief 🎧
책도둑

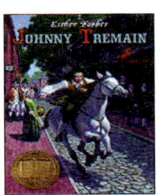
[J7-소설]
Johnny Tremain 🎧

[J7-소설] Royal
Diaries/My Royal
Story 시리즈 (25권) 🎧
궁중 일기 시리즈

[J8-소설] The Witch
of Blackbird Pond 🎧
검정새 연못의 마녀

[J8-소설] Ties That
Bind, Ties
That Break 🎧
큰발 중국 아가씨

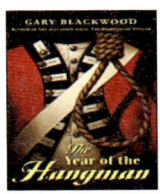
[J8-소설] The Year
of the Hangman

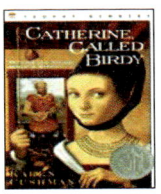
[J8-소설] Catherine,
Called Birdy 🎧
소녀, 발칙하다

주제별 집중듣기 & 읽기 베스트 — 위인·인물

[J3-그림책] Play, Mozart, Play!
모차르트, 연주해야지!

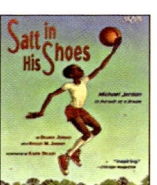
[J4-그림책] Salt in His Shoes: Michael Jordan in Pursuit of a Dream
마이클 조던과 운동화 속의 소금

[J4-그림책] Me … Jane
내 친구 제인

[J4-그림책] Mr. Archimedes' Bath
아르키메데스의 목욕

[J4-그림책] Frida
프리다

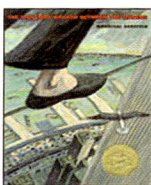
[J5-그림책] The Man Who Walked Between the Towers
쌍둥이 빌딩 사이를 걸어간 남자

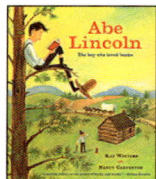
[J5-그림책] Abe Lincoln: The Boy Who Loved Books
책에는 나의 꿈이 있어요!: 에이브러햄 링컨

[J5-그림책] George Washington's Teeth

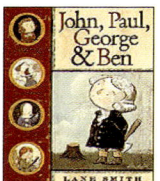
[J5-그림책] John, Paul, George & Ben

[J5-그림책] Picasso and Minou

[J5-그림책] Johnny Appleseed

[J5-지식책] My Name is Georgia: A Portrait
하늘을 그린 화가: 조지아 오키프

[J5-지식책] Martin's Big Words: The Life of Dr. Martin Luther King, Jr.

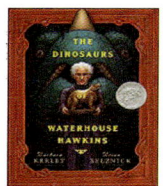
[J6-그림책] The Dinosaurs of Waterhouse Hawkins
공룡을 사랑한 할아버지

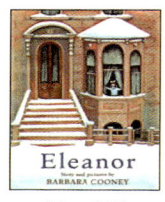
[J6-그림책] Eleanor
엘리너 루스벨트

[J6-그림책] Snowflake Bentley

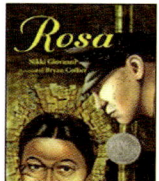
[J6-그림책] Rosa
일어나요, 로자

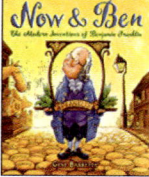
[J6-그림책] Now & Ben

[J6-지식책] The 39 Apartments of Ludwig Van Beethoven
베토벤의 기적 같은 피아노 이사 39번

[J7-지식책] William Shakespeare & the Globe
셰익스피어와 글로브 극장

과학

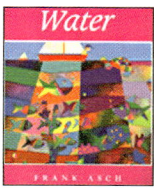
[J3-그림책] Water
물 이야기

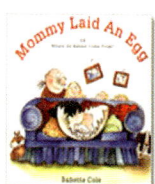
[J4-그림책] Mommy Laid an Egg
엄마가 알을 낳았대!

[J4-그림책] Stars! Stars! Stars!

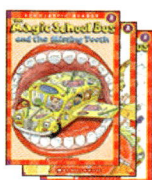
[J4-리더스북] Scholastic Reader 시리즈: Magic School Bus (20권)

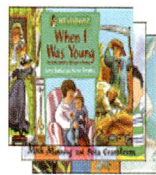
[J4-지식책] Wonderwise 시리즈 (20권)
WONDERWISE

[J4,J5-지식책] Let's Read and Find Out 시리즈 (54권)

[J5-그림책] What's Up, What's Down?

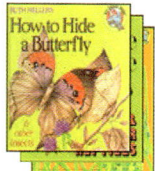
[J5-지식책] Ruth Heller: How to Hide 시리즈 (6권)

[J5-그림책] Nature Storybooks/Read and Wonder 시리즈 (21권)

[J5-챕터북] Franny K. Stein 시리즈 (7권)
엽기 과학자 프래니

[J5-챕터북] Andrew Lost 시리즈 (18권)
로스트! 어린이를 위한 신나는 과학동화

[J5-지식책] Sam's Science 시리즈 (4권)
샘의 신나는 과학

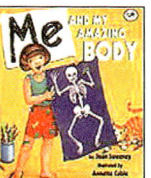
[J5-지식책] Me and My Amazing Body
몸 (나의 과학)

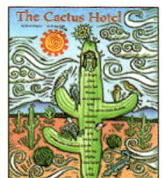
[J6-그림책] Cactus Hotel
선인장 호텔

[J6-지식책] Starry Messenger
갈릴레오 갈릴레이

[J6-지식책] Magic School Bus 그림책 시리즈 (12권)
신기한 스쿨버스

[J6-지식책] I Wonder Why 시리즈 (44권)
왜 그런지 정말 궁금해요 시리즈

[J6-지식책] Ask Dr K Fisher 시리즈 (7권)

[J7-지식책] Horrible Science 시리즈 (35권)
앗, 이렇게 재미있는 과학이!

[J7-지식책] The Chewy, Gooey, Rumble, Plop Book
냠냠쩝쩝 꾸르륵꾸르륵 속 보이는 뱃속 탐험

주제별 집중듣기 & 읽기 베스트 — 수학

[J1-그림책]
Sea Shapes 🎧

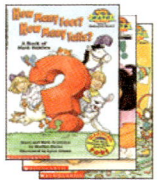
[J3-리더스북]
Scholastic Reader
시리즈: Math (14권) 🎧

[J3-그림책] When
Sheep Cannot Sleep
아기 양 울리의
저녁 산책

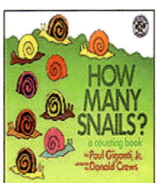
[J3-그림책]
How Many Snails?

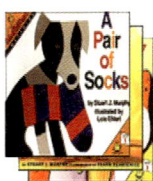
[J3-지식책] MathStart
시리즈: Level 1
(21권) 🎧

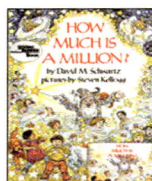
[J4-그림책] How
Much is a Million? 🎧
백만은 얼마나
클까요?

[J4-지식책]
One Hundred
Hungry Ants
배고픈 개미
100마리가 발발발

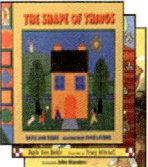
[J4-그림책] Dayle
Ann Dodds: Math
시리즈 (3권)

[J4-그림책]
Anno's Mysterious
Multiplying Jar
항아리 속 이야기

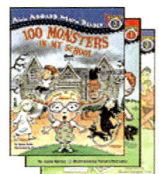
[J4-리더스북]
All Aboard Reading
시리즈: Math (8권) 🎧

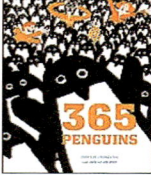
[J4-지식책]
365 Penguins
펭귄 365

[J4-지식책] Loreen
Leedy: 수학 그림책
시리즈 (7권)
로렌의 지식 그림책
시리즈: 수학

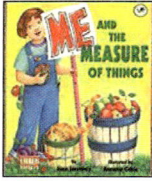
[J4-지식책] Me
and the Measure of
Things

[J5-그림책]
Math Curse 🎧
수학의 저주

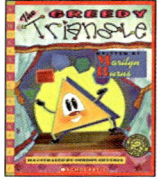
[J5-지식책]
The Greedy Triangle
성형외과에 간 삼각형

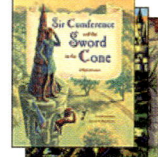
[J5-지식책]
Math Adventure
시리즈 (19권)
영재수학동화 시리즈

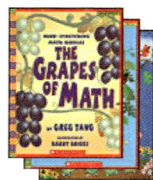
[J5-지식책] Greg
Tang: Math
시리즈 (7권)

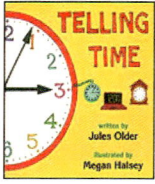
[J5-지식책]
Telling Time

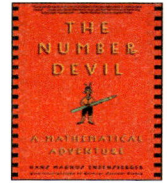
[J6-지식책]
The Number Devil:
A Mathematical
Adventure
수학 귀신

[J7-지식책]
Murderous Maths
시리즈 (14권)
앗, 시리즈: 수학

미술

[J1-지식책] I Spy
시리즈 (6권)
명화와 함께하는 숨은
그림찾기 시리즈

[J2-지식책]
Metropolitan Museum
of Art 시리즈 (5권)
메트로폴리탄
미술관 시리즈

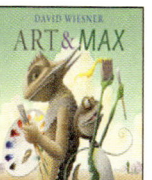
[J3-그림책]
Art & Max
아트 & 맥스

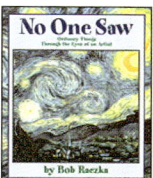
[J3-지식책]
No One Saw 🎧

[J3-지식책]
Touch the Art
시리즈 (7권)

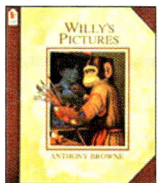
[J4-그림책]
Willy's Pictures 🎧
미술관에 간 윌리

[J4-그림책] The Dot
점

[J4-그림책] The
Incredible Painting of
Felix Clousseau

[J4-그림책]
Emily's Art
네 그림은 특별해

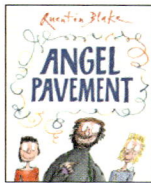
[J4-그림책]
Angel Pavement

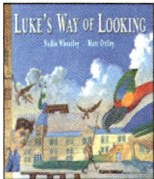
[J4-지식책] Luke's
Way of Looking 🎧

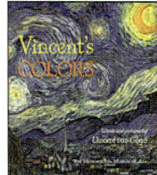
[J4-지식책]
Vincent's Colors

[J5-그림책]
The Art Lesson
미술 수업

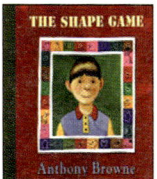
[J5-그림책]
The Shape Game
앤서니 브라운의
행복한 미술관

[J5-그림책]
When Pigasso
Met Mootisse
피카소와 무티스가
만났을 때

[J5-지식책]
Katie의 명화여행
시리즈 (10권)
케이트의 명화
여행 시리즈

[J5-지식책]
Smart About Art
시리즈 (10권) 🎧

[J5-지식책] Anholt's
Artists 시리즈 (8권)
내가 만난 미술가
그림책 시리즈

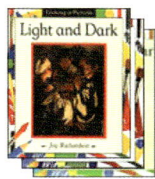
[J5-지식책]
Looking at Pictures
시리즈 (6권)

[J6-지식책] Getting
to Know the World's
Greatest Artists
시리즈 (48권)

주제별 집중듣기 & 읽기 베스트 — 음악

[J3-그림책] I am the Music Man 🎧   [J3-그림책] Sophie the Musical Cow   [J4-그림책] Mole Music 🎧 세상을 바꾼 두더지   [J4-그림책] Ben's Trumpet 🎧 벤의 트럼펫   [J4-지식책] First Discovery 시리즈: Music (10권) 🎧 위대한 음악가 시리즈

  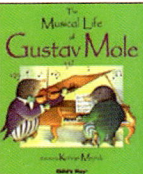  

[J4-지식책] My First Classical Music Book 🎧   [J5-그림책] Zin! Zin! Zin! A Violin 🎧 징! 징! 징! 바이올린   [J5-그림책] The Musical Life of Gustav Mole 🎧   [J5-그림책] The Composer is Dead 🎧   [J5-그림책] The Philharmonic Gets Dressed 백다섯 명의 오케스트라

  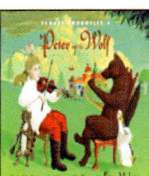  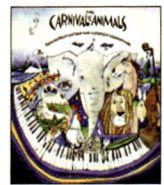

[J5-그림책] Trubloff 트루블로프   [J5-그림책] The Remarkable Farkle Mcbride   [J5-그림책] Sergei Prokofiev's Peter and the Wolf 🎧   [J5-지식팝업책] The Magnificent I Can Read Music Book 랄랄라 재미난 음악 교실   [J6-그림책] Carnival of the Animals 🎧

   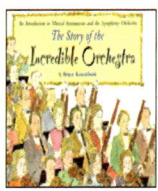 

[J6-지식책] Ah, Music! 🎧 음악의 모든 것   [J6-지식책] Getting to Know the World's Greatest Composers 시리즈 (13권)   [J6-지식책] Can You Hear it? 🎧   [J7-지식책] The Story of the Incredible Orchestra 초등학생을 위한 오케스트라의 모든 것   [J8-지식책] The Story of the Orchestra 🎧 오케스트라 이야기

스포츠

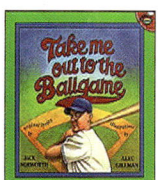 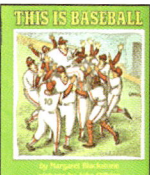 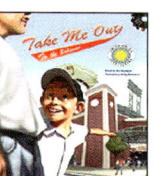 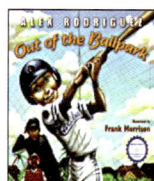 

[J2-그림책] Take Me Out to the Ballgame | [J3-그림책] This is Baseball | [J3-그림책] Take Me Out to the Ballgame 🎧 | [J4-그림책] Out of the Ballpark | [J4-그림책] Roasted Peanuts

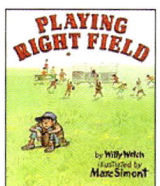    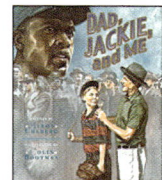

[J4-그림책] Playing Right Field | [J4-그림책] Goal! | [J4-지식책] The Baseball Counting Book | [J4-지식책] Gail Gibbons: 스포츠 지식책 시리즈 (4권) | [J5-그림책] Dad, Jackie, and Me

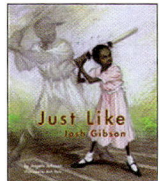   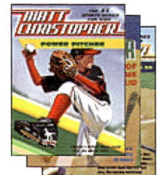 

[J5-그림책] Just Like Josh Gibson 🎧 | [J5-챕터북] Arthur Good Sports 시리즈 (6권) | [J5-챕터북] Baseball Card Adventure 시리즈 (10권) 🎧 | [J5-챕터북] Matt Christopher: Baseball 시리즈 (16권) | [J5-챕터북] Football Academy 시리즈 (6권)

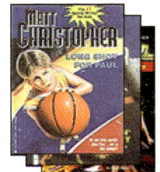   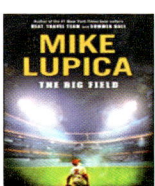 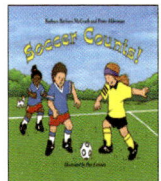

[J5-챕터북] Matt Christopher: Basketball 시리즈 (3권) | [J5-챕터북] David Beckham Academy 시리즈 (5권) | [J6-챕터북] Matt Christopher: Soccer 시리즈 (6권) | [J6-소설] The Big Field 🎧 | [J6-지식책] Soccer Counts

주제별 집중듣기 & 읽기 베스트 — 동물

● 강아지

[J2-리더스북] I Can Read Book 시리즈: Biscuit (17권)

[J2-리더스북] Scholastic Reader 시리즈: Noodles (24권)

[J2-리더스북] Ready to Read 시리즈: Puppy Mudge (5권)

[J3-그림책] Bark, George
짖어봐 조지야

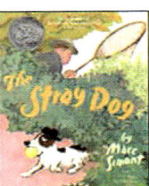
[J3-그림책] The Stray Dog
떠돌이 개

[J3-그림책 같은 리더스북] Witch's Dog 시리즈 (9권)

[J3-그림책 같은 리더스북] Clifford 시리즈 (50권)

[J3-리더스북] Ready to Read 시리즈: Henry and Mudge (32권)

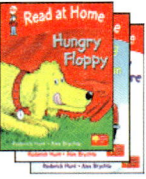
[J3-리더스북] Read at Home 시리즈: Level 3~5 (18권)

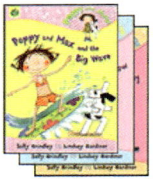
[J3-리더스북] Poppy and Max 시리즈 (8권)

[J4-그림책] Mick Inkpen: Kipper 시리즈 (11권)

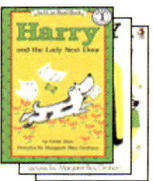
[J4-그림책] Harry the Dirty Dog 시리즈 (4권)

[J4-그림책] Martha Speaks 그림책 시리즈 (6권)

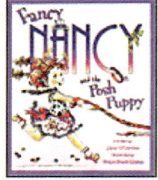
[J4-그림책] Fancy Nancy and the Posh Puppy
멋쟁이 낸시와 예쁜 강아지

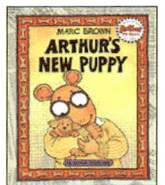
[J4-그림책같은 리더스북] Arthur's New Puppy

[J5-그림책] Dr. Dog
멍멍 의사 선생님

[J5-챕터북] Hundred-Mile-An-Hour Dog 시리즈 (4권)

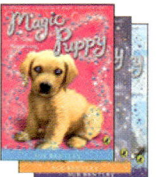
[J5-챕터북] Magic Puppy 시리즈 (14권)

[J6-챕터북] Spy Dog 시리즈 (8권)
스파이 독

[J6-소설] Shiloh Trilogy (3권)

● 고양이

[J1-그림책] Have You Seen My Cat?

[J2-그림책] Cat the Cat 시리즈 (4권)
모 윌렘스의
인지 발달 그림책

[J3-그림책] Pete the Cat 시리즈 (4권)
고양이 피터

[J3-그림책] Jasper's Beanstalk

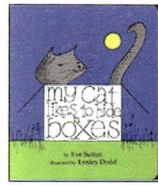
[J3-그림책] My Cat Likes to Hide in Boxes

[J4-그림책] Splat the Cat 시리즈 (12권)

[J4-그림책] Mog 시리즈 (11권)

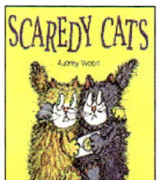
[J4-그림책] Scaredy Cats

[J4-그림책] The Cat in the Hat
닥터수스의
캣 인 더 햇

[J4-그림책] Comic Adventures of Boots
날마다 꿈꾸는
천재 고양이 부츠

[J4-그림책] Kitten's First Full Moon
달을 먹은 아기 고양이

[J4-만화] Garfield 시리즈 (12권)

[J5-그림책] Me and My Cat?
나야? 고양이야?

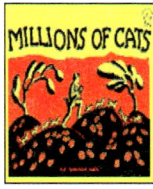
[J5-그림책] Millions of Cats
나야? 고양이야?

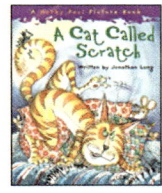
[J5-그림책] A Cat Called Scratch

[J5-그림책] Anatole 시리즈 (2권)

[J5-소설] Magic Kitten 시리즈 (15권)

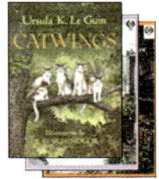
[J5-소설] Catwings 시리즈 (4권)

[J5-만화] A Calvin and Hobbes 시리즈

[J7-소설] Dewey the Library Cat: A True Story
도서관 고양이 듀이

주제별 집중듣기 & 읽기 베스트 — 동물

● 코끼리

[J2-그림책]
Elephant and Piggie
시리즈 (19권)
코끼리와 꿀꿀이
시리즈

[J2-그림책] When
the Elephant Walks
쫓아오지 마, 무서워!

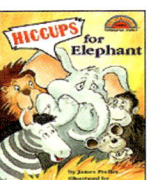
[J2-리더스북]
Hiccups for
Elephant 🎧

[J3-그림책]
One Elephant Went
Out to Play 🎧

[J3-그림책]
Elephant 🎧

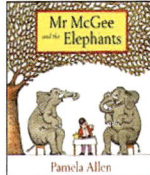
[J3-그림책]
Mr McGee and
the Elephants

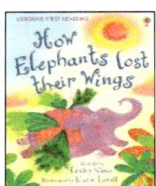
[J3-리더스북]
How Elephants Lost
Their Wings 🎧

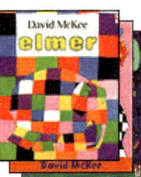
[J4-그림책] Elmer
시리즈 (22권) 🎧

[J4-그림책] Ella
시리즈 (4권) 🎧

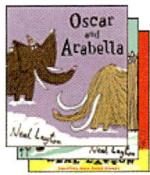
[J4-그림책]
Oscar and Arabella
시리즈 (3권) 🎧

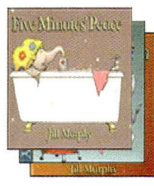
[J4-그림책]
Large Family 그림책
시리즈 (6권) 🎧
덩치 가족

[J4-그림책] Horton
Hatches the Egg 🎧

[J4-리더스북] The
Blind Men and the
Elephant 🎧

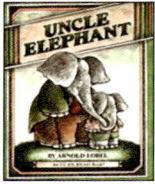
[J4-그림책 같은
리더스북] Uncle
Elephant
코끼리 아저씨

[J4-지식북] ZigZag:
What Did One
Elephant Say
to the Other?
코끼리도 사랑한다
말해요

[J5-그림책] Horton
Hears a Who! 🎧
호튼

[J5-그림책] The
Elephant and the
Bad Baby 🎧
코끼리와
버릇없는 아기

[J5-그림책] Babar
시리즈 (9권)
코끼리왕 바바
그림책 시리즈

[J5-그림책] Emily
Brown and the
Elephant Emergency

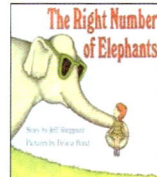
[J5-그림책] The
Right Number of
Elephants

● 곰

[J1-그림책] Orange Pear Apple Bear

[J2-그림책] Bear Hunt

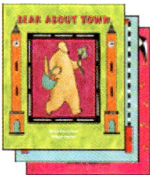
[J2-그림책] Stella Blackstone: Bear 시리즈 (8권)

[J2-그림책] The Other Day I Met a Bear

[J3-그림책] Eric Carle: Bear 시리즈 (4권)

[J3-그림책] Jez Alborough: Bear 시리즈 (3권)

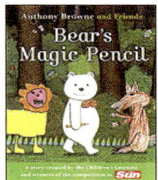
[J3-그림책] Bear's Magic Pencil
앤서니 브라운의 마술연필

[J4-그림책] Moon Bear 시리즈 (14권)
꼬마곰 달곰이 시리즈

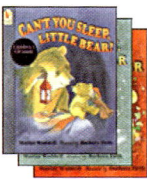
[J4-그림책] Martin Waddell: Little Bear 시리즈 (6권)

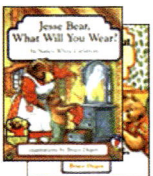
[J4-그림책] Jesse Bear 시리즈 (6권)

[J4-그림책] Little Polar Bear 시리즈 (9권)

[J4-그림책] The Bear's Lunch

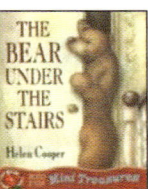
[J4-그림책] The Bear Under the Stairs

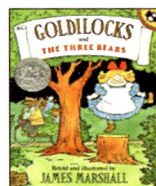
[J4-그림책] Goldilocks and the Three Bears

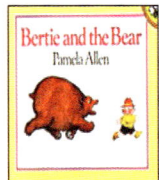
[J4-그림책] Bertie and the Bear

[J4-그림책 같은 리더스북] I Can Read Book 시리즈: Little Bear (6권)
꼬마 곰

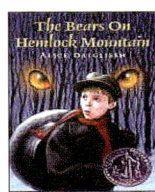
[J4-소설] The Bears on Hemlock Mountain
헴록 산의 곰

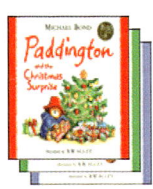
[J5-그림책] Paddington Bear 그림책 시리즈 (17권)

[J5-그림책] The Biggest Bear
세상에서 가장 커다란 곰

[J5-그림책같은 리더스북] Berenstain Bears 시리즈 (91권)

주제별 집중듣기 & 읽기 베스트 — 동물

● 호랑이

[J2-리더스북] Tiger is a Scaredy Cat 🎧 [J2-리더스북] I Can Trick a Tiger 🎧 [J3-그림책] Mog at the Zoo [J3-그림책] Tiger Can't Sleep 🎧 잠 좀 자자, 제발! [J3-그림책] Who is the Beast? 🎧

   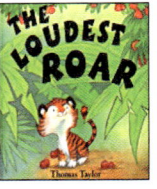 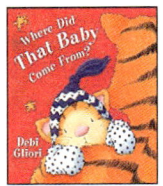

[J3-그림책] Tiger in the Snow! 🎧 [J3-그림책] The Rat and the Tiger [J3-그림책] Tiger 🎧 [J3-그림책] The Loudest Roar 🎧 [J3-그림책] Where Did That Baby Come from?

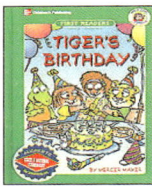  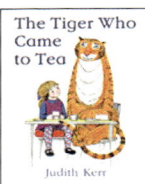 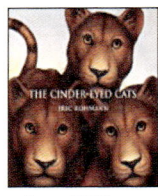 

[J3-리더스북] Tiger's Birthday 🎧 [J4-그림책] Little Tiger 시리즈 (3권) [J4-그림책] The Tiger Who Came to Tea 🎧 간식을 먹으러 온 호랑이 [J4-그림책] The Cinder-Eyed Cats 열 개의 눈동자 [J4-챕터북] Tigers at Twilight 🎧 덫에 걸린 인도호랑이

[J5-그림책] Tiger Ways [J5-그림책] Tigress 🎧 [J5-그림책] The Story of Little Babaji [J5-만화] A Calvin and Hobbes 시리즈 (10권) [J5-소설] The Tiger Rising 🎧 날아오르는 호랑이처럼

● 사자

 [J0-그림책] The Lion & the Mouse 사자와 생쥐

 [J2-그림책] What's Wrong with My Hair? 머리가 요랬다 조랬다!

 [J2-리더스북] The Lion and the Mouse 🎧

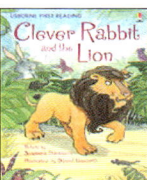 [J2-리더스북] Clever Rabbit and the Lion 🎧

 [J3-그림책] The Show-and-Tell Lion 매튜는 거짓말쟁이

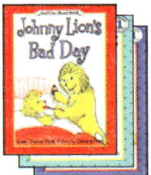 [J3-리더스북] I Can Read Book 시리즈: Johnny Lion (3권) 🎧

 [J4-그림책] Library Lion 🎧 도서관에 간 사자

 [J4-그림책] Andy and the Lion 🎧 앤디와 사자

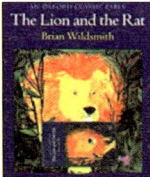 [J4-그림책] The Lion and the Rat 🎧

 [J4-그림책] A Lion in the Night 🎧

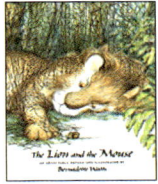 [J4-그림책] The Lion and the Mouse 🎧

 [J4-그림책] Nobody Laughs at a Lion!

 [J4-챕터북] Lions at Lunchtime 🎧 아프리카 초원에서 만난 사자들

 [J5] Dandelion 🎧 멋쟁이 사자 댄디라이온

 [J5-그림책] The Happy Lion 행복한 사자

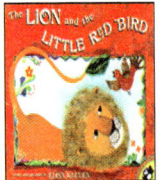 [J5-그림책] The Lion and the Little Red Bird

 [J5-그림책] The Lion Who Wanted to Love

 [J6-소설] Lafcadio the Lion Who Shot Back 총을 거꾸로 쏜 사자 라프카디오

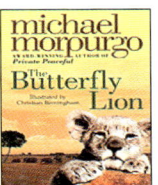 [J6-소설] The Butterfly Lion 🎧 나비 사자

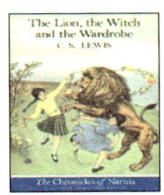 [J7-소설] The Lion, the Witch and the Wardrobe 🎧 사자와 마녀와 옷장

주제별 집중듣기 & 읽기 베스트 동물

● 원숭이

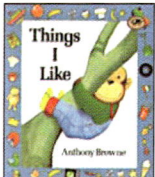
[J1-그림책]
Things I Like 🎧

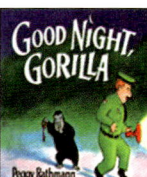
[J1-그림책]
Good Night, Gorilla 🎧

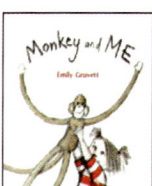
[J1-그림책]
Monkey and Me 🎧
원숭이랑 나랑

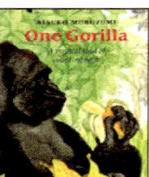
[J2] One Gorilla 🎧

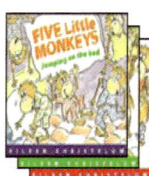
[J3-그림책]
Five Little Monkeys
시리즈 (10권) 🎧

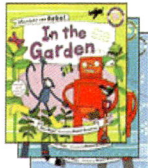
[J3-그림책] Monkey
and Robot
시리즈 (4권) 🎧

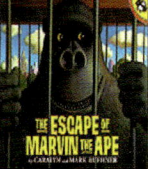
[J3-그림책]
The Escape of
Marvin the Ape

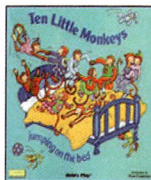
[J3-그림책] Ten Little
Monkeys Jumping
on the Bed 🎧

[J3-그림책] Not Me,
Said the Monkey 🎧

[J4-그림책] Willy
시리즈 (6권)
윌리 시리즈

[J4-그림책] Curious
George 그림책
시리즈 (9권) 🎧
개구쟁이 꼬마
원숭이 조지

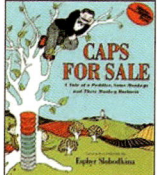
[J4-그림책]
Caps for Sale 🎧
모자 사세요

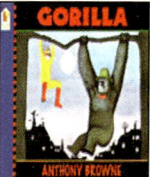
[J4-그림책]
Gorilla 🎧
고릴라

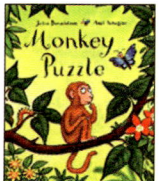
[J4-그림책]
Monkey Puzzle 🎧

[J4-그림책]
Little Beauty 🎧
우리는 친구

[J4-그림책]
Little Gorilla 🎧

[J4-그림책]
Night Monkey,
Day Monkey 🎧

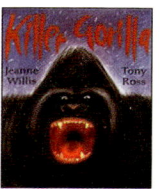
[J4] Killer Gorilla
고릴라는 억울해

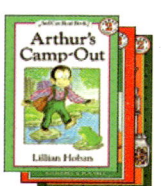
[J4-그림책같은
리더스북] I Can
Read Book 시리즈:
Arthur 🎧

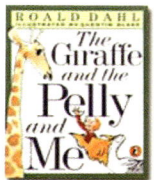
[J6-소설] The Giraffe
and the Pelly
and Me 🎧
창문닦이 삼총사

● 토끼

[J1-그림책] Which Would You Rather be?
너는 뭐가 되고 싶어?

[J2-그림책] Not a Box 🎧
이건 상자가 아니야

[J3-그림책] Goodnight Moon 🎧
잘 자요, 달님

[J3-그림책] My Friend Rabbit
내 친구 깡충이

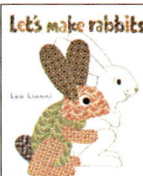
[J3-그림책] Let's Make Rabbits
토끼가 된 토끼

[J3-그림책] Little Bunny on the Move
토끼야, 토끼야

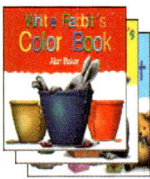
[J3-그림책] Alan Baker: Rabbit 시리즈 (6권)

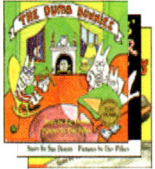
[J4-그림책] Dumb Bunnies 시리즈 (4권)

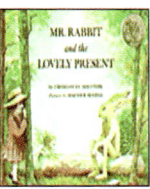
[J4-그림책] Mr. Rabbit and the Lovely Present 🎧
토끼 아저씨와 멋진 생일선물

[J4-그림책] Guess How Much I Love You
내가 아빠를 얼마나 사랑하는지 아세요?

[J4-그림책] The Runaway Bunny 🎧
엄마, 난 도망갈 거야

[J4-그림책] Big Bad Bun
성적표 받은 날

[J4-그림책] The Surprise Party 🎧

[J4-그림책] Tatty Ratty
태티 래티는 어디 있을까?

[J4-그림책] Tell Me Something Happy Before I Go to Sleep 🎧
잠들기 전에 행복한 이야기를 들려주세요

[J4-그림책] The Rabbits' Wedding 🎧
토끼의 결혼식

[J4-그림책] Bunny's Noisy Book 🎧
아기 토끼의 시끄러운 하루

[J4-그림책] Duck! Rabbit!
오리야? 토끼야?

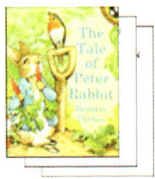
[J5-그림책] Peter Rabbit 시리즈 (27권) 🎧

[J5-챕터북] Bunnicula 시리즈 (7권) 🎧
버니큘라

주제별 집중듣기 & 읽기 베스트 — 동물

● 쥐

[J1-그림책] Run, Mouse, Run! 🎧

[J2-그림책] Inside Mouse, Outside Mouse 🎧
안에서 안녕 밖에서 안녕

[J2-그림책] Whose Mouse are You? 🎧

[J3-그림책] Ellen Stoll Walsh: Mouse 시리즈 (4권)

[J3-그림책] Merry Christmas, Big Hungry Bear! 🎧
배고픈 큰 곰아, 메리 크리스마스!

[J4-그림책] The Little Mouse, the Red Ripe Strawberry, and the Big Hungry Bear 🎧
생쥐와 딸기와 배고픈 큰 곰

[J4-그림책] If You Give… 시리즈 (9권) 🎧

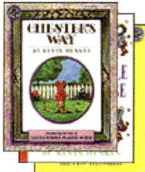
[J4-그림책] Lilly and Her Friends 시리즈 (11권) 🎧

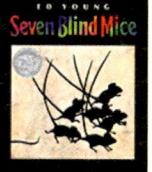
[J4-그림책] Seven Blind Mice 🎧
일곱 마리 눈먼 생쥐

[J4-그림책 같은 리더스북] I Can Read Book 시리즈: Arnold Lobel (7권) 🎧

[J5-그림책] Leo Lionni: Mice 시리즈 (8권)

[J5-그림책] Library Mouse 시리즈 (4권) 🎧

[J5-그림책] Little Mouse's Big Book of Fears
겁쟁이 꼬마 생쥐 덜덜이

[J5-그림책] Frank Asch: Mouse 시리즈 (2권)

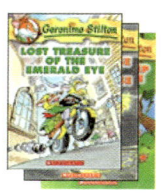
[J5-챕터북] Geronimo Stilton 시리즈 (55권) 🎧
제로니모 스틸턴

[J5-만화] Baby Mouse

[J6-소설] Ralph S. Mouse 시리즈 (3권) 🎧
생쥐 랄프

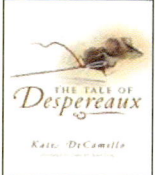
[J6-소설] The Tale of Despereaux 🎧
생쥐 기사 데스페로

[J6-소설] A Mouse Called Wolf 🎧
생쥐 볼프강 아마데우스

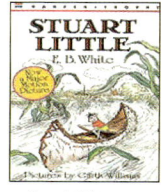
[J7-소설] Stuart Little 🎧
스튜어트 리틀

● 돼지

 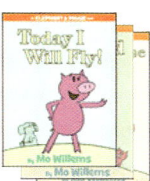   

| [J1-그림책] Wibbly Pig 시리즈 (7권) | [J2-그림책] Elephant and Piggie 시리즈 (19권) 코끼리와 꿀꿀이 | [J2-그림책] I Like Me! 난 내가 좋아! | [J3-그림책] The Pig in the Pond | [J3-그림책] Piglet 시리즈 (3권) |

[J3-그림책 같은 리더스북] Peppa Pig 시리즈 (18권) | [J4-그림책] Preston Pig 시리즈 (8권) | [J4-그림책] The Three Pigs 아기 돼지 세마리 | [J4-그림책] PiggyBook 돼지책 | [J4-그림책] Olivia 시리즈 (8권) 올리비아 그림책 시리즈

 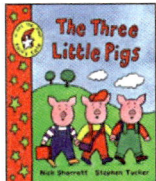   

[J4-그림책] Arthur Geisert: Pigs 시리즈 (10권) | [J4-그림책] The Three Little Pigs | [J4-그림책] The Three Little Pigs 아기 돼지 삼형제 | [J4-챕터북] Mercy Watson 시리즈 (6권) | [J5-그림책] The True Story of the 3 Little Pigs! 늑대가 들려주는 아기 돼지 삼형제 이야기

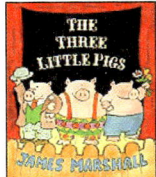    

[J5-그림책] The Three Little Pigs | [J5-그림책] Charlotte's Web 샬롯의 거미줄 | [J5-지식책] Pig | [J6-그림책] All Pigs are Beautiful | [J6-소설] Lollipop 시리즈 (2권)

주제별 집중듣기 & 읽기 베스트 — 동물

● 소

 [J2-그림책] Cows in the Kitchen 🎧
 [J2-그림책] Moo-Cow Kung-Fu-Cow
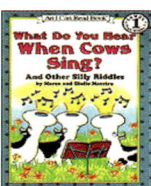 [J2-리더스북] What Do You Hear When Cows Sing? 🎧
 [J3-그림책] Andy Cutbill: Cow 시리즈 (4권)
 [J3-그림책] The Cow That Went Oink 🎧

 [J3-그림책] Cushie Butterfield: She's a Little Cow
 [J3-그림책] Sophie the Musical Cow
 [J3-그림책 같은 리더스북] Mrs. Wow Never Wanted a Cow 🎧
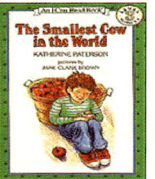 [J3-리더스북] The Smallest Cow in the World 🎧
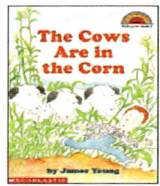 [J3-리더스북] The Cows are in the Corn 🎧

 [J3-챕터북] The Big Fat Cow That Goes Kapow
 [J4-그림책] Click, Clack, Moo: Cows That Type 🎧
탁탁 톡톡 음매~ 젖소가 편지를 쓴대요
 [J4-그림책] Kiss the Cow! 🎧
 [J4-그림책] Cows Can't Fly 🎧
소는 못 날아
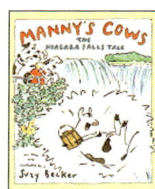 [J4-그림책] Manny's Cows: The Niagara Falls Tale 🎧

 [J5-그림책] Metropolitan Cow
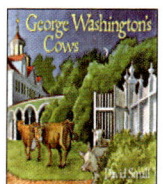 [J5-그림책] George Washington's Cows 🎧
 [J5] The Story of Ferdinand 🎧
꽃을 좋아하는 소 페르디난드
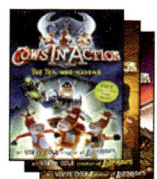 [J5-챕터북] Cows In Action 시리즈 (12권)
 [J5-지식책] Cow

● 늑대

[J2-그림책] What's the Time, Mr. Wolf? 🎧

[J2-그림책] Dinnertime! 🎧

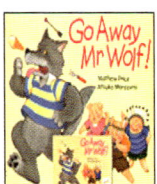
[J3-그림책] Go Away Mr Wolf! 🎧

[J3-그림책] Mr Wolf's Week 🎧

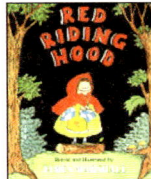
[J4-그림책] Red Riding Hood (James Marshall)

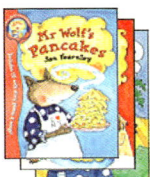
[J4-그림책] Jan Fearnley: Mr. Wolf 시리즈 (3권) 🎧

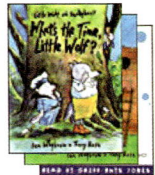
[J4-그림책] Little Wolf 그림책 시리즈 (3권)

[J4-그림책] The Wolf's Chicken Stew

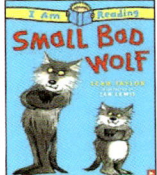
[J4-리더스북] Small Bad Wolf 🎧

[J4-챕터북] Mr Wolf Bounces Back
보디가드가 된 늑대

[J5-그림책] The Three Little Wolves and the Big Bad Pig
아기 늑대 세 마리와 못된 돼지

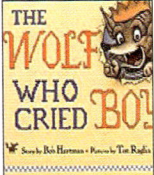
[J5-그림책] The Wolf Who Cried Boy 🎧

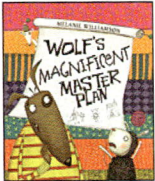
[J5-그림책] Wolf's Magnificent Master Plan

[J5-그림책] Wolves

[J5-그림책] The Wolves in the Walls 🎧
벽 속에 늑대가 있어

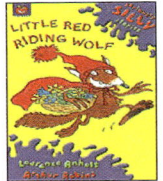
[J5-챕터북] Little Red Riding Wolf 🎧

[J5-소설] Little Wolf 시리즈 (8권)

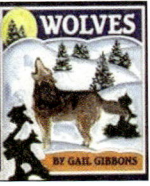
[J5-지식책] Wolves (Gail Gibbons)

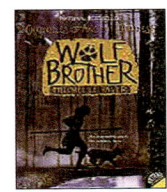
[J6-소설] Wolf Brother 🎧
늑대형제

[J7-소설] Julie of the Wolves 시리즈 (3권) 🎧

주제별 집중듣기 & 읽기 베스트 — 동물

● 오리

[J1-그림책]
Have You Seen
My Duckling? 🎧
아기 오리는
어디로 갔을까요?

[J2-그림책]
Five Little Ducks 🎧

[J2-그림책]
The Chick and
the Duckling 🎧

[J2-그림책]
Ethan Long: Duck
시리즈 (2권) 🎧

[J3-그림책]
Suzy Goose
시리즈 (3권) 🎧

[J3-그림책]
Jackie Urbanovic:
Duck 시리즈 (3권) 🎧

[J3-그림책]
Nine Ducks Nine

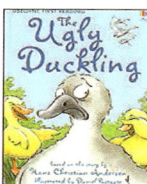
[J3-리더스북]
The Ugly Duckling 🎧

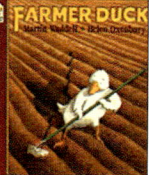
[J4-그림책]
Farmer Duck 🎧
옛날에 오리 한 마리가
살았는데

[J4-그림책] Giggle,
Giggle, Quack 🎧
오리를 조심하세요!

[J4-그림책]
Sitting Ducks
오리 탈출 소동

[J4-그림책]
Jez Alborough: Duck
시리즈 (5권) 🎧

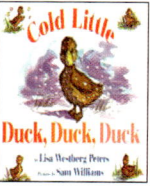
[J4-그림책] Cold
Little Duck, Duck,
Duck 🎧

[J4-그림책]
Duck on a Bike 🎧
자전거 타는 오리

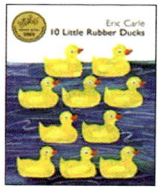
[J4-그림책] 10 Little
Rubber Ducks 🎧
작은 고무 오리
열 마리

[J4] Angus 시리즈
(3권)
앵거스

[J5] Duck for
President 🎧
오리, 대통령이 되다!

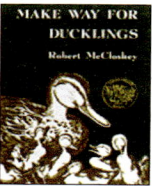
[J5-그림책] Make
Way for Ducklings 🎧
아기 오리들한테 길을
비켜주세요

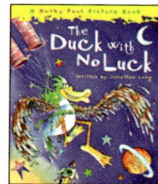
[J5-그림책] The
Duck with No Luck

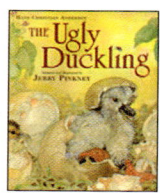
[J6-그림책]
The Ugly Duckling
미운 오리 새끼

● 펭귄

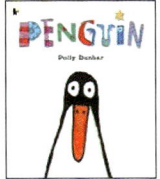    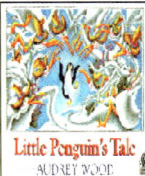

[J3-그림책] Penguin
친구가 되어줘!

[J3-그림책]
Penguin's Big
Surprise 🎧

[J4-그림책] Penguin
Pete 시리즈 (5권) 🎧

[J4-그림책]
Lost and Found 🎧
다시 만난 내 친구

[J4-그림책] Little
Penguin's Tale 🎧

 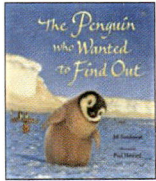 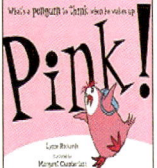  

[J4-그림책]
Leonardo's Dream
하늘을 날고 싶은 펭귄
레오나르도

[J4-그림책]
The Penguin Who
Wanted to Find Out

[J4-그림책] Pink!

[J4-그림책]
Penguin Post

[J4-그림책] Little
Penguin's Stories

 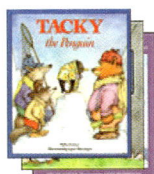  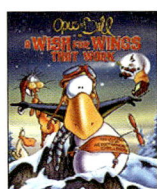 

[J4-지식책] Perry
Penguin: A Tale of a
Brave Family

[J5-그림책] Tacky
시리즈 (8권)
꼬마 펭귄 태키

[J5-그림책]
Without You 🎧

[J5-그림책] A Wish
for Wings That
Work 🎧

[J5-그림책]
Whiteblack
the Penguin Sees
the World 🎧
세계 여행을 떠난
펭귄, 화이트블랙

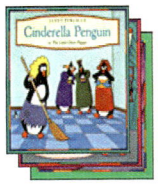  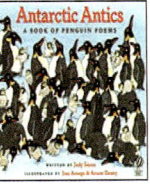  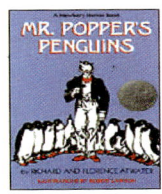

[J5-그림책] Penguin
명작패러디 시리즈
(3권)

[J5-그림책]
The Emperor's
Egg 🎧

[J5-그림책] Antarctic
Antics: A Book of
Penguin Poems 🎧

[J5-지식책] Penguins

[J6-소설] Mr.
Popper's Penguins 🎧
파퍼 씨네 12마리 펭귄

주제별 집중듣기 & 읽기 베스트 — 동물

● 고래

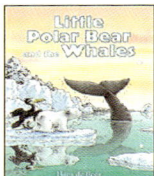    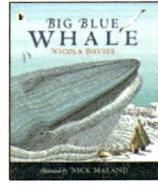

[J4-그림책] Little Polar Bear and the Whales | [J4-리더스북] Whales: The Gentle Giants | [J4-리더스북] Listening to Whales Sing | [J5-그림책] The Snail and the Whale 🎧 세상 구경 시켜주고래를 찾습니다 | [J5-그림책] Big Blue Whale 🎧

   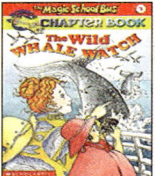 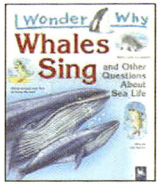

[J5-그림책] Rainbow Fish and the Big Blue Whale 🎧 무지개 물고기와 흰수염고래 | [J6-그림책] Amos & Boris 아모스와 보리스 | [J6-소설] The Longest Whale Song 🎧 | [J6-지식책] The Wild Whale Watch 🎧 고래를 따라갔어요 | [J6-지식책] Whales Sing and Other Questions about Sea Life 고래는 왜 노래를 부를까요?

● 양 · 염소

 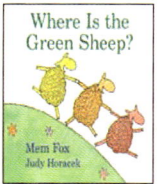   

[J2-그림책] Nancy Shaw: Sheep 그림책 시리즈 (7권) | [J2-그림책] Where is the Green Sheep? 🎧 초록 양은 어디 갔을까? | [J4-그림책] Russell the Sheep 시리즈 (4권) 🎧 | [J4-그림책] Sheep in Wolves' Clothing 늑대를 골탕먹인 양 이야기 | [J4-그림책] The Sheep in Wolf's Clothing

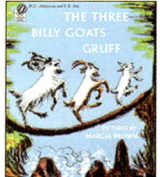  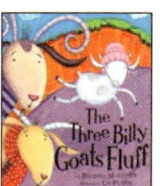  

[J4-그림책] The Three Billy Goats Gruff 🎧 용감무쌍 염소 삼형제 | [J4-그림책] The Three Billy Goats Gruff 우락부락 염소 삼형제 | [J4-그림책] The Three Billy Goats Fluff | [J4-챕터북] The Silly Willy Billy Goats 🎧 | [J5-그림책] The Goat in the Rug

● 여우

 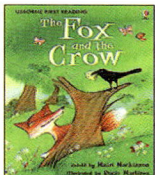 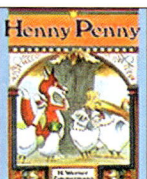  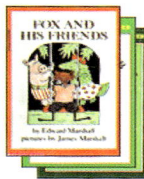

| [J1-그림책] Rosie's Walk 로지의 산책 | [J2-리더스북] The Fox and the Crow 🎧 | [J3-그림책] Henny Penny 🎧 | [J3-그림책] My Name is Mr Fox | [J3-리더스북] Puffin Easy-to-Read 시리즈: Fox (9권) |

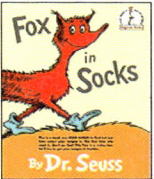    

[J4-그림책] Fox in Socks 🎧
[J4-그림책] Hello, Red Fox 🎧 빨간 여우야, 안녕
[J5-소설] Fantastic Mr. Fox 🎧 멋진 여우 씨
[J5-소설] The Fox Who Ate Books 🎧 책 먹는 여우
[J6-그림책] Chanticleer and the Fox 제프리 초서의 챈티클리어와 여우

● 말

   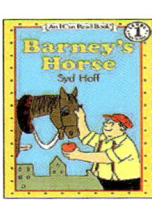 

[J1-그림책] The Artist Who Painted a Blue Horse
[J2-리더스북] Barbie: Horse Show Champ
[J3-그림책 같은 리더스북] Robert the Rose Horse 🎧
[J3-리더스북] Barney's Horse 🎧
[J4-챕터북] Ghost Horse 🎧

 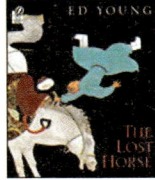  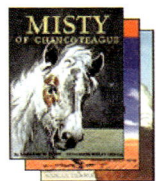 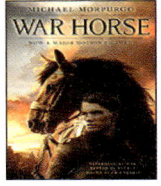

[J4-그림책] Stripy Horse 시리즈 (2권)
[J5-그림책] The Lost Horse 잃어버린 말
[J5-그림책] Black Beauty
[J6-소설] Marguerite Henry: Horse 시리즈 (6권) 🎧
[J7-소설] War Horse 🎧 조이

〈DVD+영어책+한글책〉 한 축에 꿰기

■ Alice in Wonderland

DVD     영어책     한글책

DVD [JD5] Alice in Wonderland (이상한 나라의 앨리스)
      [JD8] Alice In Wonderland (이상한 나라의 앨리스)

영어책 [J5] Alice's Adventures in Wonderland (명작 팝업북 시리즈)
      [J5] Alice in Wonderland (Usborne Young Reading 시리즈: Level 2)
      [J5] Alice in Wonderland (Scholastic Junior Classics 시리즈)
      [J6] Alice in Wonderland (Classic Starts 시리즈)
      [J6] Lewis Carroll's Alice in Wonderland (All Aboard Reading 시리즈: Level 3)
      [J6] Alice in Wonderland (Great Illustrated Classics 시리즈)
      [J8] Alice's Adventures in Wonderland (Walker Illustrated Classics 시리즈)

한글책 [JK4] 이상한 나라의 앨리스 (어린이작가정신)
      [JK6] 이상한 나라의 앨리스 (비룡소)
      [JK6] 이상한 나라의 앨리스 (웅진주니어)
      [JK7] 이상한 나라의 앨리스 (시공주니어)
      [JK7] 이상한 나라의 앨리스 (인디고)

■ Angelina Ballerina

DVD 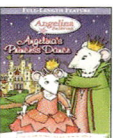 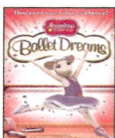   영어책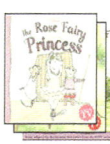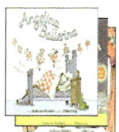

DVD [JD3] Angelina Ballerina TV 시리즈
      [JD3] Angelina Ballerina (3D) TV시리즈 (안젤리나 발레리나)

영어책 [J3] All Aboard Reading 시리즈: Angelina ballerina (4권)
      [J4] Angelina Ballerina 시리즈 (20권)
      [J5] Angelina Ballerina 그림책 시리즈 (17권)

■ Anne of Green Gables

DVD　　영어책 　한글책

DVD　[JD6] Anne of Green Gables 시리즈 (빨강머리 앤)
　　　[JD8] Anne of Green Gables TV 시리즈 - 영국 BBC (빨강머리 앤)
영어책　[J8] Anne of Green Gables 시리즈 (8권)
한글책　[JK7] 빨간 머리 앤 시리즈 (시공주니어, 3권)

■ The Ant Bully

DVD 　영어책 　한글책

DVD　[JD5] The Ant Bully (앤트 불리)
영어책　[J5] The Ant Bully
한글책　[JK3] 개미나라에 간 루카스 (비룡소)

■ Arthur

DVD  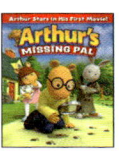　영어책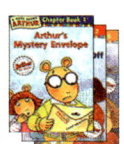

DVD　[JD4] Arthur 시리즈 (아서)
　　　[JD4] Arthur's Missing Pa
영어책　[J3] Step into Reading 시리즈: Arthur (20권)
　　　[J3] D.W. 시리즈(Arthur) (9권)
　　　[J3] Arthur Starter 시리즈 (16권)
　　　[J3] Arthur's Family Value 시리즈 (18권)
　　　[J4] Arthur Adventure 시리즈 (32권)
　　　[J4] Arthur 챕터북 시리즈 (33권)
　　　[J4] Postcards from Buster 시리즈: Level 1~2 (8권)
　　　[J5] Postcards from Buster 시리즈: Level 3 (4권)
　　　[J5] Arthur Good Sports 시리즈 (6권)

⟨DVD+영어책+한글책⟩ 한 축에 꿰기

■ Arthur and the Minimoys

DVD 영어책 한글책

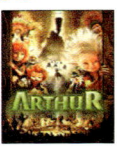  

DVD [JD6] Arthur and the Invisibles (아더와 미니모이)
영어책 [J6] Arthur and the Minimoys 시리즈 (3권)
한글책 [JK6] 아더와 미니모이 시리즈 (웅진주니어, 4권)

■ Avatar

DVD 영어책

 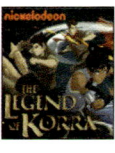  

DVD [JD5] Avatar: The Last Airbender 시리즈 (아바타: 아앙의 전설)
     [JD6] Avatar: The Legend of Korra 시리즈 (아바타: 코라의 전설)
영어책 [J4] Ready to Read 시리즈: Avatar (4권)
       [J6] Avatar the Last Airbender 시리즈 (5권)

■ BaBar

DVD 영어책 한글책

DVD [JD2] BaBar: King of the Elephants 시리즈 (코끼리왕 바바)
영어책 [J5] Babar 시리즈 (9권)
       [J2] Babar's Little Circus Star
       [J3] Babar and the Ghost
한글책 [JK3] 코끼리왕 바바 그림책 시리즈 (시공주니어, 4권)
       [JK3] 바바 왕 시리즈 (현북스, 4권)

■ Barbie

DVD

영어책

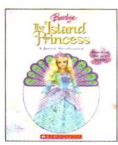

DVD   [JD4] Barbie 시리즈 (바비 시리즈)
        [JD6] Barbie™ Life in the Dreamhouse
영어책 [J3] Step into Reading 시리즈: Barbie (37권)
        [J5] Junior Novel 시리즈 중 Barbie 시리즈 (9권)

■ Berenstain Bears

DVD

영어책

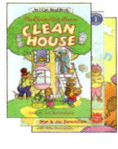

한글책

DVD   [JD3] Berenstain Bears 시리즈 (우리는 곰돌이 가족)
영어책 [J2] Bright and Early Books 시리즈: Berenstain Bears (11권)
        [J3] Step into Reading 시리즈: Berenstain Bears (11권)
        [J3] I Can Read Book 시리즈: Berenstain Bears (23권)
        [J3] Beginner Books 시리즈: Berenstain Bears (11권)
        [J4] Berenstain Bears: Living Lights 시리즈 (25권)
        [J4] Stepping Stone 시리즈: Berenstain Bears (6권)
        [J5] Berenstain Bears 시리즈 (91권)
        [J5] Berenstain Bears 챕터북 시리즈 (31권)
        [J5] Bear Scouts 챕터북 시리즈 (19권)
한글책 [JK4] 베렌스타인 곰가족 시리즈 (도토리창고, 5권)

■ The Borrowers

DVD

영어책

한글책

DVD   [JD7] The Borrowers (바로워즈)
        [JD7] The Borrowers 시리즈 (영국 BBC)
영어책 [J6] Borrowers 시리즈 (6권)
한글책 [JK6] 마루 밑 바로우어즈 (시공주니어)

⟨DVD+영어책+한글책⟩ 한 축에 꿰기

■ Charlie and Lola

DVD 영어책 한글책

DVD	[JD3] Charlie and Lola 시리즈 (찰리와 롤라)
영어책	[J1] Charlie and Lola 보드북 시리즈 (7권)
	[J4] Charlie and Lola 그림책 시리즈 (7권)
	[J4] Charlie and Lola 시리즈 (33권)
한글책	[JK3] 찰리와 롤라 그림책 시리즈 (국민서관, 3권)
	[JK3] 찰리와 롤라 시리즈 (국민서관, 18권)

■ Charlotte's Web

DVD 영어책 한글책

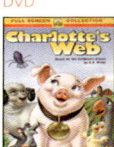     

DVD	[JD5] Charlotte's Web (샬롯의 거미줄, 애니)
	[JD6] Charlotte's Web (샬롯의 거미줄, 영화)
영어책	[J3] I Can Read Book – Charlotte's Web (2권)
	[J5] Charlotte's Web
한글책	[JK7] 샬롯의 거미줄 (시공주니어)
	[JK7] 우정의 거미줄 (창비)

■ Chronicles Of Narnia

DVD 영어책 한글책

DVD	[JD7] Chronicles Of Narnia 시리즈 (나니아 연대기 1~3)
영어책	[J7] Chronicles of Narnia 시리즈 (7권)
한글책	[JK7] 나니아 나라 이야기 시리즈 (시공주니어, 7권)

■ Clifford

DVD  영어책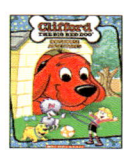

DVD	[JD2] Clifford's Puppy Days 시리즈 (클리포드 퍼피 데이)
	[JD3] Clifford 시리즈 (클리포드)
영어책	[J2] Clifford Phonics Fun 시리즈 (74권)
	[J2] Scholastic Reader 시리즈: Clifford (9권)
	[J3] Clifford's Puppy Days 시리즈 (12권)
	[J3] Clifford Big Red Reader 시리즈 (19권)
	[J3] Clifford 시리즈 (50권)

■ Curious George

DVD  영어책   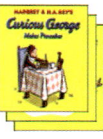  한글책

DVD	[JD2] The Adventures of Curious George (클레이 애니메이션) (호기심 많은 원숭이 조지)
	[JD4] Curious George (2006년 개봉작) (큐어리어스 조지)
	[JD4] Curious George TV 시리즈 (호기심 많은 조지)
	[JD4] Curious George: A Very Monkey Christmas (큐어리어스 조지)
영어책	[J2] Curious George Phonics 시리즈 (13권)
	[J3] Curious George TV Readers 시리즈 (13권)
	[J4] Curious George 시리즈 (45권)
	[J4] Curious George 그림책 시리즈 (9권)
	[J4] Curious George TV 시리즈 (10권)
한글책	[JK2] 호기심 많은 조지 시리즈 (지양어린이, 13권)
	[JK3] 개구쟁이 꼬마 원숭이 조지 시리즈 (시공주니어, 4권)

⟨DVD+영어책+한글책⟩ 한 축에 꿰기

■ Diary of a Wimpy Kid

DVD
영어책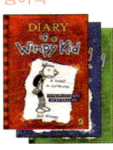
한글책

DVD　　[JD6] Diary Of A Wimpy Kid 시리즈 (윔피 키드 1~3)
영어책　[J6] Diary of a Wimpy Kid 시리즈 (9권)
한글책　[JK6] 윔피 키드 시리즈 (푸른날개, 9권)

■ Dr. Seuss

DVD　　　영어책　　　　　　　　　　　　　　　　　　한글책

DVD　　[JD3] Dr. Seuss 시리즈
　　　　[JD4] The Cat in the Hat 시리즈 (닥터수스의 캣 인 더 햇)
　　　　[JD5] Horton Hears a Who! (호튼)
　　　　[JD5] How the Grinch Stole Christmas (그린치는 어떻게 크리스마스를 훔쳤는가!)
　　　　[JD6] The Cat In The Hat (더 캣)
　　　　[JD6] How the Grinch Stole Christmas (그린치)
　　　　[JD6] The Lorax (로렉스)
영어책　[J3] Step into Reading 시리즈: Dr. Seuss (4권)
　　　　[J3] The Cat in the Hat Knows a Lot About That! 시리즈 (5권)
　　　　[J3] The Cat in the Hat: Beginner Book Dictionary (사전)
　　　　[J4] Dr. Seuss 시리즈 (44권)
　　　　[J5] The Cat in the Hat's Learning Library 시리즈 (25권)
한글책　[JK3] 호튼 (대교출판)

■ Eloise

    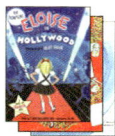 

DVC영어책한글책

DVD	[JD4] Eloise TV 시리즈 (엘로이즈) [JD6] Eloise 시리즈 (엘로이즈)
영어책	[J2] Ready to Read 시리즈: Eloise (16권) [J4] Eloise 리더스북 시리즈 (3권) [J6] Eloise 그림책 시리즈 (8권)
한글책	[JK3] 엘로이즈 TV 시리즈 (리드북, 4권) [JK4] 엘로이즈 그림책 시리즈 (예꿈, 5권)

■ Garfield

DVD	[JD5] Garfield 만화 시리즈 (가필드) [JD5] Garfield and Friends 시리즈 (가필드) [JD6] Garfield 시리즈 (가필드)
영어책	[J4] Garfield 챕터북 시리즈 (6권) [J4] Garfield 시리즈 (12권)

■ George Shrinks

DVD	[JD4] George Shrinks 시리즈 (조지가 줄었어요)
영어책	[J3] George Shrinks
한글책	[JK2] 조지가 줄었어요 (문학동네)

잠수네 베스트 교재

〈DVD+영어책+한글책〉 한 축에 꿰기

■ Geronimo

DVD 영어책  한글책

 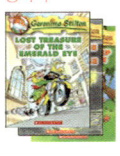  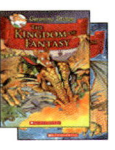  

DVD [JD5] Geronimo Stilton 시리즈 (제로니모의 모험)
영어책 [J5] Geronimo Stilton 시리즈 (55권)
       [J5] Thea Stilton 시리즈 (16권)
       [J5] Geronimo Stilton: Fantasy 시리즈 (4권)
       [J5] Creepella Von Cacklefur 시리즈 (4권)
       [J5] Geronimo Stilton Cavemice 시리즈 (2권)
한글책 [JK5] 제로니모의 환상모험 시리즈 (사파리, 13권)
       [JK5] 제로니모의 환상모험 슈퍼히어로즈 시리즈 (사파리, 9권)
       [JK5] 제로니모의 환상모험 PLUS 시리즈 (사파리, 10권)
       [JK5] 제로니모 스틸턴 시리즈 (주니어김영사, 5권)
       [JK6] 제로니모의 환상모험 클래식 시리즈 (사파리, 14권)

■ Harry Potter

DVD 영어책 한글책

DVD [JD7] Harry Potter 시리즈 (해리포터 1~7)
영어책 [J7] Harry Potter 시리즈 (8권)
       [J8] Harry Potter School Book 시리즈 (2권)
한글책 [JK7] 해리포터 시리즈 (문학수첩, 23권)

■ Horrible 시리즈

DVD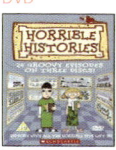
영어책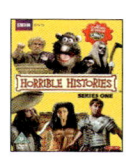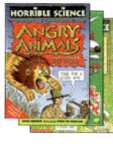
한글책

DVD [JD6] Horrible Histories 시리즈 (앗, 이렇게 생생한 역사가! 시리즈)
     [JD6] Horrible Histories 시리즈 (영국 BBC)
영어책 [J7] Horrible History 시리즈 (56권)
     [J7] Horrible Science 시리즈 (35권)
     [J7] Horrible Geography 시리즈 (14권)
     [J7] Murderous Maths 시리즈 (14권)
한글책 [JK7] 앗, 이렇게 생생한 역사가! 시리즈 (주니어김영사, 12권)
     [JK7] 앗, 이렇게 재미있는 과학이! 시리즈 (주니어김영사, 42권)
     [JK6] 앗, 이렇게 새로운 과학이! 시리즈 (주니어김영사, 7권)
     [JK6] 앗, 이렇게 산뜻한 고전이! 시리즈 (주니어김영사, 7권)
     [JK6] 앗, 이렇게 짜릿한 스포츠가! 시리즈 (주니어김영사, 4권)
     [JK6] 앗, 이렇게 신비한 세계가! 시리즈 (주니어김영사, 5권)
     [JK7] 앗, 이렇게 재미있는 사회가! 시리즈 (주니어김영사, 7권)
     [JK7] 앗, 시리즈: 수학 (주니어김영사, 15권)
     [JK7] 앗, 이렇게 생생한 역사 · 고전이! 시리즈 (주니어김영사, 13권)

■ Horrid Henry

DVD
영어책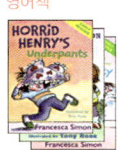
한글책

DVD [JD4] Horrid Henry 시리즈 (호리드 헨리)
     [JD6] Horrid Henry: The Movie (호리드 헨리 더 무비)
영어책 [J4] Horrid Henry Early Reader 시리즈 (21권)
     [J4] Horrid Henry 시리즈 (27권)
한글책 [JK5] 호기심 대장 헨리 시리즈 (그린북, 10권)

〈DVD+영어책+한글책〉 한 축에 꿰기

■ How to Train Your Dragon

 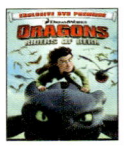 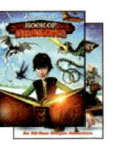  

DVD 　　　　　　　　　　　　　　　　　　　　영어책　　　한글책

DVD	[JD5] How to Train Your Dragon (드래곤 길들이기 1)
	[JD5] Dragons: Riders of Berk TV 시리즈 (드래곤 길들이기: 버크의 라이더)
	[JD5] DreamWorks Dragons 시리즈 (드래곤 길들이기)
영어책	[J7] How to Train Your Dragon 시리즈 (11권)
한글책	[JK6] 히컵 시리즈 (한림출판사, 3권)

■ Lego

 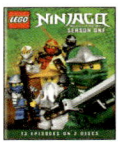    

DVD 　　　　　　　　　　　　　　　　　　　영어책

DVD	[JD5] Lego: The Adventures Of Clutch Powers (레고: 클러치 파워의 모험)
	[JD5] Lego Ninjago: Masters of Spinjitzu (레고 닌자고)
	[JD5] Lego Ninjago: Masters of Spinjitzu TV 시리즈 (레고 닌자고)
	[JD5] Lego Legends of Chima 시리즈 (레고 키마의 전설)
	[JD5] Lego Hero Factory 시리즈 (레고 히어로 팩토리)
	[JD8] Lego Movie 시리즈 (레고: 영화 리메이크)
영어책	[J2] LEGO City Adventures 시리즈 (8권)
	[J4] LEGO Ninjago Reader 시리즈 (5권)
	[J4] DK Readers 시리즈: LEGO DC Super Heroes (2권)
	[J5] DK Readers 시리즈: LEGO Friends (4권)
	[J5] DK Readers 시리즈: LEGO Legends of Chima (2권)
	[J6] DK Readers 시리즈: Lego (9권)
	[J6] LEGO Ninjago Chapter Book 시리즈 (5권)
	[J6] Lego Characters 시리즈 (5권)

■ Little Bear

DVD　　　　영어책　　　한글책

DVD	[JD3] Little Bear 시리즈 (리틀베어)
영어책	[J4] I Can Read Book 시리즈: Little Bear (6권)
한글책	[JK3] 꼬마 곰 시리즈 (비룡소, 5권)

■ Little Princess

  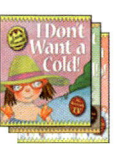  

DVD 영어책 한글책

DVD [JD3] Little Princess 시리즈 (리틀 프린세스)
영어책 [J3] Little Princess 시리즈 (21권)
　　　 [J4] Little Princess TV 시리즈 (14권)
한글책 [JK2] 엄마, 엄마, 엄마! (베틀북)
　　　 [JK2] 난 잠자기 싫어 (삐아제어린이)

■ Madeline

 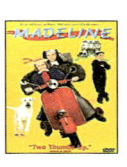  

DVD 영어책 한글책

DVD [JD3] Madeline TV 시리즈
　　　 [JD6] Madeline (매들린)
영어책 [J4] Madeline 시리즈 (11권)
한글책 [JK3] 마들린느 시리즈 (시공주니어, 4권)

■ Magic School Bus

DVD 영어책 한글책

DVD [JD5] Magic School Bus 시리즈 (신기한 스쿨버스)
영어책 [J3] Magic School Bus: Liz 시리즈 (6권)
　　　 [J4] Scholastic Reader 시리즈: Magic School Bus (20권)
　　　 [J5] Magic School Bus TV 시리즈 (32권)
　　　 [J6] Magic School Bus 그림책 시리즈 (12권)
　　　 [J6] Magic School Bus Chapter Book 시리즈 (20권)
한글책 [JK2] 신기한 스쿨버스 베이비 시리즈 (비룡소, 6권)
　　　 [JK4] 신기한 스쿨버스 키즈 시리즈 (비룡소, 30권)
　　　 [JK5] 신기한 스쿨버스 시리즈 (비룡소, 12권)
　　　 [JK6] 신기한 스쿨버스 테마 과학동화 시리즈 (비룡소, 20권)

● 잠수네 베스트 교재

〈DVD+영어책+한글책〉 한 축에 꿰기

■ Maisy

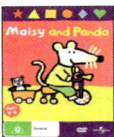

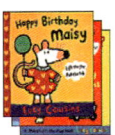

DVD   영어책

DVD   [JD2] Maisy 시리즈 (메이지)
영어책   [J2] Maisy Lift-the-Flap 시리즈 (20권)
         [J3] Maisy TV 시리즈 (16권)
         [J3] Maisy First Experiences 시리즈 (9권)

■ Martha Speaks

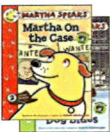

DVD   영어책

DVD   [JD4] Martha Speaks 시리즈
영어책   [J3] Martha Speaks 리더스북 시리즈 (10권)
         [J4] Martha Speaks: Picture Reader 시리즈 (4권)
         [J4] Martha Speaks 챕터북 시리즈 (6권)
         [J4] Martha Speaks 그림책 시리즈 (6권)

■ Mary Poppins

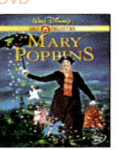

DVD   영어책   한글책

DVD   [JD6] Mary Poppins (메리 포핀스)
영어책   [J6] Mary Poppins 시리즈 (6권)
한글책   [JK7] 메리 포핀스 시리즈 (시공주니어, 2권)

■ Max & Ruby

DVD　　　　　　　　　　　　영어책　　　　　　　　　　　　　　　　　　한글책

    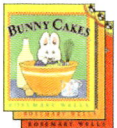 

DVD	[JD2] Max & Ruby 시리즈 (토끼네 집으로 오세요)
	[JD2] Timothy Goes To School 시리즈 (티모시네 유치원)
영어책	[J2] All Aboard Reading 시리즈: Max and Ruby
	[J3] Max and Ruby 보드북 시리즈 (14권)
	[J3] Max and Ruby 그림책 시리즈 (16권)
	[J3] Max and Ruby TV 시리즈 (19권)
	[J3] Baby Max and Ruby 시리즈 (8권)
	[J4] Timothy: Get Set for Kindergarten 시리즈 (7권)
한글책	[JK2] 맥스랑 루비랑 시리즈 (달리, 8권)

■ Moomin

DVD　　　　　　　　　　　　영어책　　　　　　　　　　　　　　　　　　한글책

 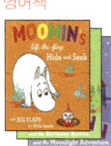   

DVD	[JD3] Moomin 시리즈 (무민)
영어책	[J4] Moomin 그림책 시리즈 (4권)
	[J6] Moomin 시리즈 (8권)
	[J6-만화] Moomin 시리즈
한글책	[JK3] 무민 그림동화 시리즈 (어린이작가정신, 12권)
	[JK6] 즐거운 무민 가족 시리즈 (소년한길, 8권)

■ Mr. Men and Little Miss

DVD　　　　　　　　　　　　영어책　　　　　　　　　　　　　　　　　　한글책

DVD	[JD4] Mr. Men and Little Miss 시리즈 (EQ의 천재들)
영어책	[J4] Mr. Men 시리즈 (76권)
	[J4] Little Miss 시리즈 (57권)
한글책	[JK3] New EQ의 천재들 시리즈 (나비북스, 81권)

● 잠수네 베스트 교재

〈DVD+영어책+한글책〉 한 축에 꿰기

■ My Little Pony

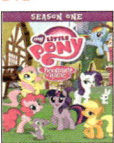

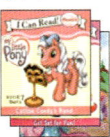

DVD   [JD4] My Little Pony 시리즈 (마이 리틀 포니)
         [JD4] My Little Pony: Equestria Girls (마이 리틀 포니: 이퀘스트리아 걸스)
영어책   [J2] I Can Read!: My Little Pony Phonics Fun 시리즈 (12권)
         [J3] My Little Pony 시리즈 (18권)
         [J3] I Can Read Book 시리즈: My Little Pony (11권)

■ Olivia

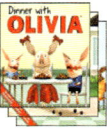

DVD   [JD3] Olivia 시리즈 (올리비아)
영어책   [J2] Ready to Read 시리즈: Olivia (12권)
         [J4] Olivia TV 시리즈 (23권)
         [J4] Olivia 시리즈 (8권)
한글책   [JK2] 올리비아 TV 시리즈 (효리원, 6권)
         [JK3] 올리비아 그림책 시리즈 (중앙출판사, 5권)

■ Percy Jackson

DVD   [JD7] Percy Jackson & the Olympians: The Lightning Thief (퍼시 잭슨과 번개 도둑)
영어책   [J6] Percy Jackson 시리즈 (7권)
한글책   [JK7] 퍼시 잭슨과 올림포스의 신 시리즈 (와이즈아이, 10권)

■ Phineas and Ferb

DVD  영어책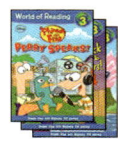

DVD　[JD5] Phineas and Ferb 시리즈 (피니와 퍼브)
영어책　[J4] World of Reading 시리즈: Phineas and Ferb (4권)
　　　[J5] Phineas and Ferb 시리즈 (10권)

■ Pippi Longstocking

DVD  영어책   한글책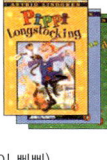

DVD　[JD4] Pippi Longstocking TV 시리즈 (말괄량이 삐삐)
　　　[JD6] Pippi Longstocking 시리즈 (말괄량이 삐삐)
영어책　[J5] Pippi Longstocking 그림책 시리즈 (3권)
　　　[J6] Pippi Longstocking 시리즈 (5권)
한글책　[JK3] 삐삐 그림책 시리즈 (아이즐, 2권)
　　　[JK6] 삐삐 시리즈 (시공주니어, 3권)
　　　[JK6] 내 이름은 삐삐 롱스타킹 (시공주니어)

■ Richard Scarry

DVD  영어책 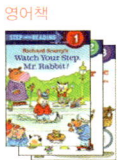 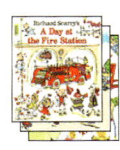  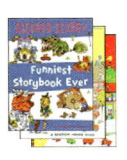 한글책

DVD　[JD3] Richard Scarry 시리즈
영어책　[J2] Step into Reading 시리즈: Richard Scarry (5권)
　　　[J4] Richard Scarry 시리즈 (11권)
　　　[J4] Busytown Mysteries 시리즈 (5권)
　　　[J4] Richard Scarry's Best Picture Dictionary Ever (사전)
　　　[J5] Richard Scarry 그림책 시리즈 (13권)
한글책　[JK2] 리처드 스캐리 보물창고 시리즈 (보물창고, 8권)

〈DVD+영어책+한글책〉 한 축에 꿰기

■ Roald Dahl

DVD

영어책
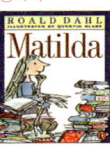 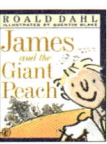 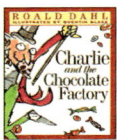

DVD
- [JD5] Fantastic Mr. Fox (판타스틱 Mr. Fox)
- [JD6] Matilda (마틸다)
- [JD6] Charlie And The Chocolate Factory (찰리와 초콜릿 공장)
- [JD6] Willy Wonka and the Chocolate Factory (초콜릿천국)
- [JD6] James and the Giant Peach (제임스와 거대한 복숭아)
- [JD6] Roald Dahl's The BFG
- [JD6] The Witches (마녀와 루크)

영어책
- [J5] Fantastic Mr. Fox
- [J5] Charlie and the Chocolate Factory Pop-Up Book
- [J6] Matilda
- [J6] Charlie and the Chocolate Factory
- [J6] James and the Giant Peach
- [J6] The BFG
- [J6] The Witches

한글책
- [JK3] 멋진 여우 씨: 영화 그림책 (논장)
- [JK5] 멋진 여우 씨 (논장)
- [JK6] 마틸다 (시공주니어)
- [JK6] 찰리와 초콜릿 공장 (시공주니어)
- [JK6] 제임스와 슈퍼 복숭아 (시공주니어)
- [JK6] 마녀를 잡아라 (시공주니어)
- [JK7] 내 친구 꼬마 거인 (시공주니어)

■ Smurfs

DVD

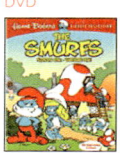 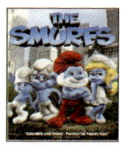

영어책
 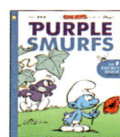

DVD
- [JD4] Smurfs 시리즈 (개구쟁이 스머프)
- [JD5] The Smurfs (개구쟁이 스머프)

영어책
- [J3] Smurfs 시리즈 (7권)
- [J5-만화] Smurfs 시리즈 (8권)

■ Spongebob

DVD

영어책

DVD　[JD5] SpongeBob 시리즈 (스폰지 밥)
　　　[JD5] The SpongeBob Squarepants Movie (보글보글 스폰지 밥)
영어책　[J3] Ready to Read 시리즈: Spongebob Squarepants (20권)
　　　　[J4] SpongeBob TV 시리즈 (24권)
　　　　[J5] Spongebob 챕터북 시리즈 (14권)

■ Strawberry Shortcake

DVD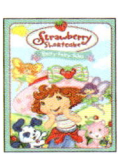

영어책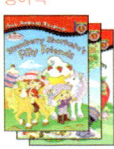

DVD　[JD3] Strawberry Shortcake 시리즈 (스트로베리 숏케이크)
　　　[JD3] Strawberry Shortcake: Berry Fairy Tales 시리즈
영어책　[J3] All Aboard Reading 시리즈: Strawberry Shortcake (12권)
　　　　[J4] Strawberry Shortcake 시리즈 (18권)

■ Stuart Little

DVD

영어책

한글책

DVD　[JD6] Stuart Little 시리즈 (스튜어트 리틀 1~3)
영어책　[J3] I Can Read Book 시리즈: Stuart Little (4권)
　　　　[J7] Stuart Little
한글책　[JK5] 스튜어트 리틀 (숲속나라)

〈DVD+영어책+한글책〉 한 축에 꿰기

■ 슈퍼 히어로

• Batman

• Spider-Man

• Superman

DVD
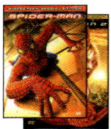 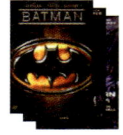 

영어책

DVD
- [JD7] Spider-Man 1, 2 (스파이더맨 시리즈)
- [JD7] Spectacular Spider-Man 시리즈 (스파이더맨)
- [JD7] Superman 1, 2 (슈퍼맨 시리즈)
- [JD8] LEGO Batman: The Movie – DC Super Heroes Unite (레고: 배트맨 무비)
- [JD9] Batman 시리즈 (배트맨 1~3/배트맨과 로빈/배트맨 비긴즈)

영어책
- [J3] I Can Read!: Spider-Man Phonics Fun 시리즈 (12권)
- [J3] World of Reading 시리즈: Amazing Spider-Man (4권)
- [J3] I Can Read!: Batman Phonics Fun 시리즈 (12권)
- [J3] I Can Read!: Superman Phonics Fun시리즈 (12권)
- [J4] I Can Read Book 시리즈: Spider-Man (10권)
- [J4] I Can Read Book 시리즈: Batman (10권)
- [J4] I Can Read Book 시리즈: Superman (5권)
- [J4] Scholastic Reader 시리즈: Batman (7권)
- [J6] DK Readers 시리즈: Spider-Man (4권)

■ Tintin

DVD

영어책

 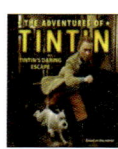 

한글책

DVD
- [JD6] Adventures of Tintin 시리즈 (땡땡의 모험)
- [JD7] TinTin: The Secret of the Unicorn (틴틴: 유니콘호의 비밀)

영어책
- [J4] Passport to Reading 시리즈: Tintin (2권)
- [J4] Popcorn ELT Readers – The Adventures of Tintin (3권)
- [J6] Tintin 시리즈 (21권)

한글책
- [JK5] 땡땡의 모험 시리즈 (솔, 24권)

■ Time Warp Trio

DVD  영어책  한글책

- DVD   [JD5] Time Warp Trio 시리즈
- 영어책   [J4] I Can Read Book 시리즈: Level 3 (32권)
          [J5] Time Warp Trio 시리즈 (19권)
- 한글책   [JK6] 시간여행 특공대 시리즈 (꿈틀, 5권)
          [JK6] 마법책과 시간여행 삼총사 시리즈 (서울문화사, 8권)

■ Trumpet of the Swan

DVD 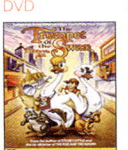 영어책 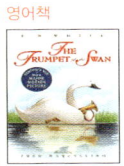 한글책

- DVD   [JD5] Trumpet of the Swan (트럼펫을 부는 백조)
- 영어책   [J6] The Trumpet of the Swan
- 한글책   [JK7] 트럼펫 부는 백조, 루이 (주니어알에이치코리아)

■ Wayside School

DVD 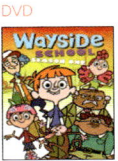 영어책 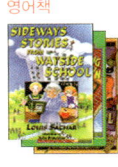  한글책

- DVD   [JD5] Wayside School 시리즈
- 영어책   [J4] Wayside School 시리즈 (3권)
          [J5] Wayside School 시리즈: Math (2권)
- 한글책   [JK6] 웨이사이드 학교 시리즈 (창비, 2권)

● 잠수네 베스트 교재

〈DVD+영어책+한글책〉 한 축에 꿰기

■ Winnie the Witch

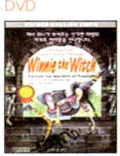

DVD [JD2] Winnie the Witch (마녀 위니)
영어책 [J4] Winnie the Witch 시리즈 (17권)
       [J5] Winnie the Witch 챕터북 시리즈 (15권)
한글책 [JK3] 마녀 위니 그림책 시리즈 (비룡소, 13권)
       [JK4] 마녀 위니 동화 시리즈 (비룡소, 8권)

■ The Wizard of Oz

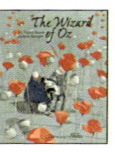
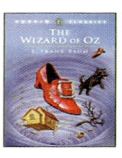

DVD [JD6] The Wizard of Oz (오즈의 마법사)
영어책 [J4] The Wizard of Oz: A Scanimation Book (Scanimation Picture Books 시리즈)
       [J4] The Wizard of Oz (Read It Yourself 시리즈: Level 4)
       [J4] The Wizard of Oz (Oxford Bookworms: Library 1)
       [J5] The Wonderful Wizard of Oz (명작 팝업북 시리즈)
       [J5] The Wizard of Oz (Usborne Young Reading 시리즈: Level 2)
       [J5] The Wizard of Oz (Scholastic Junior Classics 시리즈)
       [J6] The Wizard of Oz (Great Illustrated Classics 시리즈)
       [J7] The Wizard of Oz (North-South)
       [J8] The Wizard of Oz (Puffin Books)
       [J8] Wizard of Oz 시리즈 (14권)
한글책 [JK4] 오즈의 마법사 (넥서스, 팝업북)
       [JK5] 오즈의 마법사 (어린이작가정신)
       [JK6] 오즈의 마법사 (비룡소)
       [JK7] 오즈의 마법사 (시공주니어)
       [JK7] 오즈의 마법사 시리즈 (문학세계사, 14권)
       [JK7] 오즈의 마법사 (대교출판)
       [JK7] 오즈의 마법사 (인디고)

아이들이 좋아하는 만화 베스트

● 유머

[J4] Garfield 시리즈

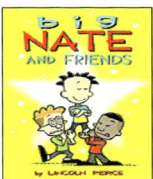
[J4] Big Nate 시리즈

[J5] Little Lit 시리즈

[J5] Baby Mouse

[J5] Lunch Lady 시리즈

[J5] Fashion Kitty 시리즈

[J5] A Calvin and Hobbes 시리즈

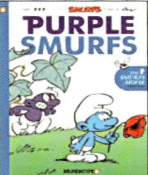
[J5] Smurfs 시리즈

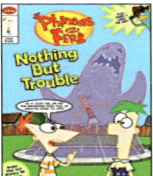
[J5] Phineas and Ferb 시리즈

[J5] Mutts

● 모험·판타지

[J4] Stone Rabbit 시리즈

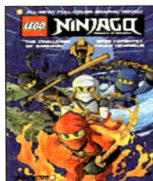
[J4] LEGO Ninjago 시리즈

[J4] Zita the Spacegirl 시리즈

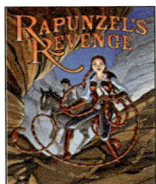
[J5] Rapunzel's Revenge 시리즈

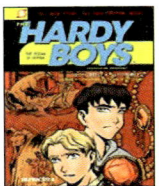
[J5] Hardy Boys Graphic Novel 시리즈

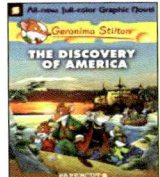
[J5] Geronimo Graphic Novel 시리즈

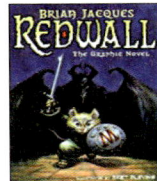
[J6] Redwall: The Graphic Novel

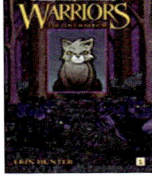
[J6] Warriors 시리즈

[J6] Alex Ride: The Graphic Novel 시리즈

[J7] Artemis Fowl: The Graphic Novel 시리즈

아이들이 좋아하는 만화 베스트

● 일상

  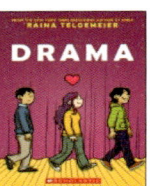  

[J5] Baby Blues 시리즈   [J5] Smile   [J5] Drama   [J5] Lizzie McGuire Cine-Manga 시리즈   [J6] Moomin 시리즈

● 사회 · 역사

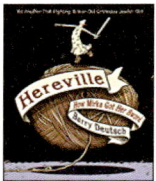    

[J4] Hereville: How Mirka Got Her Sword   [J5] The Storm in the Barn   [J5] The Comic Strip 시리즈   [J5] A Family Secret   [J6] Tintin 시리즈

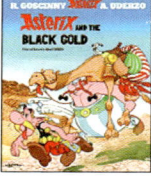 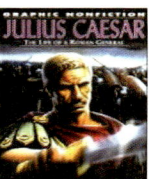  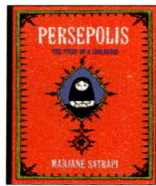 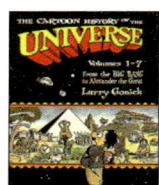

[J6] Asterix 시리즈   [J6/중등 이상] Graphic Nonfiction 시리즈   [J7/중등 이상] Maus I, II   [J8/중등 이상] Persepolis 1, 2   [J9/중등 이상] The Cartoon History of the Universe 시리즈

● 과학

 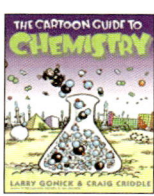

[J6] A Cartoon History of the Earth 시리즈   [J9/중등 이상] Cartoon Guide To 시리즈

읽기용 사전 베스트

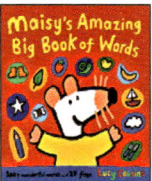
[J1] Maisy's Amazing Big Book of Words

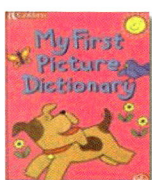
[J1] My First Picture Dictionary

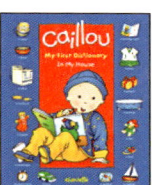
[J1] Caillou: In My House

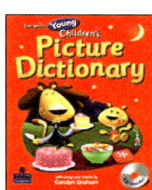
[J1] Longman Young Children's Picture Dictionary

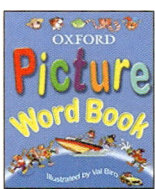
[J2] Oxford Picture Word Book

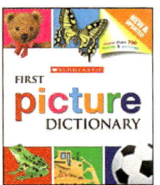
[J2] Scholastic First Picture Dictionary

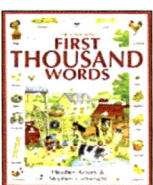
[J2] First Thousand Words

[J3] The Cat in the Hat: Beginner Book Dictionary

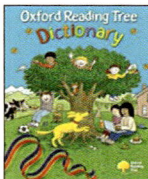
[J3] Oxford Reading Tree Dictionary

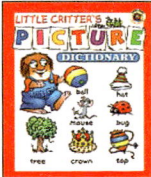
[J3] Little Critter's Picture Dictionary

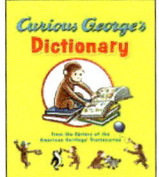
[J3] Curious George's Dictionary

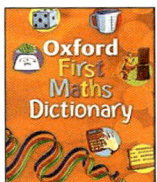
[J3] Oxford First Maths Dictionary

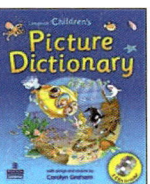
[J3] Longman Children's Picture Dictionary

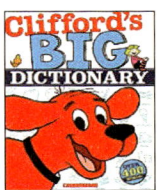
[J3] Clifford's Big Dictionary

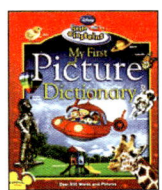
[J4] My First Picture Dictionary: Disney's Little Einsteins

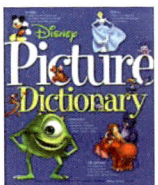
[J4] Disney Picture Dictionary

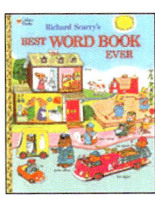
[J4] Richard Scarry's Best Word Book Ever

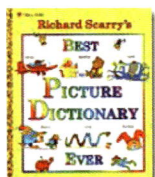
[J4] Richard Scarry's Best Picture Dictionary Ever

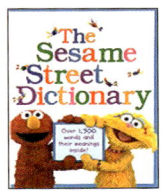
[J5] The Sesame Street Dictionary

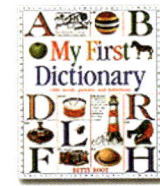
[J5] DK My First Dictionary

● 잠수네 베스트 교재   541

영어 교재, 다 구입해야 하나요?

도서관, 영어책 대여점을 잘 이용해보세요. 경제적으로 영어교재를 조달할 수 있습니다.

1. 도서관을 내 집처럼 이용하세요

요즘은 지역도서관, 학교도서관에 영어책, DVD를 구비한 곳이 많습니다. 도서관을 잘 이용하면 크게 돈을 들이지 않고도 잠수네 영어를 진행할 수 있습니다.

❶ 도서관 두세 곳에서 가족 전체 명의로 대출카드를 만들어 빌려보세요.
❷ 적극적으로 새책 구입을 신청하세요. 구입신청을 한 사람이 첫 번째로 대여할 수 있습니다.
❸ 국가 〈상호대차서비스〉를 이용하면 전국 도서관의 영어책을 빌려볼 수 있습니다.
   ※ 국가 〈상호대차서비스〉 www.nl.go.kr/nill/user/index.jsp
❹ 학교도서관 사서로 봉사하면, 학교일도 돕고 영어책을 빌리거나 새책 구입을 건의하기 쉽습니다.

2. 영어책 대여점은 '간보기'로 활용하세요

도서관에 영어책이 많지 않으면 인터넷대여점을 이용하는 것도 괜찮습니다. 우선 빌려본 후 그 중 재미있게 본 책 위주로 구입하세요. 단, 장기간 대여하면 구입하는 쪽이 더 경제적일 수도 있습니다.

영어책 대여점

민키즈 www.minkids.co.kr
리브피아 www.libpia.com
리틀코리아 www.littlekorea.co.kr
북소리 www.booksory.co.kr
북렌트 www.bookrent.co.kr

3. 대형서점이나 영어 전문서점에 아이와 함께 자주 가보세요

잠수네에서 말하는 책이 어떤 것인지, 연구도 하고 나들이도 할 겸 영어서점에 자주 가보세요. 책을 자주 접하다 보면 아이가 어떤 책을 좋아하는지 찾을 수 있는 눈이 생깁니다. 단, 영어책 고르기가 어렵다고 수십만 원짜리 세트를 한 번에 지르지 마세요. 도서관, 대여점에서 빌려 보고 확신이 생기면 구입해도 늦지 않습니다.

대형서점

예스24 www.yes24.com
알라딘 www.aladdin.co.kr
인터파크 www.bookpark.com
교보문고 www.kyobobook.com (온/오프라인 서점)

영풍문고 www.ypbooks.co.kr (온/오프라인 서점)

반디앤루니스 www.bandinlunis.com (온/오프라인 서점)

영어전문서점

웬디북 www.wendybook.co.kr

하프프라이스북 www.halfpricebook.co.kr (온/오프라인 서점)

에듀카코리아 www.educakorea.co.kr (온/오프라인 서점)

키즈북세종 www.kidsbooksejong.com (온/오프라인 서점)

에버북스 www.everbooks.co.kr

이케이북 www.ekbook.com

ABC 잉글리쉬 www.abcenglish.co.kr

와우abc www.wowabc.com

도나북 www.donnabook.com

인북스 www.inbooks.co.kr

킴앤존슨 www.helloknj.com (온/오프라인 서점)

잉글리쉬플러스 www.englishplus.co.kr

글로비 www.glovi.co.kr

제이와이북스 www.jybooks.com (온/오프라인 서점)

키다리영어샵 www.ikidari.co.kr

해외서점(무료배송)

올북 www.allbook.biz

BookDepository www.bookdepository.co.uk

WhatTheBook ko.whatthebook.com

잠수네 회원이라면

도서관, 서점에 갈 때…

1. 〈잠수네 책나무〉의 베스트목록 표지를 눈에 익히고 가세요. 좋은 책을 쏙쏙 뽑아낼 수 있습니다.
2. 〈잠수네 책나무〉 표지/목록을 리뷰순, ABC순으로 인쇄해서 갖고 가면 편리합니다.
3. 스마트폰에 〈책나무 앱〉을 설치하고 도서관, 서점에서 책 뒤의 바코드를 찍어보세요.

〈잠수네 영어책 단계〉와 〈회원 리뷰〉를 살펴보면 아이의 영어실력에 맞는 재미있는 책을 실패 없이 고를 수 있습니다.

〈책나무 앱〉 바코드 검색방법

책나무 앱의 바코드 검색(📷)을 누르고, 책 뒤의 바코드를 찍습니다.

● 잠수네 베스트 교재

도서관 이용시 자잘한 팁
작성자 : 시월의강물 (중2, 초4)

(1) 학교 도서관은 사서 도우미를 신청해서 봉사해보세요

아이들 저학년 때 사서 도우미를 하면, 점심시간, 쉬는 시간에 자연스럽게 아이들이 학교 도서관에 출입하게 되고, 그러다 보면 도서관과 친해지고 책을 좋아하는 계기가 됩니다. 아이들이 저학년이라면 꼭 사서 도우미를 해보시라고 권해드려요. 또 사서 도우미는 학교 도서관의 책 구비현황, 신간목록을 그 누구보다 빨리 알게 되어 아이에게 따끈따끈한 책을 읽힐 수 있는 장점도 있습니다.

(2) 아이들이 중학생 이상이라면 참고서도 빌려 보세요

토플, 텝스 기타 인증시험에 관련된 책들이 도서관에 많이 구비되어 있습니다. 토플, 텝스 책 비싸지요? 전 토플책은 《해커스》, 그리고 몰라서 몇 권 더 산 거 말고는 모두 도서관에서 대여해서 봅니다. 도서관에서 대여해 본 토플책이나 텝스 관련 책을 돈으로 환산해보면 20만 원이 넘습니다. 도서관에서 대여해 본 토플이나 텝스 책들은 또 반복해서 풀기도 좋습니다. 처음부터 책에 풀지 않고 공책에 풀었기에 다음에 빌려서 또 풀 수가 있답니다.

(3) 도서관을 엄마의 놀이터로 삼으세요

마을도서관, 학교도서관은 규모가 작아 몇 번만 다니다 보면 어느 곳에 어떤 책이 있는지 금방 파악이 되지만, 규모가 큰 도서관은 자주 다녀야 어디에 어떤 책이 꽂혀 있는지 알게 됩니다. 검색해서 필요한 책만 찾지 말고 서가의 구석진 곳까지 다녀보세요. 좋은 책들이 곳곳에 있답니다.

(4) 도서관 홈페이지를 이용하세요

신간도서 목록 또는 전자 입찰공고 같은 것도 눈여겨보아 두면 '다음번에 이러한 책들이 입고되겠구나'라는 것을 알게 됩니다. 제가 다니는 도립도서관의 경우 분기별로 입찰공고가 홈페이지에 올라오는데 구입하게 될 책 목록까지 같이 엑셀로 뜹니다. 그때 눈여겨보았다가 대출하면 됩니다.

(5) 희망도서를 신청하세요

《Harry Potter》같은 경우 도서관에 희망도서 신청을 해서 입고되자마자 작은아이에게 읽힌 기억이 있습니다. 인기 있는 시리즈물의 경우에는 도서관에서 당연히 구입할 예정인 경우가 많기 때문에 희망도서 신청을 하게 되면 거의 100퍼센트 맨 먼저 새로 나온 책을 아이가 읽게 됩니다.

(6) 영어책의 경우 도서관에 문의해 목록자료를 메일로 받으세요

저는 도서관에 전화해서 담당자와 통화한 후, 새로 들어올 영어책 목록을 메일로 받아서 인쇄하고 그걸 도서관에 가져가 체크하면서 빌려봅니다.

(7) 정기간행물실도 이용해보세요

이월된 정기간행물 자료는 대출이 가능합니다(제가 다니는 곳은 가능). 아이들이 좋아하는 종류의 잡지를 빌려다 주면 좋아합니다. 작은아이의 경우 워낙 스포츠를 좋아해서 간간이 스포츠 관련 잡지를 빌려다 줍니다. 이런 잡지들은 정기구독해서 볼 정도는 아니고 가볍게 읽을거리니까요.

(8) 복사를 도서관에서 해보세요

가끔 복사할 것이 있어 대학가에서 해보았는데 도서관이 가장 쌉니다. 복합기가 있지만, 복합기는 잉크가 너무 많이 들어서 가끔씩 전 도서관 복사기를 이용합니다.

(9) 도서관에서 운영하는 독서클럽에 참여해보세요
제가 다니는 시립도서관의 경우 1인당 세 권씩 대출이 가능한데, 독서클럽 회원인 경우 다섯 권씩 빌려 볼 수 있습니다. 독서프로그램도 좋습니다.

(10) 영상자료 DVD도 대출이 가능합니다
간혹 아주 오래된 영화도 도서관에 구비되어 있어 빌려다 보기도 했습니다.

영어책 대여점의 장단점
작성자 : 희와정 (중2, 초6)

대여점의 장점이라면
모든 책들 다 살 수는 없잖아요. 도서관에도 없는 책이라면 대여점을 이용하는 게 좋습니다. 책을 사기 전, 대여해 보고 아이의 반응을 보는 것도 괜찮구요. 사는 것보다 돈은 적게 들이고 많은 책을 볼 수 있다는 게 장점이겠죠? 특히 다독할 때나 1000권 읽기를 할 때, 우리 집은 책이 별로 없어서 대여점이 유용했죠(그런데 나중에는 잘 이용하지 않게 되더라구요).

대여점의 단점이라면
아이가 나중에 한 번 더 읽고 싶다고 하면 또 대여하자니 돈이 더 나가고, 이런 점은 좀 안 좋아요. 전에는 아이가 대여했을 땐 잘 안 읽더니 반납하니까 읽고 싶다고 하더라구요. 그리고 대여해서 재미있으면 사야 하므로 이중 지출이 될 수도 있겠죠. 저도 《Horrid Henry Early Readers》 시리즈를 대여했는데 아이가 재미있다고 해서 나중에 모두 사주었어요. 그리고 CD는 빌리고 싶지 않아도 같이 빌려야 해서 돈이 좀 더 나갔구요. CD

를 빌리고 싶은데 없는 건 집중듣기를 할 수 없어서 그게 좀 아쉽더라구요. 《Eloise》도 J2단계의 쉬운 책이라 CD는 빌리고 싶지 않았는데 CD와 함께 있어서 1000원이나 들더라구요. '이럴 때는 차라리 사는 게 낫겠다' 하는 생각도 들어요.

'아이가 정말 좋아하는 책이다!' 싶을 때는 사고, 사는 게 힘들다 싶으면 대여점을 이용하는 것도 방법일 듯싶네요.^^

> **제가 자주 가는 영어서점 말씀드릴게요**
> 작성자 : 둥이세상 (초4)

(1) 하프프라이스북

아침 9시경에 새로운 책이 올라오고, 하루 두 번 벼룩시장 책이 등록되는데 정말 여기서 많이도 건졌습니다. 새책을 싼 가격에 살 수 있다는 장점이 있는 곳이죠. 그날그날 올라오는 책들에 따라 하루의 기분이 달라질 정도입니다. '즉시보관' 제도를 잘 이용해서 모아놓았다가 한번에 주문합니다. 특히 그림책을 여기서 참 많이 구입했네요. 시리즈물도 점찍어놓고 올라오는 즉시 낚아챕니다. 인기 있는 건 바로바로 찜해놓아야 해요. 요즘 제가 무척 사랑하는 곳입니다.

(2) 웬디북

잠수네에서 인기 있는 웬만한 책은 여기에 다 있는 거 같아요. 가격도 적당하구요. 품절된 책은 알림신청 해놓으면 문자가 오기 때문에 전 요긴하게 이용합니다. 입고알림 메세지를 받고도 좀 늦게 들어가면 바로 품절이 뜹니다. 대개는 잠수네 회원분들이 다 사는 게 아닐까 싶어요. 그럼 다시 입고 알림 요청을 해놓으면 또 연락이 오죠. 매일 한 번씩 들러 '오늘의 책'에 뜬 책들을 훑어보고 구입할 건 구입합니다.

(3) 예스24
주로 한글책 구입할 때 이용하지만 가끔은 영어서점에 없는 영어책을 구입하기도 합니다. 때로는 영어책 할인판매를 하기도 하고 할인권도 줍니다. 애들 참고서도 모두 여기서 사기 때문에 적립금과 쿠폰 사은품이 있어 자주 이용하는 곳이죠.

(4) 알라딘
제가 가지고 있는 책을 중고로 팔 때 많이 이용합니다. 예스24에도 중고책 팔고사기가 있지만 중고 팔기는 알라딘이 훨씬 좋은 거 같아요. 최근에는 영어중고책이 많아졌어요. 때론 상태가 실망스럽긴 하나 전 워낙 무던하고 충성도 높은 고객이라 싸게만 사면 좋아합니다. 요즘 여기서 이런저런 책들 건져서 도착했구요.^^

(5) 에버북스와 이케이북
에버북스는 총액별로 할인제도가 있어 가격경쟁력이 있긴 한데 전 이상하게 여기서는 잘 구입해지지가 않더라구요. 일단 품절 책이 많아서 바로 구하기가 힘듭니다. 이케이북도 다른 곳에 비해 싼 책이 많기 때문에 가격 비교 후 구입합니다. 이 두 서점은 챕터북이나 시리즈 책을 낱권으로 구입할 수 있다는 것과 오디오 없이 책만 구입할 수 있다는 장점 때문에 주로 이용합니다.

(6) 키즈북 세종
생각건대 리더스북을 가장 많이 보유한 곳이 아닐까 싶습니다. 세트로도,

낱권으로도, 리더스북을 가장 편하게 구할 수 있습니다.

(7) 에듀카 코리아
여긴 영어학습서의 대부분을 보유하고 있죠. 학습서는 단계별로 거의 다 있습니다. 답지도 모두 있구요. 예전에 모르고 학습서만 잔뜩 구해놓고 안 한 것도 많기 때문에 요즘은 학습서는 거의 안 사지만요. 챕터북+CD세트와 DVD를 많이 구비한 것이 장점입니다. 서울 선릉역 근처에 오프라인 매장도 있어 책을 직접 보기에 좋죠.

(8) 동방북스
최근에 알게 되었는데 다른 곳에 없는 책을 구할 때 이용합니다. 오디오 없이 책만 살 때도 가끔 들르구요.

(9) ABC English
중고책을 파는 사이트입니다. 이곳은 mp3음원을 주는 책들도 있으니 들러보세요. 그런데 책이 다양하지 않아서 많이 사진 못해요. 1000권 읽기 같은 다독을 위해 이것저것 긁어모을 때 좋습니다. 이케이북 중고책들과 더불어.

기타 다른 서점들도 가끔은 가보지만 가격 비교만 하고 구입은 앞의 서점들에서 합니다. 그리고 나름 정해놓은 원칙이 있는데

(1) 한 달에 내가 정해놓은 예산만큼만 산다
탐나는 책이 아무리 싸게 나와도 정해진 예산을 초과하지 않는다.

(2) 지금 당장 활용 가능하고 필요한 책을 산다

싸다고, 세일한다고, 누가 좋다고 해서 미리 사서 쟁여놓는 짓은 절대 하지 않는다. 이건 꼭 지키려고 해요. 잠수네에서 유명한 책이고 언젠가 읽을 책이라도 미리 사놓으면 활용도가 떨어지고 표지만 봐도 질리더라구요. 아무리 할인폭이 커도 지금 활용 가능한 책이 아니면 사지 않는다. 이게 남는 장사더라구요.

이런 원칙이 없으면 거덜납니다. 잠수네에서 글 읽다 보면 탐나는 책이 너무 많잖아요. 모든 건 아는 만큼 보입니다. 누구나 처음엔 무슨 책을 사야 할지 막막해요. 저도 첨엔 하프북에 가도 뭐가 좋은지 몰랐답니다. 〈잠수네 책나무〉에 가도 너무 많아 당황스럽죠? 그럼 베스트 책이라도 매일매일 봐서 눈에 익히세요. 다른 분 진행기에 들어가서 책제목은 모를지언정 표지 그림이라도 매일 눈도장 찍으세요. 그럼 책이 보이기 시작합니다. 인터넷서점에 가서도 필요한 책만 검색하지 말고 처음부터 끝까지(아마 수백 페이지 될 거예요) 아니면 베스트라도 다 클릭해 보면서 익히세요. 그러다 보면 '저건 어떤 책이고 대략 몇 단계구나' 보이기 시작합니다. 할인 코너나 중고책에 뜨면 얼른 건져올 수 있답니다. 알아야 건지죠! 도서관에 가도 처음엔 당최 어떤 책을 빌려야 하나 막막하죠? 계속 보고 익히면 어느 순간 눈에 들어옵니다.

잠수를 하면서 고마운 건 아이들이 빨리 사달라고 조르는 책이 생기는 그런 날이 우리 집에도 왔다는 거예요. 출간되자마자 받아보고 싶어 미리 예약주문 해놓고 몇날며칠을 두 녀석이 목을 빼고 기다리는 그런 책들이 생겼다는 것. 2년 전만 해도 상상도 못했던 일이랍니다.

___월 ___일 스스로 체크표

한 달이 지나면 아이 스스로 어느 부분이 잘 진행되었는지 한눈에 쏙쏙 들어오겠지요? 체크 항목은 예를 참고하셔서 각자의 상황에 적합한 일과로 작성하세요. 아이 스스로 표시를 할 수 있게 해주세요.

과목	내용	1	2	3	4	5	6	7	8	9	10	11	12	13	14	15	16	17	18	19	20	21	22	23	24	25	26	27	28	29	30	31

활용 예

- 과목: 영어
  내용: 흘려듣기
  집중듣기
  영어책 읽기

- 과목: 국어
  내용: 우리말책 읽기
  일기 쓰기
  독후감 쓰기

- 과목: 수학
  내용: 수학 문제집 풀기

- 과목: 생활
  내용: 피아노 연습
  줄넘기
  이 닦기
  알림장 확인
  책가방 싸기

영어 학습기록

시간		내용	
월	일		

영어 총시간:

영어 外 총시간:

전체 총시간:

영 어: 흘려듣기 | 집중듣기 | 책읽기 | 기타

MEMO

영어 학습기록

시간		내용	
월	일		

영어 총시간:

영어 外 총시간:

전체 총시간:

영 어: 흘려듣기 | 집중듣기 | 책읽기 | 기타

MEMO

광수네 영어학습 도우미

_____월 영어학습 진행표

구분	흘려듣기(DVD/오디오북)		집중듣기		책 읽기		( )		총 시간
	제목	시간	제목	시간	제목	시간	제목	시간	
1일									
2일									
3일									
4일									
5일									
6일									
7일									
8일									
9일									
10일									
11일									
12일									
13일									
14일									
15일									
16일									
17일									
18일									
19일									
20일									
21일									
22일									
23일									
24일									
25일									
26일									
27일									
28일									
29일									
30일									
31일									

_____월 총 시간

주간 엄마채움 기록표 (월 일 ~ 월 일)

엄마채움 도우미

구분	흘려듣기(DVD/오디오북)		집중듣기		책 읽기		( )		총 시간
	제목	시간	제목	시간	제목	시간	제목	시간	시간
월(일)									
화(일)									
수(일)									
목(일)									
금(일)									
토(일)									
일(일)									
1주일 총 시간									